カリスマ幻想
──アメリカ型コーポレートガバナンスの限界──

ラケシュ・クラーナ【著】

加護野忠男【監訳】

橋本 碩也【訳】

SEARCHING FOR A CORPORATE SAVIOR
The Irrational Quest for Charismatic CEOs
by Rakesh Khurana

Copyright © 2002 by Princeton University Press

All rights reserved. No part of this book may be reproduced or transmitted in any from or by any means, electronic or mechanical, including photocopying, recording or by any information storage and retrieval system, without permission in writing from the Publisher.

Japanese Translation rights arranged with Princeton University Press in New Jersey, through The Asano Agency, Inc. in Tokyo.

解　説

　ずいぶん以前，おそらく80年半ばのことだったろう。米国の経営学者から，アメリカの大企業のマーケティング部長は，自分で需要予測をするような馬鹿なことはしないという話を聞いたことがある。需要予測は当たらないのが普通である。自分で予測すると，予測が外れたときに責任を取らなければならないからだ。そのかわり，需要予測は，できるだけ権威のあるコンサルティング会社に頼むという。そうしておけば，仮に需要予測が外れた場合でも責任を問われることがない。権威のあるコンサルティング会社に責任を転嫁することができるからである。そのときの費用は高いほうがよい。これだけのコストをかけてあの有名なコンサルティング会社に頼んだのに，それでもあたらなかった。それだけこの予測は難しいのだ。私としてはできるだけのことをしたのだから，もちろん，私には責任はないと言い逃れができる。

　これと同じような気持ちが，外部から招聘するCEOを選ぶときに働いているというのが，著者の主張である。外部の候補者の能力予測は需要予測よりは格段に難しい。だからこそ，権威のあるサーチ会社が雇われ，誰の目から見ても問題のない経歴を持つ人物を選んでしまうのである。

　本書を読めば，このような判断をしてしまう取締役たちの気持ちが痛いほどわかる。本書はこうなってしまう理由を社会学の概念を上手に使いながら分析している。同時に，このような選択をさせる構造条件についても考察している。産業社会は，経営者資本主義から投資家資本主義に構造変化をとげている。結果的に理不尽な後継者の決定は，投資家資本主義の生み出したものだという。

■本書の方法

　本書では，経済学の方法ではなく，社会学，特に構築主義社会学の方法が用

いられている。構築主義社会学は、われわれは自ら作り出した社会についての観念によって制約されていると考える。企業の中で後任のCEOを選ぶ取締役たちは、自分に課せられた任務とは何か、どのような行為を正当なものと人々は見るかについての観念に支配されている。この観念を生み出すのが制度である。構築主義の方法は難解なものであるが、本書を見ると、CEOの任命プロセスの特徴を理解しようとすると、構築主義の視点が不可欠であることがわかる。

■本書から何を学ぶべきか

　本書はアメリカの現実についての調査分析をもとにした論究である。しかし、われわれ日本の読者は本書における著者の警鐘を他人事として聞いているわけにもいかない。日本のなかにも同じような危険な兆候が見られるからである。頭に述べた需要予測の話を10年以上前に話したときに、日本のビジネスマンは、笑い転げていた。

　最近は、わが社でもよく似た兆候が見られると深刻に心配する人が増えている。このようになるのは、会社の内外で説明責任が問われ始めたからだ。説明責任は、本来は物事を論理的理性的に決めよということをいったものである。ところが、自分自身に降りかかるリスクを避けようとしがちな人間は、後で弁解しやすいように行動してしまうのである。投資家資本主義の台頭で、外部からの監視の目が強くなると、弁解しやすい行動がとられてしまうのである。日本でもその兆候が出てきている。投資家資本主義の下では透明性と説明責任が問われるからである。

　それだけではない。一部の機関投資家は、外部取締役の導入によってよりよい企業統治が行われるようになるという単純素朴な迷信を信じている。しかも、委員会等設置会社の制度を導入して、外部取締役主導で経営トップを選ぶべきだという間違った主張さえする機関投資家が出てきている。

　本書は、社外取締役が中心になってCEOを決めるというやり方がいかに理不尽なものか、実に説得的に議論している。しかし、意外なことに、日本では、このやり方がまっとうなやり方だという意見が強いようである。あまりにも単

純素朴な迷信である。まだこの迷信を信じている機関投資家にはぜひ本書を読んでほしい。

　自覚だけでは十分でない。なぜ機関投資家の基金管理者はこのような間違いを犯すのかを考える必要がある。その場合にも，本書の分析の方法が役に立つだろう。基金管理者がどのような世界でどのような考え方をもとに仕事をしているかを考えてみればよい。

　基金管理者が間違った考え方を企業に強要してしまうのは，基金管理者の誤りを正す統治システムが基金側に働いていないことにあるのではないかと私は見ている。この仮説を検証するには体系的な調査が必要だが，詳しい調査をしなくても，基金管理者の特性やその環境を考えれば，こうなる理由は理解できるだろう。

　基金とくに年金基金や退職基金などの基金は長期的な資金運用を課題としている。このような長期運用基金の責任者の評価は難しい。短期的な運用を課題としている基金の場合は，毎年あるいは半期ごとにどの程度資産を増やしたかという短期的な運用実績で評価することができる。

　しかし，長期的な基金ではこのような短期的評価方法は必ずしも適切ではない。だが，長期的な評価はさらに難しい。評価のできないところではガバナンスは働きにくい。管理者が間違った選択をしていても，それを評価に反映させることはできないのである。

　日本の場合，問題はさらに複雑である。日本の企業年金の連合体である厚生年金基金は加入者ではなく，厚生省によって統治されている。厚生年金基金自身もその統治制度に問題があることを認識しているようである。厚生年金基金連合会と企業年金連絡協議会は，統治制度改革に対する要望を厚生省に提出している。

　その要望の要点は，受託責任に関する法制の整備，資産運用に係る意思決定の迅速化，外部専門家の理事選任の3点である。これらの要望どおりの改革が行われても，長期運用基金が持っている統治上の問題は解決されないであろう。そもそもこれらの問題は監督官庁や法整備に依拠するのではなく，自らの責任

において解決すべきものであるからである。

　年金基金の管理者（理事等）は，企業経営のプロではない。それどころか，元官僚など，企業経営の門外漢であることが多い。これらの人々が企業経営に影響を及ぼすことは決して望ましいことではない。

　機関投資家の肥大化に伴う投資家資本主義の問題に対処するもう1つの方法は，投資家からの悪しき影響を中和するための制度の構築である。経営陣からの提案に反対するような議決権を行使した株主には株式の長期所有を義務付けるといった制度が検討されてもよい。

■本書の要約

　本書を読むに当たっての便を図るため，内容について，少し紹介しておこう。

　chapter 1の「ジャミー・ダイモンへの秋波」では，金融機関のCEOの交代劇を独自の情報，新聞記事等の二次情報等を駆使し，具体的に，臨場感あふれるインサイド・ストーリーとして描いている。加えて，ここでは，社会学者らしく，本書の主題であるCEOの継承プロセスに内在する理論的枠組みを提示している。

　続く，chapter 2の「特異な経営者人材市場」では，CEOをめぐっては人材市場が存在し，そこにおける構造的特徴を概念的に記述する。つまり，人材市場は社会制度として捉えられるが，「閉鎖」された市場であることが展開される。

　chapter 3の「カリスマCEOの台頭」では，1980年代初めから始まった「マネジリアル・キャピタリズム」から「インベスター・キャピタリズム」への移行とカリスマCEOの興隆には，市場文化と市場構造との不可分の相互影響があったことを見据えている。著者の独自な視点が新鮮である。

　chapter 4の「CEO候補者サーチにおける取締役の役割」の前半では，「人は，自分の利益のために合理的に行動する主体である」という通説は誤まりであることを論及する。取締役（会）は，新たなCEOを探す場合，単に個人として，

解　説

　自己の利益追求のためだけではなく，グループ（集団，組織）またはコミュニティ（共同体）に高い優先順位を置いて行動することが明らかにされる。いわば，社会全体との相互依存関係の網の中に取り込まれている諸相が詳述されている。こうした見解を踏まえて，後半では，取締役（会）が，後継CEOをサーチするプロセスにおいて，集団の構成員として，閉鎖的な価値観を持ち，いかに非合理的な行動をとるかを具体的事例を通して展開している。
　chapter 5の「エグゼクティブ・サーチ会社の役割」では，後継CEOを選抜・探索する際に利用するコンサルタント会社がいかに理論的に説明のつかないものであるかを活写している。一般に，サーチ会社は，企業と後継CEOを結びつけるブローカーとして，需要サイドと供給サイドとの出会いを準備する第三者の役割を果たす社会的存在とする見方があるが，著者は，この点についても数々の事例を通して，サーチ会社は，むしろ社会的な制約や桎梏を緩和し，隠蔽していると指摘し，サーチ会社の役割の限界と後継CEOのレジティマシー（正当性）に疑問を投げかけて，異議を展開している。
　chapter 6の「カリスマ候補者の任命」では，1990年代に入ると，アメリカは「インベスター・キャピタリズム」の段階に突入し，多くの企業は，投資家，ウォールストリート，経済メディア等の信頼を得るべく，社外CEOを求めるようになり，CEOの資格にカリスマ性が付与されたリーダーシップを要求することとなったとしている。ここでは，マックス・ウェーバーの「カリスマ」の定義に依拠しながら，現代ビジネス社会に多く見られる「カリスマCEO」が，より多くのことを求められ，高い報酬と権限が付与されているが，このことが，いかに多くの不安定要素を含んでいるかについて詳述されている。
　chapter 7の「CEOの社外人選からの教訓」は，本書を締め括るchapterとして，社外からCEOを選抜するプロセスが「閉鎖的」であるが故に，高額の報酬が発生し，サーチ会社に依存することで，選抜の責任の稀薄化が進行し，市場主義に陥ることで，あまりにも「勝ち組み」「負け組み」の思考がはびこり，アメリカ社会の「自由，平等，競争」の良さが変質してきていることを喝破している。外部CEO市場の「開放性」に期待する著者の本書執筆の狙いを知るこ

ととなる。

　今後日本社会は，新会社法の施行と「郵政の民営化」等にみられるごとく，「自己責任」をキーワードとして「市場性」を加速するように思われる。それは，時代の趨勢ではあるが，本書が検証した弊害は，日本社会・日本企業は免れるだろうか。示唆に富む見解が本書にあるように思われる。

　また，各chapterを通して感じられることだが，理論と現実の均衡のとれた叙述は，本書の大きな特徴であろう。今後，日本においても，調査と理論が融合した研究が多くあらわれることを切に願いつつ，紹介を終えることとする。

(加護野忠男)

● 解 説 ………………………………………………………加護野忠男　i

序文 …………………………………………………………………… 1

chapter 1 彼の優秀さはみんなが知っていた
ジャミー・ダイモンへの秋波 …………………… 19

chapter 2 特異な経営者人材市場 ……………………………… 47
少数の買い手と売り手 …………………………………………… 57
高いリスク ………………………………………………………… 63
レジティマシーについての懸念 ………………………………… 68
"社会的に構築された制度"としての外部CEO人材市場 ……… 75
"閉鎖"市場としてのCEO人材市場 …………………………… 84

chapter 3 カリスマCEOの台頭 …………………………… 89
経営者資本主義から投資家資本主義へ ………………………… 90
社内候補であることのデメリット …………………………… 102
カリスマ志向 …………………………………………………… 110
変貌する制度的背景 …………………………………………… 119

i

chapter 4　取締役のゲーム
CEO候補者サーチにおける取締役の役割 ……… 129

- 取締役会の社会的性格 …………………………………… 130
- CEOの人選の開始 ………………………………………… 142
- サーチ手順の構成─「サーチ委員会」………………… 143
- ポストの定義─「スペック・シートの作成」………… 147
- 候補者リストをつくる─社会的マッチングのプロセス … 156
- 情報源としての取締役の人脈 …………………………… 170

chapter 5　仲介者たち
エグゼクティブ・サーチ会社の役割 ……… 175

- エグゼクティブ・サーチ産業概史 ……………………… 178
- エグゼクティブ・サーチ・コンサルタントの低い社会的地位 … 188
- エグゼクティブ・サーチ・コンサルタントを選ぶ─銃撃戦 … 197
- 仲介者としてのエグゼクティブ・サーチ会社 ………… 202

chapter 6　ナポレオンの戴冠
カリスマ候補者の任命 ……… 219

- "カリスマ性"の社会的，文化的な側面 ……………… 226
- カリスマによる継承を促進した構造的前提条件 ……… 231
- 社外人材による継承がもたらすルーティンの打破 …… 234
- 企業業績不振とカリスマの出現 ………………………… 241
- カリスマを作る …………………………………………… 246

懇懃なる面接……………………………………………………………… 254
候補者への敬意…………………………………………………………… 258

chapter 7 空席，だが閉鎖的な選考
CEOの社外人選からの教訓 ………………………………… 267

社外からのCEO後継者を選抜した結末………………………………… 269
上昇するカリスマの報酬………………………………………………… 272
外部人材によるCEO継承が社会全体にもたらす影響………………… 283
CEOの報酬とプロテスタントの倫理の終焉…………………………… 284
外部CEO候補のサーチ活動と流動性の阻害要因……………………… 287
社会的閉鎖と信頼の毀損………………………………………………… 290
外部CEO人材市場を開放する…………………………………………… 293
取締役会の責任…………………………………………………………… 295
機関投資家，ビジネススクール，経済メディア……………………… 299
オズへのお別れの挨拶―社外でのCEOサーチと自己規制市場の神話 …… 307

【補遺】…………………………………………………………………… 313
【注釈】…………………………………………………………………… 333

序　文

　本書は，CEOの人材市場に関して，そのメカニズム，過去20年間の変遷，経済学的，社会学的に認識されているものと実態との乖離，さらにCEO人材市場が実際に最適な候補者を最適なポジションに配置してきたかどうか，といった点について論述したものである。特に留意したことは，企業の取締役会がCEOを選ぶときに自社内の候補者を無視し社外に候補者を求めるという，最近目立ってきた傾向についてである。
　この傾向の背景は，「外部人材市場」にしかない優位を利用しようとする企業が多くなったため，というのではない。
　あるいはまた，社外の人材市場の方がCEOに最適な人材をより効率的に見つけることができるから，というのでもない。
　その背景には，"インベスター・キャピタリズム（投資家資本主義）"の台頭があり，また，CEOの役割についての認識が変貌してきたという事情があるためだと判断される。
　私はこれまでに実地調査を行い，その結果と数値データとを統合しつつ検証してみた。そして，外部のCEO人材市場で作用している諸々の構造的あるいは文化的な要因が相互に影響し合って，アメリカの大企業とその役職員にいかに大きな損害を与えているか，いかに純粋な競争が阻害されているか，といった実態を明らかにしようとした。
　株式を証券市場に上場している大企業のリーダーに誰を選ぶかということは，大多数のアメリカ国民に対して直接的に，あるいは間接的に，重大な影響を及ぼす。選ばれたリーダーが経営する企業には，株式市場を通じて大学や退職年金の基金が投資されており，また，それらの企業の事務所や工場では，一般の市民が働き，日々の糧を得ているという例をあげるまでもなく，我々は公

開大企業の経営の健全性や将来の見通しによって影響を受ける。実際，企業のリーダーを選ぶことは，とりわけCEOクラスを選ぶともなると，企業の現下の業績や，将来の業績見通しに重大な影響を及ぼすため，リーダー選抜のプロセスやそれが抱える構造的な問題は，綿密に研究すべき問題である（この場合，トップに誰を選んだかということは，企業の現在の経営への影響よりも，"将来の業績見通し"への影響の方が大きいのではないか，と私は考える。もっともインベスター・キャピタリズムの下では，「将来の業績見通し」は容易に，かつ，即座に，現在の問題となることが多いのであるが）。

　企業の意思決定のほとんどのプロセス，特に取締役会レベルでのプロセスは，外部の観察者には，あるいは組織内部にも，ベールに包まれていて不明であることが多い。内部にいる人は自分の職責の位置からは局所的なところしか見えず，経営幹部や取締役会の意思決定に影響したと思われる事柄については，その全容を知ることはほとんどできない。

　また，外部の場合は，経営者たちの討議の結論を知り得るだけで，憶測と事後の辻褄合わせによって意思決定の経過を理解しようとするだけである。新しいCEOを選ぶ過程は，新しいローマ法王を選ぶプロセスの神秘性に近いといわれる。それほどまでにCEOを選ぶ過程は企業の経営プロセスに関心を持つ人たちに閉ざされているのである（組織論を専攻している私の同僚研究者でも，企業のエリートを調査することの困難さゆえに，CEOの選抜については意外なほど，ほとんど研究成果を発表していないのが実情である）。

　意思決定プロセスがこのように不透明であるがゆえに，決定の有効性が疑問視されたり，あるいはそのプロセスから導かれる決定自体についても妥当性に疑問が投げかけられるようになっているのである。

　企業が外部からCEOを選ぶプロセスの有効性について，私の問題提起は次の二点を中心に展開する。一つは決定プロセスの「閉鎖性」に起因する問題であり，もう一つは企業がCEOを選ぶ場合，特定の候補者に偏る傾向があるという点である。

　前者の「閉鎖性」とは，CEO候補者を，必要とされる能力や経験ではなく候

補者の社会的な属性を基準にしてふるいにかけ特定の候補者に限定してしまうという，いわば競争を制限した閉鎖的な選抜方法という問題である。通常，企業が外部にCEOを求める場合は，そのような企業は危機的な状況にあるか，あるいは危機的な事態が予想されている場合が多い。そのような企業の取締役会においては，あるいはそのほかの役職員のレベルでも，外部から招聘したCEOが自分たちの会社の救世主となってくれることを切望する。

　しかし，問題を抱えている企業を個人の力で甦らせるという仕事は並大抵のことではない。企業の救世主を必死になって探している取締役会は，月並みの能力（例えば，その会社や関連産業に関する知識，あるいは職能的な経験）しか持ち合わせていないCEOではこの仕事を成就することは不可能だと考える。取締役会にとって，企業の救世主の役割を担うにふさわしい候補者とは，カリスマ性を供えていると目される人物なのである。

　エンロンの取締役会が2000年の12月にジェフリー・スキリングを新しいCEOに指名したとき，同社はまだ問題を抱えた企業としては見られていなかった。同じく，スキリングもこの時点では問題のあるCEOだとは見られていなかった。スキリングは1990年に高名な経営コンサルティング会社のマッキンゼー・アンド・カンパニーからエンロンに移り，その年には──同社で就くことになるいくつかの経営幹部としての仕事の──最初の仕事に就いている。それから10年後にCEOに就いたわけだが，その時点ではもはやスキリングは"外部の人間"ではなかったものの彼が発揮した"リーダーシップ"は，困難に直面している今日の多くの企業の取締役会が社外にCEOを求める理由の典型例を示現している。同時に，彼はエンロンのCEOとしての短い任期中に，いかにカリスマ的な企業経営者が危険を伴っているかをドラマチックに，かつ教訓として，再現したのであった。

　今でこそわかっていることだが，ニュー・エコノミーの戦略家としてのスキリングのスキルは，相当過大評価されていた。スキリングは自分と自分の組織に対して規律と責任を強要したが，その彼の能力──というよりも彼の"意欲"だが──は，実は存在しなかった。スキリングが明らかに長けていたのは，部

下に対してリスクと責任を取るように動機付けをし，証券市場のアナリストたちや投資家たちに対しては，エンロン教というカルトの崇拝者に仕立てあげる術であった。

　今日，社外のCEO人材市場に候補者を求める理由のなかで中心的な論点となっているCEOの役割としては，従業員を奮い立たせ，アナリストや投資家には自信を持ってもらうように仕向ける能力があるかどうかが極めて重大なものと見なされている。その他の戦略的，政治的手腕，また単に経営能力といったものはありきたりの，つまらない能力，あるいは単にCEOの役割とは関係がないものだとされている。

　エンロン取締役会がジェフリー・スキリングをCEOに任命してから1年も経たないうちに彼は"のけ者"となったが，それまでの彼は同社でCEOの鑑のような存在だった。今，多くの企業にとっては，これまで採用してきたリーダーシップ・モデルとCEO選抜の仕方を再検討する，ちょうど良い時機に差し掛かっていると思われる。

　エンロンの壮大な崩壊は——その他エンロンほどの壮観さを伴ってはいないものの，それなりに重要性を帯びている昨今の企業スキャンダルも——アメリカの資本主義体制を揺さぶる危機を顕在化させた。このような事態は単に今日の企業のCEOのリーダーシップの問題やその資質（時にはその欠落）の問題という枠組みを超えてはいる。だが，外部からCEOを選抜するプロセスの不透明性はそのプロセスの実効性だけではなく妥当性さえも疑わせるほどのものとなってしまっている。それゆえ，アメリカの企業経営の不透明な部分に光を当てることは，いま回答を求められているより大きな問題になんらかの形で対処していくことにもつながるだろう。

　21世紀の幕が開けた今日から過去を振り返ってみると，企業や市場という仕組みが社会の快適な暮らしづくりに大いに貢献してきたことは否定のしようがない。しかしながら，企業活動あるいは市場という仕組みの妥当性がこれほどまで深刻に問い直されなければならないという事態は，1930年代の大恐慌時代以降今日まで，アメリカ社会において見られなかった。

序文

　1990年代にはバブリーな宴の日々があり，その後にドット・コム企業の破綻，CEOに対する報酬の天井知らずの暴騰と特別待遇，エンロンの内部崩壊，我々の社会システムの完全性を担保するとして想定されていた人たち――取締役，証券アナリスト，銀行員，諸官庁，会計士，弁護士――の不祥事，などの諸現象が見られた。

　そんな事態に直面すると，現代の企業は果たして大多数に幸福をもたらすようにつくられた組織なのか，それとも一般の人たちを犠牲にして，あるごく一部の内部者たちだけが恩恵にあずかれるようにつくられているものなのか，といった，もっともな疑問が沸き上がっている。

　内部者だけの密室で行われているという印象を与えている企業の諸活動――特に，企業がそのリーダーを選ぶといった重要なプロセス――は，究極においては全体の基盤を弱くしてしまう，と誰もが考えよう。残念ながら，この事態こそ，外部からCEOを選ぶというプロセスを詳細に検討すると，明らかになる図式なのだ。

　外部CEO人材市場が台頭した背景とその機能について，私は次のように要約したい。つまり，過去20年間において，機関投資家は企業の経営により多く口出しするようになった。

　その理由の一つは，機関投資家が個々企業の株式をあまりにも大量に保有するようになったため，その企業の業績が悪化したときその株式を一度に処分することは難しい。そこでその企業の取締役会に圧力をかけてCEOがもっと責任を持つように仕向ける。これにより，それまでは仲睦まじかったCEOと取締役会の関係が遮断される。企業が深刻な業績不振に陥れば，機関投資家は現職CEOの辞任と外部のCEO候補者を選ぶように要求することとなる。外部の人ならばその企業のそれまでのしがらみにあまりとらわれずに大鉈を振るえる，と思われるからだ。取締役会はできるだけスター性の備わった候補者を見つけ出そうと努力する。というのも，話題性を具えた一流経営者が任命されれば，その企業に対する一般からの信頼を得られることになり，株価も即座に上昇するからだ。だが，外部にいるCEO候補者をサーチするプロセスは，異常なほど

秘密にされる。アナリスト，投資家，そして経済紙など外部の憶測に対しては細心の注意が払われる。候補者を極めて少数に限定する（既に経営者として高名な人のみ）。企業の内容や企業の抱える具体的な問題に熟知していることよりも，文化的に評価される資質，つまり"リーダーシップ"や"カリスマ性"を重要視する。このようなプロセスでは，ほとんどの場合，もっとも適切な人材を発見することができないばかりか，社会的，文化的，デモグラフィック（人口統計学的）に，ほぼ同一タイプのリーダーが生み出されるという結果になってしまいやすい。

　さらには，企業が抱える問題に対するスターCEOの解決能力に投資家が過大な信頼を置くため，取締役会はそのようなCEOに対しては過度の期待を抱き，法外な報酬を約束して招聘する。

　そのような過度の期待は，一つには，CEOの資質が企業業績を左右するという，熱い思いではあるが誤った考え方によって形成されている。この論理からすれば，強力なCEOならば企業の救世主となりうると信じるのも無理からぬことなのである。そして，その期待に基づいて任命されたCEOが過度の期待に応えられなかったときは，取締役会は即座にそのCEOをお払い箱にし，また同じように次の外部候補者を求める作業を再開するのである。

　CEOを社外CEO人材市場に求めることは，要するに，企業経営の安定性を損ない，長期の戦略をないがしろにしつつ短期の株価吊り上げを狙い，最も有望なCEO候補である社内上級管理職者の忠誠心さえも損なってしまう。また，既に述べたとおり，アメリカの社会全般の規範から見ると，企業のリーダーシップや意思決定の妥当性さえも疑問視されることにつながる。

　私がこの本で外部CEO人材市場を分析する手法は，次のように要約される。まず，この市場の構造的な特性およびこの市場が作動している文化的な背景，そしてこれら二つの要因の相互作用を検討する。続いて市場に登場する三人のプレーヤーたちの振る舞い方と考え方とを説明する。三人のプレーヤーとは，CEOの買い手，売り手，そして仲介者である。さらに，この三者が通常の市場の担い手たちとは異なる点についても論及する（CEO人材市場はこの通常の市場

とよく誤認されている）。また今日，外部の人材を充ててCEOを継承してゆくプロセスを根拠付け，合理化し，正当化し，その事例をいくつも生み出している，たくさんの論拠について再検討を加え，検証を試みる。

本書の構成

　企業外部でCEO候補者を見つけ出すプロセスは，これまで秘密にされてきたため，本書の読者のほとんどはそのプロセスについて知ることはなかったと思われる。また，いくらかは知っているという読者でも，このプロセスの一部始終を具体的に知ると衝撃を受けよう。私はケーススタディー（事例研究）として，最近実際に発生した，ある大きな金融機関でのCEOの交代を取り上げ，本書のchapter 1 をスタートさせることにしたい。このケースでは，私が直接面談して入手した情報，この金融機関でこれまでに行われていた事例研究，そして新聞記事等の第二次資料を統合し，外部から招いたCEOへの継承過程，主要な推進者，このプロセスの流れをつくった要因，意思決定の様子などを紹介する。ただ，外部からCEOを招聘する場合，すべてがこの事例に似ているわけではないことを断っておきたい。どの場合でも，それぞれ独自の展開があるものだ。とはいえ，この金融機関のケースにおいて，CEOの地位が外部候補へ継承される事例の底に流れる原動力を具体的に見ることができよう。

　また同時に，この事例により，理論上の推論が事実の裏付けを得ることになる。本書の残りの部分，特にchapter 2 およびchapter 3 において展開する主題の概念的な枠組みも知ることができるだろう。

　chapter 2 では，外部CEO人材市場の構造的な特徴を検証する。そして，そのなかに三つの特徴を見出す。一つは買い手，売り手とも市場参加者の数が極めて小さいこと，第二に，双方にとってリスクが高いこと，そして第三に市場の双方の参加者および関係者が市場等のレジティマシー（正当性）に対する関心度が高いこと，である。これらの構造的な特徴によって，この外部CEO人材市場はほかの労働市場と一線を画しているのであり，また，その市場を閉鎖市

場としているのである。

　外部CEO人材市場は，それ自体を社会の構造のなかの一つのインスティテューション（制度）として把握した場合における市場概念であるが，この章ではそのCEO人材市場を研究するために私が組み立てた基本的な理論的枠組みも紹介する。

　外部CEO人材市場の基本的な構造的特徴はchapter 2 までで概括したので，chapter 3 では，この市場の興隆を招き，稼働させるに至った要因について説明する。要因とは，市場を形成する文化的な要因と，これと相互作用する構造的な要因のことである。(1980年代はじめに始まった) マネジリアル・キャピタリズム（経営者資本主義）から今日の社会システムとなっているインベスター・キャピタリズム（投資家資本主義）への移行を歴史的に説明しながらこの要因を解説していくことにする。また，CEOとは何か，その役割とは何かを考えるに際して，この資本主義の性格の変化が与えた影響を検討しつつ，上記の文化的な要因についての解説を試みたいと考える。要するに，カリスマCEOが跋扈するようになった背景は，アメリカの資本主義における所有者と経営者の関係のなかで，歴史にも残るこのインベスター・キャピタリズムへの移行が発生したからである。企業の外部から企業内に入り込んでくるカリスマCEOは今や外部CEO人材市場を席巻するほどとなっている。また，新しいキャピタリズムへの移行はいろいろと新しい考え方を伴ったが，なかでも"ビジネス"に対する思い入れは新興宗教にも似ている。株式市場で投資をするアメリカ人の数もかつてなかったほど膨張し，これらの結果としてビジネス紙がたくさん生まれることとなった。

　chapter 4 からchapter 6 においては実際に外部のCEO候補をサーチするプロセスを精査するが，その前のchapter 1 からchapter 3 では，その背景を前もって説明しておく，という構成をとった。これら後半の章においては，外部のCEOをサーチする上で，取締役会の役割，役員候補を見つける人材会社の役割，新しいCEOを選ぶときの取締役会と候補者の間のやりとり，を順番に検討する。これらのすべての役割について，私は通説に挑戦する。通説は外部CEO人材市

場をあたかも主流派経済学者たちがすべての市場を見るときと同じように把握する。つまり，主体性を持った個人が自分の利益のために合理的に行動し，社会的な，または文化的なしがらみは微塵も影響しない市場システムである，という解釈である。これはまったくの誤りだ。外部CEO人材市場では，候補者はしばしば不合理な役割を演じ，合理的に行動しないが，その背景には社会的，文化的なしがらみが存在しているのである。その視点から捉えないと，この市場を正しく理解できない。

chapter 4 と chapter 6 では（取締役会および候補者と取締役間のやりとりの最終段階にそれぞれ焦点を当てて），候補者群の絞り込みがどのように行われているのか，そのプロセスを例証する。続いて，候補者の持つ力量や経験によるのではなく，社会的に優秀だと定義されている特性を基準にした最終選抜の様子を描写する。chapter 5 では，役員クラスの人材サーチ会社の基本的な役割は，市場の仲介業者としての機能を発揮して売り手，買い手を仲介するのではないことを指摘する。この人材サーチ会社の機能は，外部でCEOの候補者を探索する際に，社会的な制約やしがらみを緩和し，同時にそのような障害物の存在を隠蔽することである。こうすることによって，関心を持つ観察者にはこのCEO人材サーチの過程は妥当なものだと思わせるのである。chapter 6 においてはまた，外部人材から登用されたカリスマCEOが，いかに法外な高額報酬と権限を付与されるか，また，いかに法外な期待をもかけられることになり，将来の不安定と失望の種を蒔くことになるのか，ということにも言及する。

最後に chapter 7 では，欠点が多いと思われる外部サーチに新CEOの選抜を託すという仕組みと継承プロセスは，企業そのものとアメリカ社会全体にとって，どんな意味をもっているのかを検討する。社外にCEO人材を求めることは利害関係者にとっていくつもの害をもたらすことを詳述する。そして，最後にある考え方を述べて私はこの章およびこの本の本文を終えることにする。つまり，この本で議論をすすめてきた二つの主題——リーダーシップの状況，市場の状況——に関して，今日アメリカ社会で広く認識され容認されているその内容を再考することは，密室状態となっている外部CEO人材市場を明らかにし，

アメリカの企業と社会全体の双方に，多大な利益をもたらすこととなるのである。

方法論および謝辞

　私のこの本のプロジェクトは1998年の私の学位論文，The Changing of the Guard: Causes, Process, and Consequences of CEO Turnover　から始まっている。この論文では，私は大企業でのCEOの継承事例，そのプロセスおよび結果について書いた。そして，この論文の調査の過程において予期していなかった事例に遭遇するに至り，CEOの人材市場という一つの現象についてもっと深く理解したいという，より大きな課題を抱えることになった。卒業すると私はフィールド・リサーチを熱心に行い，CEO人材市場全体を対象にしたプロジェクトとすることにした。

　そのプロジェクトは米国の大企業850社におけるCEOの継承事例についてのデータベースをその基盤としている。調査期間は1978年から96年にかけてである（なお，二段抽出を実施したいくつかの標本は1999年まで期間を延長して検討した）。このデータベースを検討したことによって，いくつか重要な事柄が突き止められ，またいくつか予想していなかった事態にも遭遇し，CEOの継承というテーマに関するそれまでの研究者の文献や私自身の理解が限定的であったことが明確にされることとなった。つまり，エージェンシー理論による分析や，効率的市場仮説，取引費用理論，あるいは私がデータを分析するにあたって多大の影響を受けたマネジリアル・キャピタリズムについての社会学的な考え方などによる予測は，必ずしもその通りではなかったことが判明したのである。そこには多くのアノマリー（例外，変則）が見られたのである。そこで私はこのプロジェクトに重要なフィールド・リサーチを加えることとした。そのリサーチの対象は取締役，エグゼキュティブ・サーチ会社，そしてCEOであったが，私は調査しているうちにCEO人材市場中の相互に脈絡のない日々の現実と，統計捕捉された実態との間の整合性を見つけることができたのである。この調査は主

として1997年から2001年にかけて実施した。面談を実施した対象は取締役，サーチ・コンサルタント，そしてCEOたちであった。また，エグゼキュティブ・サーチ会社に出向いてかなりの時間を費やした。そこでは実際のサーチ活動や候補者についての様子を感じ取ることができた。この調査ではサリー・ラローチェ，ケイト・ブライアント，ジョン・ホーキンズ，ジュディー・スミスの各氏にたいへんお世話になった。彼らのお陰で多忙なスケジュールの人たちに時間を割いてもらって会うことができたのである。面談をした人のほとんどは，身元を明らかにしないこと，あるいは所属企業を秘匿することを望んだ。彼らは自分の身分や立場をよく認識していた。私はそのような彼らが時間を割いて，辛抱強く素人の私に率直な考え方や判断を示してくれたことに感謝した。CEOの人材市場は急展開を見せるため，このような方たちのなかにはすでに所属企業を変えたり，あるいは引退したりしている方もいると思われる。ただ，私がこの本のなかで身元を明らかにすることが許されている場合は，便宜上，面談したときの肩書，所属をそのまま使うことにした。なお，フィールド・リサーチのデータや数量的なデータを収集したときの方法論やその説明は，巻末の補遺に記載している。

　この本で扱った多くの研究テーマは，私が取り組んだこのようなフィールド・リサーチから得たものであるため，私にそのような実地調査を勧めてくれた方たちにまず感謝したい。ピーター・マーズデン，ジェイ・ロルシュの二人は，実際にCEOの継承案件を決定している人物のところに行くように私を仕向けてくれた。私はそのような調査を加えると，博士号の論文を書き上げる計画が少なくとも6か月は遅れると異を唱えたのだが，お二方とも譲らなかった。彼らは私に統計（二人ともそれらの統計は意味のあるものだった，と認めてくれてはいるが）をまとめているだけではなく，CEO継承のブラックボックスを開けるように，と勧めてくれたのだった。そして，私は一歩踏み出すことになったのだが，そうすると，そこで調査した内容をチェックするために，さらに追加のデータを収集するようにと勧めてくれる人たちがいた。ニティン・ノーリアと今は亡きオーガ・ソレンセンである。このときも私はデータを集めるための金

銭的な余裕がないこと，また，6か月ほど計画から遅れることを理由にデータ収集を拒んだのだが，（後から考えると）彼らのアドバイスは本当に感謝しなければならないことだった。ニティンは自分のサバティカル（研究休暇）の期間に，私が遠慮なく彼の二人のアシスタント，キアン・サンおよびクリス・アレンに手伝ってもらえるように便宜を図ってくれた。私はオーガに採用すべきモデルの構築に関しては気儘に相談し，彼からは懇切な指導を受けた。

　こういった方たちの指導，協力のほか，この本で扱った特定の考え方については他の方に負うところも多い。そのような考え方は私自身の発想ではなく，私が面談したときや，同僚研究者やディサテーション・コミティー（論文審査委員会）のメンバーとのe-メールのやりとりのなかで明らかになってきたものである。たぶん，私はもっとお世話になった方たちに謝辞を述べることを忘れているだろうが，ここでその非礼をお詫びを申し上げたい。

　2001年早春に亡くなられた恩師オーガ・ソレンセンには最もお世話になった。オーガは私の卒業論文のディサテーション・チェア（審査担当の主任教授）であり，メンター（よき相談相手）であり，また，労働（人材）市場研究分野では高名な社会学者であった。彼の見識には常に驚嘆させられたものだった。彼から受けた厳しい批判，薫陶，そして知性に対する彼の謙虚さ——それらは私には時として鬱陶しく感じたものだったが，彼の批判は常に私のためということがわかっていた——は，この本のなかで理論として結実している。そして，この論文を一連の論文としてではなく，はじめから本として書くことを勧めてくれたのもオーガだった。

　オーガ自身は自分の研究成果を学会誌などに発表し，自分のキャリアを積み上げてきた人物だったため，彼のアドバイスは驚きであり，また，有難いことでもあった。私の研究分野におけるテーマとソーシャル・クロージャー（社会的閉鎖）との関連性を強く指摘したのもオーガであった。また，マックス・ウェーバーの『社会と経済』を上下巻ともまるで狂信的信者が聖典を読むが如く精読するようにと勧めてくれたのも彼だった。この指導は本当に役に立ち，私はいつも間断なくこの本に立ち返っている。

ウェーバーの考え方については私はいくつかは不安を覚えることもないわけではないが，私の社会に対する理解の仕方，あるいは研究対象の比較の手法，カリスマ性についての考え方，官僚的な業務執行についての考え方，社会的ステータス，層，群などについての差異性，といった事柄については，私の頭の中にウェーバーの考え方が染み込んでいるのである。私はほかのどんな社会学的な研究よりもウェーバーの名著，『経済と社会』から深く影響を受け，そこから多くのアイデアを借用している。

私がこの論文をまとめるにあたってはウェーバーのほかにも何人かの泰斗から影響を受けた。彼らの考え方はこの本のあちこちでみられる。そのような先人のなかでは，ジョージ・ジンメルを挙げたい。彼は20世紀初頭に社会的集団がどのように機能するかを初めて説いたが，その理論は今日でも通用する最良の学説の一つである。特に，第三者，秘密結社，部外者等の社会的役割についてのジンメルの理論に照らすと，私がエグゼキュティブ・サーチ会社や外部CEO候補者の役割について理解していたことはまったく不十分であることがよくわかった。

chapter 2 においては，弱い絆，社会的な埋め込み，社会的に構築される市場，などについて，マーク・グラノベッターの独創的な考え方が，もう一つの理論とともに，議論のテーマを構成している。もう一つとは，ビビアーナ・ゼリツァーの文化と市場との関係についての理論である。特に，社会的価値が市場参加者の戦略を形成していくとするゼリツァーの理論，そしてまた，妥当性を備えた市場についての女史の考え方によって，私はCEOへの「役割期待」がCEOの人材市場とCEOの承継プロセスに影響していると考えるようになった。私が展開したCEOの人材市場論では，ロナルド・バーツの鋭い「ストラクチャー・ホール」理論や，また彼の情報の流れと社会的ネットワークの関係の理論から，特に影響を受けている。また，ロバート・マートンからは，エグゼキュティブ・サーチ会社について私が理論をまとめるに際して，個人の行動や社会的な役割に対するステータスの影響の考え方から大いに刺激を受けている。

オーガ・ソレンセンが亡くなった後はニティン・ノーリア（ハーバード大学）

とミジーク・ピスコルスキー（スタンフォード大学）が引き続いて協力の手を差し伸べてくれることになった。私がソーシャル・クロージャーについてのコアとなる概念を発展させるに際しては彼らからいろいろと助言をいただいた。また，私はピーター・マーズデンからも影響を受けて，ネットワーク（人脈）を手段として捉えるのではなく，理論的な枠組みのなかで考えてみるようになった。彼は"ネットワーク・メソドロジー"というテーマについて講義をしていたが，このテーマで私が書いたレポートに対しては彼から詳細なコメントをいただき，私は単なる情報と洗練された価値ある情報とを区別することの重要性を知ることとなった。また，ネットワークではその繋がり度合いの強弱によって流れる情報がどのように異なっていくかを測定する一つの方法として，セントラリティー（中心性）の概念を代替として基準にしてみることを彼は勧めてくれた——これは私にとってはフィールド・リサーチの結果とそれまでの統計的なデータとを結合させる論文を書くにあたっては，考え方，また方法論として画期的であった。

　取締役会についての私の考え方はマイケル・ユシーム，ロサベス・モス・カンター，エズラ・ザッカーマンらと交わした議論から強く影響されている。ユシームの著書，*The Inner Circle*（邦訳『インナー・サークル—世界を動かす陰のエリート群像』1986年，東洋経済新報社）および *Executive Defense* は私が chapter 3 を展開するにあたって，大いに教えられた。ロサベスは企業の組織と社風について関心を持っていたが，女史との議論を通じて私は社外からの圧力が企業内部の結束にどのように影響するかを検討するに至った。ソーシャル・マッチングのプロセスについてはエズラ・ザッカーマンのコメントや提案が貴重であった。

　今日，社会学では第三者や仲介者の役割についての研究が盛んになされてトレンドとなっているが，私の仲介者についての考え方はジョエル・ポドルニーとエズラ・ザッカーマンとの議論から強い影響を受けている。私はこの二人が重要なこのテーマではこれまでずっと最先端を走ってきた研究者だと考えている。

序文

　たくさんの人たちがこの本の原稿の全体，あるいは一部を読んでくれた。ハーバード大学およびMITでの同僚研究者，あるいはケンブリッジ以外の地域の人たちが長年にわたって貴重なコメントを寄せてくれた。トム・コーカンほか，以下の方々だ。

　ポール・オスターマン，ジョン・バン・マーネン，エレノア・ウェストニー，リック・ロック，ロッテ・バイリン，デボラ・アンコナ，ボブ・ギボンズ，ロバート・フェルナンデス，ジェスパー・ソレンセン，スコット・スターン，フィオナ・マリー，マーク・ミズルーチ，ジェラルド・デービッド，オラブ・ソレンソン，リチャード・テドロウ，クリス・ウィンシップ，ミジーク・ピスコルスキー，リンダ・ヒル，ハーミニア・イバラ，ジャック・ガバロ，マイク・ビア，モニカ・ヒギンズ，レズリー・パーロウ，ロビン・フライ，ティジアーナ・キャシアーロ，ジョシュア・マーゴリス，デービッド・トーマス，ブライアン・ホール，ジョージ・ベイカー，マイケル・ジェンセン，オーランド・パターソン，ホセ・ルイ・アルバレス，デイモン・フィリップス，ジェフ・ゾンネンフェルド，ドン・ハンブリック，ヘザー・ハイブマン，ジョン・コッター，サンディー・グリーン，マイケル・ビアズ，ブルック・ハリントン，ディエゴ・ギャンベッタ，スコット・スヌック，ジム・バロン，チャールズ・スミス，ウォレン・ベニス，ヒューゴ・ユーザホブン，トム・パイパー，クリシュナ・パレプ，マイク・タシュマン，ウィリアム・オカシオ，ランジェイ・グラッチ，ブライアン・ウッジ，フリオ・ロテンバーグ。

　これらの方々から私に寄せられたご提案，アドバイス，激励に感謝する。

　ハーバード大学社会学部の友人たちにも感謝したい。彼らは私がこの研究テーマについていくつか論文を発表したときには，忍耐強く，また，思慮深く，聴いてくれ，そしてコメントをしていただいた。また，シカゴ大学，ペンシルベニア大学ウォートン校，エール大学，MIT，スタンフォード大学のビジネス・スクールの同僚研究者たちにも感謝したい。さらには，ハーバード大学とコロンビア大学の社会学部に対してデータ等の発表を許可していただいたこと

にお礼を申し述べたい。

　私がこの研究に着手することになったMITのスローン・スクール・オブ・マネジメント，また，論文を完成させたハーバード大学のビジネス・スクールには特にお礼を申し述べたい。ハーバードのキム・クラーク学部長，スローン・スクールのリチャード・シュマランシー学部長からはこのプロジェクトにご理解を賜り，金銭面の援助と激励をいただいた。

　プリンストン大学出版部の皆様にも感謝したい。イアン・マルコムは実によくやってくれた。彼の奮闘がなければこの本は世に出ていなかった。この本の企画提案から完成までの全プロセスにおいて，イアンはケンブリッジの私のところに定期的に来られては本作りを指導していただいた。ティム・サリバンには原稿編集を担当していただき，また，モーラ・ロースナーには制作管理を担当していただいた。

　ダニエル・ペンリスからは全プロセスにおいてさまざまな協力をいただいた。ダニエルは私の知る人のなかでもっとも誠実な人柄の一人だが，彼は編集者として，また，話し相手としても，アドバイザーとしても，時に心療療法士としても，そして友人としても，しっかりと私を支えてくれた。不都合な箇所をうまく処理すべきアイデアを考え出す彼の能力，論理矛盾を突き止める能力，私を常に議論の方向に沿って仕向けてくれた能力，靄がかかったような抽象的な考えを明確な論旨にまとめる能力は，この本に一貫性，統一性と読みやすさを与えてくれた。書き直しを迫られた私に溜まるフラストレーションをうまく解消させてくれた。彼にはいくら感謝しても感謝し尽くしえない。

　家族にも感謝したい。日々の励ましの電話と絶対的な愛を捧げてくれた両親のラム・クラーナとアンジャナ・クラーナ。子供時代，十代の頃の面白いことをいろいろと思い出させてくれる兄弟，プラディープとハリーシュに感謝したい。それらの思い出は自分を取り戻すことに役立った。また，そのほかの家族，親戚のトレント，リタ，そしてマリサにも子守などお世話になったことを感謝したい。

　そして，最後に私の最愛の家族，ステファニー，ソニア，ナリーニ，そして

ジェイに感謝する。妻のステファニーは，ある小さなIT関連企業のCEOだが，私の主張した論点については常に現実とのチェックを怠りなくやってくれた。彼女からはいつも刺激とひらめきを授かった。子供たち，ソニア，ナリーニ，ジェイは私の活力の源である。私の行っていることすべては子供たちのためである。

chapter 1

彼の優秀さはみんなが知っていた
ジャミー・ダイモンへの秋波

■中興のCEO ジョン・マッコイの躓き

　1999年，シカゴに本店を置く銀行持株会社，バンク・ワン・コーポレーションは問題に直面していた。投資家も役員たちも，この銀行が抱える問題の根源がよくわかっていた。その根源とは，バンク・ワンのCEO（最高経営責任者），ジョン・マッコイだった。

　バンク・ワンは発祥を1868年に遡る老舗の銀行である。だが，この銀行を今日の大銀行に育てたのは，ジョン・マッコイその人だった。マッコイがCEOに就任した1984年当時，アメリカでは銀行の州際業務の規制が徐々に撤廃されつつあった。マッコイは他行に先駆けてこの規制緩和の波に乗った。

　すなわちバンク・ワンは1986年からアメリカ中西部，南西部諸州の銀行を次々と買収していき，その後の10年間で100以上の銀行を傘下に収め，規模も全米37位から第4位へと飛躍的に拡大した。この同じ期間に，バンク・ワンの株価は6倍となり，CEOのジョン・マッコイはマスコミで最も注目される銀行家となった[1]。

　しかし，1999年に変化が起った。それまでバンク・ワンが実施した買収のなかで最大の買収対象となったファースト・シカゴNBDの買収が完了するとともにバンク・ワンは躓き始めた。証券市場では金融セクターの株式のほとんど

が高騰し，沸いているなか，バンク・ワンの株価だけは下落を始めた。ファースト・シカゴを取得したことがこんな結果を招くとは予想されてはいなかった。190億ドルを投じたこの吸収合併によって新銀行の総資産は2,600億ドルに膨れ上がり[2]，フロリダ州から中西部，南西部各州の全地域に支店網を展開する最強の銀行が誕生するはずだった。

　ところがファースト・シカゴとの業務統合という仕事は，バンク・ワンのすべての人の思惑を超えた難事業だったのだ。両行のサービス面では整理すべき重複業務が多々あり，また，ばらばらの情報システムについては統合が課題となっていた。企業体質の面でもバンク・ワンの起業家的社風，あるいは機能・権限の分権化を重んじる社風は，ファースト・シカゴの保守的な企業体質と激しく衝突した。また，合併につきものの経営者の主導権争いも見られたし，出身銀行への忠誠心はそう簡単に消滅するものでもなかった。

■マッコイへの賞賛と批判

　多くの投資家や取締役の見るところ，そんな状況下でジョン・マッコイはバンク・ワンの経営に対する関心を失ってしまったようだった。この見方は，マッコイ流として知られ，かつまた，称賛されてきた彼独特の経営スタイルの評価が変わったことを意味していた。

　マッコイはアメリカでも屈指のバンカーと目された人物であり，そのリーダーシップはハーバード大学ビジネススクール（経営大学院）の必須科目"ゼネラル・マネジメント"の事例研究の教材に取り上げられるなど，不朽の名声を博していた[3]。

　マッコイのリーダーシップの特徴は，彼が他人を信頼するその力量だった。特にマッコイがこの特技を発揮したのは，買収した銀行を統合するときであった。「滅多に見られないパートナーシップ」とバンク・ワンが自ら呼んだ統合手法を実践し，買収した銀行の管理職者たちを信頼しては仕事を任せ，効果的に業務を推進していったのだ。また，マッコイは他人の信頼を勝ち取る才能でも知られていた。この才能を彼は――週5日のうち，3日間は――自行行員や

その顧客と面談しては発揮していた。

　だが、ファースト・シカゴ買収と引き替えに、バンク・ワンの経営状態は揺らぎはじめ、マッコイのこうした経営スタイル自体が問題視されるようになっていった。1999年の通期業績が悪化すると、投資家や取締役たちはマッコイの経営姿勢には熱意が感じられない、超然としすぎている、と批判するようになった[4]。バンク・ワンが抱えていた問題の多くはクレジット・カード事業部門に原因があったが、同部門は何の前触れもなく勃発したかのような手数料率問題や顧客離れにさいなまれていた。

　そんな状況下、その年の夏にはバンク・ワンのサービス低下に怒った顧客が不満を露わにしたことを全国紙が報道したが、それでもマッコイは懸念する様子すら示さなかった。また、8月には投資家に対して業績悪化の見通しを伝えた後、予定していたヨーロッパ旅行をキャンセルしなかったことで、マッコイは非難を受ける事態となった。さらに9月半ば、バンク・ワンがスポンサーとなっており、バンク・ワンの顧客も参加していたシニアPGA（全米プロゴルフ協会）ツアーのイベントのために、マッコイはテキサス州ダラスへ出向いた。そこはシカゴの新聞にとっては絶好の取材場所でもあった[5]。

　ファースト・シカゴ出身者はマッコイを見て文句をたらたらと述べた。なかでもファースト・シカゴの前の取締役であり、ノースウェスタン大学のケロッグ経営大学院の学部長をしていたドナルド・P・ジェイコブズに至っては咎めるようにこう吐き捨てた——「優れたバンカーなら、緊急事態の時には現場に戻って、腰を落ち着け、仕事に専念するものだ」[6]。

　その後、マッコイに対するこのような批判の声があちこちで上がるようになり、その秋には全面的な反旗が一気に翻ることとなった。ファースト・シカゴの前の取締役たちのところへも、ファクス、e-メール、電話などによって、マッコイが銀行の困難な局面に真剣に対処していない、という非難の声が殺到した。

■シカゴ市民を敵に回したマッコイ

　証券アナリストの多くもマッコイをもはや信頼することができなくなった[7]、

とバンク・ワンの取締役に告げ始めた。マッコイCEOの砕けた経営スタイル，そして細部を無視するような手法に対しては，マッコイはこの表現を唾棄したが，こんなニックネームが付けられた――"でたらめマッコイ"[8]。

　マッコイに対する反発は，ファースト・シカゴの旧経営幹部や取締役たちがただ単にマッコイの気さくなやり方に馴染めなかった，ということが確かに理由の一端のようであった。しかし，もう1つの原因は，オハイオ州コロンバスの田舎銀行（バンク・ワン）が由緒ある地元の銀行（ファースト・シカゴ）を買収してシカゴ市民の誇りを傷つけてしまったことにあった[9]。シカゴの新聞はファースト・シカゴの人脈を通じて，バンクワンの中に情報源を確保しているようだった。バンク・ワンに関する記事の情報源はいつも役員室や"旧ファースト・シカゴ経営幹部"となっていた。記事はしばしばマッコイを愚弄し，彼を疑惑の目で見るような論調が多かった[10]。日ごとの出来事がニュースとなり，シカゴの住民たちは以前には見過ごしていた事柄でさえ話題にするようになり，その話が反マッコイ派を勢いづけていった。例えば，CEOの休暇の予定だけではなく，彼が招集した週次の経営会議の回数についても，ことごとく報道されていた。

　合併前オハイオ州コロンバスにいた当時には起こり得なかった事態に自分が陥っていることを自覚したマッコイは，伝えられるところによると，妻にこう弱音を吐いたという――「早くこんな泥仕合から抜け出したい。クソ面白くもない。いつまでもこんなことに係わっていられない」[11]

　しかし，その時，既に他の人たちが，彼をこの窮地から解放する手立てを準備していた。その年の秋のある取締役会で，旧ファースト・シカゴ出身の役員たちがマッコイの度重なる不在を問題にした。この件が持ち出されたということは，最終決着が不可避であることを意味していた。これでジョン・マッコイは辞任せざるを得ないことになった（社内では旧ファースト・シカゴ出身の上級幹部たちが賭けの胴元になって，取締役会がマッコイに対して辞任を求める日が賭けの対象になった）。

　11月に業績予想の未達が公表されると，バンク・ワンの取締役たちの態度は

一層硬化した。同月、バンク・ワンの取締役としてまだ席のあった幾人かの親しい取締役との会合で56歳のマッコイは、引退を予定していた年齢よりも4歳も若かったが、辞任の条件を話し合った。その中味は、1997年、1998年の「特別功労金」としての750万ドルに加え、キャッシュで1,030万ドル、さらに2001年からは年間300万ドルの年金を供与するという好条件だった[12]。また、187万株の株式を保有するバンク・ワンの大株主という身分はそのまま保証された。

■注目を浴びる新しいCEO選び

　12月の初めに取締役会はマッコイの辞任を発表した。そして旧ファースト・シカゴ出身のバーン・アイストックが暫定CEOに、また、社外取締役のジョン・ホール、および同ジェームズ・クラウンの二人が共同で取締役会会長に就任する役員人事を発表した。

　この発表を受けてバンク・ワンの株価は11％も上昇した[13]。さらには、取締役会がバンク・ワン出身者3名、旧ファースト・シカゴ出身者3名、合計6名の社外取締役からなる、後任のCEOをスカウトするための委員会であるサーチ委員会の設置を発表すると、取締役会が依頼したトップ経営者人材紹介会社のラッセル・レイノルズ・アソシエイツには経済紙や旧ファースト・シカゴの退職者からの電話が殺到した。退職者たちはこの人材サーチ会社のコンサルタントたちに、自分たちの老後の生活資金のほとんどがバンク・ワンの株式に投じてあることを知っておいてもらいたかったのだ。

　一方、経済紙は異様に注目を浴びていたこの銀行のトップ探しというヒューマン・ドラマに強い関心を寄せていた。12月も日が残り少なくなると、バンク・ワンの株価は日増しに乱高下を繰り返すようになった。候補者の名前が取り沙汰されるたびに、株価が反応したのだ。揺れ動く株価、高まるメディアとアナリストの注目、そして従業員や投資家の不安を前にして[14]、取締役たちにもこの状態は容易ならざる緊急事態であることが理解されていった。

　サーチ委員会の責任者を務めていたジョン・ホールは、候補者探しを始めた当初から、"暫定CEOであるバーン・アイストックは外部からの候補者に対抗

する最有力候補である"と明言していた。しきたりを守る古いタイプの冷静沈着なバンカーだと評されてきたアイストックは，合併前はファースト・シカゴを経営し，今ではマッコイが去った後のバンク・ワンの傷口を癒すために奔走していた。

　サーチ委員会のメンバーに加わった旧ファースト・シカゴ出身の取締役は，アイストックを高く評価し，実際，終身CEOに推薦したほどだった。しかし，旧ファースト・シカゴ出身ではない委員会メンバーはこの案にはあまり乗り気でなかった。アイストックは優秀な経営者ではあったが，ウォールストリートのアナリストや経済紙が望むレベルの功績と名声に欠ける，と彼らの目には映っていた。彼らは，本格的な外部の人材探しが必要だと主張した。「我々の任務は，当行をもう一度業界トップの位置へとリードしてくれる，アメリカで最良の候補者を見つけ出すことにほかならない」とホールは述べた。[15]

　バンク・ワン出身のサーチ委員会メンバーは，サーチ会社ラッセル・レイノルズのコンサルタント，チャールズ・トリベット三世とアンドリア・レッドモンドが言うとおり，この銀行には外部からの著名な人材が必要だと感じていた。金融機関の経営者として高い評価を得ており，かつ，バンク・ワンの卓越性を再度世間に知らしめてくれる，そんな人材を求めていた。サーチ委員会のメンバーは誰もが金融サービス事業およびブランド構築での経験は大切だと考えてはいたが，経営者としての誉れ高いCEOがこの銀行に再度威光をもたらしてくれることを願っている委員会メンバーも多かった。

　レッドモンドによると，「肝心なことは銀行を活性化し，再生させることのできるCEOをみつけること。行員のエネルギーをしっかりと再生に役立たせ，エクセレンスを極めるように彼らを仕向けることのできるCEO」が必要だったのである。

　人材探しにおける基準の大原則は，一にも二にも"リーダーシップ"であり，そのほかの何ものでもなかった，とレッドモンドは述べている。[16]

■ジェームズ・ダイモンの登場

　サーチ委員会とサーチ会社が候補者のリストの擦り合わせを始めてしばらくすると、メンバーたちはある人物に魅せられることとなった。その人物とは、ジェームズ（ジャミー）・ダイモンだった。世界中で最も成功を収めた金融サービス会社の経営者の一人だった。

　だがダイモンはその頃、その金融サービス会社、シティグループの社長ポストから追われる身となっていたのである。何年間にもわたるパートナーであり、かつメンター（良き指導者、相談相手）として仰いでいたサンフォード（サンディー）・ワイルがダイモンを追放したのだ。

　通常、解任という事態になると、ダイモンのような立場の人材は、今後、大企業のCEOとしての資格を失くしたことを意味する。ただし、今回のダイモンの解任劇はシティグループ内部の抗争の結末であり、業績悪化が原因ではなかった、ということはよく知られていた。したがって、ダイモンの名声はなお、燦然ときらめいていたのだ。実際、ダイモンはそのときまでの経歴によって、金融ビジネスの世界では、伝説的、いやまさに神話的とも言えるほどの評価を得ていた。[17]

　今では米国最大の総合金融機関となったシティグループは1998年にシティバンクとトラベラーズが合併して誕生した企業である。ダイモンがそのシティグループの社長となったのは弱冠42歳のときだった。彼は当時この役職の他に、シティグループの子会社で投資銀行業務を営むソロモン・スミス・バーニーの会長兼共同CEOでもあった。また、解任された当時、彼はシティグループの内部および外部の両方の人たちから、この巨大金融事業グループの次期会長として本命視されていた。

　ダイモンが職業人としてのキャリアをスタートしたのは1982年のことだったが、その当時はちょうど「フォーチュン500社」に名前を連ねる大企業に終わりなき変革を強いるがごとく、ジャンクボンドやテイクオーバー（乗っ取り）、企業合併といった投資家革命が起こり始めていた。

図1−1　バンク・ワンCEO候補サーチのための項目シート

取締役会会長およびCEO募集要項

01F074-NA

企業概要

　弊社顧客であるバンク・ワンは全米4位の規模の銀行持株会社で，総資産は2,600億ドル以上。その業務内容は，金融機関としての業務のほとんどすべてを網羅している。顧客層は商業，産業の各企業，そして一般消費者に及ぶ。

　また，カード事業ではカードの発行数が99年9月刊行の「アメリカン・バンカー」によると，全米第2位。また，中小企業に対する貸し出し金額では同第3位，また，投資信託の販売でも第25位にランクされる。オートローン事業でも大手。店舗網は全米に1,900以上，ATMのネットワークも導入済み。米屈指の商業銀行であり，世界の主要地域に進出している。

　この金融機関は全米規模で，リテール（一般消費者）向け業務，商業銀行業務，投資顧問事業，信託事業，ファイナンス事業，カード事業を展開している。その他関連業務，周辺業務も全米規模での事業展開を進めている。

　バンク・ワンの社是は，参入している主要事業分野でのランクが，1位，2位，あるいは3位になること。シェア拡大の方策は，様々な顧客層に対して，革新的な高品質の商品を提供することである。

経営幹部の責任

　取締役会に直接報告する会長およびCEOは，組織の長としてリーダーシップを発揮し，銀行の戦略を立案し，経営計画を実施に移し，事業の管理，統制に務めることが求められる。また，銀行の顧客に接する行員の動機付けを担う。CEOは対外的には重要なコミュニケーターとしての役割を持つ。

　また，利益の成長性，利益率の向上についても，CEOは目標を定めて実現を図るように求められる。また，組織全体の資金の管理についても責任を負い，先の合併により生じている業務統合の課題を統率して推進する責務を負う。

　CEOはまた有能なる経営幹部を統率する。経営幹部は，地理的に分散されている大勢の行員をまとめる。

　以上，明らかなように，CEOに選ばれた場合，そのCEOはこの注目度の高い金融機関の利益率を改善し，成功へと導く責務を負うこととなる。

資格

　会長およびCEOとなる人材は，銀行業務の経験をもち，際立って卓越したリーダーシップを発揮した輝かしい経歴をもつことが不可欠。ホールセール・バンキングおよびリテール・バンキングの双方に通暁していることが重要。

　また，カードビジネスでの実績に加えて，巨大化した，かつまた複雑な組織のなかで，経営者として十分な実績をつんでいることも有利となる。バンク・ワンで次のCEOとなる人物には，完璧な誠実さが求められる。また，これまでの困難な局面においても決断力があることを実証しており，かつ銀行の内外の関係者から信頼を得ていることが必要。CEOとして成功するにはこれまでに経営戦略の立案と実施において成果を挙げたこと，技術部門とサービス部門の調和と統制および，リスク管理上の判断においても卓越さを実証していることが必要。経営幹部を率い，彼らの意欲をかき立てられることも重要。

　また，証券アナリスト，投資家グループおよび最も重要な人たちである従業員と十分にコミュニケートできることが肝心。不振事業部門についても再度検討を加えて，金融サービス事業の極めて競争の激しい分野においても利益を確保できる事業として再生させる手腕が必要とされる。

報酬

　指命された場合，そのポストの責務に対応する報酬を得ることは明らかである。したがって，かなり高額の基本報酬に加え，一定の成功報酬制度，ストック・プランも用意されている。

出典：ラッセル・レイノルズ・アソシエイツ（著者により形式を再構成）

chapter 1　ジャミー・ダイモンへの秋波

■サンディ・ワイルとの出会い

　ハーバード・ビジネススクールを修了したダイモンは，実社会に入るとトップ経営者に近いポストから自分のキャリアをスタートさせた。ダイモンが最初に入ったのはアメリカン・エキスプレス・カンパニーで，当時社長であったサンディー・ワイルのアシスタントだった。サンディー・ワイルとダイモンはその後，16年にわたって緊密な関係を続けることとなった。

　ワイルとダイモンの家族は実はそれまで数年間，親しく付き合っていたのだ。ダイモンが書いた学部の卒論も，ワイルが1970年代に築き上げて1981年にアメリカン・エキスプレスに売却したシェアソン・リーマンについてだった[18]。ワイルとダイモンのコンビは，アメリカン・エキスプレスにおいてファイアマンズ・ファンド社のような業績不振の子会社を短期間に立て直すことのできる手腕をもっているとみなされるようになった。

　だが，そんなワイルといえども，アメックスではジェームズ・ロビンソン三世という凄腕の企業経営者にCEOへの道を阻まれ，結局ワイルはアメリカン・エキスプレスを辞することとなった[19]。そして，驚いたことにダイモンも——この仕事に就いてまだ3年しか経っていないと言うのに，また，アメリカン・エキスプレスでは安泰かつ有望な将来が約束されていたというのに——自分の上司を追って失業者となったのだ。二人はマンハッタンに事務所を借りて，おそらく金融の現代史において最も成功することとなる小さな会社を始めたのだった。

■ワイルとダイモンのメジャーへの挑戦

　ワイルとダイモンはまず，コマーシャル・クレジット・コーポレーションという，経営不振で苦しんでいたボルチモアの民間ローン会社を手に入れた。この会社の主たる事業は400店にものぼる店舗網で，庶民に対してお金を用立てる消費者金融業務だった[20]。当時，金融関係の経営者ならばこの事業には将来性を見いだせなかっただろうが，ワイルとダイモンは違っていた。

　二人はこの仕事を，いつの日か総合金融サービス会社を築く礎とみていたの

だ[21]。ウィークデーには二人ともボルチモアへ通勤し、週末にはコネチカット州グリニッチにあったワイルの自宅で仕事を続けた[22]。経費の削減と販促活動への積極的な投資が奏効し、二人は会社の業績を劇的に好転させた。これらの仕事をとおして、ダイモンは、批判を封じ込めるために怒声を上げる経営者、あるいは頭は切れるが尊大な経営者、と評されるようになった。

ダイモンのこのような態度は彼のメンター（ワイルのこと）とまったく同じだった。ワイルとダイモンの怒鳴り合いは以前からひっきりなしに聞かれ、結果として二人はこの怒鳴り合いによって相互の信頼を深め、事業の技をお互いに研ぎ澄ましているように誰の目にも映っていた。

コマーシャル・クレジット・コーポレーションの巧みなターンアラウンド（企業再生）と、その後のIPO（株式公開）の成功は、二人に更なる飛躍への資金を与えた。1988年、コマーシャル・クレジットはプライメリカを買収し、その企業名を存続会社の名称とした。コングロメリット（巨大複合企業）のプライメリカは当時厳しい状態に陥っていたが、著名な証券会社であったスミス・バーニーを傘下に擁していた[23]。

1993年になると、ワイルとダイモンは更に、保険会社トラベラーズにも食指を動かし、買収した会社の名称を再び採用したのだった。トラベラーズも不況下で不採算であった不動産市場への投資によって業績不振に陥り、ワイルとダイモン流の外科手術には格好の経営状態となっていた。

そして、1997年、二人は、ウォールストリートの大リーグ入りを果たすことになる一大決心をしたのだった。それまでに誉れ高い投資銀行のJ.P.モルガンを買収しようとして何回か失敗を重ねていた二人だったが、今回は証券会社のソロモン・ブラザーズの買収に狙いを定めたのだ。これまでの二回の買収の時と同じく、ソロモンも名門ではあったが、財務上の問題を抱えていた。だが、今回のその「名門」は、世界に冠たる「名門」だったのだ。ソロモンを買収したことによって、トラベラーズはウォールストリートの金融セクターの一流企業と肩を並べることができるようになったのである[24]。

■金融ビジネス帝国の誕生

　ワイルはウォールストリートで働き始めた頃から,「24時間体制で競争する」ことをしきりに話していた[25]。また,アメリカン・エキスプレス時代には"グローバルな金融のースーパーマーケット"事業の創業を心に描いていた。つまり,その"金融のスーパーマーケット"では,"チリの学校の先生とポーランドの炭鉱夫がそれぞれトラベラーズからは年金保険商品を購入し,プライメリカでは掛け捨ての保険に入る"ことができるという構想であった[26]。

　コマーシャル・クレジットの買収から始め,これまでに育ててきて金融グループの成功によって,ワイルにとってこの時が夢の実現に最も近づいた時期だった。だが,ソロモンを取得したとき,世間の注目は同時にジャミー・ダイモンに集まることとなった。ワイルが自分の金融ビジネス帝国のなかに新しい企業を一つ加えたために,ダイモンの責任と存在感が増大することとなったのだ。

　名称をトラベラーズと変えた新会社の社長兼COO（最高業務執行責任者）として,また新しく改組した証券会社ソロモン・スミス・バーニーの社長として,ワイルの弟分であったダイモンもワイルと同程度に経済紙で注目されるようになっていった。新聞の記事はトラベラーズの金融ビジネス帝国が出来上がる過程でのダイモンの刻苦勉励ぶり[27],ほぼ孤軍の奮闘,ワイルの陰に隠れた活躍を描写した。ダイモンの一心不乱さ,常態化した週80時間労働,またトルコの沿岸に遊びに行った家族旅行でも仕事上の重要問題に対処するためには,喜んで家族を置いて引き返してくるといった話は伝説となっていた。

　仕事中毒にかかったビジネスマンの多いハイ・ファイナンス（巨額資金の融資,調達等に係わる金融ビジネス）の世界でも,ダイモンは別格だった。また,ダイモンの部下たちは,人との約束よりも政治的なご都合主義が優先されるこの世界で,尋常ではない忠誠を彼に尽くしていた。経済紙は投資銀行と証券のブローカー業務について,ダイモンからコメントを取るため後をつけ回した。アナリストたちはダイモンの率直な態度と仕事に対する熱心さに敬意を表した。ジャーナリストもアナリストも,ダイモンがワイルの築いた金融ビジネス帝国の後継者だと公然と予想したのは当然のなりゆきだった。なかにはダイモンが金

融サービス産業全体をみても最高の経営者だとの評するアナリストも何人もいた。

■ダイモンとワイルの亀裂

やがて，あまりにも短期間のうちに矢継ぎ早にトラベラーズの買収や金融ビジネス帝国を誕生させたため，ワイルとダイモンの関係にヒビが入り始めた。もちろん，それまで二人の間では論争が日常茶飯事で，帝国の内部，外部の両方の人たちからは喧嘩を繰り返しては仲直りをしている老夫婦のように見られていた(28)。しかし，ワイルはとてつもなく大きな成功を収めていたにもかかわらず，すべての決定に首を突っ込み，知っておかなければ気が済まない性格だった(29)。

一方，今やソロモン・スミス・バーニーの社長となったダイモンは，ワイルが意思決定の権限を委譲していかなければ，グループの発展はむずかしいと考えるようになり，ダイモンは次第に独自性を打ち出すようになった。

ダイモンとワイルの間に更なる緊張が高まったのは，スミス・バーニーで金融ビジネスに携わり，マネジャーとして自分の力で成功を遂げていたワイルの娘，ジェシカ・ビブリオウィクスが辞めると発表したときだった。ジェシカはスミス・バーニーを辞めて金融機関のM＆Aを専門とする企業のトップに就任するという(30)。ある内部関係者の話しによると，ワイルは娘が退社したことについてダイモンを強く咎めたというが，そんな状況下でも二人は一致協力して，今日までに最も大胆で壮大な合併の一つに数えられる銀行の合併計画を立案していった(31)。

■リードとワイル

世界中の銀行のなかで最も名前の通っている銀行はおそらくシティコープであろう。同行は世界最大のクレジット・カード事業と，世界中で展開するリテール部門，法人向け金融サービス部門によって，1997年には230億ドルの収益（調整済み）を稼ぎ出した。20年間わたってこの銀行グループのトップに君臨し

てきた高名なCEO，ジョン・リードは，当時，このグループを再び活性化することを考えていた[32]。リードは同世代のなかでもっとも洞察力のあるバンカーとして昔から知られていた。

例えば，銀行ビジネスにおいて情報技術（IT）が果たす役割をいち早く見抜いていたことでも知られる。お客さんはATMなどの機械を果たして信用するだろうか，といったレベルの議論を他行が繰り返していた時から，リードは銀行ビジネス部門のコンピュータ化やカード事業部門の顧客データベースの構築，あるいはATM網設置などにふんだんに資金を投下していった。

リードはまた，ワイルが考えていた24時間体制の金融サービス事業にも同調することができた[33]。ワイルの方もまたリードに対し，トラベラーズこそシティコープにとって最適のパートナーだとアピールした。370億ドルの収益のあるトラベラーズは，その10,600名の証券マン，11,800人の保険代理人，28,000人にものぼるプライメリカの金融サービス従業員という新しい営業部隊をシティコープに提供したのだ[34]。

一方，トラベラーズの企業文化はリードにとって魅力があった。シティコープは階層的で頭重な組織だったが，トラベラーズの方はまるで投資銀行のようだった。つまり，少ないスタッフで，形式張らず，ベンチャー企業のような組織だったのだ。この二者の合併は，大不況の時に制定された法律により銀行の保険引受け業務が禁じられて以来，初の銀行と保険会社の合併となるものだった。

米国議会ではこうした異業種の合併を禁じたグラス＝スティーガル法の修正気運が盛り上がっていた。リードもワイルもこの合併方針を発表すると，議会は法改正を早めることになるだろうと信じていた[35]。そこで二人は，新会社では共同でCEO，共同で会長に就くという，権限も平等な対等合併計画に同意することとなった。

リードとワイルは，国際金融の今後の動向について共通認識をもっていたが，二人の経営手法には天と地ほどの差があった。リードはどちらかと言えば専門職業家的で控え目であり，ワイルの対極にいた。ワイルは保険外交員のパーテ

ィなどでは得意満面で外交員の背中を気軽にポンと叩いて挨拶し，また証券会社のトレーディング・ルームでは片手を高く挙げて証券マンとパチンと掌を合わせては気さくに挨拶を交わしていた(36)。リードはメモのやりとりを好んだが，ワイルは口コミ・ネットワークを重んじた(37)。

彼らの関係は微妙なバランスの上に成り立っており，いずれジャミー・ダイモンに犠牲を強いるときが来たときにこの絶妙さを維持するには，リードの譲歩が不可欠となるだろう，と見られることが多くなった。

■ワイルとダイモン

トラベラーズとシティコープの合併は1998年に発効し，ダイモンは新会社の社長となった。新会社での日々の事業活動の指揮に加え，ダイモンにはリードとワイルの仲介役という仕事もあった。さらに，彼はトラベラーズがソロモンを吸収したことによりそのまま横滑りで就任したソロモン・スミス・バーニーの共同会長も務めていた。

かつてトラベラーズがソロモン・ブラザーズを取得してダイモンが新会長に就任したときにはウォールストリートのアナリストや経済紙から好意的に受けとめられたが，ダイモンの今回の社長就任も万雷の拍手でもって歓迎された。ワイルもリードも今後５年のうちには引退することとなり，後継者はダイモンにほぼ決まりだったのだ。

だが，ものごとはそう簡単に進まなかった。ワイルとダイモンの関係がぎくしゃくし始め，そのことがニューヨークの新聞で報道されるようになった。新聞でダイモンの名前が取り上げられるときは，その名前には「シティグループの次期CEOと見られる」といった説明がついていた。そんな表現は自分の矜持に多少の不安を覚えていたワイルには気に入らなかった。リードはシティグループの次期CEOとしてダイモンに期待したが，ワイルのほうは次期CEOを誰にするかといった決定は何もなされていないし，また，近い将来にもしない，と公けの場で話すようになった。ワイルには合併時に周囲に与えていた印象よりももっと長期間今のポストに就いていたい，という気持ちがあることはあり

ありだった。

　1998年11月のある日曜日，ダイモンはニューヨーク州アーモンクにあるシティグループの役員用保養施設で開かれた会合に出席するよう依頼された[38]。会合の目的は合併に伴う未解決の特殊な問題点について討議するため，とされていた。いくつか相容れない企業体質の衝突があり，何人かの上級幹部には辞めてもらわなければならないだろう，ということもダイモンにはわかっていた。だが，自分がその一人だとは考えも及ばなかった。取締役会での採決結果を突き付けられ，辞任を求められたダイモンは声を押し殺してこう応えた。「わかりました」ワイルは突如感情を高ぶらせてダイモンに近づいたが，ダイモンは「抱き合うのは，やめましょう」と遮ったと伝えられている[39]。

■ダイモンの解任

　金融サービス産業の経営者のなかで超一流とされた人物が，突然，失業の憂き目に遭ったのである。ウォールストリート・ジャーナルの一面を大きく飾ったこの話は，後々語り継がれるための要件をすべて備えていた。ダイモンはワイルをかつて師と仰ぎ，新聞はワイルがダイモンの父のような存在だった[40]，と報じた。そのワイルにダイモンは追い出されたのである。だが，そんな仲違いがあったにもかかわらず，ダイモンはワイルの足跡を追い，ワイルがアメリカン・エキスプレスを辞めてから辿った同じ道を歩みだし，自分自身の足跡を残し始めたと言われている。

　新聞記事は，ダイモンの退任に繋がった要因をシェークスピア劇の用語で描写し，シティグループをまるで目的のためには手段を選ばない権謀術数の巣窟のごとく扱った[41]。ダイモンの突然の辞任はまたウォールストリートをも震撼させ，さまざまな分野に拡大したシティグループの事業統合の行く手が疑問視されることとなった。

　ウォールストリートに多くのシンパがいたダイモンは，シティが今後自分抜きでうまくやっていけるのかと公然と彼らに疑問をぶつけた[42]。リード自身はダイモンの追放を望んではいなかったが，経済紙の見方によると，リードはワ

イルとの関係を維持するためにこの追放を甘んじて容認せざるを得なかったようだ。

　これまで多くの上級取締役が解任される事例があったが，ダイモンも彼らと同様，経済的には何の心配もなかった。彼はそれまで年間報酬として65万ドルをシティグループから得ており，さらに今回は退任手当として総額3,000万ドルが支払われたのだ[43]。また，トラベラーズの事業を大きく育てていた時代にも蓄財に励み，これらを合わせると彼の資産は1億ドルを優に上回ると見られた。ほぼ20年もの間，週80時間を超える仕事を続けてきたため，ダイモンは待ちに待った休暇をとり，家族とともにバケーションを楽しんだ。そして，身体を鍛えるためにはかなりきつい運動も始めていた[44]。

■失業中のダイモン

　ダイモンは42歳にして経済的には一生不安のない資金を手にし，これからの人生を家族と共に楽しむことをあれこれと計画していた。しかし，ジャミー・ダイモンのような人間は長い間じっとしてはいられなかった。その上，経営者を探すスカウト会社からの電話が辞めた途端に鳴り出していた。

　そんな電話のほとんどは興味をそそられる話をオファーしてきた。おいしい話は，仕事を探している人なら夢のようなことだった。だがダイモンは募集広告を隈なく探す必要もなく，ひょっとして仕事の空きがないかどうかと友達や知人に恐る恐る電話をかける必要もなかったのだ。

　英国の金融機関，バークレーズPLCやヘッジファンドで高名なジョージ・ソロスからの電話もあった。ダイモンは電気製品を販売するホームセンター・チェーンのホーム・デポのCEOになることには少なからず心を動かされたようだと伝えられている[45]。アマゾン・コムのジェフ・ベゾスも自分のビジネスを見てもらうためにダイモンをシアトルに招待した。だが，ダイモンはこのe-コマースのビジネス・モデルには感銘を受けたことは認めたものの，このビジネスの資金面のモデルがよく理解できないからと断った[46]。

　ダイモンはこう発言した――「私はこれまでたくさんの異なるビジネスをみ

てきましたし，また，感心する方たちにも会いました。しかし，会社を買い取ることも含め，いくつかあれこれと仕事先の候補として考えを巡らせた末にわかったことは，私の専門はやはり金融ビジネスで……それがこれまで私が学んできた分野だと言うことです……そして私が学んだ相手はこの金融ビジネスのなかで最良かつ一番手強い経営者の一人（ワイルのこと）だったのです」[47]。

　ダイモンはついに自分が一番よく知っている産業のなかで仕事を見つけることにしたのだった。そしてまた，2度とシティグループでの轍は踏まないよう，自分をそんな状況に陥らせないようにしようと誓ったのだった。次の仕事では，自分の運命は自分でコントロールしようと心に決めていた。

■ヘッドハンターたち

　一方，人材サーチ会社ラッセル・レイノルズのチャールズ・トリベットとアンドリア・レッドモンドもダイモンに電話を掛け，「大銀行での仕事に関心はないか」と誘いを掛けていた。ダイモンはその電話には驚かなかった。金融ビジネス界における自分の評価からして，バンク・ワンの仕事もきっと持ち込まれるだろうと予期していたのだ。そこで，ダイモンは「喜んでお話しを伺いましょう」と返事した[48]。

　トリベットとレッドモンドはカリフォルニアである人物との面談を終えると，翌朝にダイモンと会うためそのまま夜間飛行の便でニューヨークに移動した。2000年1月末のある朝，バンク・ワンの件でダイモンの方がトリベットとレッドモンドを面接する形となった。ダイモンは新しい仕事を決して急いで探しているのではないこと，シティグループでの経験を繰り返すつもりはないことの2点を明確に表明した。彼はバンク・ワンの社風，仕事の内容について質問をし，また，企業としての「強み」「弱み」はそれぞれ何かと訊いた。重大な決断をするときに，自分の裁量，権限はどれほどあるのかも知っておきたかったのだ。

　トリベットとレッドモンドは，面談前からすでに自分たちの考えとして，ダイモンを候補者リストのなかでトップに近いところに評価していた。そして実

際，この最初のインタビューでダイモンに魅せられてしまったのだった。トリベットは，その印象をこう記した——「周囲の人の"良き指導者"として，あるいはその人たちの期待に応えられる，影響力のあるリーダー」[49]。

　2人のヘッドハンターは，ダイモンの金融サービス産業についての知識，アナリストや投資家の評判，ニューヨーク流の飾らない直接的な話し方，などはまさにバンク・ワンの取締役会が探し求めているものだ，と思った。トリベットとレッドモンドがバンク・ワンのサーチ委員会にダイモンがこのポストに関心を示していると伝えると，メンバーたちも歓喜した。しかし，同時に難問が彼らの脳裏をよぎった。果たして，ダイモンはシカゴに移住してくれるだろうか。

　10年ほど前，ファースト・シカゴはバリー・サリバンという人物をCEOに選任したことがあった。サリバンはシカゴに移るという約束だった。だが，サリバンは移住をしなかった。ファースト・シカゴ出身の取締役にとって，遠くから通勤してくる"通いのCEO"は2度とごめんだった[50]。

　レッドモンドとトリベッドはメンバーたちに，ダイモンがシカゴに移ってくように説得できることを請け合った。人材サーチ会社のコンサルタントとしての経験に照らせば，どんな人材でも動機付けさえ適切であれば，人は動くものなのである。

■ヘッドハンターのダイモンのアプローチ

　トリベッドとレッドモンドはすぐさまダイモンの説得に取りかかった。だが，彼らはダイモンをシカゴに移住させるという説得は，一筋縄ではいかないことを予期していた。ダイモンには学校に通う子供が3人もいて，夫人は市内でいくつかの非営利活動の世話人をしており，彼自身は生粋のニューヨーカーだ。金銭がものを言うケースでないことも2人にはわかっていた。ダイモンはすでに大金持ちだった。そこで2人はダイモンの自尊心に訴えることにした。

　ダイモンに対して，彼らはアメリカで現在の経済を動かしている銀行は5行しかないと指摘した。つまり，全世界に影響を与えられるチャンスがあるのは

たった5人だ，とトリベッドは候補者の立場を説明した。

「こんな立場から世の中に影響を与えられるチャンスは，たとえ会社を新しく始めたとしても，あるいはまた次のチャンスを待っていたとしても，少なくとも近い将来では，あり得ないことです」

ダイモンは頭の中で五大銀行とそのCEOの年齢に考えを巡らせた。トリベッドとレッドモンドの言い分は正しかった。確かに五大銀行のCEOのポストは，あと数年間は空きが生じないだろう，とダイモンは思った。トリベッドは殺し文句を続けた。

「あなたのその若さで，これまでの経験を生かしながら名実ともにトップとして経営に当たることができるなんて，こんなすばらしいことはめったにないことです。もし，このチャンスについて検討さえしなかったならば，これからのあなたの人生は，夜中に目を覚ましてはこう自問することになるでしょう——ああ，あのとき，調べることぐらいはすべきだったのに……この話は，ちょっとだけ検討してみれば，すぐにわかります」

トリベッドとレッドモンドはついに成功した。ダイモンは2人に自分を最終候補者リストに入れてもよいこと，また，バンク・ワンのサーチ委員会へは，CEOに選ばれた暁にはシカゴに移住する用意があることを伝えるようにと連絡してきた。

■ダイモンに対するサーチ委員会の評価

その直後，バンク・ワンのサーチ委員会は最終候補者を5人に絞り込んだ。ファースト・シカゴとの合併前からバンク・ワンで働いていた取締役の間ではダイモンは評価が高かった。だが，書類上で候補者をランク付けするのは困難を極めた。

サーチ委員会とサーチ・コンサルタントが作成した，分野別の項目にウェイト付けしたマトリックス（評価表）では，候補者は誰もが高い評価を得ていた。ダイモンを除く他の4人の候補者はすべて大きな金融機関の現職のCEO，あるいは会長として活発に活躍していた人物だった。そのため，候補者の経歴書か

らでは読みとれないその他の情報収集がサーチ委員会にとって極めて重要な意味を持つことになった。偶然にも4人の外部候補者の全員は，バンク・ワンの取締役がかつて役職員とし就任または雇用されていた企業であり，直接的あるいは間接的に繋がりのある企業の出身者だった。

　取締役のジム・クラウンとジョン・ホールは特にアメリカの有数の企業やウォールストリートとの太いパイプがあった。そんな繋がりがあったため，委員会は外部候補者全員の一人一人について，それぞれ5，6人の識者からの評価を訊くことができた。また，有力な社内候補者のアイストックについては一緒に働いていた旧ファースト・シカゴの役員たちからの意見を訊いた。ダイモンについてはそのリーダーとしての資質，意思決定の手法を尋ねた。4人の候補者に対する評者の評価はさまざまだったが，ダイモンだけは評者が絶賛した。「ダイモンの照会先からの回答は，ずば抜けて良かった。否定的な評価は一つもない」とホールは報告している。

　「ダイモンの能力については，みんながベタ誉めでした。誰もが彼に心酔しており，彼と一緒に働いたことのある人は1人残らず，また彼のために迷わず働くと言っています」

■最終候補者＝ダイモンの面接

　これら最終候補者についての極めて重要な証言を信頼できる筋から得た取締役たちは，次には候補者を面接する段階へ進んだ。サーチ委員会とサーチ・コンサルタントは，この段階での面談はもはや「好み」，または「相性の問題」だろうと考えていた。「選考プロセスもここまで進みますと」とレッドモンドが語っている。

　「トップとしての存在感があるかどうかがポイントとなります。また，サーチ委員の取締役が候補者について抱く信頼感の問題となるわけです」

　レッドモンドとトリベッドは，コンサルタントとして，誰が"トップとしての存在感"を備えているかはわかっていた。ジャミー・ダイモンだ。

　「ダイモンは決して昔ながらの銀行の重役タイプではないのです。彼がエネ

ルギーの固まりの様だというのは容易に理解できますし，また，部屋に入ってくると，部屋中の目が彼に注がれる，そんなタイプの人材なのです」と，レッドモンドは説明する。

　2月の末になると，ダイモンはシカゴに飛んだ。バンク・ワンのサーチ委員会に対して，2時間のプレゼンテーションを行うためだった。この時期までには，ダイモンはこのポストに就こうと決心していた。ダイモンのプレゼンテーションは聞く人をして息を呑ませるほどの素晴らしさだった(51)。彼は指導者としての姿勢，部下たちに彼らの役割と責任について伝えるとき明確さが極めて重要であること，といった自分の経営哲学を披瀝した(52)。

　また，もっと広範囲なストック・オプション・プランを実施して，株主に対するインセンティブに並び匹敵するようなインセンティブを役員にも付与することの重要性について話した。ダイモンの単刀直入さ，そして自分に対する矜持はサーチ委員会のメンバーの心を打った。選考プロセスに関与したある人物がこう伝えている。

　「面談の結果，ダイモンは自分がリーダーとなることをまったく躊躇しないタイプであることが明白でした。彼の述べたことはまったく理屈に合っていました。彼には経営のための計画があります。コスト削減対策や，他の経営者ではできない厳しい決断が下せる逸材です」

　サーチ委員会のホール委員長によると，ダイモンは次のように言ったという。

　「社員に対しては自分の責任を自覚するように仕向け，懇切丁寧に彼らに接しつつ，彼らの力量に期待することが極めて重要なことだと思う」

　また，強固な財務状態を維持することはもちろん重要だが，バランスシートが投資家に対して決して嘘をつかないようにすることも極めて肝要だ，ともダイモンは発言したという。ホール委員長が要約して論評しているように，委員会のメンバーは，「彼の優秀さはみんなが知っていた。だが彼の能力がいかにすばらしいかということを彼はこのプレゼンテーションでまざまざと見せつけたのだ。たった2時間のプレゼンテーションだったが，彼はすべての質問に応えた——シカゴに腰を落ち着ける覚悟があるのか，それとも短期間のつもりな

のか？この役職に就くにあたって，人間としての成熟度も十分なのか，といった質問項目に完璧に応えた」

つまり，ダイモンは主として自分が演出したほんの短い出し物で，バンク・ワンの要求する高いリーダーシップ基準（多少漠然としたところもあるにしろ）を完璧にクリヤーしたのだ。

一方，ダイモンはバンク・ワン面接時の印象をこう語る。「私がお話ししたことは，私の考える企業経営のやり方です。その他，いくつかの点についても考えを述べました。例えば私がCEOとなった場合の就任後100日間の行動計画などです。また，対処しなければならない事柄と対処方法については，全員の理解が極めて重要だということも話しました」[53] さらに，「私がいったいどんな人物なのかを知るために，取締役が私を面接したことはよかったと思います。これは，"婚姻"と同じことですから」とダイモンは言っている。

ダイモンの"婚姻"の比喩は適切だった。というのも，彼は実際"持参金"を持ってきたのだ。つまり，友好親善の気持ちを表わすために，ダイモンは6,000万ドルを投じてバンク・ワンの株式200万株をCEO就任前に購入することになるからである。これはダイモンの決意を顕す象徴的な意思表示であり，取締役に好印象を与えることとなった。

■アイストック擁立派

一方，サーチ委員会は"婚姻"の準備を整えていた。面接日の午後，同委員会は全員一致で，全取締役に対しダイモンをバンク・ワンの次の会長兼CEOに推薦することを決定した。しかし，それですべてがうまく整ったわけではなかった。次のステップである取締役会のなかで旧ファースト・シカゴ出身の取締役のグループが一歩も退かない構えをみせており，依然としてアイストックを次期CEOとして擁立していたのだ。

彼らは内部候補者の優れている諸点を外部候補者と比べてはそれらを争点にした。バンク・ワン出身取締役と旧ファースト・シカゴ出身の取締役との反目が厳として存在したため，旧ファースト・シカゴ派はこう判断した。つまり，

両派の思惑については内部候補者の方がより慎重に配慮してくれるだろう，と。
　一方，ダイモン支持派は外部から招いたCEOこそがバンク・ワンに経営の安定をもたらし，銀行の各部門，そして取締役会自体をも癒すことができるに相違ないと感じていた。
　また，ダイモンが就任すれば新聞もバンク・ワンをマイナス・イメージで報道することも止めるだろう，とみる取締役もいた。新聞の否定的な報道は，全取締役の頭痛の種だったのだ（なかには情報を流した取締役もいたことはいたのだが）。ダイモンのようなスター経営者が来れば，銀行にも新しい後光が射すだろう，と彼らは信じた。
　アイストックも取締役会のメンバーであり，ダイモンをCEOに指名することに反対した。しかし，もはや遅すぎた。アイストックをCEOにした場合のメリットはすでに知られており得点を稼げなかった。サーチ委員会の方は再度ダイモンの名声および彼が持ち込む企業再生策を説明し，ダイモンが就任すると，まるで新しい会社をスタートさせたようになると訴えた。選任のプロセスを長引かせようと画策を巡らしていたアイストック擁立派も，ついに断念せざるを得ない段階となった。そして，サーチ委員会のホール委員長は，銀行の顧問弁護士を通じて，ダイモンとの契約内容を詰めることを委嘱された。

■バンク・ワンとダイモンの報酬交渉

　バンク・ワンとダイモンのそれぞれの弁護士が，その後5日間にも及んだ交渉を開始することとなった。ダイモンが選んだ弁護士はCEOの報酬交渉において好条件の完璧な報酬を引き出すことで知られているニューヨーク州の弁護士，ジョゼフ・バチェルダーだった[54]。しかし，たいして大きな問題は残っていなかった。すべての重要条件はバンク・ワンが雇ったサーチ会社のコンサルタントがそれまでの交渉においてすでに解決していた。
　ダイモンは自分の主たる住まいをシカゴ近辺に移すと誓約した文言を契約書の中に入れることにも同意した[55]。ダイモンの5年契約では，100万ドルの基本報酬，初年度250万ドルのボーナス，それ以降はバンク・ワンの株価に連動

したゼロから400万ドルの現金支払いによるボーナスが支払われることとなった。さらに，35,242株の議決権制限株式，10年間有効な普通株式324万株のストックオプション，年間700万ドル相当分を下回らない株式の供与保証が付けられた[56]。

ここまでの報酬の内容は，他の銀行のCEOたちと多かれ少なかれ同じ水準だった。だが，ダイモンの場合にはまだ決め手が追加されていた。「1対2」の割合に基づく年金支給の特典である。つまり，1年間の任期につき2年間の年金を受給する権利が付与されるのだ。

さらには，在任期間の途中で契約が解除された場合，基本報酬の2.5倍の現金加算，その年度に予想されるボーナスの按分比例額，それに加えて250万ドルの特別支給が約束された。さらに契約の途中解除の場合は，年金支給の計算のために，2年半の在任期間が追加されることとなっていた。（銀行の所有者が交替して契約解除となった場合は，5年間の追加。）また，バンク・ワンが売却される場合，ストックオプションは直ちに行使することができるという条件もついた。

図表1-1　バンク・ワンのデイリー株価グラフ
（1999年4月1日〜2000年6月30日、終値ベース）

出典：CRSP

■ダイモンの選択とプラスの評価

　2000年3月27日に，ダイモン選任が公表され，世間は歓呼の声をもって歓迎した。人選を進めている間，バンク・ワンの経営状態は悪化の一途を辿り，役員たちは，この銀行の問題がクレジット・カード部門だけではなく，ほかの部門にも及んできたことをますます自覚するようになっていた。不良の貸出債権が急増し，貸倒引当金の積み増しが焦眉の急となっていた。そんな状況下，ダイモン選任が公表されると，1999年5月の最高値から5割も下げていたバンク・ワンの株価は，3割も反騰した。

　それからの数週間というもの，証券アナリストやその他の投資のプロたちはダイモン選任をあちこちで賞賛した。ダイモンにとって，自行を素晴らしい銀行へと育てあげる力量のあることを証明し，かつ，ワイルから学んだことのすべてを実践する絶好のチャンスだ，と評した。ダイモンの選任が発表されたため，バンク・ワンを自分のポートフォリオに組み入れたあるミューチュアル・ファンド（投資信託の一種）のファンド・マネジャーは，こう言った──「バンク・ワンに投資するということは，（ダイモンの）能力に賭けることと同じです。つまり，不良資産の処理についての能力です[57]」。クレディスイス・ファーストボストン銀行のアナリスト，マイケル・メイヨーはバンク・ワンについてなお「売り」のレーティングを維持していたが，こう評価するようになった──「バンク・ワンはジャミー・ダイモンというホームラン・バッターを獲得したが，彼はバンク・ワンにとってこの上ない戦力となろう」。メイヨーのこの発言を引用したある記事は，ダイモン選任に対する世間の反応をその見出しで手際よくこうまとめている。「バンク・ワンはCEOとしてシティグループのベテランを獲得したことにより，ウォールストリートの信頼を勝ち取った」[58]。

　また，ある銀行アナリストは「ダイモンは"強烈なカリスマ性を備えたリーダー"で，"勝ち組"のひとりだ」熱意を込めてとコメントした[59]。一方，ダイモンは株主や報道機関との初めての公の場での会合で，自分が計画しているバンク・ワンの将来像を説明し，参加者を笑わせ，彼らからの喝采を受けた。何人かのアナリストはダイモンのエネルギッシュな雰囲気，去った後に残す好

印象についてコメントしていた。投資銀行DLJのアナリスト，ジョーン・グッドマンはこう述べている。

「ボートに付着していた泥は削ぎ落とされ，難問が片づけられたため，前途は順風満帆だと投資家には映っていたはずです」(60)。

■ダイモンの選択とマイナスの評価

しかし，ダイモンの選任が発表されてからほんの2か月もたたないうちに，バンク・ワンの株価は元の水準に戻ってしまった。引き続きダイモンの可能性に信頼を寄せる取締役もいたが，将来を懸念し危ぶむ取締役もでてきた。

ダイモンの選任とほぼ同時に，少なくとも数名の投資家とビジネス誌の担当記者がダイモンは当該のポストには不適だとの論調を展開していた。"ジャミー・ダイモンはバンク・ワンには不適な人材？"と言う疑問符のついたタイトルの記事を4月18日の『ビジネスウィーク』が掲載し，投資関係者のなかの"著名なる異論"として，ある人の次のような言葉を引用した——「リーダーは必ず仕事ができるとは限らない」(61)。

その年の夏，週刊経済新聞の『バロンズ』は——ダイモンの可能性に賭ける方に偏っていることを認めながらも——ウォールストリートがバンク・ワンに抱いた幻想が打ち砕かれたこと，ダイモンの企図した企業再生は達成までに何年もかかるだろうことを指摘した(62)。

また，業界誌はそれぞれ，ダイモンが何人かのバンク・ワンの取締役を早々に解任したこと，取締役の規模を縮小したこと，いくつかの重要ポストにシティグループの投資銀行部門から昔の仲間を連れてきたこと，などを批判した(63)。また，『USバンカー』誌は「ダイモンは自分の思い通りにできるのか？」と疑問を呈した。そして，こう書いた——「ダイモンの仕事ぶりをチェックしている人はいるのだろうか？」(64)。

バンク・ワンにダイモンが着任してからちょうど1年余りの2001年4月までに，彼はコストを削減し，貸倒引当金を積み増しし，バランスートを改善する諸策を講じた。さらに，ワコビアのクレジット・カード部門を80億ドルで買収

する交渉にも乗り出した。

　この買収が成立すると，バンク・ワンは全米のカード会社で発行カード数が第2位を争う規模となるものだった。バンク・ワンの株価も，ダイモン選任が発表された後の陶酔の日々に達成した高値にあと数ドルと迫っていた。だが，バンク・ワンが抱える問題の広がりと深さを勘案すると，この銀行の"ターンアラウンド"（企業再生）の努力の成果も"日暮れてなお道遠し"の感が否めなかった。バンク・ワンの再建をそれまでウォッチしてきた証券アナリストはこんな疑問を出していた。

　「コストをカットしただけでは建て直しはおぼつかない。バンク・ワンには成長のための計画がひとつも見当たらない。日々，市場シェアが蚕食され，士気は低下し，人は次々に辞めている」

　このアナリストはこうも表現した。

　「バンク・ワンはトラック・レコード（運用実績）のないカルトの株になってしまった」

　この発言を引用した金融記者の見方は明確だった。彼女はこう書いている。「このカルトの真ん中にいるのは，ジャミー・ダイモンだ」[65]。

chapter 2

特異な経営者人材市場

■過度の期待と悪循環

　ジャミー・ダイモンを選ぶに至ったバンク・ワンCEO選抜の顛末は，近年ますますその事例を耳にするようになった筋書き通りだった。つまり，ある企業が業績不振に陥ると，まず取締役会がその責めを負わせて現職CEOを追放する。次いで，社外でCEO候補者を探す。その探索の過程では，候補者にはっきりとした"リーダーシップ"および"カリスマ性"を求め，その点に異常にこだわる。その一方で，経営戦略上のその企業のポジションや候補者の経歴の適・不適などは，さほど重要視されない。

　何はとまれ，選抜プロセスのすべては企業の"救世主"をプロデュースすることに傾注される。評価の高いスター経営者であると投資家や経済紙，ビジネス誌が絶賛するCEOを全力で見つけ出すのである。ところで，この企業救世主の標準的プロフィールとは，好業績の超一流企業においてCEOあるいは社長を務めた経験のある人，である。この基準をクリアする候補者はざらにいるわけではない。さらに，次の段階では"リーダーシップ"という漠然とした選考基準に照らして，候補者をさらに絞り込む。これらのプロセスを経て，最後に取締役たちは1人の候補者に辿り着く。

　続いて，その最終候補者がオファーを受諾するように説得する。取締役会は

お気に入りの候補者を獲得するために注ぎ込んだ組織挙げての奮闘と，これにかかった費用を正当化するために，自分たちが探し出した外部候補者は本当にその努力と費用に値するのだ，また，企業内部にいるどんな候補者よりもその外部の男（まれに，女性の場合もある）の方が数段適格な候補者なのだ，とメンバーを説得する。こうなると新CEOは今や企業にとって問題解決の決め手であると期待されているだけではない。金融市場や経済紙は新CEOの就任をこう解釈する仕儀となるのである――「取締役たちは新CEOが諸問題を早急に片付けてくれることに賭けた」。関係者の期待は，こうして否応なく高まっていく。

　だが，上記の人材サーチの筋書きは，取締役会が代理を務めている人たち（つまり，株主）の長期的視点からみると，はなはだ疑わしい終わり方と映るようだ。取締役は自分たちが選び出した候補者にCEO就任を承諾してもらうために，勧誘交渉では候補者の言いなりになってしまう。候補者はその企業内での自分の権限，報酬・待遇の条件について取締役と交渉をする際には，極めて強い立場で臨み，要求を呑ませるのである。

　したがって，その新CEOが就任後比較的早期に結果を出すことができなかった場合は，当然ながらそのCEOを選抜したこと自体が問題視されることになる。そして悪くすると，取締役たちは期待を裏切られるたびにCEOを取り替える，といった終わりのない悪循環に陥る。

　このような事態に陥る背景は次のとおりである。まず当該企業において諸悪の根源はCEOにあり，との決めつけがある。続いてその問題を解決できるのはカリスマ性を備えた後任CEOをおいて外にない，と取締役たちの盲信が続く。このように，企業が新CEOを選ぶ際は本来，合理的かつ周到に執行されるべき選抜プロセスに，まず上述のような不合理な要素が入り込むために最悪の事態に陥るのである。

　さらに，リーダーシップと企業業績との関連性についても決定的なことは何一つ実証されていないにもかかわらず，"CEOは極め付きの重要性をもつ"と世間が根強く信じていることも大きな原因となっている。CEOとその業績貢献度について測定を試みた研究は一様に，著名な投資家ウォレン・バフェットの

箴言を裏付けている——つまり，業績不振企業に優れた経営者がやってきても，無傷で残るのはせいぜいその企業の名声だけだ，という。CEOの貢献度についてのこれらの研究の結論は，多くの点で世間の通念から乖離している。以下でそれらの諸説を要約したい。

■リーダーシップ説とコンストレイント説

　CEOと企業業績との関係については，学会では，二つの学説が主流を占める。一つは"リーダーシップ"説で，CEOは業績に重大な影響を与え得るとする。つまり，CEOは企業組織のヒエラルキーにおいて最上位に位置するため，業務方針，企業戦略，組織・機構，企業風土に関する自分の判断・意思決定を通じ，業績に影響を与える，あるいは与え得る立場にいる，と主張する。

　この説の裏付けとなっているのは，綿密な比較フィールド・スタディーならびに，個別企業のCEOの資質，その企業で行われた意思決定，そしてそれらの成果としての業績との間の因果関係を調査した個々の企業のケーススタディーである。ただ，これらリーダーシップ説の論拠となっている調査研究の方法論については執拗に疑問を呈している研究者も少数ながら存在する。

　しかし，それにもかかわらず，この説はCEOが実際に企業業績に影響し得るということを特定の実例をベースにして説明し，人をなるほどと思わせているようだ[1]。

　他方，もう一つの陣営では（たとえば個体群生態学，資源依存理論ならびに新制度理論分野における研究者たちのように），"コンストレイント（制約）"説を採る学者たちはこう主張する——CEOはあらゆる制約にがんじがらめになっているため，業績に影響を及ぼすことなどあり得ない[2]。精緻に実施されたある調査によれば，企業内外には様々な制約があり，それらが企業業績に影響を及ぼし得る立場にあるCEOの行動を妨害している，という。それらの制約とは，企業内部の政治力学，これまでに実施した固定資産や特定マーケットへの投資，あるいは組織の規範といった制約であり，また社外の制約としては競争圧力，市場参入や撤退に係わる様々な障害などである[3]。

組織の誕生から清算までの間にみられる様々な現象について斬新な研究を続けるグレン・キャロルとマイケル・ハナンは（多様な産業や業種の数千にも及ぶ実例からサンプルを抽出して），この説を強力に裏付ける証拠を挙げている。2人は，過去数十年間における企業の開業率と廃業率を調査した。
　同様に，主たる企業の機構改革についても時系列で精査している。その結果，CEOや他の重役たちが企業戦略や組織機構改革に関して重要な決定をしたときにでもそれらの決定が業績に対して統計的に有意な影響を及ぼしているという結果は得られなかったと結論している。2人は次のように論述する。

　一般的に，組織の再編は困難なことではなく，実施すれば効果が見込める，とされている。だがそれは誤解に基づいており，研究者が企業データを収集する際の不適切な収集手法がその誤解の原因のようだ。アナリスト，あるいは話題の経営書を書いた研究者は，足下の業績がすこぶる好調な企業だけを選び，そこから一連のデータや情報を収集し，それらの好業績企業の戦略や企業再編の推移を調査するのである。このように恣意的に抽出した特定企業を遡って分析してみると，成功を収めた企業は少なくとも一回は再編を経ていることがわかる。それらの再編の経過を知れば，他の企業も同様な質的転換さえ実施すれば好業績企業と同様の成果を引き出せたはずだ，との推論をしてしまう——アナリストも多くがこの陥穽にはまっているようだ。だが，それらの推論は，残念ながら成功した企業寄りに著しく偏ったデータを分析した結果にすぎない。入手可能な情報だけをベースにして，企業の質的転換の因果関係を推し測ることはできないのである。さらに，それらの情報だけでは仮説を一般化して他社事例に適用することはできない。また，そのようなデータをベースにして再編の結果を分析してみても，信頼に足る分析とは言い難い[4]。

■第三の立場
　以上のように，CEOと企業業績との関連性を巡る二つの学説の結論には隔た

りがみられる。そこで最近になって、このリーダーシップ説も制約説も、問題の立て方が誤っていたのではないか、と疑問を呈する研究者が現れた。

この第三のグループの研究者は、適切な設問とは「リーダーシップは役に立つか」ではなく、「リーダーシップは、いつ役に立つか」でなくてはならないと主張する。そしてこの設問に対しては、「リーダーが企業に役立つかどうかは個々のケースにより異なる」という回答が聞かれるようになってきた。つまり、産業、企業、CEOの個々の状況による、というのである。そして、ある特定の状況下では、CEOは確かに企業業績に影響を及ぼすが、その一方、一般的な状況下では、CEOの影響は、企業の属する産業やマクロの経済環境の大きな流れに埋没してしまう、と主張する[5]。

■個人主義文化の陥穽

CEOと企業業績との関連性については、このように、せいぜい不確かで比較的貧弱な因果関係しか存在しないということが分かっている。にもかかわらず、現代のCEOの引継ぎに際しては、この状況依存性がほとんど顧みられていない。それどころか、CEOと企業業績の間には、学者たちの証拠以上に、もっと正確で決定的な因果関係が存在しているという憶測に基づいてCEOポストは引き継がれているのである。

では、なぜこのような考え方が執拗にはびこるのだろうか。何人かの学者も指摘しているが、人は社会的、文化的そして心理的な力によって支配されやすい。リーダーシップと業績の関連性といった関係を考えるときに、人は因果関係が明らかに存在する、と信じ込んでしまうのである。

一方、米国には個人主義を過度に偏重する文化があり、そのため人間の諸活動における社会的、経済的、政治的な影響力を軽くみてしまう。したがって、戦争や景気循環といった複雑な事象を説明するときにも、背後に存在する力を個人の力量といったレベルに落とし込んで錯覚してしまう（たとえば、米国の経済動向を連邦準備銀行のアラン・グリーンスパン議長の個人的な業績のように把握する例など）。[6]

このように個人は途方もなく複雑な出来事にも影響を与えることができるのだ，と個人の能力を過大評価してしまう傾向が生まれたのはマスコミに責任がある。つまり，マスコミは重要な分析をないがしろにしつつ，リーダーの個人的な特徴などに世間の注目を集めてきたのである。

　もっと一般的に言うと，社会心理学者は，"業績誘発効果（performance-cue effects）"と呼ばれる研究を通じてリーダーのイメージが確立される過程を把握してきたが，彼らによるとイメージの確立はリーダーの特徴とそれまでの実績とを符合させる過程を経て形成される，と考えられている。この場合，その実績は，優れていようが貧弱であろうが，すべてリーダーに帰属せしめられる。そして，その実績そのものがリーダーを評価する基準となってしまうのである[7]。

■ダイモンになぜ魅せられてしまったのか

　社会心理学が指摘するこの効果は，一般人だけでなく，エリートをも含めた社会の全構成員に対して，多大な影響を及ぼしている。企業の取締役に対しても，この効果が及んでいることは明白である——たとえば，CEOの重要性を過大視するあまり，外部でCEO候補を探すことが，ついには企業の救世主としてのカリスマCEOを探すことにまで飛躍してしまう。バンク・ワンの取締役がジャミー・ダイモンのインテリジェンスを褒めそやしたことを思い出していただきたい。もし，バーン・アイストックを終身CEOとして指名した場合に想定されるアナリストやメディアの否定的な反応に比し，スター経営者が就任した場合はどんなに好意的な反応が見られるだろうかと取締役たちは期待で胸を躍らせたのである。

　バンク・ワンの取締役会は新CEOを探すに当たって，この銀行が真に必要とする専門的ニーズに対する候補者の充足度についてはほとんど考査しなかったと思われる。取締役会が抱いたダイモンのカリスマ性についての執着は異常としか言いようがない。ダイモンは確かにウォールストリートからは絶大な評価を得ていたかもしれないが，彼はたとえばリテール・バンキングやクレジッ

ト・カード事業については大した実務経験がなかった。この2部門ともバンク・ワンの中核事業であり、特にクレジット・カード事業はCEO候補者を探していた当時は、いくつもの問題の根源であった。

さらに、商業銀行やリテール・バンキングとダイモンとでは、ちぐはぐな組み合わせだった。ダイモンのこれまでのキャリアはほとんどが、交渉、仲介、あるいは細部を詰める、といったディール・メーカー、つまり、投資銀行部門であった。それらはロジャー・ブランズウィックやゲリー・ヘイズが「即決力」や取引の芸術といった言葉で描写するビジネスの世界だったのである[8]。投資銀行のマネジメントについて書いたロバート・エクルズとドワイト・B.クレーンの共著"Doing Deals"は、投資銀行業務に長けている人は、金融ビジネスについての特別な洞察力、優れた営業力、疲れを知らないタフネスさ、研ぎ澄まされた感性、そして特大の自尊心を具えている、と指摘する[9]。

対照的に商業銀行やリテール・バンキングの業務は、分析的かつ客観的に、長期的な傾向やリスクを抜け目なく計算し、評価することにより成り立つ。バンク・ワンやファースト・シカゴといった銀行業の企業風土では、性格や情緒を押えて討議を進めることのできる客観的事実に価値をおく。また、この業界で働く人たちは——経営幹部の行動が予測容易であり、その予測に基づき効率的に業務の調整を図ることが可能だったため——おのずと長期的なものの見方に立ち、順序立てて業務の遂行に当たるようになっていた。

したがって、自分の感情をコントロールすることができない、あるいはしたくない人物は——ダイモンもサンディー・ワイルもこの特異な性格で名を馳せたが——商業銀行あるいはリテール・バンキングのCEOポストには不向きだと見なされていたのである（ただ、感情を自分で抑制、管理する能力は、銀行業界に限らず専門性の高い業務においては常に問われるところだが）。

とはいえ、一方の商業銀行およびリテール・バンキング業務ともう一方の投資銀行業務との間では、もう一つ相違があり、その相違がバンク・ワンをして今回、ダイモンを選ばせたと思われる。つまり、商業銀行やリテール・バンクは投資銀行と比べ、組織内からの人材登用をより重視する慣行がみられるので

ある[10]。組織内の人材開発のためにはこれまでふんだんに資金を投下し，中間管理職の育成や研修に力を注いできた[11]。

　一方，投資銀行や証券会社は，主として"スター"を求めてきた。したがって，米国の銀行マンにはダイモンのようにエネルギッシュで，かつ，ユニークな性格を持ち合わせた人物がめったに見られないのも何ら不思議ではないのである。こんな背景があったため，バンク・ワンの取締役が候補者を選ぶときの基準としてカリスマ性を重視した場合に，ダイモンに魅せられてしまったのもごく自然な成り行きだった，と言える。

■閉鎖的なサーチプロセス

　だが，バンク・ワンの事例が示している通り，取締役会がCEOを新しく選ぶに際し，外部CEO人材市場の効率性や合理性を疑わしくしているのは選抜の基準のみではない。サーチプロセスの様々な側面も検討する必要があるのである。

　たとえば，サーチは対象間口を広げて大規模に行われると思われがちだが，バンク・ワンの事例は，サーチは極めて閉鎖的に行われているのが現実であることを暗示している。この事例においては，バンク・ワンの取締役は候補者探しの始まる前から最終候補者となる外部の4人とは直接的，あるいは間接的に，知己の間柄であったことが明らかになった。また，候補者に関する情報のほとんどは2人の取締役，つまりジョン・ホールとジム・クラウンの人脈を通じて収集されていた。さらには，このような閉鎖環境下といえども，外部の意見――たとえば株主，アナリスト，新聞等，直接この選考プロセスに係わっていない外部者たちの意見――からも，驚くほどの影響を受けていたのである。

　加えて，サーチ会社と候補者たちの相互のやりとりは，もう一つの外部者によってプロモートされていた。その外部者とはコンサルタントであり，彼らの役割は――バンク・ワンの場合に見られたとおり――どちらかというと司会者あるいは外交官であり，証券会社で個々の買い手と売り手とを出会わせるという類の仕事ではなかった（後者が一般に信じられている人材紹介ビジネスのコンサル

タントの役割であろう）。

■不安を生み出す外部CEO

　最後に——ある意味ではこの点が最も核心を衝いているが——外部からCEOをスカウトすることを経済的な見地からみると，往々にして効率的とは言えないのである。CEOを外部からスカウトした他社のケースと同様，ジャミー・ダイモンも，極めて有利な条件を引き出すために，異常なほどの交渉を展開した。ダイモンがCEOに指名されたことを受けて，バンク・ワンの株価は確かに急騰した。株式市場は，ダイモンはその報酬に見合った値打ちがある，と当初は評価した。だが，外部からスカウトしたCEOの業績貢献度を長期的に調査したいくつかの例では，就任当初の株価の急騰はほとんど短命で，すぐに反落している。長期的にみると外部からCEOを招いても業績には跳ね返らず，逆に長期的な業績低迷を招いたケースもあった[12]。

　バンク・ワンの場合も，ダイモンのCEO就任の発表後の株価急騰は結局，「行って来い」だった。そればかりか，取締役会は新CEOをいささかでも監督しているのだろうか，と外部の人たちが疑問を持つようになったのだ。その疑問はもっともだった。CEOたちは法律上，また理論上，自分たちのボスである取締役に対して，絶大な権力を振るっているのが通例であり，ダイモンもバンク・ワンのCEOに就任してからこの慣例に倣い，権力を行使する気配を見せていたからだ。

　さらに，バンク・ワンの取締役会はダイモンに絶対的な権限を与えていた。たとえば，マッコイの辞任以降は分割されていたCEOと取締役会会長の兼務である[13]。その後，2000年8月，就任後5か月が経った段階で，ダイモンはバーン・アイストックと5人の取締役が“自発的に”取締役を退任することとなったと発表した。これで取締役会のメンバーは19名から13名に削減された。この縮小計画は株主には知らされてはいなかったが，ダイモンとサーチ委員会は既にスカウト交渉の段階で縮小案について検討し，合意していたのである。

　ダイモンはバンク・ワンの株主にとって，小さい取締役会の方が“より機敏”

に動くことができ，効果が見込めるのだ，と考えていた。だが，彼は——おそらく他のたくさんのCEOの認識と同じく——小さい取締役会の方が御し易いことに気付いていたのだろう(注14)。

　その2か月後，ダイモンは取締役会に自分の昔からの知人2人を新任取締役として就任させることを承諾させた。1人はシティグループの前のCFO，ハイジー・ミラーであり，もう1人はダイモンも社外取締役に就任していたレストラン運営の複合企業，トライコンのCEOであるデビッド・ノバックだった。そしてついに，幾人かの業界ウォッチャーから批判が沸き上がったが，ダイモンはバンク・ワンの取締役数人を解任してしまったのだ。そして，シティグループとトラベラーズから元の腹心の部下を呼び込み，その後釜に据えたのである(15)。

　これらすべての出来事は，バンク・ワンの取締役が自ら熱望したカリスマCEOをスカウトするためにバンク・ワンが払った代償の一部であり，また，ダイモンに付与した大きな権限と特権の帰結であった。どの時代でも，またどこの社会においても，カリスマ的なリーダーならこのような権限行使は手慣れたものなのだ。

　取締役たちが新CEOに期待して支払うことに同意した報酬が，それだけの価値があったかどうかが判明するまでには相当の時間がかかる。また，取締役会が株主のために得ようとした様々な利得が新CEOによって本当に実現されるのかどうかは，当然ながら，測り知れない長期間にわたって問い続けられることとなろう。

■特異な市場

　では，このように注目され，結局不安を醸し出すこととなる外部CEOスカウトはどう意義づけるべきか。CEOの役割に対する過大評価をどう考えるべきか。カリスマ性への執着をどう理解すべきか。さながらビザンチン風の陰謀を孕んだようなサーチプロセスをどう解釈すべきか。幾人もの有能な候補者には門戸を閉ざし，外部からの圧力には打つ手なしのこのスカウトの実態をどう説明す

るのか。そして，疑問だらけの結果について，どう判断すればいいのか。

　この本はまさに，これらの設問に対する解を提供しようと試みる。そこで，まずは外部にCEOを求めるプロセスを明解に分析するため，ある核心的な事実をもってスタートする。つまり，外部CEO人材市場という「市場」は，通常の感覚で理解される「市場」とは異なる，という根本的な現実のことだ。また，この市場は他の取締役ポスト用の市場とも異なる，という事実にも注意を喚起したい。たとえばバンク・ワンがジャミー・ダイモンに言い寄り彼を獲得したプロセスは，通常の人材市場とは異なるシナリオで進み，外部CEO人材市場が単なる人材紹介ビジネスではないことを示していた。

　外部CEO人材市場が他市場とは異なるユニークな市場であることは，次の三つの要因のためである。つまり，買い手，売り手とも参加者が極めて少ないこと，参加者にとってハイ・リスクであること，そしてレジティマシー（正当性）が常に意識されることだ。

少数の買い手と売り手

　エコノミストたちが"完全な"市場と呼ぶ通常の市場では，正体をほぼ伏せたままの大多数の買い手と売り手が一斉に取引をする。そんな市場とは異なり，外部CEO人材市場は買い手，売り手とも——少なくとも，適格者の売り手が——極めて少ない市場である。買い手側の多寡は，一定の期間においてどれだけ"多くの"（実態はむしろ，"少ない"）企業が新CEOを探しているか，ということによる。実際，CEOの候補者リストに名を連ねるほどになると，どの会社がCEOを探しているかをよく知っており，特に業績不振でCEOを交代させる決定をしたような場合は，なおさらである（バンク・ワンのケースを想起していただきたい。ダイモンは自分がこの銀行のCEO候補探しの対象になるだろうと予想し，サーチ会社からの電話も予期していた）。

　外部CEO人材市場の「売り手」が少数であることは，バンク・ワンが段階を追って作成した候補者リストを見れば明らかだ（「売り手」という言葉はここの文

脈では極めて限定的な意味で使っている)。

　バンク・ワンの場合，取締役とサーチ・コンサルタントの双方はまず銀行業界のなかの候補者データを持ち寄った。次に，このデータを利用して，サーチ委員会とコンサルタントが金融業界の代表的な実力者30名のリストを作成した。その後，1週間をかけて事実を確認し，サーチ・コンサルタントがさらにこのリストを絞り込み，また，最初のリストには入っていなかった女性候補者数人とマイノリティー（少数民族出身者）候補者数人が追加された。次いでサーチ・コンサルタントは候補者たちのプロフィールが掲載された小冊子をサーチ委員会に提出した。ここに掲載された候補者のほとんどは取締役たちには馴染みのある名前だった。というのも，絞り込まれた候補者は銀行および金融の世界の実力者を集めた"ドリーム・チーム"であったからだ。何人かの取締役にとっては個人的に知り合いである候補者も数人含まれていた。

　取締役がある候補者とは知り合いであるとか，あるいはCEOポストが空席であることを候補者が知っていたといったことなど，実際バンク・ワンで起こったような事態は株式を公開している大企業のケースでは特に珍しいことではない。そもそもCEOポストの場合はほかの役員ポストとその年間空席発生率を比べると，発生率は極めて小さいのである。

　表2-1は複数の調査対象企業がCEO候補を外部で探した事例についてのデータを集約したものであり，同一の複数対象企業がマーケティング担当の部長を探した事例のデータと比較している。これらの企業ではCEOを外部で探す回数は，マーケティング担当の部長を外部で探す回数の6分の1になっている。さらに，サーチ会社は一般的にはCEOポストに応募を希望する人たちの履歴書を受け付けてはいない。あるサーチ・コンサルタントは企業の取締役との共通認識を次のように簡潔に説明する――「他のポストとは異なり，CEO人材市場は，職を探す人たちのための市場ではなく，人を探すための市場なのです」。

　また，表2-1は，取締役，幹部経営者サーチ会社，そしてCEO候補者がこのCEO人材市場をどうみているかを数量的に表示したものといえよう。つまり，大企業向けの有能な候補者を供給するケースは極めて少ないと，彼らは認識し

表2-1　サーチ会社の統計によるCEOのスカウトとマーケティング担当部長職のスカウトの対比

	CEO		マーケティング部長	
	企業A	企業B	企業A	企業B
外部サーチ件数	31	45	190	221
有効候補者数	30	36	310	380
サーチ会社がコンタクトした候補者数	18	19	92	80
サーチ会社による候補者の面接件数	5	7	17	14
企業による候補者の面接件数	3	3	6	6
平均サーチ日数	187	173	36	29
応募者数（履歴書数）	0	0	2500	～3000(*)

データは1990年から1998年にかけて実施したCEOサーチを平均化して算出
(*)企業Bのデータは副社長と部長とを区別していないため，1998年における両職の比率を用いて近似値を割り出している。

ているのである。筆者がインタビューしたあるサーチ・コンサルタントはCEOの人材探しを他の役員クラスの場合と比較して，こうコメントした──「5万人の組織を運営していくことのできる人材は少ない。その数少ない人たちのことを我々のほとんどは熟知しており，彼らのことならいつでも話せます」また，企業の取締役もCEO候補者の数の少なさを嘆いている。

■小さな市場とその弊害

経営幹部クラスの人材が空席のCEOポストを埋めるに際して，理想的には多くの企業と多くの人材が出会う機会を作ればよい。そうすれば，長期間継続する素晴らしい組み合わせを作ることができよう。しかし，ほとんどの企業は外部CEOを探すときに，めったにこの点に配慮していないようだ。したがって，外部CEO人材市場は参加者が少ないがその原因は参加者自体が作っているとは言わないまでも，状況を悪化させているのは参加者自体だ，という点に着目することが重要となるのである。

売り手側のCEO適格候補者の絶対数が不足しているというのは，取締役会が極端に厳しい選抜基準を適用して候補者を極度に限定しているために生じた誤解なのである。それらの選抜基準は——かなり大ざっぱだが——企業が直面している経営戦略上の課題に対処するために採用された，とされている。だが，実態は主として外部の関係者たち，つまり金融アナリストやビジネス関係のメディアに，適任だとのお墨付きをもらえる候補者を選び出すための基準なのである。

　この基準を適用すると，取締役会の選抜対象はごく少数の候補者に絞られてしまう。その結果，CEO候補の人数が不足しているという誤認が生ずるのである。人材が不足しているというのは経験則ではなく作り話なのだ。

　バンク・ワンの取締役は，自分の銀行に対するウォールストリートと金融アナリストたちの信頼を再び得られるような候補者にこだわった。そして，業績が比較的好調な名門の大手金融機関でCEOあるいは社長を経験したことのある一連の候補者をリストアップしたのであった（このような見方を裏付ける数値が表２－１に見られる。CEOポストの適格候補者探しの初期段階では，たかだか平均30名しか見つかっていない。さらに，このうち平均すると５名だけが取締役との正式な面接に進む）。これらの候補者も，ほとんどがダイモンと同じ見解を抱くようだ。つまり，彼らが「本当にCEOとして働きたい企業は，せいぜい１社か，２社」なのである[16]。

　では，外部CEO人材市場の層の"薄さ"は，その市場の機能にどのような影響を与えているのだろうか。市場における買い手と売り手の数は参加者の選択可能性の幅を示しており，また同時に，市場そのものを定義するときの決定的な要素となる。

　経済学者たちは以前から次のように主張してきた。つまり，市場が競争力を発揮して存続していくためには，大量の買い手，売り手がいて，そのためどの参加者の行動も，市場に対して顕著な影響を及ぼさない，という状況でなくてはならない。逆に，ある市場において，売り手の数が少なければ少ないほど，そこでの売り手の行動は他の取引に影響する度合いが大きくなる。

これを外部CEO人材市場で考えてみると，サーチ当初の段階ですべて人為的に候補者の数を絞り込んでしまっている結果，CEO報酬の交渉の段階になると市場機能を歪める候補者側の策略を許してしまうこととなる。デレク・ボクとグラーフ・クリスタルの2人は，CEOの報酬が――企業の業績不振時においても――着実に上昇している理由を次のように説明する。CEOの報酬額を新しく設定するときは，通常，数少ないほかのCEOの報酬額の中央値近辺に揃えられる[17]。また，ほとんどの取締役会では現職CEOの報酬額を他のわずかな人数のCEOの報酬額から算出した中央値より上の額で決めるという慣習がある。したがって比較対象の母集団が少ないために，一人のCEOの報酬額が引き上げられると他のCEOの報酬額も引き上げられる結果となるというのである[18]。

　また，CEOが自分たちの選んだ報酬交渉のためのコンサルタントを通じて比較対象の母集団から都合の悪い企業を除外し，都合のよい企業を入れるというような操作を加え，この報酬額の上昇をさらに加速させているのである[19]。

　さらに，小さい市場，あるいは層の薄い市場は，市場のもつ本来的な競争原理を後退させる弊害もある。ある市場参加者の相手方となるべき他の参加者が限定的であれば，当然，競争も限定的となる。また，取引相手を見つける過程に問題がたくさんあれば，競争は減少する。たとえば，買い手と売り手とのネットワークが断絶されている市場，もしくはそのネットワークが不十分な市場では，取引の相手方を知ることはできないし，十分な取引機会もない。さらに，同じ社会的ネットワークに参加する者同士でも，活動内容や利害，あるいは議論すべきことについての考え方によって分別されていると交流がなく，市場参加者間相互の直接的なやりとりが大幅に制限されるため，お互いが相互補完関係にする利害・関心事があるということさえ不明である。[20]

　たとえば，ゴルフ場のクラブや大学の同窓会といった社交の場において，ビジネスの話は控えるようにと要請されている場合は，ある2人の会員がお互いに便宜を与え合える方法を知ることはない。そして，この2人がお互いの取引のために接近し得るのは，お互いにそれぞれの関心事を少しでも知り，お互いの利害が衝突しない，という状況で初めて可能となる。だが，そんな状況にお

いてもCEOの人材探しの場合は必ず問題が発生する。というのも，候補者も取締役メンバーも，詳細に情報を吟味した上で結論をだす，というプロセスを踏むには情報自体が不十分だからだ。

　新CEOを求める企業の絶対数がもともと少ないという事実は措くとしても，将来のCEOを目指す予備軍の人たちにとって，市場にどんな可能性が存在するのか知ることはできない。同様に，取締役にしても自分たちが既に見つけ出した候補者の他に，報酬が下がっても来てくれる適格候補者がいるのかどうか，といった点も不明である。

　売り手と買い手が少ないという要因が市場にいかに重大な影響を与えているか，という問題に関しては，ほかにも社会学者のウェイン・ベーカーがシカゴ商品取引所の市場参加者を分析した研究がある[21]。ベーカーによると，もっぱら経済学者の説く競争市場――売り手も買い手も一方的に支配することはできない市場――とは対照的に，多くの商品市場はあまりにも専門化され過ぎて難解な市場となってしまった。そのため，これらの商品市場で上場商品を売買する方法を知っているのはほんの一握りの当業者だけになってしまったという。

　ベーカーの調査によると，そんな市場を市場らしく維持するには，買い手と売り手は協力して，市場づくりのために大々的な対策を講じる必要があった。つまり，公的には取引数量が少ないという市場構造の欠点を，非公的な市場参加者の地位，縁故，そして結束した集団的行動といった要素をもってカバーし，一つ一つマイナス要因を除外していったのである。そのため，参加者は小さい市場で同じ相手との取引を何度も繰り返すこととなった。また，通常では相場に対する影響力の大きいトレーダーに追随するものだが，トレーダーのなかにはそれを避けるといった，考えられない投資行動もみられたという。

　このように市場参加者が限定的な場合には，経済学の分析において通常指摘される市場の自律的な均衡機能は発揮されない。その代わりに，大きく歪んだ価格形成と，村の小さな店で買い物をする人たちの行動を連想させる事態が見られる。つまり，村のお店にはトレーダーたちの行動を駆り立てている執拗な利益追求はなく，代わりに対人関係，互恵主義，そして信頼といったことがみ

られるのである(22)。これらの互恵主義，信頼関係といった要素は，この外部CEO人材市場における二つ目の特徴，すなわち買い手，売り手が直面する高いリスクを鑑みるとき，重要性を帯びることとなる。

高いリスク

　社外のCEO人材市場において，CEO候補者をどう見つけるか，これまでの研究者はこの課題に正面から取り組んでこなかった。外部CEO人材市場で候補者と目される人たちは，すでにどこかの企業の現役幹部経営者であることが多い。彼らをスカウトしたい企業側でも，そのような候補者のなかで現在の役職を喜んで辞する候補者，あるいは空席の生じた企業に関心を示す候補者がいるかどうか，という点は明確に把握していない。このように，動きの見えづらいCEO人材市場においては，企業と候補者予備軍の双方にとっては高いリスクが生まれる。

　この市場の参加者である候補者（売り手）と企業（買い手）の両者にとってのリスクは，バンク・ワンの候補者探しの例においても認められた。この銀行の場合，サーチ委員会は30名の候補者を5人にまで絞り込んだ。その後，スカウト会社ラッセル・レイノルズのコンサルタントが完璧な秘匿性が確保され，秘密が守られるように面接をアレンジした。なぜそのような機密性が必要だったのかというと，ダイモンの場合は例外だったが，最終段階に残ったほとんどの外部CEO候補者は他企業の現役CEOや社長だったからだ。

　バンク・ワンのスカウトの場合，シカゴ・トリビューン紙やシカゴ・サン＝タイムズ紙は毎日のように候補者の話題を記事にしていた。アイストックあるいはダイモン以外の最終候補者が面接を受け，正体が明らかになってしまうと，その候補者は現職企業には居づらくなってしまうため，秘密裏に面接が執り行われたのである。

　アイストックを除く最終候補者はすべてシカゴ以外から応募していた。したがって，コンサルタントはシカゴでの面接日を設定するに際しては細心の注意

を払った。バンク・ワンの取締役会が開催される日に合わせて面接日を決め，バンク・ワンの取締役がたとえサーチ委員会メンバーの社外取締役に街で出くわしてもなんらの疑問が生じないようにした。また，コンサルタントは，候補者同士が空港で鉢合わせしないように彼らのフライトも調整した。面接はシカゴの中心街にあったラッセル・レイノルズの事務所で行われた。そこではレッドモンドとトリベットが細心の注意を払って，事務所到着，事務所退出などの時刻，使用会議室などを準備し，候補者同士が会うことのないように手配した。

　ダイモンの場合，バンク・ワンがスカウト活動を開始していた時点では既に前職を辞していた。この意味では他の現職候補のようにリスクを背負いながら面接を受ける，という立場ではなかった。しかし，バンク・ワン側がダイモンの名前を伏せておくことを望んだ。というのも，トリベットの指摘によると，もしダイモンが候補者として検討されていることが公に知られ，さらにダイモンがこの会社には関心を示さなかった，という事態になると，代わりにCEOに就任した人は，どんなに有能な経営者であったとしても，成功することが困難になるからである。

　「もし，会社の経営が"次点の"候補者に任されたと従業員やアナリストが判断したら，そのCEOの行く手は厳しくなる」とトリベットは説明する（このコメントを実証する例がある。chapter 4で詳述するが，1999年にAT&Tで実際に発生したCEOスカウトの事例である。AT&T取締役会の狙っていた本命候補，C・マイケル・アームストロングが辞退し，次点候補者だったジョン・ウォルターが就任した。これによりAT&Tのコーポレート・イメージは相当の痛手を受けてしまった）。

　さらに，"次点の候補者"という烙印を押されることを恐れ，残りの優秀な候補者もたいていはこのリスキーな転身から身を引いてしまう。そうなると，人材探しは全くの振り出しに戻ってしまう[23]。

■情報収集とアドバース・セレクション

　候補者の能力についての情報を収集するときにおいては，候補者の所属する

企業から直接聞き出せないため，情報収集のプロセスで機密を守ることが課題となる。あるコンサルタントはこうコメントする。「その候補者の上役のところに出向き，CEOとして迎えたいのだが，などとその上役に言うわけにはいかない」。もちろん，候補者の学歴や職歴など，一般的な情報は公表されたところから容易に入手することができるが，CEOの人材探しをしている企業にしてみれば候補者の能力，気性，性格，技量などについてもっと詳細な情報を得るためのプライベートな情報源が必要となってくる。

　エコノミストたちは，このような詳細情報が必要となってくる背景をアドバース・セレクション（逆選択）の問題との関連で説明する。この文脈でのアドバース・セレクションとは，情報が買い手と売り手にほとんど行き渡っていない市場において同じグループとみられる集団のなかに最も好ましくない候補者が入ってしまうプロセスを言う[24]。外部の候補者は外見上同じように見えたとしても，決して同じではない。なかには経歴が見掛け倒しであったり，また，なかなかスカウトされないためにいつまでもこの市場にとどまっている候補者もいるのである。

　一方，法律的な規制や個人情報の保護という観点からも，候補者の詳細な履歴情報を入手することが困難となっている。換言すると，もし取締役会が通常の方法によって得た情報のみに頼っている場合は，候補者が提出した履歴書の情報とほぼ同程度の情報しか得ていないことになる。

　このような情報不足によってスカウトが失敗した例は，アル・ダンラップをCEOに指名したサンビーム社のケースがある。同社の場合，人材サーチ会社は推薦した候補者ダンラップが前職において解任処分を受けていたことに気付いていなかったのである。ダンラップは社内で経理操作を画策し，その結果その企業は倒産に至った。この点についてはchapter 4，5，6で論証するが，今は次のことだけを記憶に留めていただきたい。すなわち，CEOを受け容れる企業にとって，リスクを最低限に抑えるための特定情報はサーチ会社に依存するのではなく，ほとんどは取締役が収集するものだ，という点である。取締役はそのような情報を自分の名声や立場を利用して入手したり，あるいはその候補

者と直接付き合いのあった個人を情報源にして入手するのである。

■エージェンシー・プロブレム

　個人の過去の実績についての情報が不十分なまま行われる取引では，いわゆるアドバース・セレクション（逆選択）はある程度避けられない。だが，この状況に二つ目のタイプのリスク，つまりその個人の現在および将来の行動に関しての情報リスクが加わると，もっと深刻さを増すこととなる。この二つ目のリスクは，通常，"エージェンシー・プロブレム（agency problem）"と呼ばれるものから派生する。個人が他人の活動に依存しているときはいつもこのエージェンシー（代理）の関係が存在する。たとえば，弁護士は依頼人のエージェント（代理人）であり，CEOは株主のエージェントである。ある取引における複数参加者の目的が一致していないとき，また参加者の現在および将来の行動についての情報が不完全あるいは全く入手できないときには，このエージェンシー・プロブレムが発生する[25]。

　企業とCEOとの関係では，エージェンシー・コストが極めて高くつくことも起こりうる[26]。このテーマについてハーバード大学経営大学院のマイケル・ジェンセン教授およびそのほかの研究者は，株主の利益を犠牲にして私利私欲にとらわれた決定をしたCEOが，企業に何百万ドルもの損失を与えた事例をいくつ紹介している[注27]。

　CEOの無責任な行動が明るみにでても，大抵の場合，そのCEOを辞めさせるのは難しい。組織の他の役職員を解任，あるいは解雇するときとは違って，CEOは容易には解職できないのである。確かに過去10年間で解職事例は増えてはいる。しかしCEOは，自分がなかなか辞めさせられないようなルールや，企業がCEOを辞めさせる場合には費用が高くなる仕組みを，自分の思惑通りに作れるのである。たとえば取締役会の議題をCEOは自分で管理することもできるし，また，取締役会メンバーそのものを任命することもできる[28]。このようにリスキーな状況においては，取締役は逆選択やエージェンシー・プロブレムといった問題を派生させかねない情報不足については対策を実施した上でない

と，外部CEO人材探しに取り組まないであろう[29]。

■バンク・ワンにおける情報の非対称性

ここで再度バンク・ワンのケースに立ち返ってみると，バンク・ワンの取締役とダイモンの双方にとって，状況を十分に把握した上で決断を下すには，情報があまりにも不足していた。この経緯を，まずダイモンを中心に考えてみたい。バンク・ワンの取締役は銀行が直面している問題について，この有力候補の質問には積極的に答えてはいた。しかし取締役は，この有力候補がCEOに就任してくれることを強く望んでいたため，それらの問題は解決できるものだとの印象を与えようと努めた。

いずれにしても，ほとんどの取締役は銀行が直面する状況について，常勤取締役というよりも，社外取締役として得ることのできる知識に基づいた限定的な理解しかできていなかったのだ。（バンク・ワンの社外取締役がこの銀行の経営状態を査定したときに依拠した情報の大部分は，外部あるいは前のファースト・シカゴの取締役――ひょっとしたらバンク・ワンの取締役とは異なるモチベーションの人たち――から仕入れたものだった。一方，ダイモンはバンク・ワンの抱える問題をより正確に把握しようとして金融アナリストたちに接近し，彼らが主として財務データに基づき銀行を分析していることに注目した。

二者間にはこのように情報の質および量についての格差があり，この"情報の非対称性"が皮肉な結末をもたらしている。つまり，ダイモンは報酬交渉において高給を確約させることができたし，さらに，バンク・ワンの課題が自分の予想以上に困難であった場合のための一種の保険として，ボーナスをも併せ保証させたのである。ダイモンにとってのリスクはこのように転嫁され，取締役のリスクを増大させてしまった[30]。

一方，バンク・ワンの取締役たちの立場をみると，彼らはダイモンに関する詳細情報を得ようとして，信頼できる人脈を総動員している。特に，過去においてダイモンと一緒に働いたことがある取締役あるいは彼をよく知っている取

締役からの情報を丹念に集めていた。しかし取締役たちがそのような情報を可能な限り集めても、自分たちは果たして本当に最善の人選をしたのかどうかを事前に判断することは不可能だった。そこで、誉れ高い外部候補者――世界で屈指の金融機関、シティグループにおいて、社長まで務めた候補者、ダイモン――を選んだことにより、少なくとも自分たちの決定は正当化されるだろうと期待したのである。取締役はこのように他人からの評価を気にする。その評価リスクに対する彼らの対処法は、外部CEO人材市場の三つ目の特徴にかかわっている。

レジティマシーについての懸念

　外部CEO人材市場の三つ目の特徴は、さまざまな"レジティマシー（正当性、適切性、妥当性）に関する懸念"がこの市場を動かしているという点である。社会学者リチャード・スコットによると、ある行為が適切かどうかは「関連する産業セクターあるいは領域において、どれだけ多くの人が目的達成のための手段を"適切"であると容認するかどうか」とによって判断される[31]。

　通常、社外でCEOをスカウトしようと計画する取締役や、スカウトされる側の候補者たちは、ビジネスの世界と社会関係が重なり合う場で暮らしている。そのため、彼らは自分の仲間、つまり付き合いの中から候補者を探すこととなる。それ故、彼らは自分たちの振る舞いがいつも"適切"だと見られるように、特に意を用いる。さらに、外部の有力者たちの意見、たとえばアナリストの意見や経済紙などの論評は、最終的にある候補者を迎え入れるときの有力な援護射撃となるため、それらの外部の人たちが選抜の過程を客観的であり"妥当"だと評価してくれるようにすることは極めて重要な意味を持つ。

　バンク・ワンのスカウトでは取締役たちに対して、まずマッコイを追放し、続いて後継者選びのためのアクションを早急にとれ、という強いプレッシャーが株主、アナリスト、そして経済紙からかけられた。この後継者は、バンク・ワンが本気で自行の問題を解決しようとしている、と外部者にアピールできる

ような人物でなくてはならない。また，社外取締役のジョン・ホールが宣言した目標，つまり"この銀行をふたたび業界トップの位置に導くことのできる"全米一の候補者をスカウトしなければならなかった。それには外部の人たちが「広範囲の対象者から選んだ客観的な人材サーチだ」と認めてくれることが不可欠だった（外部でCEO候補を探した一連のプロセスと，それを見守る外部のステークホルダーたちの銀行評価が関連することでは，株式市場の反応が如実に示している。まずはマッコイの辞任に対して市場が反応した。ダイモンをCEOに指命したときも市場は反応した。さらに，ダイモンが就任した直後の疑問——新CEOはひょっとして期待外れなのでは——についても市場は反応した。CEOの働きが企業の命運を握っている，という考え方は誤っていよう。だが，そうだからと言ってCEOに力がないとも言えまい）。

　最後にこのスカウトは，取締役会内部の，いささか公然となっていた二派対立を背景にして進めなければならなかったという点にも注意が必要だ。この対立のため，各自は極めて政治的に振る舞うよう求められた。そのためバンク・ワンの取締役たちや候補者たちは，より一層行動のレジティマシーが得られるように努めていたのである。

■仲介者にとってのレジティマシー

　上述のとおり，外部人材市場でCEOをスカウトするプロセスでは，レジティマシーの維持が要請されている。レジティマシーが重要であることは，人材サーチ会社の役割の一側面によっても理解されよう。つまり，買い手も売り手も市場に参加するときには自分の判断を巡って逡巡するものだが，参加者がその逡巡を克服するにあたっては，サーチ会社のコンサルタントの果たす役割が大きいのである。このコンサルタントの役割は次でみる通り人材サーチ会社の機能の根幹部分をなすが，外部CEO人材市場ではCEO候補と企業との間に様々な問題が発生するため，コンサルタントの役割の重要性は諸問題のなかに埋もれ，目立たなくなっている。

　CEOの外部スカウトにかかわる取締役と候補者は，大きな賭けと大きなリスクを背負うため，関係者は感情的にも気分が高ぶることが多い。たとえば，就

任を請う側の企業ではなかなか決断しない候補者に業を煮やし，あるいは報酬や他の特典，また本契約について，法外な要求を吹っ掛ける候補者に対しては不満を募らせる。

　このような複雑で心情的にも疲れる交渉には国際的な外交交渉と同様，第三者の仲介が必要となる。報酬といった実質的な交渉だけではなく，フラストレーションや憤慨といった極めて人間的な問題についても第三者に対処してもらうことが必要となるのである。そのような感情のしこりは，取締役会と取締役会が希望するCEO候補の間の関係をいとも簡単に毀損してしまう。あるコンサルタントは自分の役割を「一部分はリクルーター，一部分はメッセンジャー，そしてほとんどは結婚カウンセラーだ」と評する。彼は"報酬に関して次から次へと要求を突き付けた"候補者に企業側がたいへん苛立った，ひどく骨の折れた交渉について次のように語った。

　（候補者のスティーブは）移籍するに際して"自分を完璧にしておきたい"という理屈で，契約内容に含める要求項目を次から次に出してきました。一方，取締役会は出された項目一覧を見て，腹をたて始めました。その一覧には，未行使のストックオプション相当額，新しいゴルフ・コースの入会金，報酬の繰り延べ分などについての詳細が列挙されていました。私には取締役の我慢ももはや限界に近いことがわかっていました。そこで，私が割り込み，こう言ったのです。「これらの要求は，一時払いのボーナスとして一括して処理したらどうでしょうか？　そうすればスティーブも，自分の要求する項目をいちいち詳細に調査しなくともよいし，また役員会もそれらの項目についていちいちチェックし，承認するといった手間も省けます」そしてこの提案は，双方が公平だと納得できる水準で合意することとなりました。金額は，初年度の現金報酬額の20％だったと思います[32]。

　なぜ，候補者も取締役も──理性的で，冷静であり，感情をコントロールしている人種だとされているにもかかわらず──このような交渉の場では，極度

に神経過敏となり，すぐにフラストレーションを募らせるのか。その理由をサーチ・コンサルタントに問うと，答えがコンサルタントにとってはあまりにも自明であるためか，彼は苛立ちながらこう答えた――「報酬やその他の微妙な項目について二者間で直接交渉をすると，感情を刺激し合うこととなる」。そこに仲介者が入れば，この種の交渉にはつきものの感情の高ぶりを鎮め，交渉の一方からの要求あるいは反応を，より融和的にかつ客観的な方法で，相手方に伝えることができるのである。

■仲介者が与える客観性

　取締役会とCEO候補者が交渉を進めるに際して，人材サーチ会社のコンサルタントが果たす役割はほぼ上記の説明通りである。また，同じような役割は，離婚や労使紛争などの調停においても見られ，この役割は緊迫した交渉の仲介者として第三者を介在させる大きな理由となっている。しかしながら，外部CEOサーチにおける仲介者の存在は，上記とは違った視点からも捉えることができる。つまり，仲介者は企業と候補者が積極的にこの市場に参加しようとするとき抱く逡巡を取り去る役割を担っているのである。

　前述においてはスカウト会社が交渉の間に入り市場参加者をリスクから守る例を見たが，スカウト会社の役割はそれだけではなく，市場参加者が抱く不安，つまり自分が適切だと判断してとった行動が仲間や外部関係者たちにどのように認識されているだろうか，といった不安も軽減する。たとえば，競合企業に所属する現職にCEO候補者として接触する際には，社会規範，つまり標準的な社会ルールを守り適切に接触しなければならない，という束縛を取締役も候補者も強く意識する。スカウト会社は，人材探しの初期段階で両者の直接接触を避けさせ，不都合なことが発生したり露見したりしないように配慮する。

　次いで，取締役と候補者の間には何らかの個人的な繋がりがある場合が多く，この人的繋がりが，サーチ会社が解決すべきもう一つのレジティマシーについての問題を生み出す。つまり，第三者の介在によって，候補者と取締役との間に距離が生まれ，交渉に客観性の外見が作られる。さもなければ，このスカウ

トは本質的に情実によるスカウトではないかと見られてしまうのである。

　上述の実際例を踏まえ，サーチ会社の役割を次のように解釈すると単なる"結婚相談員"ではなく，もっと深く理解できよう。すなわち，市場における買い手と売り手の隔たりは市場制度に由来するものである，また社会規範から判断してその市場への参加が適切だとされる程度と買い手と売り手の隔たりとは密接に関連している，そしてその隔たりを適切に調整するのがサーチ会社の役割だ，と理解するのである。

　適切な市場では，買い手も売り手も自分に影響が跳ね返ってくる恐れなく，オープンな環境で（また，おそらくは自分の気持ちを高ぶらせることもなく），取引に参加することができる。対照的に不適切に運営されている市場では，ある取引がお互いを利すると分かっていても，参加者は市場での取引を，あるいは市場に関わること自体を，忌避または躊躇する。このような状況のときに人材サーチ会社が，人材を探している企業と候補者の双方が抱く不安定な感情を克服することを手助けする，と解釈するのである。

　このように，買い手，売り手が抱く市場のレジティマシーに関する懸念は，市場での参加者同士の相互作用に関する重要な事実に目を向けさせる。つまり，相互作用は，集団的そして共同体的な構造を持っているという事実である。市場で発生するすべての相互作用が実際にそのように形成されているわけではない。というのも，すべての相互作用は，規則や役割といった制度的な文脈の中で起こっているからだ[34]。

　規則は制約を課す。たとえば，企業は競争相手とコスト情報の交換をするわけにはいかない。役割期待でも同様の制約が課せられる。取締役は，利害相反が起こる可能性がある他社の取締役を兼任した場合には，退任するか，あるいは意思決定に加わらないことが求められる。また，運営が不適切な市場では，市場参加者たちは最初の連絡でさえ取り合うことを厭うだろうし，取引が完了する段階まで取引相手との間合いがきちんと保たれる方法がある場合を除いて，短期間であっても取引をすることには尻込みをするであろう。

　このように，外部CEO人材市場においては，参加者同士の相互反応に影響す

る，非公式な規制と規則も多数存在する。それらの規制や規則があるために，正当性に配慮することの意義が際立っているといえよう。たとえば，候補者に接触する方法にも制約があるが，それもこの市場の特徴である。外部CEO人材市場においては，市場に関する意思決定が個々の組織内だけで行うのではなく，他の参加者たちも結果を評価する全体の関心事であるため，レジティマシーの配慮が特に重要なこととされるのである[35]。

■外部関係者の影響力

　以上のような背景があるため，最良とされる人材サーチさえ実施できれば，サーチのプロセスとサーチ委員会および締役会による最終選抜は適切な手順に則ったものとして認知される。その結果，新CEOはスムーズにそのポストに就くことができるのである[36]。しかし，このサーチプロセスのどこかで一手でも手順をたがえると，企業内外の関係者は一様にその人選について強烈に苦言を呈し，最終結果についても闇雲に反対することになってしまう。そんな人選は大失敗だ。だが，この大失敗は候補者選びを誤ったという失敗ではなく，むしろ，候補者は最も適任ではあったが誰かがスカウトの手順を間違えたために結果として失敗してしまった，という意味である[37]。また，企業内外の関係者からサーチの結果自体は戦略的に適切だと認められても，人選の手段が不適切であったが故に容認されない場合もある。

　外部CEO人材サーチのレジティマシーについて取締役会が懸念するようになったのは，かつてはベールで覆われ，他とは峻別されていたCEOポストの継承過程が徐々に外部からも見えるようになったためと言えよう。時を経て密室性が弱まり，他のポストの候補者サーチとの区別が曖昧になると，新CEOを指名する仕事は，現職CEO，あるいは取締役会の特権ではなくなった。過去においてはCEO，あるいは取締役が後継CEOを選ぶことを許されたのは，よく知っている仲間である候補者を評価するには，彼らが最適だとの認識があったためだった。つまり，リーダー経験者が後継者指名をすることが最も相応しい，という考えだった。そんな風潮を背景として，企業の内部から後継者を選ぶプロ

セスは次第に密室の様相を呈していった。だがCEOの継承者選びは，次第に外部関係者が結果に強い関心と，そのプロセスには影響力をもつに至ったのである。

　それらの外部関係者，すなわちウォールストリートの証券アナリストと経済紙・誌は，現在ではほとんどの企業にとって，レジティマシーのお墨付きを発行する存在となった。市場論を研究する社会学者，エズラ・ザッカーマンはウォールストリートのアナリストが企業の株価形成において影響力を増している実態を次のように説明する(38)――「投資家，特に機関投資家は，投資判断において，アナリストの意見にますます耳を傾けるようになり，その結果，取締役もアナリストの意見に注意していなければならなくなった」。

　また，上場企業数社の社外取締役を兼任するジョージ・ケネディーも「２，３年前なら，自分が出席する取締役会でアナリストのレポートを読むことなどなかった。それらは誰かの意見というより，一般論と見なされていた。企業の取締役であれば，自社関連の記事はウォールストリート・ジャーナルで読むことはあっても，アナリストのレポートを読むことなどなかった」と振り返る。

　他のメディアについても，記事の配信サービス会社を通じて，取締役たちは自分の企業に関するあらゆる新聞，雑誌の記事に目を配るようになっている。このように様々な経営環境の変化が積み重なり，取締役は足下の経営課題から目をそらし，アナリストの意見などに注目するようになったのである。そして企業経営者は，今や外部の経営環境を重視し，自社にとってそれがどんな意味をもっているのかを解釈しようと努め，自分たちが最も価値を見出す外部のアナリストの意見や新聞論調などに基づき――言い逃れすることのできる十分な根拠をもって――継承問題を解決しようとする（この点では，AT&Tが1997年に実施し，９か月後に再び実施したCEOの人選がよい実例だ。これはchapter 4 で詳述する）。

　少ない買い手と売り手からなる市場，買い手と売り手の双方が負うリスクの高い市場，レジティマシーに配慮しなければならない市場――これらを"市場"という言葉で説明したとしても，通常の市場とは似て非なるものだ。CEOの外

部人材市場はその本当の姿が理解されていないが，その原因は観察と分析に用いられるレンズにあった。それらはどれ一つとして状況を正確に認識するためのレンズではなかった。ましてや，そのレンズでこの市場の複雑さを理解することなどとても無理だったのだ。では，この市場が実際どのようなメカニズムで動いているのか，その詳細を述べる前に，次項ではこれまでに市場研究のために用いられた理論的枠組みを検討し，続いてそこで用いる考え方を述べることにする。

"社会的に構築された制度" としての外部CEO人材市場

　新古典派経済学者にとっては，外部CEO人材市場は他の市場と何ら変わりのない普通の"市場"である[39]。新古典派によれば，市場は個々の利益追求を主目的として活動する不特定多数の個人からなり，個人は匿名で他者と摩擦を起こすこともなく，取引に参加する。また新古典派は，社会関係や制度は何らの問題を提起しないと考える。社会は経済的な取引の外に存在すると解釈する。また，情報は周囲に完璧に伝わっており，関係者の選好も安定しているという前提のため，買い手と売り手以外の関係者は，行為者の選択を変更しないし，また，経済主体の活動を変えさせることもない，と考える。だが，バンク・ワンが行ったCEOのサーチプロセスは，この新古典派の見方が多くの点で誤りであることを如実に示していた。

　新古典派以外で，外部CEO人材市場の問題を分析する社会科学者は，社会学的な観点から研究している。新古典派経済学は個人をベースにした枠組みで捉えるが，このグループは市場を構造的に分析する。そして——社会学的，経済学的，歴史学的な諸研究のめざましい最新成果を踏まえつつ——個人は市場に参加するに際して社会的ネットワークに埋め込まれていると指摘する[40]。この見方をすると，ある参加者は別の参加者と繋がりをもち，別の参加者を信頼し，別の参加者から情報を得，あるいは与え，別の参加者への支援を余儀なくされ，あるいは別の参加者との取引に依存する，といった構造を読み取ることができる。

構造的な見方は，一切の経済的な計算には目もくれず，むしろ社会との関わり方，評価方法や情報の流れ，制約の類型，機会の諸相，あるいは共同社会や権限が及ぼす力，といったことに注目する。また次の点にも注目する。つまり，個人は自己の権益を追求し擁護するために努力するが，それと同程度，自分の所属社会の資産を保護し，社会との関わりを守るために努力する，という事実だ。

　次の例は，外部CEO人材市場の特徴を説明するに際して，構造的な見方の方が伝統的な経済学の見方よりもはるかに正確であることを示している。すなわち，外部でCEOの人材を探す際の対象範囲は，新古典派経済学における市場の概念から想像できるように，一般には広範囲だと考えられているが，実際のところ，（バンク・ワンの実例が示す通り）企業内部の人たちの人脈から得られるごく狭い範囲だった。

　また，次の例も構造的アプローチの優位性を支持する。つまり，新古典派経済学は外部CEO人材市場が制度的制約を受けないものであるとの仮説に基づき論を進めるが，実際は幹部経営者専門のスカウト会社，取締役の兼任制度，（またバンク・ワンに見られるケースだが）投資家，アナリスト，新聞，その他のステークホルダーなどが，それぞれの立場から重要な役回りを演じている。そして，募集中ポストへ応募者がアクセスすることを困難にしたり，また逆に，特定候補者のCEO就任を応援しているのである。

　外部CEO人材市場を構造的に捉える手法は，社会的ネットワーク（人脈）という主題をこの問題の中心に据える点で，また，サーチと絞り込みの各段階におけるネットワークの影響を重要視している点で，伝統的な経済分析手法よりも，説明力において数段勝っているといえよう。ただ，その構造分析手法も自ずと限界がある。また，主流派経済学者と構造的アプローチをとる社会学者の双方が考慮していないのは，関係者が市場をどう認識しているかということと，文化的に条件付けられた信念がこの認識と深く結びついているという点である。別の言い方をすると，構造的な見方では——経済的活動は社会構造という制約のなかに限定されていると考えるため——どのような行為が正当なものと

みるかについての考察が希薄である。この見方では社会的諸制度・諸機関，市場取引のための前提条件，また社会慣行が市場での行動のレジティマシーをいかに規定しているか，といった観点からの考察が行われない。

■思考様式が及ぼす影響

　メディア，アナリストなどの社会的な機関や諸制度，あるいは，ものの考え方といったものがいかに外部CEO人材市場に影響を及ぼしているかについては，バンク・ワンで見られたいくつかの場面を思い出してもらいたい。

　この銀行の人材探しでは，経済紙や金融アナリストがプロセスに影響を及ぼし，あれこれと審判役を演じた。ジョン・マッコイの解任には，報道の内容が真実であれ虚偽であれ，彼に否定的な報道が大いに影響した。同じく，投資家に対してバンク・ワン株式の売買を推奨する力があった金融アナリストたちは，取締役に絶大な影響力をもっていた。バンク・ワンの取締役がCEO候補者を，有力な金融機関の現職のCEOか会長に限定したのは基本的にこのような背景があったためだった。

　また，ダイモンが選ばれたのはバンク・ワンの取締役が新聞報道などの論調を鎮めたかった，という部分もあった。さらに，競争相手に対しては，ある取締役の言葉で表現すると「バンク・ワンは生き返った」ことを誇示するためでもあった。

　市場参加者がこの外部CEO市場をどのように認識しているか，また彼らがその市場構造の中でどんな自己認識をしているかが市場の重要な構成要素である——と，そのように主張することは——私が主張しているように——外部CEO人材市場は社会的に構築された制度であるとみなすことを意味する。他の分野の人々には理解しがたいかもしれないが，社会的構成物という私の考え方が知識社会学から生み出されたものであると，社会学者は理解するであろう[41]。CEO市場が社会的に構成されたものであるということは，CEO市場が日常用語の意味での制度ではなく，社会学者が考えるような制度であるということ，つまり人々の思考と行動を形作るような実践と関係のパターン，当たり前とみ

なされている義務意識などによって構成されているものであるということを意味している。

■電力産業に作用した非市場的要因

　社会的に構築された諸制度は，現代のどの社会においても，経済活動の中枢として重要な機能を果たしている。社会学者マーク・グラノベッターとビビアーナ・ゼリツァーは，この"社会的に構築された"という概念を発展させる上で中心的な役割を果たした。グラノベッターと同僚研究者はかつて，あるケーススタディーにおいて，米国の電力産業の淵源や技術水準と発電コストの関係について調査したことがあった[42]。

　1880年代は産業が勃興し始めた時期であり，電力会社は現在のように投資家が所有する形態ではなく，また，ある拠点の発電所から広い地域に電力を供給するシステムでもなかった。当時の電力供給には，二つの形態がみられた。一つは一世帯単位あるいは近隣を含めた小さい単位での発電・供給であり，もう一つは公営の発電・供給施設であった。電力会社が今日のように投資家によって私有される形態になったのはどんな背景があったのか（2001年にカリフォルニア州で電力危機が発生するまで，米国では投資家が電力会社を所有する形態が最も効率的だと考えられていた）。そこには，非市場的要因がいくつか作用していた，という。

　それらの非市場的諸要因は，特定産業や制度上の取り決めの発展過程を説明するときには，通常は見落とされているが，時を経て力強く一点に収斂し，互いに結合し，結果として今日の電力産業の形態を構築するに至ったのである。グラノベッターと同僚研究者は，次の点にも注目した。すなわち，電力の発電・供給事業は今日では規格化された発電方法や標準化された組織・機構をもち，関係省庁によって守られたわずかな数の巨大持株会社によって支配されている。この構造が出来上がる過程では，同業者団体，兼任役員制度，設備製造会社の販売先の決定，社会的・政治的・資金的に各種資源を動員する力量，といった要因のすべてが，重要な役割を担っていた。

グラノベッターは，様々な関係，繋がり，人脈といったものが経済活動を制約したり，あるいは逆に促進したりする点を特に強調しているが，ビビアーナ・ゼリツァーは市場が創設され育成されていく過程における文化的要素の作用に注目している。

　"Morals and Markets（道徳と市場）"という著書において，ゼリツァーは19世紀の経済史のなかの最大の謎の一つとされる問題に対して解を示した。つまり，生命保険という商品はその重要性が米国民に何十年間も理解してもらえなかったのだが，突然加入者が増加し出した背景である[43]。保険に関する古い文献をくまなく精査したゼリツァーは，保険に対する市民の抵抗感は，主として，人間の命を金銭で測ることを潔しとしない価値観に基づいていた，と結論づけた。

　草創期の生命保険会社では，死と金銭といった言葉を並べることが好ましくないイメージを想い起こさせているとの懸念があった。また，多くの人にも，神聖なことと世俗的なものとの区別が曖昧になる，と映った。事実，米国の大きな宗教団体は，保険はチャリティーや慈愛といったキリスト教的価値観とは相容れないとし，生命保険は神聖なるものへの冒瀆だと公然と非難した。その後，個人の生命に価格を設定するという，極めてデリケートなスキルを習得した保険業者は，"死への金銭的な準備"であるこの商品の販売方法を巧みに学んでいった。やがて，人々の考え方も変わり，市場も成立し，生命保険は金融商品として世間に容認されることとなったのである。

■インスティチューションの社会的構築

　外部CEO人材市場に戻って考えてみると，市場関係者の多くがインスティチューションとしてのこの市場に影響を与え，あるいはこの市場から影響を受けている状況が見てとれる。これら市場関係者——従業員，株主，株式市場のアナリスト，そして経済紙など——のなかには，間接的にCEO選考プロセスに影響を与えているものもいる。ほかの市場関係者たち——取締役，幹部経営者専門のスカウト会社，そしてCEO候補者たち——は，これまでにすでに見てきた

通り，もっと直接的に選考プロセスに関与している。したがって，市場関係者が外部CEO人材市場をどのように認識しているかは，CEOの継承の手順を把握する上で極めて重要な要素となっている。同じく，誰が買い手，あるいは売り手の資格者たり得るかを決める参加者の考え方や，参加者の採るべき適切な行動を拘束する規範を理解することも，CEOの継承プロセスを理解するうえでは重要なこととなっている。

「外部CEO人材市場は社会的な構築物である」と述べれば当然ながらこの命題は上述のように，ではそこに参加する人たちの仕事や認識は何か，といったことに関心を集める。しかし，この命題はそれだけを意味しているのではなく，次の点にも触れ，指摘していることとなる。つまり，CEO人材市場は一方で外部に向かって人材を求め，客観的であるかのように見えるが——つまり，学者が言うように事実性，実存性を備えているように見えるが——実は客観的であるというのは錯覚である，という指摘である。

なぜ錯覚なのか。それは，社会的に構築するという過程そのものが，まさに慣行や様々な関係，行為といったことを，客観的で外部に開かれているかのように見せるためのプロセスそのものであるからだ，という[44]。知識社会学の重要な教訓に「社会のなかで必然的なものは極めてわずかしか存在しない」というのがあるが，この教訓のプロセスがここで当てはまる。

逆に，社会学者ウォルター・パウェルとポール・ディマジオの指摘に従うならば，ある特定の方法で社会的に出来上がったインスティチューションは，おそらくほかの方法でも構築することが可能だった，と考えることもできる[45]。しかし，その可能性の話題は，インスティチューションが社会的に構築されている間に隠蔽されてしまうのである。つまり，人々がそのインスティチューションを当然のこととして自然に受け容れ，様々な事象に対してみんなが同じ解釈をすれば，社会はその状態で固定化されてますます安定化されるのである[46]。

■複合企業の興亡にみる社会的プロセス

この種の議論は通常，経済関係の制度には適用できないとされているが，適

用しても何らの不都合はないと思われる。経済学の一般的見方からすれば，市場制度のような経済制度は，何らかの課題を事実に即して解決するために，その要請に応じて出来上がったものだ（たとえば，コストを最低限に抑えるためとか，効率を最大限にするためとか）。

このような見方をする学者は，経済制度はあたかも物理や化学の法則に基づいて構築されたかのように見なす[47]。しかしそんな見方では，ある制度が確固たる存在として発展するのは，様々な社会的プロセスを経た結果であるという事実を見落とすことになる。社会的なプロセスは複雑に絡み合った次のような諸要因によって左右される。プロセスに関与する人たちについての個別あるいは共通の理解，個人的な理解，彼らの間の社会的な繋がり，組織の条件，そして歴史的な背景などである[48]。経済的なインスティチューションが必然的な存在であり最大限に効率的なものだ，と極めて楽観的に解釈してきたことがこれまで社会科学の進化を阻んできたし，また社会科学が重要な数多くの経済現象を解明する技術の開発を阻害してきたのである[49]。

たとえば，1960年代と70年代におけるコングロマリット（複合企業）の全盛期には，何人かの経済学者は複合企業こそ理想的な企業形態だと主張していた。彼らは，企業の効率性は企業がどのビジネスに携わっているかではなく，いかに経営されるかによると考えた。複合企業は最も効率的な企業形態であるという考えは絶大な支持を得て，その存在は正当なものとして受け容れられることとなった。ある経済学者は，複合企業は内部的に生み出したキャッシュフローを効率よく配分することによって古い事業から撤退し新規事業を推進することができるようになった，と指摘していた[50]。資本コストに関しても計量経済モデルが考案され，複合企業の資本戦略が正当であることを立証するのに使われ，複合企業の資本コストは小さく，したがって外部での資金調達を検討している小さい企業と比べ競争優位に立っていることが示された[51]。

次いで1980年代に入ると，非効率な経営状態の複合企業は敵対的なテイクオーバー（企業乗っ取り）の対象となった[52]。経済学者たちはこのテイクオーバーの動きは複合企業の非効率的な経営のせいだと説明し，新しい数学モデルを

開発しては複合企業が経営資源を無駄に投入していると指摘した。この時代ではコア・コンピタンシー（中核的競争力）と集中という言葉が経営戦略と最新の経済戦略の研究を理解するためのマントラ（呪文）となっていた。

　こうして複合企業の勃興と没落の経過を見てみると，多角的なビジネスを展開してきた企業も，またよりスリムにビジネスをリストラしたその後継企業も，双方とも社会的に創られてきたものであることが理解される。同時に，経済学者の矛盾の多い複合企業分析は，次のことを示していることに繋がる。すなわち，経済的なインスティチューション（企業）は効率性を極大化するために組織されるものだ，とア・プリオリに仮定しておけば，どのような形態の組織であってもそこにはその効率性が——必要ではなく——付随している，と言えることになるのだ。

■社会構築主義

　CEO人材市場を研究する際には社会構築主義的なものの見方も特に参考になる。というのも，株式を公開している大企業は最近，CEOの交替には社内ではなく社外に候補者を求めるようになったが，その傾向を経済学者が説明するときには，曖昧さが特徴となっているからである。

　企業内部でCEOを選ぶという慣行は何十年も続いてきたが，経済学者たちは企業内部のCEO人材市場の構造や諸規則は明らかにそれなりの存在根拠があった，と考えた[53]。彼らの議論は大体次のように展開した。まず，CEOは企業の外部ではなく内部から選ばれたが，それが最も効率的だったからである。つまり，CEOにはその企業を経営するための最も効果的なノウハウと技量が必要となる。さらに，新しい従業員が企業に加わっても，誰が必要とされるノウハウをもつことができるのか，また，誰が経営者として一番相応しいのかを事前に知ることはできない。そこで企業は——研修や昇進制度を備えた——社内の人材市場に目を向け，そこにいる人材にその企業独自のノウハウを伝授し，誰がCEOの仕事に最も向いているのかを定めるのである。

　だが今日，株式を公開している大企業のうちのほぼ3分の1の企業のCEOは

社外でスカウトした経営者だと分類されているため，人材市場の研究者はこのわかりづらい現象を前にして，一連の変化は枝葉末節であり，単に付随的に起こった現象にすぎないと無視している(54)。

これとは対照的に社会構築主義に立脚すると，外部CEO人材市場は独自の社会構造をもち，効率性といったような経済的な判断尺度では説明しきれない根拠で独自に存在していることになる。

■見過ごされてきた論点

そうは言うものの，外部CEO人材市場のような制度は経済的な影響力とは完全に無縁で存在しているわけではない。同様に，このような経済制度は，いったん構築されれば経済的要因からの影響を受けない，と言っているのでもない。私がここで言いたいことは，経済制度はもっと広い社会構造の文脈においてのみ理解され得るものだ，という点である。この点を理論的に説明するために，具体例を以下に挙げてみたい。

外部でCEOの人材を探す場合，どんな場合でも人材サーチ会社が重要な存在となっている。経済学者の多くは，また多くの社会学者でさえ，このような仲介業者が存在する理由は経済的に需要があるからだと考える。

この点を経済的側面からみた場合，そのポイントは次の通りだ。つまり，企業の取締役が新しいCEOを見つけなければならないとき，取締役は「内製か，社外調達か」の選択を迫られることとなる(55)。取締役たちは自分たちで人材探しを実施する（作る）か，あるいはその仕事を第三者へ発注する（買う）かの選択である。エグゼキュティブ・サーチ・ファーム（経営幹部を対象とするスカウト会社）はこのような人材探しサービスを専門としているため，企業の取締役たちには望めないコスト面，あるいは規模面でのメリットが備わっていることが多い。この点は特筆すべきところだ。そこで取締役たちは自分たちで人材探しを実施した場合のコストと，外部のスカウト会社を使った場合のコストの比較をする。この場合，社会学の主流派的な見地から見ると，スカウト会社は企業が情報をもっていない候補者についても知っているため，企業の取締役たち

よりは人材情報において優位に立っており，この情報優位を経済的な"レント"にしているのである[56]。

　エグゼキュティブ・サーチ会社の役割についての最近の経済学的，社会学的な解説には一つの問題が認められる。どちらもサーチ会社の外部CEO人材探しがどのように行われるのかについての説明をしていないことである。その一例として，新CEOを外部で探す意図がない場合でも取締役会はサーチ会社と契約する場合があることが挙げられる。また，取締役はサーチ会社を雇う前段階で自分たちが知っている候補者のみを真の対象者として検討していることも，この背景として考えられる。さらには，エグゼキュティブ・サーチ会社を調査している経済学者や社会学者が双方とも，いくつか重要な論点について触れていないことも問題である。

　つまり，エグゼキュティブ・サーチ会社はいったいどのようにして生まれてきたのか。企業はなぜ過去においては外部にCEOを求めなかったのか。そして，なぜ取締役会は企業内部の候補者をCEOに指名する予定であるにもかかわらず，あるいは外部の候補者のことをすでに知っているにもかかわらず，エグゼキュティブ・サーチ会社を使うのか，といった論点である。CEO人材市場を研究している社会科学者でも，ほとんどは上記のような論点は避けてきた。というのも，これらの論点を追究するには取締役，CEO候補者等，具体的な当事者の人脈，期待される行動様式，彼らの行動についての不確実性について，調査することが求められるからである。それらは従来のCEO人材市場研究では対象外だったのである。

"閉鎖"市場としてのCEO人材市場

　これまでの議論において，外部CEO人材市場は通常の市場とはあまりにも相違しているため，CEO市場を一般的な経済学の概念や市場イメージで捉えることはできない，という点が明らかになった。

　また，CEO市場を分析するための手法として，社会構築主義という考え方も

以下の理由で援用してみた。すなわち，外部CEO市場に参加する主要参加者の属する組織，またカルチャーは，市場という制度とその内部の仕組み，およびその機能が作動した結果の両方に，直接的な，また，重大な影響を及ぼすため，経済と社会の関係を明示的に捉えることのできる手法によってのみこの市場を理解することができ，かつその重要性を把握し，示すことができる，という理由である。次に，閉鎖市場という概念を用いて，ネットワーク構造や経済的行為の文化的側面が外部CEO人材市場とどのように繋がっているのかを考えてみたい。

閉鎖市場についての核心的な考え方は，社会学者マックス・ウェーバーがその著書『経済と社会』のなかの社会関係の閉鎖性について論じた一節で言及している[57]。ただ，ウェーバーはこの著書において閉鎖性と公開性の関係を一般論として論じているにすぎない。そこでは彼は"公開性"あるいは"閉鎖性"という概念を市場に適用したが，その意味は一般的であった。一方，私が公開市場，閉鎖的市場といった言葉を使う場合は，基本的に市場関係へのアクセスの容易度，あるいは難易度に関して述べているのであって，それはつまり，CEO人材市場においてはCEOというポジションへのアクセスの容易度，難易度を意味する[58]。公開市場，つまり開かれた市場は，新古典派経済学の理論から見ると当然備わっているとされる特性をもち，また，経済学の一般的な理論から見るとその市場のなかでの関係者をそれぞれのポジションに割り当てるメカニズムを有している市場と言える[59]。公開市場においては，膨大な数量の取引が同時になされ，かつ，各取引は別個に独立して実施される。それらの取引は報酬水準の均衡化をもたらすが，しかし，特定の報酬で働くことについては誰も禁止されてはいない。どんな個別取引もそれだけで市場全体に影響を与えることはない。使用者は人件費を削減するために労働者間で競争があることを頼みにし，労働者も市場価格が生まれそれを獲得するには使用者側にも開かれた競争があることを期待する。労働者は賃金水準の市場形成に影響することは難しいが，自分がもっと働くことにより，また別の質的に高い仕事に就くことにより収入を上げることができる。

■閉鎖市場の特質

　開かれた市場とは対照的に，閉鎖市場は狭い範囲のなかで適格者として認定された個人あるいはグループだけに参加のチャンスが限定されている場合に生まれる。ウェーバーによると，閉鎖性はほとんどの場合，特定の社会的あるいは形式的な属性を抽出しその属性を具えていない他を除外することを正当化して形成されている，という。ウェーバーは，それぞれの集団が報酬や特権に対する他からの接近を制限して自分たちの財産を増やすため，いかにカースト（階級）制，専門性の高い仲間社会，そして政治的なシステムを利用しているかという事例を数多く紹介している。

　ウェーバーはこのやり方を次のように指摘する。つまり，集団は自分たちに具わっている特定の社会的あるいは形式的な属性を選び出し，その属性を市場に参加するときの適格性の基準に設定するのである。実務上，ある属性が外部からの参入者を見分けて排斥するツールとして機能するならば，どのような属性でもこの目的のために採用されるのが実情である。排他的な社会閉鎖性はこのような支配集団が他の集団を犠牲にして，自己のために特定の富と有利性を確保する行為によって生まれている。

　さらに，この段階で排斥された集団は，次の段階で他の集団が残余の報酬へアクセスすることを制止する。そうなると，社会システムは一段と分化が進み，社会の層はますます増えることになる。この例は社会の階級が多層的に分類されたインドのカースト制度に見られる。カースト制度では，それぞれの階層の出身者はどの職業に就くことができるのか，あるいはできないのかが細かく決められている[60]。また，アパルトヘイトは閉鎖社会のもっとも残忍な例である。

　後述するように，CEO候補に求められる一定の適格基準をクリアーしている候補者に対してもこの市場は接近を制限している事実があり，それが外部CEO人材市場の特徴となっている。確かに，外部CEO人材市場は――どの時代に何処でも認められる，人間社会にはつきものの，ドラマチックで道徳的に嫌悪感を抱かせるような――社会的閉鎖性の見本とまでは至ってない。しかし，外部

CEO人材市場は，適切に理解をするということになれば，今日の米国で認識されている市場についての様々な見方に対して手厳しい批判を加えることになる。というのも，外部でCEOを探すプロセスが閉鎖的だとする問題提起は，この市場についての経済学的，また，社会学的な伝統的解釈と対峙することになるが，その対峙の他にも，市場の閉鎖性問題は今日のもはや宗教的とも言える市場に対する信頼——市場はオープンな環境下での競争に基づく機会均等の推進や実績主義に基づく推進といった社会的に望ましい目的を達成するためのメカニズムだ，とする信頼——に対して，公然と反論することになるからである。

　ここでこの本も一区切りするところに辿り着いた。私の考えるところでは，外部CEO人材市場の主要参加者を縛る市場構造と関係者の考え方が制度としてのこの市場の特質を形成しているのであるが，これらの参加者自体が自らその市場構造を作り上げ，自ずと考え方を発展させたわけではなかった。むしろ，参加者は長い間に，段階を踏んで発展してきた社会的，文化的制度としてそれらを受け容れてきたのである。

　次章では，外部CEO人材市場の参加者の役割について検討することになるが，その前にこの市場参加者の市場認識に影響を与えた重要な考え方の根源について論ずる必要がある。その根源とは，"カリスマCEO"という概念である。

chapter 3

カリスマCEOの台頭

■社内の人材を失うこと

　バンク・ワンが経営者として誉れの高かったジャミー・ダイモンをCEOに選任したことで、この人材サーチのプロセスも無事に終結した。そして、このスカウト劇で注目すべき点も浮き彫りにされた。注目点とは、この銀行とそのビジネスを熟知している、経験豊富で極めて有能な社内の幹部をCEOに起用することを見送ってしまった、という点だ。

　社内にいたその幹部とは、ミシガン大学卒のMBA、バーン・アイストックだった。彼は37年間、NBDバンコープで出世コースを歩み、1994年には遂に同行の会長兼CEOに上りつめた、評判高いバンカーであった。NBDバンコープは米国で最も堅実な地銀の一つだと評価されていた。この銀行のCEOに就いてから1年後、アイストックはNBDとファースト・シカゴとの合併を仕掛け、米国でも最大手行の一つに数えられる新銀行を首尾よく誕生させ、彼はその新銀行のCEO兼会長におさまった。二つの銀行の統合は極めて順調に進められた。アイストックがファースト・シカゴ出身の経営陣と権限を率先して共有したこと、彼らに意思決定権限を大幅に委譲したことが、統合の成功に大きく貢献していた。

　今日、バーン・アイストックのような実力を備えた社内候補者のCEO登用を

みすみす放棄してしまっている事例は決して稀ではない。むしろ企業は，社内にいる立派な候補者を——経営困難に陥った企業の救世主としては，あるいは（今や，企業再生の鍵と見なされている仕事請負人であり，役員室が好んで使う専門語で言うところの）"チェンジ・エージェント（企業変革の請負人）"としては——能力を欠いているとして，CEO候補から外しているのが実態であろう。このように有能な社内候補者よりも社外の魅力的な候補者を好む傾向があまりにも一般化しているため，社内に有力な候補がいること自体を忘れてしまうほどである。

今日見られる煌びやかな経営者は，ある意味では，これまでに世界各地で散見されてきたカリスマ的指導者の再臨に過ぎない，とも言えよう。だが，見方を変えると，カリスマ経営者はアメリカの資本主義の発展史の——それも極めて近年の——特異な申し子なのである。

経営者資本主義から投資家資本主義へ

外部CEO人材市場の台頭およびそのもっとも顕著な申し子であるカリスマCEOの出現は，20世紀のアメリカ大企業における"所有と経営"（ガバナンス）についての考え方の変遷と不可分であった。

19世紀型の伝統的製造業は，個人経営または同族経営で，請負方式によって運営されていた。地元の商人が生産手段や資材・原材料を供給し，また同じその商人が完成品の流通，販売を一手に担うという仕組みであり，製造業といえども個人商店を大きくしたようなものだった[1]。この形態では企業の所有と経営は一体であり，創業者がすなわち経営の最高責任者であった。

やがて20世紀初頭になると，通信や輸送手段が飛躍的に発達し，さらには各種のマス・マーケットも発展し，企業は大型化の一途をたどった。なかには，広く北米全地域を商圏とする大企業も育った。これらの大組織においては管理部門が強化され，新しい経営形態が，"所有者すなわち経営者"という伝統的な経営形態を駆逐していった[2]。そして，拡大する事業の旺盛な資金需要を充足するために，創業者は投資家や株主に企業の持分を次第に切り売りしていっ

た。また，便宜を求めた創業者たちは日常的な経営管理活動を非創業者一族へ委嘱していった。

　こういった"経営革新"によって所有と経営は明確に分離され，経営の実権は所有者（＝創業者）からプロの経営者へと移り，株式の名義も企業の日々の経営活動には関与しない数千，数万という株主に分散所有されていった[3]。

■チャンドラーの「見える手」

　歴史家アルフレッド・チャンドラーは，慎重に選んだと思われる書名の自著"The Visible Hand"（「見える手」）において，それら経営のプロたちの経営する企業は，株主たちが経営する企業よりも経済的に優れていた，との評価を示している[4]。つまり，大企業の組織があまりにも複雑化したため，市場の論理，とくに株式市場からの影響は，企業活動の指針たる力を喪失したのだ。その代わりに，経営者資本主義（マネジリアル・キャピタリズム）の下で，専門的訓練を受け，企業経営の経験を積んで経営ノウハウを身に付けた経営のプロが登場して，この国の民間資産を巧みに運営管理し始めたのである。

　この経営形態は，自己中心的な創業者あるいは短期的な収益獲得が主目的である株主たちによる経営よりも，経済的観点からみると優れていたのである[5]。経営のプロとしては短期的な収益よりも長期的な安定成長を好んだ。その結果，チャンドラーが説明したように，好循環が生まれた。つまり，企業が成長すると，その企業が立脚していた経営の仕組み自体も進化して，企業のさらなる成長がもたらされ，大規模化の結果として，より効率的で利益率の高い，さらに強い企業が生み出されることになったのである。

■フランシス・フクヤマの『歴史の終り』

　チャンドラーの論文に詳述されている経営者資本主義の隆盛は，その後の数十年間というもの，冷戦が終焉を迎えたときに政治学者フランシス・フクヤマが捉えた時代認識である"end of history"（「歴史の終わり」）の様相のひとコマひとコマとまるで同じであった[6]。所有者を基盤とした資本主義よりも経営者

資本主義の方が経済的な仕組みとして優れていることは，当時のほぼどの企業にもあてはまった[7]。専門的な訓練を受けた経営のプロが，確実な「見える手」を用いて長期的安定成長を目指す経営は，予測できないことに一喜一憂し，市場の「見えざる手」に翻弄され続けていたオーナー経営者の経営スタイルに勝っていると評価された。

　だが，チャンドラーの論文の端々にも来るべき危機の時代の予兆が垣間見られた——たとえば，米国では1960年代後半から70年代にかけて，それまでは高価格で低品質の製品でも通用していた製造業が衰退した。この衰退は単なる一時的な脱線であって，米企業社会の情景が様変わりしていく前兆などではない，と考えられていた。そんな状況下でも，連邦政府は反トラスト法を施行したり，監督官庁を動員して企業経営にさまざまな制約を課したりしていた[8]。また，企業の取締役は法的には株主に対する責任を負うものの，その企業のCEOから取締役として招かれたということに強く恩義を感じていた。

　ともするとけたたましく強弁しがちな一部の学者——そのほとんどが自分の専門分野では傍流を歩み，二流の研究機関に追いやられている学者たちだが，そんな学者たち——を除いて，市場の影響から企業を隔離しておくと企業にマイナスの影響を与えると考える人はごく僅かであった。しかし，人間の作り出したものは制度的疲労を起こすが，このシステムも官僚主義的な慣性と自然崩壊の結果，おのずと非効率的になっていく傾向を示した。

　一方で経営者資本主義の仕組みには，プロとして熟達した経営者にその企業の経営戦略を任せられるという強みがあったものの，その同じ経営のプロに対して同時に不適切な経営政策をとることも許してしまったという弱点も併せ持っていた。

　たとえば，より好条件の雇用契約を締結させたり，お手盛りで報酬や臨時手当を増やしたり，取締役会の監督権限を弱めたり，果ては自分たちのリスクを軽減するために経営の多角化を推進したりするという弱点である[9]。米国の企業ではこのような非効率性は1970年代の後半から収益の逓減といった形をとってその影響を現し始めていた[10]。

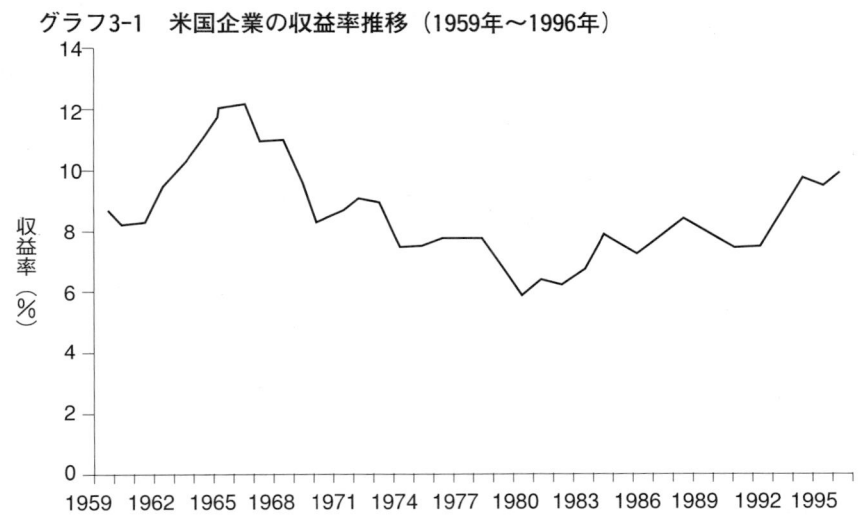

グラフ3-1　米国企業の収益率推移（1959年〜1996年）

このグラフの収益率は税引き前利益に受取利息を加え，有形資産で除して算出した数値。
出典：Poterba, 1997, in Baker and Smith, 1998

■低迷期の機関投資家，株式市場

　当時は大企業の株主が経営に関して何らかの影響力を行使しようとしても，株式が広く分散されていたため，力が及ばない時代だった。ある企業の株主がその企業の経営状態に不満を持ったとしても，その株主がなしえたことは，せいぜいその企業の株を売却して他社の株式を買う（いわゆる"Wall Street walk"「ウォールストリートの散歩」と称されている対抗策をとる）といった程度だった。年金基金や投資信託，銀行，保険会社などといった大株主でさえもこの戦術を採るしか方法がなかった。これらの機関投資家は資金的には十分な裏付けがあっても，法令によって，発行済み株式の過半数を所有することや，経営に影響力を与える集団的な行動に組みすることは禁止されていた。

　しかし，ある企業の株主であることをやめるという退出戦術も，大企業の業績がこぞって低迷する時代になると有効ではなくなった。そんな時代には，株式市場において代わりに投資すべき対象がほとんどみつからなかったからだ。

海外市場においても株主の経営に対する関心は米国よりももっと希薄だった。投資家は企業の全般的な業績不振に際して，当初は現職の経営者に理解を示していた。たとえば，企業経営者が業績不振の原因を連邦政府のやっかいな規制のせいにしたときでも，投資家は——特に当時そのプレゼンスが顕在化してきた機関投資家は——経営者と共に政府の規制を撤廃させる方向へと動いていた。特に環境問題，労働組合への加入問題，労働上の安全問題等での協調が見られた。規制緩和は現任経営者に企業を再生させる時間的猶予を与え，投資家の懸念を一掃してくれるだろうといった思惑によって，投資家のあいだに企業に対する忠誠心が生まれていった。だが，カーター政権から始まり1981年のレーガン政権発足によってなお一層進展したビジネス関連の重要な規制緩和が実施されても，米国の全般的な企業業績は低迷を続けていた。

　さらに，米国企業の経営者たちが一方で何千人という労働者をレイオフし，株式配当を減配していながら，同時に社用ジェット機を乗り回し，リムジンにふんぞり返り，役員専用食堂等の豪華な待遇を享受していることがビジネス紙などによって報道されると，彼らに対する信頼は地に堕ちていった。

　世間が抱いていたかつての経営者のイメージ，つまりステークホルダーの間の利害調整を賢明に実施する高徳な経営幹部というものから，自己本位で弱い立場の株主を出し抜くことばかりに狂奔している経営者といったイメージへと変貌していった[11]。ほぼ半世紀もの間，企業の幹部経営者の権威に傷がつくといったことなどはまったくなかったが，ここに来て多くの企業ではそれが現実のものとなっていた。

■乗取り屋の登場

　経営者革命に対する反革命は，まず初めにLBO（レバレッジド・バイアウト＝買収するターゲット企業の資産を担保にした低格付けで高金利の債券を発行して仕掛ける買収の手法）を用いた乗っ取り屋や投資家グループが登場した。乗っ取り屋たちは，ジャンクボンドやその他の買収資金の調達手法といった金融イノベーションを巧みに利用して資金を集め，業績不振企業を買い取っては旧経営陣を

追い出して整理していった[12]。

これらの動きに対して企業の経営幹部たちは、ポイズン・ピル条項、ゴールデン・パラシュート条項、公正価格基準、圧倒的多数の賛同条項などといった当時馴染みの薄かった名称を冠した防衛策を講じて対抗した。また、政府に対しては「乗っ取り」を封じるための法律制定を働きかけた。

一方、ビジネス円卓会議などといった組織は自由放任主義的なレーガン政権や連邦議会に対してロビー活動を展開したが、これといった成果が得られなかった。だが、州レベルや地方自治体に対する働きかけでは効果が現われ、結果として工業生産の盛んな州ではほとんどが「反」買収法を制定して、現任経営者を招かれざる乗っ取り屋から保護することとなった。それらの対抗策の強力な条項によって、取締役たちが買収を受けるか拒否するかを決定するに際し、非金融的要因も考慮することができるようになった点は大きな進歩だった。そして、これによって外部の人間が（企業内部の規定において「反」買収規定を盛り込むといった）取締役会の決定の適法性を法廷で争うことも制限された。

また、対抗策はこれも経営者たちに有利に働くこととなったが、世間の買収ムードをも下火に向かわせることとなった。表3-1をみると、1980年代後半には敵対的公開買い付けが激減している。しかし、だからといって経営者資本主義の時代へと回帰するように、時計が逆回りしたわけではなかった。

表3-1　1973－98年に見られた米国での合併の形態

	1973－79	1980－89	1990－98
発生件数	789	1427	2040
すべて現金	38.3%	45.3%	35.4%
すべて株式	37.0%	32.9%	57.8%
一部株式	45.1%	45.6%	70.9%
敵対的（多少でも）	8.4%	14.3%	4.0%
敵対的（成功）	4.1%	7.1%	2.6%

出典：Andrade, Mitchell, and Stafford (2001)
　　　MitchellおよびMulherin (1996) によると、1980年代にはValue Line Investment Survey に収録されている著名な大企業のうち、23%が敵対的TOB（株式の公開買い付け）を仕掛けられた。

■機関投資家が資金を供給

　これらの企業買収家や買収ファンドの資金は，その多くの場合，自己資金ではなく，強欲な乗っ取りの達人たち——たとえばT.ブーン・ピケンズやコールバーク・クラビス・ロバーツ傘下の"バーバリアン（野蛮人）"と揶揄された人たち——よりも，はるかにまともな組織から資金供給を受けていた[13]。この新種の資金供給者，つまり，機関投資家たちは，その動きがそれまでほとんど知られなかったが，いつの間にか株主として支配的勢力に育っていた。

　彼ら機関投資家の持ち株比率は，1955年当時はニューヨーク証券取引所全上場銘柄の発行株式総数の15％を占めるだけだったが，1980年代半ばには50％を超えるに至った。今日，彼らは20兆ドル相当の株式を保有していると言われている[14]。

　機関投資家がごく少数の比率の株式しか保有していない時代においては，儲からない株式は売却すればよかった。だが，このように莫大な数量の株式を保有する時代となると，売却は現実的な手段ではなくなった[15]。投資先の業績低迷に失望した機関投資家が売却先を見つけようにも，同類の機関投資家をおいてほかに買い手が見つからないのだ。さらに，売却にあたってわずかずつ売却株数を増加させていくと，大株主が退出しようとしているという憶測を生み，自己の持ち株の評価額を下げて，取り返しのつかない損害を招いてしまうことになる。以前なら機関投資家は，ある株式は手仕舞いして代わりにほかの株式を購入するか，あるいは売らずに保有し現経営陣を根気強く応援するかのどちらかでよかった。今では経営陣に対して自分の責務にもっと真剣に立ち向かうよう，声に出して要請する時代となった。

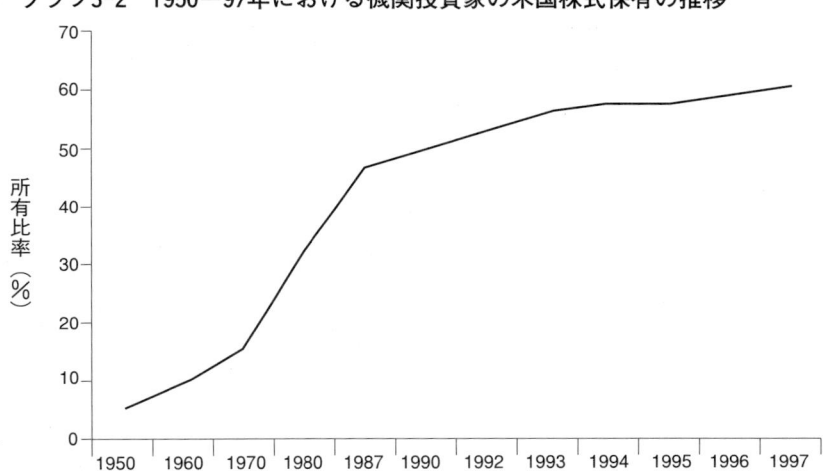

グラフ3-2　1950－97年における機関投資家の米国株式保有の推移

ここでの機関投資家とは，民間の年金基金，オープンエンド型（常に自由に換金することが出来る）投資信託，州・地方自治体職員退職基金，保険会社で，その持ち株比率を集計したグラフである。
出典：1950年から80年のデータはFriedman（1995）より入手，1987年から97年のデータはInstitutional Investment Report（1998）より入手。

■機関投資家から取締役へ向けて情報発信

　ほとんどの機関投資家が株主としての意見を発信する際の対象はそれぞれの企業の取締役となった。取締役はCEOと投資家の接点にいるため，株主が企業活動に影響を与えようとするときには，おのずとその働きかけのターゲットとなるのである。1991年になって，大学退職年金株式投資基金（CREF），カリフォルニア州公務員退職年金基金（CalPERS）およびチームスター（Teamsters, トラック運転手などの強力な労働組合の基金）が企業の取締役に業績の向上を要請した手紙を書き送っている。

　これらの一連の動きは，多くの場合——もともとは取締役の選任を含めた株主の議決権行使についての調整や通知サービスを業としていた——米国のCII（機関投資家協会）やISS（機関投資家向け株主助言サービス機関）といった組織が仲

介していた。もしも"おとなしい"要望が聞き入れられなかった場合は，機関投資家は各取締役に対してより強力な戦術を積極的に展開するようになる。たとえばチームスターの場合，全米で最もパフォーマンスの悪い取締役のリストを作成して年次ごと公表し，取締役に公然と恥をかかせる戦術を展開している。そのリストは取締役会への出席率や取締役の兼任データなどを集計したもので，ビジネス関係のメディア，たとえば『ビジネスウィーク』や『フォーチュン』で特集として採りあげられたりした（現在でも時々取り上げられている）(16)。CIIでは業績不振企業の取締役を一社以上兼任している経営者を「ターキー（アホで間抜け）な取締役リスト」として作成している。今ではCREFやCalPERS，チームスターを含めたいくつかの年金基金では，企業の取締役会の構成を精査し，株主の懸念にもっとも真剣に取り組みそうな取締役を分別している。

■GMのケース

こうした新しい手法の影響力を機関投資家が行使した実例のなかでも，もっとも強烈な印象を与えた例が1992年に米ゼネラル・モーターズ（GM）で発生している。株主である機関投資家が経営陣をすべて更迭したのである。ロバート・ステンペルと彼の右腕たちの解任劇は，大企業では前代未聞の出来事だった。企業の買収後なら経営陣を総退陣させることはよくあった。そしてそんな場合でも，取締役会メンバーのレベルでは，トップ一人の解任で済ませていたものだ。

1980年代の半ばまでは，ロス・ペローが執拗にお説教を繰り返しても，GMの取締役たちにギアをシフトさせたり，針路変更をさせたりすることはできなかったのである。GMのマーケット・シェアは急低下し，GMは過剰設備を抱えて世界でもっとも高コストな車づくりをするようになった。

だが，そのような事態にもかかわらず，取締役会は10年も前に決定した，破綻が明確となっていた経営戦略とCEOのロジャー・スミスを支持していた。「ゼネラル・モーターズに問題を直視させるため，私は私にできる方策のすべ

てを実施した」とペローは1992年の米大統領選挙の際のディベート（討論会）で述懐している。「だが，取締役たちはどうしても動こうとはしなかった」[17]。その理由は，ペローの解説によると，GMが「飾り物の御用取締役」を揃えていたからだ。GMの取締役会は，取締役の特別待遇の経費削減や官僚的な社風の刷新といったペローの改革案に前向きに対処したのではなく，結果として，7億5,000万ドルを使ってペローから持ち株を買い取り，ペローを黙らせてしまったのである。

そして，GMの強制的な役員退任規定のためにスミスが1990年に最終的にCEOを退任したときでさえ，取締役会はスミスが自分の都合のために選んだステンペルを後任のCEOとして承認し，スミスが取締役会に留まることさえも承認したのだった。だが，機関投資家からのますます強くなった圧力に直面して，この同じ怠惰な取締役会がステンペルだけではなく，ついにほとんどの彼の取巻き経営幹部をも解任してしまったのだ。これは驚くべきことであり，権力が経営者サイドから投資家サイドに移行したことを如実に物語る解任劇だった。

■コカ・コーラのケース

自分たちも参画したGMの地殻変動に勇気付けられた活動的な投資家たちは，これ以降，他の企業にも狙いを定めるようになった[18]。1992年には議決権の委任に関する連邦法の規定が改正され，CIIは付与された新たな権限を行使して株主の議決権や取締役否認の委任状をもっと容易に集めやすくなった。年金基金は主に上記の手段を講じているが，ほかの大株主，たとえばウォレン・バフェットの投資会社バークシャー・ハサウェイや前述のKKRでは投資先に役員を送り込み，経営に直接参加する方法を採っている。

公的年金基金の場合，その創設の規定により，あるいは州の法令によって，たいていの場合，投資先の企業に役員を派遣することは禁じられているが，バークシャー・ハサウェイの会長ウォレン・バフェットやKKRの会長ヘンリー・クラビスは民間人であるため，そのような規制を受けない。

これらの大型の株主がその役割をはっきりと発揮した例では，アメリカで消

費者向け商品を販売している大企業のCEOを解任させた最近の事例がある。この大企業とはコカ・コーラとジレットだ。内部情報によると2000年に発生したコカ・コーラのCEOダグラス・アイベスターの解職は，2人の社外取締役の仕掛けだった。ウォレン・バフェットとハーバート・アレンである[19]。ジレットの場合，同じく2000年にはマイケル・ホーレイがCEOを解かれているが，ホーレイの場合，就任後たった18か月しか経っていなかった。内部事情に詳しい筋によると，ホーレイの解職は企業買収の伝説的人物，ヘンリー・クラビスが主導した，と伝えられている[20]。

　このようなドラマのような出来事は，投資家主導のCEO解任が特異なケースだったのか，それとも何か一般的なトレンドを表しているのか，といった疑問を生む。この疑問には，これまでにアップル・コンピュータ，ゼロックス，ルーセント・テクノロジー，IBMといった大企業での出来事が回答として挙げられよう。これらの企業のCEOは成績が芳しくないとして機関投資家によって解職させられている。ほかにも恐らく，たくさんの同じような事例がみつけられるだろう。

　グラフ3-3は，米国の大企業850社が1980年から96年の間に実施したCEOの解任率を表示したものである。ハザード・レートという統計の分析手法を使ったこのグラフでは，1990年から96年にかけて就任したCEOは，1980年以前に就任したCEOよりも，解職率が3倍も高いことが浮き彫りとなっている。

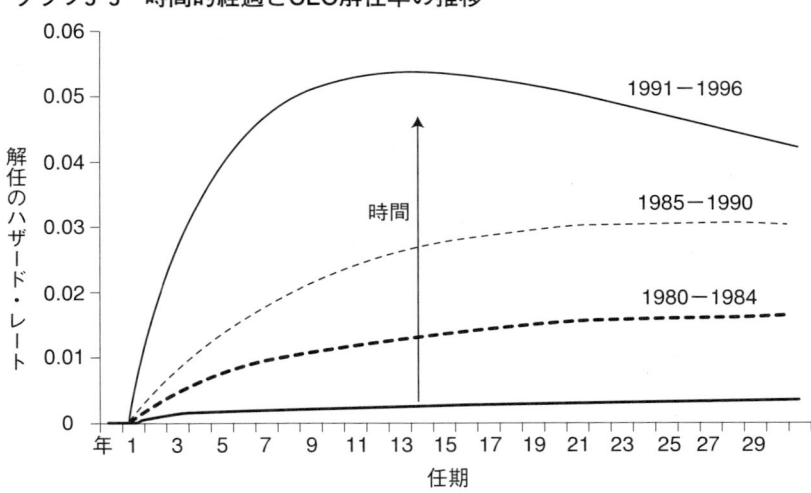

グラフ3-3　時間的経過とCEO解任率の推移

縦軸：解任のハザード・レート
横軸：任期（年）

1991－1996
1985－1990
1980－1984

時間

1980年から96年にかけてのCEO解任事例をハザード・レートで表示。1975年から80年までの期間のコーホート（群）の曲線は，1980年から96年の間の完璧な観測値に基づいている。その後のコーホートの曲線は実際の観測値とその後の予測値の両方に基づき算出された。データと式のモデルについては補遺を参照。

■経営者資本主義から投資家資本主義へ

　機関投資家はCEOに対して辞任を迫らない場合においても業績向上の責任をCEOに持たせるべく，その手だてを探ってきた。たとえば，CEOの採る買収防衛策には強固な反対キャンペーンを打つし，CEOの報酬等のインセンティブについても株価に連動する，もっと厳しい条件に改めたさせたりしている。投資家が行使したこれらさまざまな形の圧力は，取締役を経由してCEOへと及んだが，それらの圧力は——なかでもCEOの解職を意図したものは——企業がCEOを経営の中心に据えていることを明確に示していた。

　この企業観は，これから検討するとおり，企業社会が経営者資本主義から投資家資本主義（インベスター・キャピタリズム）へと移行したために生まれたものである。

いずれにせよ，CEOの継承の様相は，企業社会が経営者資本主義から投資家資本主義へと変質したことにより変貌を遂げた。たとえば，CEOの任期についていえば，期間をベースにしたものから，業績を重視したものへと変わり，またCEOの後継者選びについても，それまでは現職CEOが独断で選んでいたものだが，代わって取締役会が主導権を握る傾向が強まった。

これらの変化の結果，CEOにはより高いパフォーマンスが求められるようになった。また，CEOの交代がそれまでにはなかったほどの頻度で発生するようになり，後継者選びの重責が以前に増して取締役会に課されることとなった。経営者資本主義の下では，業績不振のときにおいてさえも，退任するCEOが選んだ後継者を取締役会は盲判を押して承認していたものだった。

だが，今や次のCEOを見つける仕事が取締役のもっとも重要な仕事となった。その仕事は，確実な後継者がなかなか見つからないために，なお一層やりがいのある仕事となったようだ。また，立派な後継者が見つかっても，取締役たちにとってその人物がそのポストに最適な人物かどうかは不明だった。

社内候補であることのデメリット

あるCEOの任期が満了に近づいてもその企業の業績が依然として低迷している場合やあるいは取締役会がCEOをやむなく更迭しなければならないような事態では特に，取締役会は急いで"企業救世主"を社外で見つけて後任に据え，自分たちの保身を図り，主張を強めようとする[21]。また，これらの策を弄して投資家など社外のステークホルダーを宥めようとする。社内候補者は，彼自身が業績不振の原因だと見られていない場合においてさえも，業績を向上に向かわせるに必要な力量を具えていないと評価され，その価値が低く見られがちだ。また，取締役会は社外の候補者よりもよく知っている社内候補者の欠点はよく目につく。

一方，社外候補者については理想化して見がちだ。取締役はまた（この見解はchapter 6，7でみるとおり間違っているのだが），社内出身CEOは企業の現状維

持に囚われることが多いため，彼を意のままに動かすことは難しくなると考える。

これとは対照的に，取締役およびその取締役が満足させたいと願う対象である社外ステークホルダーたちは，社外からCEOを採用することは進歩的で経営に積極的なことの現われだとみる。

このように社外から招くCEOの方が優秀だとする考え方は世間に浸透してしまった。そのため，伝説的な経営者であるジャック・ウェルチを社外から招いたCEOだった，とされることがあるが，ウェルチは全キャリアをゼネラル・エレクトリック(GE)で過ごした極め付きの生え抜きなのである。ほかに，ウェルチのように社外出身CEOだと誤認されている経営者では，フォードの前CEO，ジャク・ナッサー，アメリカン・エキスプレスのハーベイ・ゴルブらがいる[22]。

■新CEO選任の基準

経営者資本主義の時代には，取締役会がCEOの交代において果たした役割は，基本的に受身的なものだった。また，外部からCEOを招くといったことも比較的稀な出来事であった。だが，新CEOの選任に際しては，今日と同様，その時代でもたくさんの要素が選任のプロセスに影響を及ぼしていた[23]。それらの要素についてはさまざまな研究報告がある。たとえば，企業の経営戦略の方針，規制等の事業環境，そして業績等といった要素である。そのなかで，経営者資本主義の時代には他の要素を圧倒していた一つの重要な要素があった。退任するCEOの好みと考え方である。つまり，社内候補者に対する評価だった。

投資家資本主義の時代が到来する以前の企業社会では，CEOの後継者選びに際して，退任するCEOの選好が重要な鍵であったことはレジナルド・ジョーンズの言葉でも強く伝わってくる。彼はジャック・ウェルチの前任のCEOで，ゼネラル・エレクトリックは1981年に退任した。ジョーンズはいかにして後継者を選んだかをあるところで説明している。

ここで，彼のその説明を引用することにする。かなり長い引用であるが，それだけの価値はあると私は考える。というのも，あの時代のCEOの継承の推移

が描写されている共に，ジョーンズが採用した選抜の基準についてもよく知ることができるからである。

　私の使ったテクニックは，"飛行機インタビュー"とも言うべきものでした。私の前任者，フレッド・ボーチが同じ手法を同じような面接の折に使っていたが，実は私がその手法を痛く効果的だと感じ，その手法を取り入れたのです。
　私は候補者一人ずつ合計7，8人と，事前に説明することもなく，それぞれ2，3時間，対峙しました。彼らにはその会合の目的を知らせてはおらず，また，彼らがほかの候補者と話をしないように手配をしていたので，候補者は驚いてやって来ました。彼らもその会合に出た後，そのことを他の候補者にもらすことはありませんでした。話せば他人を有利にするだけだったからです。
　候補者を部屋に呼び入れると，私はドアを閉め，パイプを取り出し，候補者をリラックスさせます。次いで，「さあて，ビル，私と君は会社の飛行機に同乗しているとします。そして，その飛行機は墜落してしまったとしましょう。（ここで，間をとり，しばらく沈黙します。）で，そうなったとき，ゼネラル・エレクトリックの次の会長として誰が最適者なのだろうか？」と候補者に語りかけます。
　なかには，その墜落飛行機の残骸から這い出してこようとする候補者もいます。そんな人にはこう言うのです。「いやいや，2人とも，死んでしまうのです。（沈黙）GEの次の会長はだれがいいだろうか？」この質問には彼らは一瞬，答えに窮します。次いで，あれやこれやと答えようとします。こうして2時間ほど，候補者と話をすることができ，たくさんのことがわかります。
　自分の後任候補一人一人とこんな会合を7，8回も実施すると，彼らの間の相性もわかるようになります。誰は誰とならスムーズにいくとか，誰が誰を軽蔑しているとかが実によくわかります。それというのも，この会合はまったく内密に，ほんとうに秘密裏に行われるからです。こんな会合があるということは事前には教えていないので，候補者はその場になると，つい本音をしゃべってしまい，それらは印象が強いので私はよく覚えています。数日後によく吟味された回答が送られて来ることがありますが，その回答よりも

重要な場合が多いから印象に残るのです。

　一度候補者全員にこの面談を実施した後，次に私がやったことは3か月後に再度彼らを呼び，同じことを実施するのです。このときは候補者も何があるのか察知しています。すでに体験済みのことで，候補者はコメント用の書類の束を持ち込んできます。候補者はこの面談では政治家のようになります。この個別面談にはまたも2, 3時間を費やします。

　この面談をしている期間に平行して，私は話のできるほかの古参社員とも話し合います。彼らは候補者ではなく，私と同じ時期，あるいは私より先にGEを引退する人たちで，彼らの意見は貴重です。彼らはたいていが一般社員です。誰がGEの次のトップに相応しいか，あるいはどんな経営者の組み合わせならチームワークがうまくいくか，誰がしっくりといかないのか，といったことについて彼らの意見を聞きます。彼らの意見は，取締役会のなかに設置した経営企画・報酬委員会の5人のメンバーと共に，詳細に訊きます。当然ながら，候補者を熟知している役員人事担当の筆頭副社長も同席します。

　さて，次の面談では──この時も2回実施しますが，その最初のときは何も内容を知らせません。候補者を部屋に入れ，こう言います。「この前の飛行機の話を覚えていますね」彼は「はい，もちろんですが……」と答えますが，多少焦っている様子です。私は「さて」と続けます。「今度も一緒に飛行機に乗るのですが，また墜落します。しかし，私は死にますが，あなたは生き残ります。で，そうなると，ゼネラル・エレクトリックの会長は誰が継ぐべきでしょうね？」

　またも，いろいろと面白い反応が返ってきます。たとえば，ある候補者は後継者にはなりたくない，「あの人こそ後継者です」と答えます。また，「目の前に選ぶべき候補者がいるじゃないですか」とか「私こそあなたの後継者です」という人もいます。そして私はこう言うのです「わかりました。もしあなたが後継者だとしたら，ゼネラル・エレクトリックの前途に立ちはだかっている問題は何だと思いますか？どんな事業環境だと思いますか？どんな対策を講じるべきでしょう？誰が経営幹部に加わるべきでしょうか？」私は

この段階では候補者の相性やお互いのつながりに神経を使います。そして，今度は目的を伝えてから2回目の面談に入ります。最初のときにも面談内容を教えて2回目を実施しました。今回のこの2回目のときは，候補者は本当によく準備をしてきます。書類を持ち込み，返事の内容も非常に具体的なものとなります。

　私はこのようにして情報を収集しました。そして役員会のなかの経営企画・報酬委員会に伝え，そして最終的には全取締役に報告します。全取締役は候補者をよく知っており，またこれまでの選抜プロセス全てに深くかかわってきたために，副会長へ昇格させる候補者3人を選び出すことができたのです。

　次いで私の任期のうちに約15か月間，この3人の副会長を加えて実際の経営に当たります。3人ともすべての取締役会に出席しますし，取締役と職務上や付き合いで交わるのです[24]。

■GEにみるCEO継承の一般的プロセスおよび政治的手腕

　ゼネラル・エレクトリックの元CEO，ジョーンズは上記のとおり同社のCEO選抜の様子を説明しているが，そこにはエコノミストたちの共通理解となっているCEO継承の一般的なプロセスがいくつか含まれている。

　この共通理解は，エコノミストのシャーウィン・ローゼン（シカゴ大学）とエドワード・ラジア（スタンフォード大学）の「エクゼキュティブ・トーナメント」理論が契機となって支持を集めた考え方だ。「エクゼキュティブ・トーナメント」とは，社内の候補者の間の開かれた競争であって，実力主義が導入されている場合においては次のCEOに誰が選ばれるのかを決める主要因子は候補者自身の能力だ，とする理論である[25]。

　だが，ジョーンズが説明したように，ゼネラル・エレクトリックのケースでは同社のような組織のCEOに選ばれるためには，経営管理能力以上のことが求められる，ということも明らかになっている。GEでCEOに選ばれるには，たくさんの経営幹部がひしめきトップを目指して奮闘するヒエラルキーのなか

を，上手に泳ぎわたる高度な政治的手腕もまた必要とされるのであり，経営者資本主義時代の企業経営という閉ざされた環境のなかにおいては，CEOの継承は社内昇格にほぼ限定されていた[26]。つまり，自分のキャリアの全期間を一社で過ごした生え抜きからの起用である。

　ところが，1980年代の後半から1990年代初めには投資家資本主義が興隆をもたらすような時代の流れの中では，少なくとも社内のCEO候補者を社外の候補者や他社CEOと比較する手続きぐらいは踏まないと，単純に社内から昇格させることは難しくなってきた。

■社内候補者は企業改革の障害物

　企業経営者に対する投資家の不満が募るにつれ，内部起用の優れた点———たとえば，その企業の事業分野で経験を積んでいるとか，社風や社内の派閥，人脈などを心得ているといったこと——は，もはや利点だと見なされなくなった。社内候補者は疑いの目をもってみられるようになり，企業改革の障害物のように扱われるようになった。

　アナリストやビジネス関係のメディアは，社内出身のCEOではリストラを断行したり，かつて加担した経営戦略を撤回したりすることはできないだろう，と疑問を呈するようになった（GMのロバート・ステンペルは，前任者ロジャー・スミスの計画には常に賛成していた。彼は社内昇格タイプの典型といえよう。ステンペルは忠実なる企業戦士として過去においてはずっと妥協をしてきた人物，と評されている）。

　取締役たちもまた社内候補者に対してはより懐疑的な見方をするようになった。英国の医薬品会社スミスクライン・ビーチャムの取締役で前CEOだったヘンリー・ベントはこれらの変化を捉えて，こう説明する。

　　企業は再生，リエンジニアリング，リストラなどに経営努力を傾注したため，変化のペースが速まった。このため急激な変化に対応すべく，外部からチェンジ・エージェントを招聘する方向に進んでいったのだ。

最近引退したIBMの前CEO、ルー・ガースナーは社外から招かれたCEOだった。ガースナーが1993年にIBMのCEOに選任されるに際して一枚噛んでいたIBM内部の事情通は、IBMが変革を必要としているときに社外からトップを招いた根拠について、率直に次のように話している。

　社外から来る人は明確な権限を委任されているものだ。問題の多い会社に乗り込んでくる場合は特にそうだ。彼は社内の誰かに恩義を感じていることはない。逆に、社内から昇格したトップの場合は、制約がたくさんあって何もできない。会社には障害物がいっぱいある。部署が多すぎる。それらの部署の中には社員がいっぱい。少なくとも、これまでに手掛けたビジネスの半分は切り捨てるべし。ばら色に描いた展望も捨てるべし。会社にずっといたのだから会社をこんなにしてしまったことに一端の責任がある。会社のトップともなると、いやな奴にはなり切れない。そこで社外の人間を呼ぶ。そしてリストラの血潮が飛び散ることになる。生え抜きがトップになって会社のカルチャーを台無しにする、なんて例はあまり聞かない。

■投資家の不安と取締役会の変化

　投資家資本主義への移行が本格化し、技術革新も急展開し、また規制緩和も続き、さらには企業合併も押し進められると、もはや社内登用のトップでは新しい事業環境を乗り切っていけないのではないか、という不安が増幅されていった。さらには、社外からCEOを招くことはウォールストリートに対して、取締役会は企業改革を本気で目指していることの態度表明になった。

　たとえば、こんなこともあった。

　コンピューター・メーカーのコンパックが2000年7月に、生え抜きのマイケル・カペラスを次期CEOに昇格させると発表した途端、同社の株価は4％急落した。対照的に、その1年前の1999年の7月、同業のヒューレット・パッカード（H/P）が社外からカーリー・フィオリーナを次期CEOに迎えると発表したとき、株価は2％上昇していた[27]。H/Pのスカウトに詳しいコンサルタントに

よると，H/Pの社風はあまりにも軟弱だった，とアナリストたちは分析していたという。つまり同社の意思決定はコンセンサスが重視され，取締役会でもこの傾向が強まっていったという。

取締役たちはこの旧弊を誰かにバッサリと切り棄ててもらうために，退任するCEOが次期CEOとして決めていたと伝えられる社内候補者，アン・リバモア（売上げ140億ドルの法人向けコンピュータ部門のトップ）は選ばなかったのである[28]。

■二つの大きな変化

このように取締役会自体においても変化がみられるようになり，そのため取締役たちもCEOの交代では慣例と訣別して社外候補者を招聘することにますます前向きとなった。ここでは二つの変化が特に重要である。

一つは取締役報酬の受け取り方に見られる変化である。近年，「フォーチュン」500社のほとんどの企業が何らかの形のストック・オプションを役員に供与している。この背景には，取締役が株式の形で報酬を受けると，取締役はまず株主の利益の最大化のために奮闘するだろう，という考え方があった。そして，そのためにはCEOの候補者を社内にこだわったこれまでの慣習も放棄するだろう，という考え方があった。

取締役会の自立性を高めることになった二つ目の変化は取締役の選び方にみられた変化だ。企業では旧来，CEOがその取締役を選んでいた。つまり，取締役会に設置した指名委員会にCEOが委員として加わっていたのだ。だが，近年では指名委員会の委員にCEOがいること自体が非難を浴びるようになった。

アニール・シブダサーニとデービッド・エルマックが調べたところでは，CEOが指名委員会の委員である場合，あるいは指名委員会自体が設置されていない場合では，企業は独立の社外取締役を少なくし，逆に利益相反問題の生ずる恐れさえありそうな外部の人（たとえば，顧問弁護士とか経営コンサルタント）をたくさん取締役に引き込む傾向がある，という。また，二人の調査では，最近の状況として，企業は取締役の選任プロセスからCEOの関与を排除してより独立した取締役会の構成を図るという傾向があることも明らかになっている[29]。

苛立つ投資家，ますます不安定となる事業環境，そして取締役の報酬制度と選任方法の変貌——CEOの継承プロセスにおいては，これらすべての要因が候補者を社内から外部へ求める動きを促進した。そして，これらの諸要因が同様に重大な結果をもたらしたことは，CEOというポストそのものに対する認識の変化と取締役がCEO候補者に求める資質の変化である。投資家資本主義の時代には，CEO候補者が単にマネジャーとしての特別な能力を備えている，というだけでは十分——あるいは，それが最も重要なこと——ではないのである。候補者は次項でみる特別な資質を備えていなければならない，という。

カリスマ志向

経営者資本主義が凋落し，それに代わりダーウィニズム（進化論）的な仕組みをより多く取り込んだインベスター・キャピタリズム（投資家資本主義）が台頭するようになった。そして，この変遷は企業や関係者にさまざまな変化をもたらし，個々のCEOを注目の的とした。これまでみてきたとおり，投資家からは取締役会を経由してCEOに（解任という強権発動も含めて）強いプレッシャーがかかる。このプレッシャーは——CEO個人の貢献度や，あるいはそのほかの企業業績に決定的な影響を与える要因とは関係なく——CEOは企業全体の業績に責任がある，あるいは責任が求められるのだ，という考え方が前提となっている[30]。

企業の取締役たちがCEOの責務について以上のように考えるようになったことは，たとえばCEOの報酬の中でストック・オプションが占める比率が高まっていることからも読み取ることができる。実際，株価によって評価される業績と密接に連動させた報酬パッケージを[31]CEOに対する報酬としている例は多い。そのような報酬形態の場合，株価低迷はCEOを解任するときの正当な根拠とされる。たとえその解任が，業績不振を招いた報酬にしては気前のよい手切金を渡すことにつながっても，である——これには多くの実例が見られる。

また，企業の財務状況についてはCEOが単独で責任を負うべき，とする考え方は取締役会がCEOの解任を好んで議論するようになったという昨今の傾向に

もよく現れている。1992年および1993年に「フォーチュン500」社に名を連ねる企業のうち、22社のCEOが突然辞任しているが、そのうちたった2社のみが実際の解任であった——と、少なくともそれらの年度の企業のプレスリリースに書かれている。読む人にそう信じてもらいたかったようだ。残りは、引退あるいは自発的な辞任だった、と我々としては結論せざるをえない[32]。

その後10年も経たないうちに、サンビーム社がアル・ダンラップを、ジレットがマイケル・ホーレイを、ルーセント・テクノロジーがリチャード・マクギンをそれぞれ解任したとプレスリリースで公表しているが、そのトーンは以前とはまったく異なっていた。たとえばマクギン解任の場合、ルーセント・テクノロジーのプレスリリースはにべもなく、こう書いている。

今週末に開催された取締役会において、弊社の現下の経営状況および今四半期の展望について討議した。その結果、リーダーの交代が喫緊の課題であると決議した[33]。

■ "CEO教" の誕生

企業の取締役たちは、企業の命運は誰がCEOの席につくかにかかっているという考え方を受け入れてきたが、その過程では彼らは社外から隔離されていたわけではなかった。投資家資本主義の時代が到来したときに——CEOの継承にとっては、結局、この点が最も重要な展開だったのだが——"CEO教"という際立ってアメリカ的なカルトが生まれた。そして、大企業の複雑な組織に対してそれまで人々が寄せていた関心と尊敬をそのカルトが奪っていったのである。

新しいCEOを選抜する仕事を企業の取締役が担うようになったことと同じく、あるいは企業がこぞって社外に後継者を求める傾向を強めたことと同じく、上記のカルト的な展開は——そして、この展開のなかで賞賛されていた企業リーダーのタイプは——それまでの状況からの決別を意味していた。経営者資本主義の時代が1980年代に終焉を迎えたとき、組織人と、彼を支えていた企業の文化は、潰え去ったのである。

■安定的事業環境の時代

　経営者資本主義の時代には，米国の企業活動はほとんどが"一般的に受け入れられているルール"に基づいて展開されており，このルールが秩序ある，安定的な事業環境を維持していた(34)。政府は陸運，通信，空運を含む多くの産業に規制の網をかぶせていた。また，自動車，製鉄，民生用電気機器など，多くの産業分野では一握りの大企業が市場を支配していた。貿易量は比較的少なく，外国の競争相手はまだ脅威とはみなされていない時代だった。この時代では，企業のヒエラルキーのなかでの安泰と着実な昇進のためには自分の人格も妥協させることすら厭わない優等生的専門家が企業経営を任されていた。

　彼らの均一的な生態については，ウィリアム・ホワイトの『組織のなかの人間―オーガニゼーション・マン』("The Organization Man" by William White)，C.W.ミルズの『パワーエリート』("The Power Elite" by C.Wright Mills)，そしてデビッド・リースマンの『孤独な群衆』("The Lonely Crowd" by David Riesman)といった古典において巧みに捉えられ，明快に描写されている(35)。これらの経営者は共通して官僚的な習性を身につけていた。そして，企業と政府あるいは労働者との関係はすでにデタント（緊張緩和）やラプローシュマン（友好回復）の段階に達した，と考えていたようだった。

■第三次産業革命の到来

　だが，世界は1970年代から1980年代の初めにかけて変貌し，ビジネス環境も激変した。当時の米国では，第三次産業革命と呼ばれた変革がまさに始まろうとしていた。モクモクと煙を出していた重工業は，サービス産業に取って代わられた。テクノロジーはバックオフィスから，役員室へと進出した。チップはポテトだけではなく，砂（＝シリコン）からも作られるようになった。海外の競争相手の製品が――最初は日本から，次いで欧州から――北米大陸の沿岸に押し寄せた。それらの攻勢はまったくの予想外であったため，米国経済の枠組みについて根本的な問い掛けが向けられるようになった(36)。さらに，企業トップが議会に頼み込んで手に入れた規制緩和が，米国市場の門戸を再度開放して

しまうという結果を招いた。この門戸開放によって規制なき資本主義の特徴であった自由競争が促進された。

しかし，企業収益は加速された自由競争によって押し上げられることはなかった。経営者資本主義の時代を象徴した"紳士の資本主義"は去り，新しいタイプのリーダーシップの登場が要請されていた。

■カリスマリーダーへの希求

1980年代に台頭し始めた新しいタイプの企業リーダーは，19世紀後半に活躍したがむしゃらな「ロバー・バロン（泥棒男爵）」（カーネギー，ロックフェラーなどの財閥を指す）へ先祖返りしているのではないか，と思わせる面が多々見られた。ただ，この新しいリーダーたちは自己ＰＲに長けており，心情としても今の思潮に見事に調和しているため，かつての泥棒男爵たちとは違って，世間の中傷を巧みに逃れているようだ。

新時代のCEOたちは，企業家として描かれているのである。スティーブ・ジョブズやビル・ゲイツのごとく，彼らは新しい企業を作り，あるいはジャック・ウェルチやルイス・ガースナーのように，古い企業を再生させている。これらの新しいビジネス・エリートは，「プロの経営者」という分類ではなく，「リーダー」と呼ばれることとなった。彼らのその「リーダー」としての能力は個人としての性格の特徴から生まれていた。もっと端的に言うと,その性格の特徴とはカリスマ性だった[37]。

ビジネス界においてカリスマ的権威を求めた現象は，一つには，目まぐるしく変貌を遂げる経済環境およびビジネスの事業環境に対応するための反応であったと言えよう。だが，それ以上に大きく作用したのは文化的なコンテクストの変貌であり，それがカリスマへの指向現象を強め，増幅してきたと言えよう。カリスマという述語を一般語として定着させたのは社会学者マックス・ウェーバーだった。

ウェーバーはこの言葉を元々の宗教的な文脈での使い方から，政治体制を研究する用語へと転用した。政治学者たちは，カリスマ・リーダーへの指向が強

まるのは，それまでの社会的経済的な秩序に劇的な変化が起こったときだ，と指摘する。そのような秩序破壊が起こるときは，カルト的な環境が醸成されると言われ，そんな環境下では社会に対して新しい展望を示し，旧秩序の崩壊によって生じた怒りやフラストレーションのはけ口を提供することのできるリーダーが出現しやすくなるのである[38]。

他方，社会学者たちはもっと微妙な文化的な要因が作用してカリスマ的権威へと向かわせている，と指摘する[39]。つまり，投資家資本主義体制下のビジネス社会でカリスマCEOに助けを求めようとするのは，ビジネス自体がその概念を変え，またビジネスが社会のなかでその役割を変えてきたからだ，という。

■「金儲け」から「ミッション」へ

過去20年余りの間に，米国社会においてビジネスは"金儲け"という世俗的次元を超克し，高邁な活動へと姿を変えた。ビジネスは今やモラルという次元を伴うと説明されるようになった。

ビジネスにおけるこの変化はたとえばタバコ会社，フィリップ・モリスの広報資料においても読み取れる。そこには，会社の目標は単にタバコを販売するだけではない，企業としてもっと気高いものを希求している，と書かれている。察するに，同社は"大人の良識ある選択を信じている"ことに加えて，「誠実さ，信頼，愛情，創造性，高品質，共有」といったことがらに価値を置き，その価値観を社是としているようだ[40]。

デュポンも今や化学製品を生産するだけではない。同社は今"地球上の生命を保護育成する"ことに貢献している[41]。タバコ産業や化学産業には何年間も社会的な非難の声があがっていたため，これらの企業は企業としてのミッション（使命，社会的責任）を特別に強調している，という見方もできる。

しかし，社会的，倫理的に問題のない産業の企業も，声高らかに自社のモラルを謳っている。たとえば，ニューエコノミー時代に創刊されたビジネス誌『ファースト・カンパニー』は単なる雑誌ではなく，「読者の皆さんがニューエコノミーの時代に，仕事と人生で成功するためのツールやテクニック，そして

戦術を見つけ出すことをお手伝いする運動だ」と自誌を説明する[42]。

この他，洗浄剤の製販，施設管理等の企業，「サービスマスター」では，1995年のアニュアル・レポート（年次報告書）において，会社の使命を次のように掲げている。

> サービスマスターでは，私たちの仕事をより効果的なものとし，また，より効率的に遂行するために，そして，さらには，人間としても，より好ましい人物となるために，私たちは十分な研修を受け，私たちのサービスの内容について徹底して理解します。……そうです，これは単に仕事以上のこと，生きる糧を得るため以上のことなのです。これらは私たちのミッションなのです。……もし私たちが利益追求のみに汲々としてきたとしたら，このような精神を培うことのできる企業にはなれなかったでしょう[43]。

読む人の琴線に触れることを狙ったこの新しいタイプの自社紹介は，従業員が企業の最も重要な経営資源である，と唱えるマントラに基づいている。今や，企業は，このマントラをまったくの自己中心的な目的でもって奉っているのである。つまり，従業員の経営に対する参画意識とその努力を極限まで高めることこそが，株主へのリターンを高める最善の方策だ，と考えているのである[44]。この考え方は今日の企業社会の際立った特徴だ。様変わりしたビジネス環境でも企業目的の達成を可能とするために考案されたこの考え方では，従業員は部下や使用人ではなく，"パートナー"あるいは"オーナー"や"アソシエーツ"と呼ばれる。

だが，婉曲表現はどうであれ，これらの用語を使う目的は，人は誰もが特別の成果を生み出すことができることを実証する壮大な社会実験に従業員が参加しているのだという印象を醸し出すためである。既に1960年代において社会学者デビッド・リースマンおよびナサニエル・グレイザーは，仕事というものを単に生活の糧を得るためだけではなく，すべての"意味の源泉"として捕捉していた。

最近では，社会評論家のデビッド・ブルックスが最近のカウンターカルチャーの担い手となった新人類的資本家たちのエートスについて鋭い洞察——たとえば，職業とは知的で精神的なもの——を示している[45]。

　また，ビジネススクールでは学生たちに自分の仕事に対して熱情をもって夢中になれと教える。大会社，仕事への積極的な取り組み，そしてチームワークは，今日多くの人が生活する場である地域社会に取って代わるものになりつつある。こうした思想は，ミッションやバリューといった用語が今日のビジネス現場の用語として使われていることからも窺えるとおり，もはや宗教もどきのものになっている。

■新しいCEO

　ビジネスという言葉の定義が変貌してきたことによって，優れたCEOという定義も，「有能な経営者」から「カリスマ性を備えたリーダー」へと変わった。企業概念が新しくなり，また社会における企業の役割も変化したのであるから，今やそれに相応しいCEOの指導力発揮が望まれる。従業員にもっと長時間会社に貢献してもらうためには，「会社は単に利益だけではなく，より壮大で，より高潔なミッションをも追求している」と従業員が納得してくれるよう，CEOは従業員を指導しなければならない。

　新しいCEOの役割は次のようにいくつか挙げられてきた——先見の明を示す，福音を伝道する，模範を示す，そしてコーチング。これらの役割の詳細がどうであれ，カリスマCEOは過去のリーダー像とは異なる。つまり，経営者資本主義の時代には没個性のまま仕事に明け暮れていたプロの「組織人（The Organization Man, Whyte）」であった経営者とは全く違うのである。

　近頃の『ビジネスウィーク』，『フォーチュン』，そして『ハーバード・ビジネス・レビュー』といったビジネス誌は，英雄的なリーダー像，成功した経営者の習慣，リーダーたちに見られる個人的な特徴，などといった記事を満載している[46]。CEOになるということは，基本的に楽観論，自信，そして意欲的な姿勢を表明することである。そしていつの間にか，強い個性は決して負い目

ではなく，望ましい属性として扱われる（この辺りの変遷は，『エクセレント・カンパニー』の著者トム・ピーターズやスティーブン・コビーといった経営学の泰斗の書物を紐解いてみればすぐに理解できよう），

■**アメリカンドリームの体現者＝アイアコッカ**

　後々の経営組織論の学者たちは，この新タイプ企業リーダーの出現時点を1979年9月に求めることになろう。リー・アイアコッカがクライスラー・コーポレーションの会長兼CEOに選出された時点である。ロックフェラー家，フォード家，そしてカーネギー一族が産業界でわが世の春を謳歌していたとき以降，つまりロバー・バロン（泥棒男爵）の全盛期以降，1人のCEOが全米をこれほど魅了したことはなかった。アイアコッカがクライスラーのトップとなる以前は，同社の運命も尽きたと思われていた。だが，彼のリーダーシップの下，2，3年もしないうちに，同社は政府保証付きの12億ドルの融資という支援もあって甦った[47]。同社のKカーは人気車種となり，ミニバンも郊外の道路の光景を変えてしまうのではないかと思えるほど売れに売れた。利益は積み上がって巨額となり，同社はその儲けをどこに使うべきか途方にくれるほどだった。そして，1984年，アイアコッカの自伝はビジネス界の自伝としては過去最大のベストセラーとなった。その2年後の7月4日，生暖かい独立記念日の夕べ，修復工事の完了した自由の女神像を背にした式典で，アイアコッカは隣に佇む賓客，大統領ロナルド・レーガンよりも大きな喝采を浴びていた。

　実際，この時点ですでに政治的な影響力を持つ人たちが，1988年の大統領選挙にアイアコッカを担ぎ出そうとして動いていた。アイアコッカの弁論術は実に巧みで，アメリカン・ドリームを体現したこのイタリア移民の息子の横に立てば，どんなトップ経営者でも精彩を欠いてしまうほどだった。

■**カリスマCEO以前・以後**

　今日では企業には"ビジョン"や"リーダーシップ"が必要であることが，まるで公理のごとく考えられるようになったため，アイアコッカのようなカリ

スマCEOを模範と考えるCEOたちがますます増加している。すでにそのカリスマ性を発揮しているCEOもいれば，まだリハーサル中のCEOもいる。彼ら新CEOを，彼らを任命した取締役たち——その多くは経営者資本主義華やかなる時代に出世の階段を駆け上ってきたかつてのCEO経験者だが——と比較すると，明らかに相違が見られる。

以前のトップたちは物静かで，政治的な手腕にも長けていて，自分たちの発言についても注意深く準備していた。しかし，新タイプのCEOはもっと口数が多く，仕切りたがり屋で，大雑把な場合が多い。また，ずうずうしく，自惚れがつよく，そして時には引き込まれるほどの，また元気付けられるほどの派手な挙動に及ぶ[48]。

これまた明白なことだが，少なくとも今日活躍しているセレブCEOのうちの何人かは経営者資本主義の時代には成功できなかったに違いない。またその時代には，たとえば企業再生の練達の士とされていたアル・ダンラップについての書籍『チェインソー』で作者ジョン・ビルンが描いたような癇癪や長広舌の攻撃演説は受け入れてもらえなかったと思われる。

ダンラップの前では，みんなの膝はガクガクと震え，胃がきりきりと痛んだ。部下たちはダンラップが今にもおっぱじめそうなお説教を恐れた。最悪の事態は，彼がひどく愚劣に，あるいは粗暴にさえなることだった。彼はよく書類や家具調度品の類を投げつけ，自分の机を掌でバンと叩いた，と部下たちは証言している。また，大声で罵声を浴びせかけた，ともいう。その声があまりにも大きかったため，彼の口から吐き出された息がある部長の髪の毛を後頭部へとなびかせたほどだったという。"ヘアースプレイ・デー"というフレーズが部下たちの間で隠語となった。ダンラップの癇癪が起きる日を示唆した表現だった[49]。

最近流行の表現を使えば「形にとらわれない」とか「気持ちを考えることのできる思想家」とよばれるこのタイプの人たちは，もう少し批判的で節度のあ

る社会では，エキセントリックで，情緒不安定で，何を考えているのかわからない連中とみなされていたであろう[50]。

アメリカの大企業の経営を任されている人たちのタイプが，以上のように驚くほど変貌した背景には，主として文化的な要因が影響していた。そして，その文化的要因は，アメリカの社会とアメリカのビジネス界のなかのインスティチューションが変化したことによって，なお一層影響力を増してきたのである。

この変化は，投資家資本主義の台頭と時を同じくしていた。特に，ビジネス関係の報道機関や金融アナリストといった制度は，みんなからの注目を集め，情報を仲介し，形成し，発信し，そして絞り込むといった強力な影響力を行使する媒体となっている。彼らがこれらの力を得た背景とは，そもそも投資家資本主義そのものを引き起こすに至ったアメリカ企業のオーナーシップの変遷であった。カリスマCEOが台頭することとなった背景の最終部分として，このあたりの構造変化を次にとり上げ説明したい。

変貌する制度的背景

CEOは，社会においてあまり目立たない存在である限りは，凡庸で没個性的でもよかった。だが，投資家の要求が高まり，投資家がアメリカ社会のより多くの層を代表するようになると，CEOはもっと目立つ存在になった。経済学者ロバート・シラーも指摘しているが，人々は過去20年間に従業員年金プラン制度の変化を経験し，もっと株式について知るようになり，株式を投資対象として受け入れるようになった。シラーによると，なかでももっとも大きな変化は確定拠出プランの運用方法が拡張されたことである。たとえば，代表的な401(k)プランの場合，株式投資に大きく偏るようになった。

多くのアメリカ庶民が株式投資に手を染めるようになった2つ目のきっかけは，ミューチュアル・ファンドであった。この金融商品は1980年代の初めに人気を博するようになった。シラーによると，1982年にアメリカで販売されてい

た株式型のミューチュアル・ファンドはたった340本だった。ところが1998年にはこれが3,513本へと増加している。この数字は，ニューヨーク証券取引所に上場されている銘柄数（約2,750）よりも多い。また，1982年には株式投資型のミューチュアル・ファンドの口座数は620万口座（10世帯に1口座の割合）であったが，1998年までには1億1,900万口座（1世帯に2口座の割合）に増加している。(1990年から96年の期間だけでも，株式型ミューチュアル・ファンドの資産額は2,490億ドルから1兆7,000億ドルへと増加した。) このように，20年間も経ないうちに，投資は米国でももっとも人気のある参加型"スポーツ（娯楽）"となった。

　ふつうのアメリカ国民が大挙して投資家となったため，その数に見合うように証券アナリストや経済紙・誌の数も急増した。これらのメディアは今やほとんどの投資家にとって，企業ニュースの情報源となっている。このような展開は，市場をウォッチするビジネスおよび株式市場をメディアに立脚した新しいエンターテイメントの場として育てた。それとともに「個人」を極度に尊重するアメリカ的カルチャーとも相俟って，アメリカのビジネス界および社会の中で，"CEO教"という新カルトの興隆を後押ししたのである。

■ビジネス・メディアとCEO

　ここで，米国のビジネス・メディアがいかに企業のパフォーマンスや戦略についての情報を篩（ふるい）にかけてから発信しているか，例を挙げて検討してみたい。

　全国の読者，視聴者の関心を常に念頭に置くビジネス・メディアが焦点を絞り込むのは複雑な企業組織やその活動内容ではない。あるいはまた目まぐるしく変貌を遂げる企業の事業環境のことでもない。むしろ，そこで活躍する"人物"を集中的に描写するのである。

　企業が人物中心の切り口で扱われると，「勝ち組，負け組」に区分され，誰が好調で誰が"絶"不調とか，誰がよいCEOで誰がダメCEOなのか，といったように，具体的にフィルターに掛けられて描写されることになる。それまでは秘書，運転手，靴磨きなどと同様，米国国民には無名であった報道対象の

CEOを，メディアは新しいアメリカン・セレブリティーに変えてしまう。そして，多くのビジネス誌の記事では企業の戦略や資金計画のことよりも，個々のCEOの癖や私生活などについて多くのページを割くようになる。あるCEOを"人を惹きつける性格だ"とか，"ブランド級の"役人タイプだ，といった表現で描写しようが，それらの記事は「CEOは組織全体が回転する支点だ」とする神話だけではなく，「企業のリーダーシップは人柄の発現だ」という考え方をも強固にバックアップすることになる。

そして，それらの記事によるある個人についての評価が，額面どおりに受け取られようが，あるいはそうでなかろうが，それらの記事は——いったんCNBCやMSNBCといったビジネス・ニュースのチャネルで，勝手に再構成されて発信されてしまうと——どこへでも届いてしまうために，報道されたCEO個人とその特徴は増幅されて注目を集めることになる。（グラフ3-4は過去20年間にCEOが『ビジネスウィーク』の表紙に登場した回数を単純に数えたもの。）

グラフ3-4　1980年から2000年の間に販売された『ビジネスウィーク』の表紙を飾った「フォーチュン1000社」に属する企業のCEOの数

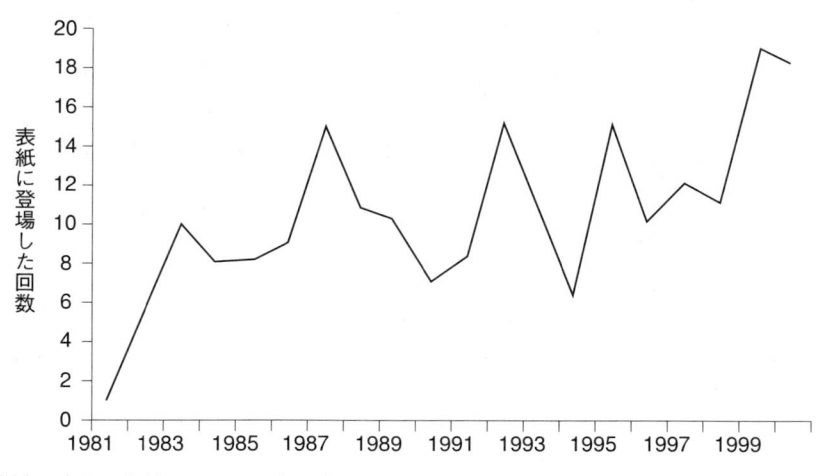

（注）表紙に複数のCEOの写真が表示されている場合は除外

次の例では，メディアのこの新しい傾向がよく表れている（今日の企業社会のスタンスも正確に描写されている例だ）。ビジネス誌『フォーチュン』の2000年5月号では，株価が高水準で推移していたシスコ・システムズのCEO，ジョン・チェンバーズが不世出のCEOかどうか，また，今から同社の株式を買うのは遅すぎるかと，多少誇張して質問を提起した。執筆者はチェンバーズのことをこう恭しく紹介している。

「チェンバーズは天真爛漫な顔立ちで，相手の目をしっかりと捉えて話す。彼の話し方を聞くとアパラチア方言だと思うかも知れないが，それよりも静かなイタリア・ピエモンテ方言のようだ」。
　記事はひき続いてチェンバーズが最近行ったスピーチについて触れる。

この4月初旬のある日の夕べ，「金融サービス円卓会議」に属するお歴々は，ディナー前の講演を心待ちしていたようだった。そのなかには，ウェルス・ファーゴのディック・コバセビッチ，CSFBのアレン・ウィート，USAAのロバート・ヘレスなどの顔も見られた。さらに，この日の会場，カーサグランデ・ダンスホールへはブルーのブレザーに身を包んだ大勢の企業の重役たちが（ご夫人を伴って！）集まり，席を埋めていた。スピーカーはジョン・チェンバーズ。チェンバーズが話し始めると，お歴々は彼がインターネットの威力の活用法を説明してくれるだろうと，片言隻語にも耳を傾けた。
　それはすごい威力だ，インターネットはあまねく普及する，とチェンバーズはまるで牧師のごとく聴衆に垂れていった。「皆さん，これまではご自分の既得権だと考えていたことが危険に晒されているのです。価格は暴落し，利益率が低下します。そこで，ネットに目を向け，新たに価値を付加する方策を見つけなければなりません」。聴いている人たちは，一生懸命に彼の言葉を記憶に留めようとしているようだった。「月曜日にはインターネットの設備を増強してください。IT担当者にシスコのことを訊いて見てください」。

講演は聴衆を目覚めさせるモーニング・コールのようなものだったが，彼らは講演者に惚れ込んでいるようだった。チェンバーズはやんやの大喝采を受けた。この後，重役たちは辺りに漂うネットの雰囲気に浸るため，押し合いへし合い演壇へと近寄っていった[52]。

■脚光を浴びるアナリスト

　この後1年も経たないうちに，『フォーチュン』はシスコのカリスマ・リーダーに批判的となった。チェンバーズはシスコの業績についてこれまでは常に最新予想を発表してきたにも係わらず，今回はショッキングな減収減益のウォーニングをウォールストリートに発信することを怠ったためだった。(2001年の5月までに，シスコの上場株式時価総額は4,000億ドルも消失することになった。)

　『フォーチュン』はシスコが不遜な会社であり，チェンバーズは夢のような自分の話に夢中になっており，あまりにもナイーブすぎる，と書くようになった。「誰を咎めるべきか思案の向きは，己の楽天的な見方と決別できないCEOから始めるがいい」とその記事は批判した[53]。

　証券市場のアナリストたちも，CEO個人に注目する傾向にますます拍車をかけた。アナリストは——自らがもつその影響力を通じて——CEOの特定のパーソナリティをCEOの職務には不可欠なものとして確立してしまったのである。かつてはCEOや取締役たちに見向きもされなかったアナリストだが，いまや彼らも資本市場のなかで重要な役割を担うようになり，その数もうなぎ上りに増加している。(グラフ3-5参照)

グラフ3-5　1980-98年の間に米国で雇用された株式関係のアナリストの数

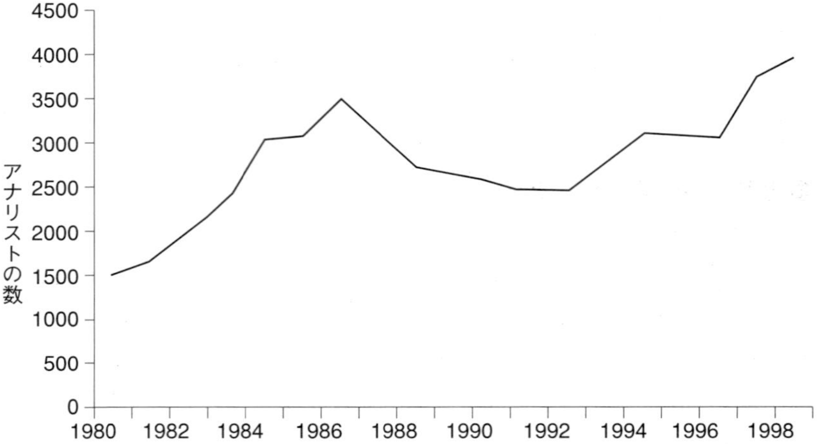
4500
4000
3500
3000
2500
2000
1500
1000
500
0
アナリストの数
1980
1982
1984
1986
1988
1990
1992
1994
1996
1998

出所：Groysenberg（2001）

アナリストの調査はもともと機関投資家向けに書かれ，彼らに意見を具申するためのものとされてきたが(54)，ロバート・シラーによると，今ではアナリストの調査報告はすべての投資関係者に利用されているという(55)。したがって，アナリストは今や企業と投資家との間の重要な橋渡し役となっている。ある株式についての特定アナリストの推薦が短期間の売買高や株価に大いに影響する。特に，アナリストの推薦がビジネス関係のメディアによって増幅されると，その影響が強くでる。また，それらのメディアがアナリスト間に競争を持ち込み，彼らの株式レーティングの動向がメディアの見出しで躍る状況が生まれている。

つまり，アナリストたちは今やCNBCに取材され，『ウォールストリート・ジャーナル』に自分のコメントが引用されるべく，お互いに切磋琢磨するようになった。その結果，アナリストたちは何がよい記事，よい番組なのかについてのメディアのバイアスを黙過しつつ，企業の財務状況などの基本的調査をないがしろにし，それよりも企業を経営している人物に焦点を当てるようになっ

たのである。

　ビジネス誌では，企業の成功や失敗例，あるいは伝説的な経営術，経営の神様といったことをベースにストーリーを展開した記事の方が，企業をテクニカルに分析した調査よりも数段説得力が強いのである。アナリストもメディアも，企業を経営している個人に焦点を当てることにより，財務諸表や経営戦略，あるいは産業界の動向といった複雑な項目を単純化して表現してくれる，この速記のような手法に頼ってしまうのだ。このような状況の下，CEOがCNBCで短くコメントしたり，アナリストとのインタビューでしゃべったことは，すぐに報道されて広まり企業の将来像の評価に影響を与えるのである。

■アナリストの分析手法の実例

　次に，まともな証券分析にとって代わったこの個人に焦点を当てる手法が実務上，どのように作用するのか，実例をみてみよう。

　よい例は，イーストマン・コダック初の社外招聘CEO，ジョージ・フィッシャーに対して1993年に証券アナリストが示した反応である。フィッシャーはそのときまではモトローラの社長だったが，同社の好業績のおかげで過分とも言えるほどの評価を受けていた。

　モトローラが抱える今日の問題に鑑みると，往時の活況はテレコミュニケーション産業の規制緩和によって地方の携帯電話市場の競争が激化し，また，電話料金も下落したため，キャリア各社が最新技術の導入のために設備投資を急いだおかげだった。フィッシャーにはIBMのトップへのオファーもあったと伝えられているが，彼はこれを断ったという。

　やがて，彼のコダックへの移籍が発表されると，CSFBのアナリストはダウジョーンズ・ニューズワイアにこうコメントした。「みんな大喜びです。株価は上昇するだろうし，ベストな人選です」。投資家もフィッシャーの就任を歓迎し，株価はすぐに15パーセントも押し上げられた[57]。

　このコダックの事例と同様の反応が，アナリストから（そして，その後に投資家からも）見られたのは，1997年にC・マイケル・アームストロングがヒュー

ズ・エレクトロニクスからAT&Tに移籍したときだった。このとき，証券会社ディロン・リードのアナリストは次のように熱っぽく語っていた。

　　AT&Tはついにスーパースター CEOを得ましたね。これで同社も新CEOのリーダーシップの下，寡占庇護下の長距離電話事業会社から全米，さらにグローバルなテレコミュニケーション市場で果敢に競争に挑む企業へと脱皮します。[58]

■ジャーナリストやアナリストの見方とCEO選抜
　ところでCEOに焦点を絞るビジネス誌やアナリストが増加したために，CEOの継承ではCEOの資質に関して新しく暗黙の基本原則のようなものができあがった。つまり，これからの時代のCEOにはメディアやアナリストの注目を集める能力が評価の基準になる，というのである。この能力によって投資家やそのほかの人たちから信頼感を勝ち取り，またその企業に対する高い評価を定着させることができる，とする。
　新しいCEOに対してアナリストたちがどのような反応を示すのかという点がスカウト担当取締役の主要関心事となってきた。この傾向を示す記事が会員誌『コーポレート・ボード・メンバー』2001年4月号で特集として掲載されていたので以下に一部を転載しよう。

　　CEOほどよい広報マンはいません。もちろんCFOもその役割を果たせますが，機関投資家はトップとの話の方を期待します……いずれにしても，CEOは自分の仕事時間のうち，4割をインベスター・リレーションに充てています。つまり，投資家との電話会議，銀行や同業者協会でのプレゼンテーション，主要株主への訪問，そしてこれらに増して，重要なメディアへの登場などです[59]。

　このような状況の下，会社に対するアナリストの信頼を新CEOが得られるか

どうか，あるいは新CEOはMSNBCなどといったビジネス・メディアからの関心を集めることができるかどうか——取締役はCEOの適格性をチェックする際にこのような視点からの検討も加えなければならなくなった。

　上記の『コーポレート・ボード・メンバー』誌の特集のなかの記事で，CNBCのMarketwatchという番組の司会者，タイラー・マシセンは彼がゲストに求める特徴を説明し，重役たちに番組に出演するときの注意点を次のようにアドバイスしている。

　　テレビはどんなにエネルギッシュな人でも"精彩を欠く人物"として映してしまう恐れがあることを忘れてはなりません。ですから，生き生きと振る舞い，自分の手はそれがいつもの癖であるかのごとくよく動かしてください。また，自分の声はひとつの楽器であることを忘れないように。楽器はゆったりと大きな音で弾かれます。声の調子も重要です。テレビ映りがいいゲストCEOはコミュニケーション・ビジネスの方に多いというのも偶然とは言えないようですね。ディズニーのマイケル・アイズナーやUSAネットワークスのバリー・ディラー，バイアコムのサムナー・レッドストーン，AOLタイム・ワーナーのテッド・ターナー，いずれもこの分野です。彼らは自分のビジネスを完璧に把握しているだけではなく，人を納得させる振る舞い方の重要性もよく心得ています。また，それが必要で状況が許すなら，いつでも挑発的，いや闘争的になることさえしりごみしません[60]。

■市場とイメージ戦略

　イメージ戦略，つまり"イメージの発信"と"イメージの受信"が重要視されて広く受け容れられるようになると，それに呼応して取締役はCEO候補を評価するときには候補者個人の経験やトレーニング歴をあまり重要視しなくなった。候補者としてはそのパーソナリティ（人柄）とイメージが，ビジネスにおける特定能力よりも，あるいはまたその企業自体や所属する産業についての知識や経験よりも，もっと重要であると広く信じられるようになった。

その結果，取締役はカリスマ性という捉えどころのない特性を備えたCEO候補を社外で熱心にスカウトするという傾向が強まったのである。カリスマ性はもはや社内の候補者が積んできたと思われる具体的な経験よりも異様に高く評価されるようになった。この意味で，カリスマCEOを求める願望がこの後に出現してきたことは，ちょうど90年代にはCEOの任期を不安定なものとしてしまった状況と並んで，外部CEO人材市場のさらなる発展を促すことになった。
　以上のように文化的，歴史的な背景を併せ考慮すると，外部CEO人材市場は，「市場」という概念によって一般的に想起される諸要因とは異なる，分離し捨象することの不可能な諸要因から影響を受けていることがわかる。
　米国の主要企業ではここ10年ほどの間に所有構造の変化が見られた。また，企業組織におけるリーダーシップの本質についての考え方も文化的な影響を受けてきた。そして，これらの構造変化による諸要因が結局のところ，たくさんの外部CEO候補者がいる市場から選ばれた特別の個性をもつCEO候補者のための——これまでには存在しなかった——人材市場を創造したのである。
　上記の構造的要因や考え方は，すでにchapter 2でみたように（買い手，売り手とも参加者が少なく，参加者にとってはハイリスクで，そしてレジティマシーが問われる市場），この新しい市場の基礎的な枠組みを創り出しただけではない。市場の主な参加者——取締役，トップ経営者，スカウト会社のコンサルタント，候補者——が人材サーチに関わるあらゆるフェーズにおいて，彼らの行動様式に影響を与えているのである。次章からはこれらの参加者のおのおのの役割について検討することにしよう。

chapter 4

取締役のゲーム
CEO候補者サーチにおける取締役の役割

■自己利益を合理的に追求するという通念

　企業が社外でCEOをスカウトする時には，取締役が一定の役割を果たす。その取締役の役割についての見方は二通りある。一つは、世の中の通念どおりに理解しようとする見方である。

　この場合、通念とは――新古典派経済学の立場と同じであるが――外部CEO人材市場といえども、市場参加者はその他の一般市場に参加する人たちと同じように行動する，と考える。つまり、外部CEO人材市場に参加する取締役などの個々人は、極めて透明度の高い環境下で、自立的に，自己の利益を合理的に追求している，と理解する。これは、すなわち、個々の取締役の動機や行動様式に着目して彼らの役割を理解しようとする方法である。

　今日、広くコーポレート・ガバナンスに関連した取締役の役割を説明する手法としては、この説明の仕方が恐らくもっとも一般的に用いられていると思われる。また，この理解は次の見方とも一致する――取締役は応分の金銭的対価が見込まれる場合においてのみ会社と株主の利益のために力を尽くす。

　このように認識する人たちは、取締役は「ストック・オプションや株式の無償譲渡といった金銭的な刺激がなければ、経営状況を表面的に監督する以上のことはほとんどしない」，また，「事務的に自分たちの職務（特定事項の裁可や監

査)のみを全うし，会社がとんでもない方向に行かないように気を付けているだけで，それ以上のことには関与しない」と考える[1]。

■コミュニティの一員としての取締役

企業のコーポレート・ガバナンスを改善する方法として，取締役に自社株を所有させることが近頃ではたいへん流行し，今日，ほとんどの上場企業では取締役対象のストック・オプション・プランが制度化されている。しかし，ストック・オプション・プランの普及にもかかわらず，そのプランが取締役の行動や企業業績に好影響を与えたことを裏付ける証拠はほとんど見当たらない。

このテーマに関して最大規模の標本調査を実施したジョン・コアなどの同僚研究者は，「それぞれの社外取締役の持ち株比率の多寡は，その企業の監督者としての取締役会の役割にほとんど影響していない」と報告している。そして，最近よく耳にする「社外取締役に，監督責任として金銭的リスクを負わせるために，より大口の株式を保有させるべきだ」という主張にも何ら実証できる根拠が見つからなかった，と結論している[2]。

しかし，金銭的なインセンティブに焦点を当てて個々の取締役の行動様式を理解するこの見方は，重大なポイントを見落としている。取締役会は単に個々の取締役の「集合体」ではなく，「複合体」であるという点だ。取締役会の行為は個々の取締役の行動様式の集合と考えることはできないのである。

社外でCEOをスカウトする場合に取締役が果たす役割を理解する二つ目の見方においては――この方がずっと理解しやすいと私は思っているが――取締役の行為は，「個々の取締役の人間関係や人脈の枠組みを超え，あるいは特定の取締役会の境界を越えて大きく拡がっていく」と解釈する。

取締役会の社会的性格

取締役の行動様式を説明するに際して，理解を深めるために，前述の一つ目のような個人を中心に据えた一般的モデルからいったん離れて考察してみよ

う。そうすると，取締役が新しいCEOを探すといった場合には，彼らは自己の利益追求のためではなく，グループ（集団，組織）あるいはコミュニティー（共同体）に高い優先順位を置いて行動していることが理解される。

取締役会のメンバーであることは，取締役という社会集団が小さく，アナリストやビジネス・メディアなどの第三者からなるより大きな社会システムに共通に組み込まれているために，多くの共通の関係を持つ人々との間に相互依存関係を持つことを意味している。

取締役は，経済的な利害関係を持つ人たちとの間に，社会的ステータス，所属団体や組織，社会的立場に関して社会的なつながりを持っている人々と重なっている。取締役たちは高級住宅地で近所付き合いをしていたり，さまざまな社交的なクラブや専門職集団の会員あるいは公益事業の委員として，他社のビジネス・リーダーとも緊密な関係を持っていると指摘する学者もいる[3]。社外でCEOの候補者をサーチするときに取締役がとる行動は，こうした相互依存関係と価値観の共有がもたらす圧倒的な現実によって根本的な制約を受けている。

そもそも取締役は，取締役会での経験などを通して，自分が所属するそれぞれのコミュニティーのメンバーであることの意味を認識している。濃密な相互関係で結ばれているそのほかのコミュニティーに所属するメンバーと同様，取締役は自分たちの社会的な活動領域とはいったいどんなものなのか——つまり，その範囲はどこまで拡がっているか，だれが所属し，誰が非加入かといったこと——をよく心得ている[4]。そこにはすでに，長い年月によって神聖化され，また伝統によって容認されてきたメンバーリストと序列からなる社会的な地図ができ上がっている。

通常，一般人は自分が特定組織の構成員であることや自分の分限について普段はあまり意識しないものだが，取締役は自分の帰属先，そのヒエラルキーでの位置，自分の役割などについて，常に明確に認識している。CEO候補者を外部でサーチする場合の取締役の任務を説明するうえで，取締役が属する次の二つのグループが重要となってくる。この二つの集団について以下で詳述する。

■取締役の「顕著性」ということ

　取締役は自分自身の存在をいくつかの所属集団を通して確認するが，その一つが取締役会である。それぞれの取締役会は，いくつかの構造的理由から固い内部結束をもっている。その構造的要因の第1は集団の顕著性である。ここで「顕著性」とは，あるグループの見分け易さ，また，グループ構成員の相互識別が容易であること，を指す[5]。

　マリオット・コーポレーションなど数社の社外取締役を務めるトム・パイパーは，取締役会の会議でみられるクラブらしさについて，次のように説明する。

　「取締役ではない人に説明するのは難しいですが，取締役会はいわば社交クラブのようなものです。それぞれの取締役会には世間から尊敬を集めている人たちがいます。私の属する取締役会にも，独自の規範と作法があり，それらに私たちは大いなる価値を見出しています。取締役であることは，はっきりとした役割と責任の両方を担っていることだ，と自覚しています」。

　パイパーによると，この顕著性の影響力が極めて強いため，「自分のアイデンティティーを1，2社の取締役会メンバーであることに埋没させてしまっている取締役がたくさんいる」という。

　ある特定企業の取締役会の顕著性は，取締役が抱く集団意識あるいは，「われわれ意識」といったものに表現されているだけではなく，インターネットのホームページやアニュアル・レポートを通じて簡単に取締役を探し出すことのできる（研究者や投資家といった）外部の人たちにとっても顕著性の様態は明らかとなっている。

■取締役会の少人数制

　取締役に結束をもたらしている要因の一つが顕著性だが，二つ目の要因は取締役会のメンバーが少人数である点だ。今日，平均的な取締役会は13名で構成されるが，この数字は1980年の平均と比べ，さらに一人少なくなっている。規模が小さければ取締役会内部で特別な対人プロセスや集団プロセスが生まれる。

組織についての社会心理学的な研究が明らかにしているとおり、グループが小さい場合には——職務上だけではなく、プライベートな場面でも——構成員が互いの存在を意識する度合いが強まる(6)。ある取締役は、小規模取締役会の優位性を次のように話す。

　　小さい取締役会では、形式張ったところがより少なくなります。メンバーとCEOとはより建設的で、よりフランクな話し合いができます。また、出席者の少ない取締役会の場合、ほかの取締役との実務的な関係が作りやすく、チームとして結束が生まれやすくなります。

■取締役会の均等性

　取締役会メンバーを固い結束で結び付けている三つ目の要因は、均質性である。社会学者C.ライト・ミルズによれば、グループが均質であれば、そのなかの個人の「役割獲得」が容易になるし、他のメンバーおよび集団全体との一体化も容易になる(7)。

　私が面談した取締役は——そのなかには1人の女性、1人のアフリカ系アメリカ人も含まれていたが——取締役の均質性を話題にした人はいなかった。だが、彼ら取締役たちは性別（ほとんどが男性）、人種（ほとんどが白人）、年齢（50歳代および60歳代）、業務経験（ほとんどが最高経営責任者経験済みか、あるいは現在その地位に就いている）、生活レベルの階級（ほとんどが裕福な上流階級）、社会的地位（名声のある施設やクラブに所属）などの項目では、均質性を示していた。

　ほとんどの取締役は、マルキス社の「米国紳士録」にプロフィールが掲載されている人たちであった(8)。

■取締役会の規範性

　取締役会は基本的に以上に挙げた三つの要因によって結束しているが、さらに、小さな組織だからこそ生じる組織の"規範"によっても、その内部結束が強固になっている。

　取締役は、この規範に沿って行動し、またこの規範に照らして他人の行動を

評価する。そして，それらの規範の多くは，取締役会の結束強化を図る目的のためにある。それらの規範のなかでも，礼儀正しさや丁寧さには極度の配慮がなされ，直接的な摩擦や対立は回避される。

　法令上不可避な専門委員会等の設置の場合を除き，専門化や細分化はどんなものでも排斥される。また，取締役は面と向かい合うとき，名誉的称号や肩書きなどは——たとえばドクター，プロフェッサー，あるいはミスター，ミズといったものまで——避けようとする。あるいは，取締役たちは取締役会のなかでの序列についてほとんど議論しない。

　このような組織の慣行から窺える通り，取締役会は礼儀正しく運営されているため，中で威光を振りかざそうとする取締役の出現を許さない。さらに，取締役たちは個人的な業績を自慢げに話す人に対しては低い評価しか与えない。個人の業績について騒ぎ立てることは慎みがなく，無作法だとされているのである。このような独特の作法のある取締役会は，真に"紳士の倶楽部"といえよう——いい意味でも，悪い意味でも。

■社外取締役の「コミュニティ」意識の問題

　このような構造的要因とグループに内在する規範が相俟って，おのおのの取締役は所属する取締役会のメンバーであることを強く自覚する。だが，多くの取締役は社外取締役として複数企業の取締役を兼任しているために，必然的に第二のグループにも所属していることになる。

　第二のグループとは，より広い取締役たちのコミュニティーのことである。ここでの"コミュニティー"の意味は，その構成員たちがあれやこれといった特定関心事を共有しているといった意味ではなく，もっと根本的な，社会的な地位やこれからの展望などについて同じ考えを共有している，という概念である[9]。

　1984年に，米国の社会科学者マイケル・ユシームが第二のグループに関して画期的な研究発表をしている。彼はこのような取締役たちの"拡大ミュニティー"の存在を確たる論拠で示したのである。徹底的な面談と多数のデータとを総合した結果，ユシームは次のようなことを明らかにした。

すなわち，取締役たちは自分たちの役割について驚くほど同じようなスタンスと信念とを共有している点，また，自分が一つのコミュニティーの一員であることおよびそのコミュニティーのなかの自分の役割について強く自覚している，という点だ。

　ユシームによると，このコミュニティーはお互いにインターロック状態にある取締役たちの重層的な連帯関係が基盤になっているという（インターロック状態とは，ある取締役会に所属する取締役が他の取締役会の社外取締役を兼任しているときの状態を指す用語である）。複数の企業，特に名門企業に社外取締役として名前を連ねる人は，高い社会的地位と影響力を手に入れ，さまざまな恩恵を享受してきた。そして，これらのインターロック状態のお陰で取締役は自分の価値観や信念を育み，そして会社の内外にそれらを伝えてきたのである[10]。

　ユシームが研究を続けていた当時は，ある取締役のロイヤリティー（忠誠心）が自分の所属する企業と社外取締役を務めるより広い拡大コミュニティーとの間で，衝突するといった問題はめったに起こらなかった。

　ある取締役が複数企業の社外取締役を務める場合，利益相反によって特定企業への忠誠が損なわれる可能性は高いはずである。だが，特定企業の取締役としての役割と，より広範囲の複数企業を代表する取締役会の取締役からなる"インナー・サークル"（権力中枢の人たち）のメンバーとしての役割との二つの間を，彼らは上手に"ナビゲート"している，とユシームは述べている[11]。

　ただ，このような状況も，やがて経営者資本主義がその座を投資家資本主義に譲る時代になると，変化がみられるようになった。

■経営管理型企業のCEOの選抜

　ユシームは70年代および80年代初めに研究活動をしていた。当時の彼の研究では確認されなかったことだが，上述のような役割の衝突問題は，実は多くの企業が自社の裁量において対処していたのである。

　歴史家アルフレッド・チャンドラーが書いているように，経営者支配型の企業は自治，つまり自律を旨として経営されており，たとえば運転資金は内部留

保を充当し，配当還元率や新規事業への投資枠などは経営者の自由裁量に委ねていた[12]。

この企業形態は制度として完璧で，自己完結していたと言えよう。企業の取締役と経営者のそれぞれの自律的な立場は，存続に必要な経営資源を自社で確保し，そのための組織を構築し，他への過剰な依存は未然に排除することにより図られていた。このような企業の自律した状況がもっとも顕著に顕れたのがCEOの選抜プロセスであり，そのプロセスでは取締役会はほとんど重要な役割を果たさなかった[13]。危機が自分たちの目の前に迫っているような場合を除き，取締役会はCEOの交代プロセスにおいて，ほとんど何の役割も持たなかったのである。あるいはCEOの選抜結果に何らかの影響を与えたということもなかったのである。

経営者資本主義全盛期の80年代前半に，フォード・モーターズのCEOを務めたフィリップ・コールドウェルは，次のように言う。「結局は現職のCEOが自分の後継者を選ぶ選抜方法を決めていた」と。

■社外取締役と「株主利益重視」の潮流

chapter 3 でみたとおり，1980年代初めに時代は経営者資本主義から投資家資本主義へと移行した。そして，企業はそれまで享受していた経営の自立性を失う羽目となった。それまでは市場の乱気流から隔絶されていた企業の経営者と取締役は，買収の恐怖，機関投資家主導の株主権行使の動き，影響力を強めたウォールストリートのアナリストたちおよびビジネス・メディア等によって，その庇護が外されることとなった。突如としてCEOの交代プロセスが変貌し，社外での人選が始まったのである。それまで現職CEOは自分の後継者選びでは取締役会の指図を受けることはなかった。

だが，今や取締役会からあれこれと注文が出されるようになった。また，取締役は取締役で，機関投資家からCEOの選抜にもっと大きな影響力を行使するようにとの圧力を受けるようになった。特に企業業績が不振であるときは，この傾向が強くなった。

chapter 4　CEO候補者サーチにおける取締役の役割

　このような環境下，外部関係者からの要望は取締役会の外壁を突き抜けて中まで届くようになった。外界とは隔絶されたカルチャーが許されていたこれまでの取締役会も，今後は社会の一員としての在り様が問われるようになった。取締役の行動は，それぞれの取締役会からいわば社会力学的な影響を依然として受けやすい状況にあったものの，次第に近接する外界の関係者に対しても敏感に反応するようになってきた。

　そして，この結果として起こったことは，株主の考えとは衝突する可能性のある，他の企業目的よりも株主の意見を尊重しようとする風潮が取締役の間で高まったことだった。

　この株主利益重視という新しい風潮は，時として，取締役の取締役会に対する忠誠心とも衝突した。たとえば取締役はCEOの選抜プロセスにもっと参画するようにと社外から圧力を受けていたが，その選抜プロセスで主導権を握るということは，企業の従前の慣行や現職CEOの権威に真っ向から対峙することであった[14]。しかし，外部からの圧力は社外取締役の形で企業内に入り込み，社外取締役コミュニティーに対して「責任を持つ」存在であった社外取締役の影響力はなお一層強まったのである（この場合の「責任を持つ」という意味は，企業社会では株主の利益が重要であることを示す，ということだった）。

　社外取締役は所属する企業の慣行の維持にかけては，専任取締役より関与の度合いが低く，その分社外の取締役コミュニティーに対する責任を強く感じていたのである。

　表4-1は1980年から1990年にかけての取締役の構成の推移を要約したものである。表では1980年と比べ，1990年までの社内取締役の平均登用数は1人少なくなっている（この章の初めに述べたとおり，平均的な取締役の員数も同期間に1人減っている）。

　これら二つの変化の原因は，機関投資家からの圧力であった。表4-2はCEOの解任に繋がる変数についてまとめたものである。CEOの解任では，業績不振に加えて，全取締役のなかの社外取締役の割合，1人の取締役が兼任する取締役会の数などが重要な予測変数となっている。つまり，社外取締役が多いほど，

また，取締役会のなかで取締役のインターロック状態が強ければ強いほど，業績が不調のときには，CEOの解任の可能性が高くなることが示されている。

表4-1　取締役会の時系列的変化

	1980年		1985年		1990年	
	平均値	標準偏差	平均値	標準偏差	平均値	標準偏差
社内取締役	4.20	2.20	3.73	2.18	3.24	1.86
社外取締役	10.16	4.60	10.40	4.91	10.16	4.56
取締役全体	14.36	4.37	14.14	5.18	13.40	4.79
インターロック人数	12.02	11.52	10.92	11.24	11.12	9.89
誤差(社内取締役)	.307	.152	.281	.162	.262	.161

表4-2 最尤推定法に基づくCEOの強制的解任

log-logisticsモデルを使用（モデルの詳細については巻末の補遺を参照）

係数	指数	モデル1**	モデル2**	モデル3**	モデル4**	モデル5**	モデル6**
a-vector Constant	-.557*** (.114)	-5.39*** (.153)	-4.80*** (.116)	-4.66*** (.112)	-4.71*** (.114)	-4.91*** (.136)	-4.61*** (.120)
Performance	-.831*** (.162)	-8.30*** (.163)	-.615*** (.127)	-.552*** (.123)	-.564*** (.123)	-.587*** (.124)	-.319*** (.137)
Employees (ln)	.018 (.039)	.016 (.038)	0.24 (.030)	0.25 (.029)	.028 (.029)	.037 (.029)	.003 (.032)
Founder				-.995*** (.217)	-.967*** (.216)	-.991*** (.216)	-.929*** (.215)
Separate Chairman					.327** (.092)	.300*** (.092)	.278*** (.091)
Pct Outside Directors						.578*** (.193)	
Interlocks							-.098** (.215)
Interlocks×Performance							.454*** (.077)
b-vector Constant		.045 (.037)	.193*** (.045)	.234*** (.045)	.235*** (.045)	.222*** (.045)	.229*** (.045)
Cohort before 1980			-.243*** (.043)	-.248*** (.043)	-.224*** (.043)	-.243*** (.043)	-.245*** (.043)
Cohort after 1985			.338*** (.044)	.321*** (.044)	.326*** (.044)	.346*** (.045)	.330*** (.044)
Log-likelihood	2953.14	-2949.58	-2829.17	-2811.61	-2805.74	-2801.51	-2486.75

*p＜.10；**p＜.05；***p＜.01.

■CEO選抜の主導権は取締役へ

　個々の取締役会は企業活動のそこここで昔ながらのアイデンティティー，統合志向，取締役会結束への執着，そしてCEOに対するロイヤリティー，といった要素を持ち続けていた。一方，"より広い取締役たちのコミュニティー"はやがて自律性を失い，ユシームの言う"インナー・サークル"を自前で形成できなくなっていった。そして，企業統治を巡る戦いが取締役会にも押し寄せるようになった。

　chapter 3でみたとおり，かつては顧客からの預かり資産をおとなしく管理するカストディアンとして，経営者の推薦のままに株主として賛成票を投じていた機関投資家は，そのおとなしさを返上してしまった。また，敵対的な企業買収ムードが1990年代のうちに収束に向かっても，機関投資家の多くはもとのスタンスには戻らなかった。

　つまり，多くの場合，機関投資家は業績の低迷している企業に接近し，対応を迫るようになっていたのだ。それらの対象企業は，たとえば1992年にはゼネラル・モーターズやデジタル・イクイップメントであった。当時の『フォーチュン』が記事のタイトルで書いていたように，「大株主が吠え始めた」のである[15]。

　そして，その声は社外取締役に向けられていた。社外取締役にはCEOの更迭や継承について影響力を行使できる正式な権限があったからだ。この10年間という比較的短い期間に──CEOの選抜に関して，この1世紀の間においてほとんどなんらの権限も行使しなかったにもかかわらず──取締役はCEOの継承は自分たちの仕事であると考えるようになったのである。そして今日，新しいCEOの選抜が自分たちの最も大事な仕事になったと，ほぼすべての取締役が考えるようになっている[16]。

■CEO選抜の基準を持たない取締役

　CEOの継承プロセスにおいて，主導権を本格的に発揮するように奨励された取締役たちは，社外環境を十分に把握して，さらに自分たちが最も高く評価す

るメディアなど外部関係者の評価をよく研究して，継承問題に取り組むようになった。このように外部者の評価に依存したのは，実際にCEOを選抜する段になって，自分たちが（ただ単に退任するCEOの後継者を追認するかわりに）拠りどころとすべき手順，あるいは確立された選抜の手順を持ち合わせていなかったためでもあった[17]。

社外から人を招く場合の継承手順は社内登用の手順とは異なっていた。それゆえ，取締役にはCEOの社外スカウトで発生する諸問題を容易に解決してくれる継承プロセスの実際の手本がなかったのである。社会心理学者レオン・フェスティンガーらが唱えているが，ある行動方針を評価する際にその目的や方法が確立されていない場合，個々の計画やその計画の適切さについては，外部"関係者"の意見と評価によって強く影響を受ける[18]。CEOの継承に関しては，ウォールストリートのアナリストとビジネス・メディアがその外部"関係者"であった。

■メディアの評価によるCEO選抜の事例

このようにメディアに耳を傾け，社外状況へ対応したことは，バンク・ワンがジャミー・ダイモンを迎えることとなったスカウトでもよく示されているとおり，CEO継承というプロセスに重大な影響を及ぼすこととなった。

同じようなスカウト例は1996年にAT&Tでも見られた。ジョン・ウォルターは，同年にAT&Tの次期CEO含みで社長兼COOに任命されたが，就任後9か月も経ないうちに取締役会によって解任されてしまった。ウォルターが社長に選ばれたことが発表された日，通信セクターのアナリストは「間違った人選」であると解説し[19]，またCNNのアンカーは「摩訶不思議な選択だ」とコメントした。そして，AT&Tの株価時価総額は40億ドルも消失した[20]。

この株価の急落に表れているとおり，ウォールストリートのアナリストやメディアが示した最初の評価は，その予言どおりに達成された形となった。メディアによると，ウォルターは一緒に働く幹部社員からの信頼を欠き，取締役会の信任も急速に失っていったという。社長となってから9か月も経たない1997

年の7月，ウォルターは取締役会によって解任された。その3か月の後，後任として，有力アナリストらが当初から選ぶべきであったと異口同音に評したCEOとしての有名人，C.マイケル・アームストロングが就任した[21]。

社外スカウトのプロセスでは，取締役の個々の判断よりも外部のオピニオン・リーダーの認識や発言がいかに重みをもって影響するかということを，このウォルターの運命が力強く物語っている。

社外でCEOをスカウトする際の取締役は，自律した個人としてではなく，より大きなネットワーク，そしてメディアやアナリストから影響を受けるグループの一員として行動する，といった点が明確となった。

だが，なかなか見分けがつけにくいところであるが，取締役は社外CEO人選のいくつかの段階において，社会的な存在としての取締役会から強い影響を受けているのも事実なのである。

CEOの人選の開始

これまで検討してきたとおりCEOの継承者決定プロセスにはさまざまな社会的要因が影響を及ぼしている。それらの社会的要因とは，取締役会を結束させる文化的背景や，価値観，情報を取締役たちのコミュニティー全体に浸透させる上で機能する社外取締役のインターロック状態，そして取締役が依拠する制度的背景，といった要因であった。

これらの要因が観察されるのは，CEOの継承プロセスにおいてプレゼンスを強めた取締役会が活動する場面だけではない。あるいは華々しく報道されるようになったドラマチックなCEOの指名や解任の場面だけでもない。これらの社会的要因が作用している状況は，CEOを人選するプロセス——通常，外部からはうかがいしれない場面も含めて——のすべてにおいて観察される。

実際，今日行われている標準的な人選プロセスではそのスタートの段階から，取締役たちは自分たちが協議した内容を実行しているが，その実行の前提は前述したとおり，「外部CEO人材市場は個人が合理的に自己の利益追求をする市

場」だというものではない。

サーチ手順の構成――「サーチ委員会」

■おざなりのCEO選抜

　取締役会が主導するCEO継承プロセスは，候補者が社外であれ，社内であれ，まずは取締役会が継承プロセスの管理運営を担うサーチ委員会を発足させることから始まる。通常，この委員会の委員長は取締役会のなかの「経営企画・報酬委員会」担当の取締役がその任に当たる。

　サーチ委員会の仕事の一つは，トップ経営者をスカウトする人材サーチ会社との契約締結である。今ではほとんどの場合，このようなサーチ会社が人選をサポートしている。

　サーチ委員会が継承プロセスにおいて主導権を握れるかどうかは――また，社内外のどちらで人材サーチを実施するかを決定することも――その企業の足下の業績動向次第である。業績が好調である場合，退任するCEOも――主導権を執ることは許されないが――後任選びのプロセスに参画するよう要請される。

　通常，そのような場合は，前もって候補者のプロフィールが明らかな，社内でこれまでに後継者と目されてきた内部候補者を指名する場合だ。このような状況での取締役会のサーチは，かなりおざなりで，単に形式的に実施するといった程度だ。

　この実例はノースイースト銀行で見られた。任期中に極めて立派な業績を挙げたあるCEOが退任するとき，自分の後継者として意中の人物を取締役会とアナリストたちに明らかにした。取締役会は一応サーチ委員会を設置して"探索"を実施した。その"意中の人物"を後継者に祭り上げるために雇われたあるサーチコンサルタントは，主要なデータの収集作業はなく，また他の候補者との比較は社の内外ともなかったことを認めている。そのコンサルタントは，サーチは次のように行われたと述べている。

何人かの社内および社外候補者が掲載された最終選抜者リストは作成されていました。しかし，それらは意味のないものでした。だれもがD氏はM氏のお気に入りとして後任に選ばれたことを知っていました。サーチ委員会は型通り手続きを開始し，私も社内候補者の評価付けを依頼されました。D氏については，何人かの取締役のところで話を伺いました。彼が頭角を現したときのこととか，彼のリーダーシップのスタイルについて尋ねました。ご賢察のとおり，すべての返答は良好なものでした。悪い材料はないかと尋ねても，取締役たちは沈黙を守りました。彼らは最終段階だということを知っていました。取締役たちは退任するCEOの推薦に沿うように振る舞い，ウォールストリートやメディアからの反応もほとんどないまま，後任を指名したのです。

■社内からのCEO選抜もおざなり

　社内継承の例では，周知の社内候補者間で競争が行われるケースもある。ゼネラル・エレクトリックが行っている継承手法もこれに当たる（chapter 3で同社元CEOのレジナルド・ジョーンズ自らの説明を紹介した）。同社での一番新しい話では，現CEO，ジェフリー・インメルトが2人の社内対抗馬と公然と争った例がある。

　GEの取締役会とサーチ委員会は，サーチに積極的に参画していることを，投資家やビジネス・メディアに対して，称賛に価するほどのショーを演じアピールした。だが，インメルトの指名は退任するCEO，ジャック・ウェルチによってほとんどが事前に決定されていた。驚くほどのことではないが，インメルトの就任を発表したGEのプレスリリースには，同社取締役が満場一致で承認した，とあった[22]。

　GEはもちろん，何年間も高収益を挙げている企業である。だが，もし業績不振であった場合や，直ぐの後継者または今後の後継者候補がいなかった場合には，同社のサーチプロセスもまったく異なる展開になっていたと思われる。

　CEOのパフォーマンスが好ましくないと評価される（その理由は概ね，企業の

業績悪化）場合やCEOの席が突如空くような事態になると，取締役会には新CEOを急いで指名しなければならないという極度のプレシャーがかかってくる。

　企業にリーダーがいない状態があまり長く続くと，金銭面あるいは企業イメージの損傷といった代償を支払わなければならなくなる。CEOが空席では幹部社員，部課長，一般社員のすべてがたいへんな不安を覚えることを取締役たちはよく知っている。

　さらに，ウォールストリートやビジネス・メディアも，早く次期CEOを発表するようにといった容赦のないプレシャーを与える。新CEOの早期決定を迫るそれらのプレシャーの結果，取締役会はサーチ活動をできるだけ早く完了する方向に傾いていくことになる。

　そのようなときには取締役会は，これまでに社内候補者を起用したときに開発した社内サーチ活動の様式や手順を援用し，それらを社外でのサーチにも準用しようとする。ほとんどの取締役には社外サーチの十分な経験がないため，慣れ親しんだ方法に頼るのである。

　このようにして，社内候補者を後任に据えるための手法が社外候補者用の探索にも準用される。取締役会が探索の完了を急ぐため，この手法が多くの場合に簡便かつほとんど経費のかからない，実行可能な解決方法となる。取締役たちは意識せずにこの方法を準用しているのではない。ある取締役はこう述べている。

　「ひとたびサーチを完了すれば，サーチとはどんなものなのか，ということがよく理解できます。そのイメージが他のサーチ活動の手本となるのです」と。

　こうしたサーチ活動が増えると，大企業の間では社外取締役の兼任が多いため，外部CEO人材サーチ活動のためのサーチ委員会の構成はどうあるべきかといった点について企業間で大きな差異はほとんどない。

■サーチ委員会の役割

　サーチ委員会の委員長がまず直面する課題の一つが，委員会の規模をどうするかである。これは取締役会でしばしば議論が白熱するテーマだ。大きければ

取締役会の利益をそれだけ多く代表できる，と主張する取締役もいれば，小さいほうが集中できるし，効率的だという取締役もいる。

しかし，面白いことに，どんなに議論しても，落としどころは同じなのだ。私が実地に調査したサーチ委員会の事例では，その75パーセントが4名から7名で構成されていた。最小が3名，最大は11名だった。

委員会の員数についてはかなりの議論が行われてきたが，委員の構成についてはあまり議論されていない。これは取締役間に格差ができることをタブー視する慣わしに合わせているためでもあり，また社内候補者を登用する通常手続きに合わせているためでもある。

サーチ委員会の委員を決める方法で最も一般的なものはボランティアを募る方法だ。この仕事に自発的に申し出てくる取締役は現場を離れた元経営幹部，あるいは非営業部門担当，研修部門担当といった非現業部門の取締役に偏っており，彼らは基本的にサーチ委員会活動に割く時間の余裕が他の取締役に比べて多い。私の調査では，現役と言える取締役がメンバーとなっているのは平均で1人だった。

社内候補者をCEOに登用する際のやり方を社外人選にも画一的に応用したときには――とくに，サーチ委員会メンバーをボランティアで構成したときに――意図せぬ結果を招来することもある。その例として次の事例がある。

すなわち，この類のサーチ活動なら当然に要請される細やかな注意を取締役会は委員決定に関して払おうとしていない点だ。承継者任命プロセスにとって，サーチ委員会の委員構成は重大だ。しかし，私の調査したいくつかの事例では，その企業自体や企業の経歴についてほとんど知らない人物で構成されたサーチ委員会もあった。

調査事例では，委員会メンバーがその企業，その製品，ほかの幹部社員などについて得る情報は，ほとんどが四半期ごとに入手するものに限られている。一方，サーチ委員会が退任した元取締役たちによって占められている場合は，外部サーチプロセス特有の効用が損われる場合がある。つまり，新しくCEOとなる人は自分が一緒に働くことになる取締役会メンバーとはなじみになってお

きたいと願うものだが，そのようなときのためにサーチ委員にはなおしばらくは取締役を務める予定の現役取締役をメンバーに加えておくべきなのだ。しかし，すでに現役を引退した人たちばかりではこの望みは叶わない。

　サーチ委員会にはまた多様な経歴の取締役たちが必要である。いくつかの例では，委員のバックグランドが偏っていたため，CEOの後任を決めるときにも偏った決め方になっていた。エンジニアリング志向が強い社風のあるテクノロジー企業の事例がそうである。

　その企業の製品は，市場で最も技術的に進んだものだったが，マーケティングに問題があり，市場占有率は大幅に低下していった。だがそんな場合でも，主に研究開発や業務系出身の取締役が委員を務めていたサーチ委員会は，技術面では立派な実績を残しているもののマーケティングの実務経験のまったくないCEO候補を推薦した。自分に似た人物に傾くのが人情というものだろう。サーチ委員会の推薦どおりに新CEOを指名した以降もこの企業の市場占有率は蚕食されていったが，それもまた何ら不思議ではない成り行きだった。

ポストの定義──「スペック・シートの作成」

　取締役たちは新CEOを選抜する仕事は重要だと公言しているが，肝心のサーチ委員会が上述のように作られていては，取締役たちのその言葉も裏切られてしまう。しかし，そんな取締役たちでもCEO候補者を探索する際に企業サイドのニーズを忘れてしまっているわけではない。

　彼らは，CEO継承のプロセスを企業の現況診断のためのチャンスだと捉えているのである。ある取締役は，新しいCEOをスカウトするときこそ企業の目的を追求してくれるトップを探す好機だと打ち明ける。また，別の取締役によると，CEOが交代するときは社外取締役を含めた取締役全員が会社の現状を分析したり，あるいは自分たちが期待する会社の将来像を展望したりする，滅多にないチャンスなのだという。

　取締役たちからこのような声が聞かれるものの，実際のサーチ活動の現場で彼らが企業目的について大々的な議論を戦わせているといった様子はほとんど

窺えない。また，会社の業績が低迷しているときや，あるいは事業環境の急変に伴う経営方針の戦略的変換が求められているときでさえも，ほとんどのCEOの人選は会社が直面している諸問題の分析から始めるわけではないのである。

　サーチ委員会は，まず「スペシフィケーション・シート（以下，スペック・シート。仕様書，つまり候補者に求められる資格や職務・職能の一覧表）」の作成に着手するのである。

　このスペック・シートは新CEOに必要な要件を説明した正式な書式であり，通常，エグゼキュティブ・サーチ会社，つまりトップ経営者を専門にスカウトするエージェントの助けを借りて作成される（このサーチ会社は取締役一人一人に面談し，彼らの考えを聴取する）。

　ここでの作業はサーチプロセスのなかでも，とりわけ重要な段階だ。ジレットの前CEOで何社かの社外取締役を兼任するアル・ゼイアンはこのスペック・シートの重要性について，次のように強調する。

　「社外取締役としての私の経験から言うと，取締役会がはじめに承認したスペック・シートがすばらしいものであるなら，サーチ会社（とそのサーチ活動）も質が高い，ということになる。そのスペック・シートの項目等は極めて具体的でなければならない。というのも，それらの項目が軸となって実際の探索プロセスが展開されることになるからだ」

　サーチ・コンサルタントもまたこのスペック・シートを重視する。あるコンサルタントによると，「スペック・シートにはCEOに必須の要件，望ましい要件が明記されているし，またそれらの各項目はクライアントが優先順位をつけたり，もっと絞り込んだりするようになっている」。一般にはスペック・シートは，候補者を識別し，評価するためのガイドラインだと考えられている。だが，サーチ会社はスペック・シートの作成こそ探索プロセスのなかの戦略的な中心部分だとし，その重要性を強調する。そして，このシートを作成する彼らの特別な手法が競争相手との差別化を図るものだ，という。

　あるコンサルタントは，探索プロセスのなかのスペック・シートの作成段階が「コンサルが最も重要な役目を果たすところであり，おそらく最も付加価値

を生み出せるところだろう」と述べる。

■参考にされない「スペック・シート」

　以上の説明のようにスペック・シートの重要性が認識されているにもかかわらず，いったんスペック・シートが完成され，委員全員に配布されると，その後，サーチ委員会メンバーはこのスペック・シートをほとんど参考にしていない。この点には驚かされる。スペック・シートは本来，サーチ活動用のガイダンスとして機能するはずだ。だが，その代わりに取締役が自分の希望や欲望，危惧，懸念，解釈と解決方法などを網羅したロールシャッハ・テストの絵のようになっており，シートは完成されるまでの間だけ重要性を発揮する，という状態となっている。

　次期CEOに必要な資質を検討するという趣旨のサーチ委員会の会議においてさえ，幾人かの取締役は退任するCEOに対する不満をぶちまけ，会社の抱える問題を彼のせいにするのである。また，なかにはスペック・シートの作成にかこつけて，自分の振る舞いを自画自賛する取締役も見られる。

　たとえば，前CEOの更迭に果たした自分の功績を吹聴する。また，ほとんどの取締役はスペック・シートを作成するプロセスで自分のリーダーシップ論，あるいは「良きリーダーとは」といったテーマにつき，自説を開陳しようとする。そして，協議の結果にでてくるのは常に長い項目のリストである。望まれる資質項目の一つ一つに候補者がまともに取り組もうとすれば，その量だけで多くの候補者は尻込みしてしまうほどだ。だが，もっとまずいことは，取締役たちはこの望まれる資質項目を他社と比較することに重要性を見出していない点である。

■「スペック・シート」事例について

　表4-1aは，ある保険会社のCEOサーチ用のスペック・シートである。また表4-1bは，大手のソフト会社が使ったスペック・シートだ。これらは二つとも典型的な社外CEOサーチ用のスペック・シートと言えよう。二つのシートでは，

次の3点に注目すべきである。
　第1点は，個人としての性格的な特徴に重点が置かれている点だ。二つのシートの項目は，具体的な経営手腕やこのサーチの趣旨等の議論よりも，要請される個人的な特性についての項目が主体を占めている。
　曰く，「CEOは"アグレッシブ（攻撃的，積極果敢）な性格"でなければならない」。
　曰く，「CEOは，すべてをこなせることが必要だが付随するリスクを管理できる人でなければならない」。
　曰く，「CEOは会社の進むべき方向性を打ち出せる人でなければならない」。
　曰く，「CEOは方向性を打ち出すために，経営チームと緊密に連携できなければならない」。
　スペック・シートに書かれたこのような個人の資質項目から判断すると，CEOがそのポジションを遂行できるかどうかの能力は，その企業が直面する特定問題に関してどうだこうだというのではなく，ただひたすら，個人の性格的な属性による，ということになってしまう。
　第2点は，これら2社のスペック・シートの類似性である。予備知識がなくこれらを読んだ場合，どれがソフトウェアの会社用で，どれが保険会社用なのかはわからない。この類似性の原因は，特性項目の表現が極めてあいまいなためである。
　たとえば，「リーダーとして証明されている」や「部下にやる気を起こさせる人物」などは定義が不要なものの，そのような表現ではより具体的な項目に分割して記述しようとしても，無理がある。
　つまり，それらの表記は個人の性格や良識に根ざしたものであり，それはほかに変え難い。こんな表現では，誰にでもリーダーシップがあり，誰でもやる気を起こさせることができる，といえる。サーチ委員会がCEOに求める個人的な特徴は，社会がリーダーシップに求める理想像の縮図である。
　それらは――たとえばビジネス紙でみかけるような――CEOはこうあるべきだという通念と一致しているのである。このように，ホテルの部屋で見かける

chapter 4　CEO候補者サーチにおける取締役の役割

"洗濯物リスト"のような個人の特性表は，いかに世間の常識がCEOサーチにも染み込んでいるかを教えてくれる。

表4-1a　ある保険会社のCEOサーチ用スペック・シート

```
                                                    9273-002
               PSP-80%/MEL-20%|MEL|PSP-45%/JEB-20%/REH-5%/MEL-20%/TNJ-10%|CLH
                                              Function code:111,113
                                              Industry code:631,632,FSP
        Client:   ████████████████ INSURANCE CO OF ██████
                  (GENERAL MANAGEMENT)
      Position:   PRESIDENT & CEO
  Compensation:   $500,000 to $1,000,000 + $150,000 Bonus
        Duties:   REPORTING TO THE BOARD OF DIRECTORS, THE SUCCESSFUL
                  CANDIDATE WILL BE RESPONSIBLE FOR ALL OPERATIONS OF
                  ████████████████████ INSURANCE COMPANY. THIS INCLUDES
                  ALL DIVISIONS, SUBSIDIARIES, AND/OR OTHER VENTURES. DUTIES
                  WOULD INCLUDE DEVELOPING A STRATEGIC PLAN TO ADDRESS A
                  CHANGING INDUSTRY AND MARKETING ENVIRONMENT; MANAGING THE
                  EXECUTIVE AND MANAGEMENT STAFF; ANNUAL TACTICS AND BUDGET;
                  LONG-TERM TACTICS AND BUDGETS; GAINING CONSENSUS WITH THE
                  BOARD AND ████████████ FOR PRESENT AND FUTURE DIRECTION
                  OF THE COMPANY. THIS INDIVIDUAL SHOULD ESTABLISH
                  CHALLENGING GOALS FOR THE CORPORATION IN SAFELY OBTAINING
                  ROE OF BETWEEN 13 AND 15 PERCENT. ALSO, THIS INDIVIDUAL
                  SHOULD CONCENTRATE ON INCREASING MARKET PRICE AND DIVIDENDS
                  WHICH MAKE UP STOCKHOLDER VALUE. ONE OF THE CRITERIA FOR
                  CEO SUCCESS SHOULD BE DEVELOPING MARKET PRICE ABOVE BOOK
                  VALUE. THESE MARKET IMPROVEMENTS HAVE TO BE BALANCED
                  APPROPRIATELY WITH RISKS. THEREFORE, THE SUCCESSFUL
                  CANDIDATE MUST HAVE MARKET AND GROWTH SKILLS WHILE AT THE
                  SAME TIME BE ON THE FOREFRONT OF INSURANCE ISSUES AS THEY
                  ARE IMPACTED BY EXTERNAL ISSUES (I.E. A CHANGING
                  ENVIRONMENT IN GROUP HEALTH, INCREASING COMPETITION FOR THE
                  QUALITY CUSTOMER, AND BUSINESS OPPORTUNITIES IN PERIPHERAL
                  PRODUCTS). ACCOMMODATIONS CAN BE MADE IN INDUSTRY KNOWLEDGE
                  FOR THOSE CANDIDATES OUTSIDE THE INDUSTRY. BUT GENERAL
                  FINANCIAL INSTITUTION ACUMEN IS REQUIRED. PARTICULAR
                  ATTENTION SHOULD BE PAID TOWARDS BRINGING THE FOUR CORE
                  BUSINESSES UNDER ONE CORPORATE MENTALITY.
  Organization:
        Client:   Location              Sales Volume     # Employees
                  ████████████          $2 billion
Product/Service:  LIFE AND HEALTH INSURANCE

The person:
Min. experience:  25 YEARS
     Education:   UNDERGRADUATE DEGREE, A GRADUATE DEGREE OR OTHER ADVANCED
                  EDUCATIONAL DESIGNATION SUCH AS CLU OR FSA WOULD BE
                  CONSIDERED A PLUS.
Other
characteristics:  A MATURE, HIGH ENERGY, PROGRESSIVE, STRATEGICALLY ORIENTED
                  EXECUTIVE. THE PERSON MUST BE INTELLIGENT, ARTICULATE, AND
                  HAVE SIGNIFICANT STATURE. A MANAGER WITH A TAKE-CHARGE BUT
                  PARTICIPATIVE MANAGEMENT STYLE, THIS INDIVIDUAL SHOULD BE
                  SOMEONE WHO CAN MOTIVATE, DELEGATE, AND RECEIVED IN-DEPTH
                  INVOLVEMENT FROM SUBORDINATES. THIS INDIVIDUAL MUST HAVE
                  THE HIGHEST PROFESSIONAL AND PERSONAL STANDARDS. THIS
```

表4-1aのつづき

```
9273-002
Continued:
Other
Characteristics:
                PERSON MUST BE STRATEGIC AND BE ABLE TO ARTICULATE A
                CORPORATE VISION TO ALL CONSTITUENTS. IT IS MOST IMPORTANT
                THAT THIS PERSON BE PERCEIVED AS FITTING THE CULTURE, BOTH
                IN THE CORPORATION AND COMMUNITY. IMPORTANT CONSIDERATIONS:
                A COMMITMENT TO CUSTOMER SERVICE, EMPLOYEE RELATIONS,
                CONSENSUS BUILDING, AND SUCCESSION PLANNING. THE INDIVIDUAL
                MUST BE WELL BALANCED, CONFIDENT BUT WITH A SENSE OF
                HUMILITY. THE SUCCESSFUL CANDIDATE WILL HAVE A TRACK RECORD
                IN PORTFOLIO DECISIONS, SUCCESSION PLANNING, AND BUILDING
                ROI.

    Experience: A PROVEN EXECUTIVE FROM A SUBSTANTIAL, RESPECTED,
                HIGH-PERFORMING ORGANIZATION. AN INDIVIDUAL WITH STRONG
                LEADERSHIP AND MANAGEMENT ABILITIES, THE CANDIDATE SHOULD
                HAVE KNOWLEDGE OF THE INSURANCE INDUSTRY, BUT COULD QUITE
                POSSIBLY COME FROM AN AREA OUTSIDE THE INDUSTRY IN SOME
                OTHER FINANCIAL INSTITUTION ENVIRONMENT. THE INDIVIDUAL
                WILL PRESENTLY BE FOUND IN A NUMBER ONE OR NUMBER TWO
                POSITION, COMFORTABLE IN DEALING AT THE HIGHEST LEVELS,
                DEALING WITH A BOARD, DEALING WITH THE "PUBLICS." THE
                PERSON SHOULD HAVE A PROVEN TRACK RECORD IN SUCCESSFUL
                STRATEGIC PLANNING, MARKETING, AND RISK/ASSET MANAGEMENT.

    Targets:
    PSP
    04/29/93
```

　第3点は，それぞれ要請されている各項目を比べた場合，各項目の趣旨が曖昧で，お互いが矛盾するものも多いという点である。たとえば，保険会社の取締役が探しているCEOは，"大胆な目標を設定し"同時に"安全に"13から15パーセントの自己資本利益率を挙げてくれるような人物である。この人物には「株主価値の増大を図ることに集中する」ことを期待するのだが，同時にリスクの生じない程度の変革しか許さないのである。

　また，新任CEOは即戦力として"保険業の最前線"に立つことが求められるが，業界外から来たCEOにはこの産業の知識を身につけてもらうため諸種の便宜を図る用意がある，ともいう。これら2つのスペック・シートのいずれを見ても，必要とされている項目をすべて満たす候補者はいないという結論しかない。

　人は，チームの協調を重視し，合意を重んじながら，同時に命令的にはなり

chapter 4 　CEO候補者サーチにおける取締役の役割

表4-1b　あるソフトウェア会社のCEOサーチ用スペック・シート

```
                                        8650-001  MENLO PARK
                    JTT-67%/DBK-33%|DBK|JTT-50%/DBK-50%|PNL

                                     Function code:113,112
                                     Industry code:7371

        Client:     ▓▓▓▓▓▓▓▓▓▓▓▓▓▓▓▓▓▓▓

      Position:     PRESIDENT CEO AND CHAIRMAN
  Compensation:     $350,000 + $150,000 Bonus
         Perqs:     STOCK OPTIONS ON 1,000,000 SHARES

        Duties:     REPORTING TO THE BOARD OF DIRECTORS, THIS INDIVIDUAL WILL
                    HAVE FULL RESPONSIBILITY FOR THE COMPANY'S STRATEGY AND
                    OPERATIONS. INCLUDED IN THE LATTER ARE THE VARIOUS BUSINESS
                    UNITS, OPERATIONAL UNITS IN NORTH AMERICA, ASIA/PACIFIC,
                    AND EUROPE, FINANCE, CORPORATE MARKETING, RESEARCH AND
                    DEVELOPMENT, INFORMATION SYSTEMS, OPERATIONS, LEGAL AND
                    HUMAN RESOURCES DEPARTMENTS. THE CEO'S RESPONSIBILITIES
                    WILL INCLUDE STRATEGIC PLANNING, BUDGETING, PRODUCT
                    PRIORITIZING, AND THE DEVELOPMENT OF METHODS, MEASUREMENT
                    SYSTEMS, AND POLICIES FOR CONTINUING THE COMPANY'S RAPID
                    GROWTH. AN IMPORTANT PART OF THE JOB IS BEING THE COMPANY'S
                    VISIBLE REPRESENTATIVE TO EMPLOYEES, THE FINANCIAL
                    COMMUNITY, COMPANY MANAGEMENT, VENDORS, CUSTOMERS,
                    STRATEGIC PARTNERS, AND THE DISTRIBUTION CHANNELS.
                    ADDITIONALLY, THE CEO IS RESPONSIBLE FOR THE FOSTERING OF
                    LEADERSHIP, MANAGEMENT DEVELOPMENT PROGRAMS, AND TEAM
                    BUILDING. THE CEO WILL BE CHARGED WITH ESTABLISHING A
                    LONG-TERM COMPETITIVE STRATEGY, AND WILL BE THE KEY COMPANY
                    SPOKESPERSON WITHIN THE INDUSTRY.

  Organization:
                    Location
        Client:     ▓▓▓▓▓▓▓▓▓▓▓▓▓▓▓▓▓▓▓▓▓▓▓▓▓▓▓▓▓▓▓▓▓▓▓▓
Product/Service:    ▓▓▓▓▓▓▓▓▓▓▓▓▓▓▓▓▓▓▓▓▓▓▓▓▓▓▓▓▓▓▓▓▓▓▓▓
                    ▓▓▓▓▓▓▓▓▓▓▓▓▓▓▓▓▓▓▓▓▓▓▓▓ SYSTEM PLATFORMS
                    AND ▓▓▓▓▓▓▓▓▓▓▓▓▓▓▓▓▓▓▓▓▓▓▓▓▓▓▓▓▓▓▓▓▓
                    ▓▓▓▓▓▓▓▓▓

    The person:
Min. experience:

     Education:

         Other
characteristics:    ASTUTE INTELLECT, DECISIVE, ACTION ORIENTED AND PERSONABLE,
                    WITH THE HIGHEST INTEGRITY AND AUTHENTICITY; ABLE TO
                    OPERATE PROFESSIONALLY IN A FAST PACED, FLEXIBLE
                    ENVIRONMENT. COMMITTED TO EXCELLENCE AND TOTAL QUALITY IN
                    PRODUCTS, SERVICES AND SUPPORT. A PROVEN LEADER AND
                    MOTIVATOR; HIGHLY PROFESSIONAL, AND CONFIDENT WITH AN OPEN
                    STYLE. MUST INTERACT PRODUCTIVELY WITH DIVERSE MANAGEMENT
                    TEAM AS WELL AS BROAD BASED EMPLOYEE GROUPS, CUSTOMER
                    GROUPS AND FINANCIAL COMMUNITY. SUCCESSFUL CANDIDATE WILL
```

表4-1bのつづき

```
8650-001
Continued:
Other
Characteristics:  HAVE A STRONG EQUITY MOTIVATION AND UNRELENTING COMMITMENT
                  TO MAKE THE COMPANY WORK. MUST BE ABLE TO SELL IDEAS/PLANS
                  INTERNALLY; COMFORT WITH DEVELOPMENT ENVIRONMENT IS
                  CRITICAL. WILL PURSUE AGGRESSIVE RESEARCH AND RIGOROUS
                  DEVELOPMENT PROCESS. CAN QUICKLY AND ACCURATELY ASSESS NEAR
                  AND LONG-TERM OPPORTUNITIES AND THREATS. MUST BE ABLE TO
                  ANALYZE AND INTERPRET INDUSTRY TRENDS. CAN ARTICULATE
                  VISION/MISSION WHICH CAN BE EXECUTED BY STAFF
                  AND MANAGEMENT. SHOULD BE A SUCCESSFUL SENIOR EXECUTIVE, A
                  QUICK STUDY, WITH BUSINESS JUDGEMENT. HAS A GLOBAL
                  VIEWPOINT; INTERNATIONAL PERSPECTIVE AND UNDERSTANDING.
                  MUST BE AN INNOVATIVE LEADER, AND DEMONSTRATE A PASSIONATE
                  ATTENTIVENESS TO CURRENT AND FUTURE MARKET REQUIREMENTS.
                  SHOULD BE STRONGLY ENTREPRENEURIAL--PURSUES CALCULATED
                  RISKS FOR SIGNIFICANT GAIN. SHOULD HAVE A DEMONSTRATED
                  ABILITY TO BUILD COHESIVE TEAMS. MUST HAVE THE BEHAVIORS,
                  PHILOSOPHIES, AND VALUES THAT WOULD BE A CULTURAL FIT AT
                  THE COMPANY. APPROACH SHOULD BE CREATIVE WITH A DESIRE TO
                  SET HIGH STANDARDS. READILY ADJUSTS TO RAPID CHANGES IN
                  TECHNOLOGY, PRODUCTS, AND MARKETPLACE. SHOULD HAVE
                  INTERPERSONAL SKILLS THAT WILL ALLOW THE PERSON TO BUILD
                  EARLY CREDIBILITY. MUST BE WILLING TO STAND UP FOR BELIEFS.
                  IDEALLY, THIS INDIVIDUAL WILL HAVE MANAGED THROUGH
                  DIFFICULT PERIODS SUCCESSFULLY. COMPANY CULTURE REQUIRES A
                  HIGH SENSE OF URGENCY AND A VERY HIGH COMMITMENT LEVEL.
                  WILL ASSURE HIGH LEVEL OF VISIBILITY AND ACCESSIBILITY
                  INTERNALLY AND EXTERNALLY. DEDICATED TO STRONG MANAGEMENT
                  DEVELOPMENT AND PROFESSIONAL GROWTH PROGRAMS.

     Experience:  REQUIREMENT THAT CANDIDATE HAS HAD SIGNIFICANT P&L
                  EXPERIENCE WITHIN THE COMPUTER (OR OTHER
                  COMPLEX-TECHNOLOGY) INDUSTRY; PREFERENCE TOWARD INDIVIDUALS
                  WHO HAVE OPERATED SUCCESSFULLY IN A LARGE COMPANY, AND THEN
                  MADE THE TRANSITION TO A SMALLER ORGANIZATION; PREFERENCE
                  FOR SUCCESSFUL TRACK RECORD IN A HIGH-GROWTH COMPANY WELL
                  RESPECTED FOR ITS PRODUCT INNOVATION AND LEADERSHIP. SHOULD
                  BE FAMILIAR WITH DIVERSE AREAS OF THE COMPUTER INDUSTRY,
                  SUCH AS INTERNATIONAL DISTRIBUTION, SYSTEMS INTEGRATORS,
                  END USERS, SOFTWARE HOUSES, AND HARDWARE VENDORS.
                  EXPERIENCE IN A SOFTWARE COMPANY NOT A REQUIREMENT PROVIDED
                  INDIVIDUAL UNDERSTANDS THE INDUSTRY. CANDIDATE'S PRIOR
                  CAREER EMPHASIS COULD BE IN OPERATIONS, TECHNICAL
                  DEVELOPMENT, OR MARKETING AND SALES. STRONG PREFERENCE FOR
                  EXPERIENCE AND COMFORT WITH HANDS-ON TECHNICAL DEVELOPMENT
                  AT SOME POINT IN CAREER.

        Targets:

        JTT
        11/13/91
```

得ない。

　ほとんどリスクを取らないリスク・テイカーになれる。

　柔軟思考をもち，かつ自分の信念を守れ。

　これでは誰もが真剣に取り組むことなどないだろうから，そうなると候補者も取締役たちも，よい結果を導くことはできない。

■「スペック・シート」の欠陥の原因

　では，このスペック・シートに見られるアノマリーや欠陥はなぜ発生するのだろうか。即座に思い浮かぶのは，サーチ活動に従事している人たちが真面目に取り組んでいないためか，あるいは適当なインセンティブが与えられていないためか，あるいは企業を成功に導くリーダーに必要な資質や技術を正確に把握できていないためか，といった原因であろう。

　しかし，そのような説明はCEOについての現代の考え方がもたらした文脈を考慮していない。企業業績とCEOの資質との間に因果関係が存在すると証明されているわけではないものの，一般的にCEOの資質が企業業績を左右するとされているために，取締役はCEOの資質について知ろうとする。だが，CEOのどのような資質が業績向上に役立つかを事前に知ることは不可能に近いため，取締役たちがそのような資質を探り当てるには推測に頼るしかない。

　その結果，取締役はスペック・シートに書かれているようなポピュラーな言葉を使うこととなり，"リーダーシップ"とか"チーム・ビルダー"とか，"インテグリティー"といった空ろな言葉が踊ることになる。

　さらに，取締役たちが新CEOに求めるべき資質項目をより詳細に定めることができたとしても，逃れられない問題が残る。社外でCEO候補者を探索する際に生まれる情報問題である。CEOを選抜するという意思決定は，優れて情報集約的である。この意思決定のために必要な情報は特別な情報であり，それらはきめ細かく精査されていなければならない。つまり，そんな情報は通常，候補者と一緒に働いたというような直接的な経験からしか入手し得ない。特別な情報とは，たとえば候補者の気質，仕事の仕方，そして言動の癖，他人と一緒の場合の働き方などだが，最も重要なことはその候補者が実行できると宣言したことが実際に成就されたかどうかという点だ。この種の情報は，社内候補者の場合なら入手が容易である。取締役会や現CEOは生え抜きの社内候補者ならよく知っているからだ。さらに，詳細な昇進履歴や職務実績，考課表，達成実績などといった人事記録が自社にあるからだ。

しかし，社外にいる候補者について，この種の情報を収集することは困難である。CEOの候補者サーチにはつきものの守秘性，秘匿性の壁のために，取締役が候補者の特定情報を候補者の同僚や部下に直接面談し聞き出すことはまず不可能だ。代わりにそのような特定情報は非公式な手段で収集し，確認し，まとめることが必要になってくる。そこで取締役はそのような困難な仕事に取り掛かる前に，サーチ当初に得ていた大まかな情報をベースにして，候補者を絞り込んでおくのである。

　取締役は，この探索に対する社内および社外の関係者（特に社外関係者）の受け止め方について特に気を配りながら，構造的，文化的に派生した特長を巧みに生かし，やがて内外の関係者からこのスカウトなら何ら問題がなく擁護し得る，とお墨付きのもらえる一群の候補者リストを作り出すのである。

候補者リストをつくる――社会的マッチングのプロセス

　取締役会が新CEOを選抜するプロセスで，外部関係者の関心事に配慮しておけば，当然のことながら望ましい結果に繋がる。会社の株主も，また新聞の読者である世間も，会社の決定によって何らかの影響を受けるのである。しかし，外部関係者の関心事に配慮し過ぎると重大な，予期せぬ結果を招くことになる。

　なかでも最も重大な結果は，候補者がCEOのポジションに不可欠なスキルを持ち合わせているかどうかといった点は不問にしてしまい，代わりにその候補者がスカウト条件を受け入れるかどうかといったことを重視してしまう点だ。サーチ委員会がこの"受諾性"を過度に重視すると，候補者数が少なくなってしまい，その結果，評価の際には保守的な判断にならざる得なくなる。このようなサーチプロセスの特徴は取締役が新CEOを選ぶ最終段階において明らかになる。

　CEOの継承プロセスは，一見すると，会社を活性化させたり，あるいは抜本的な改革をしたりするためのまたとない機会を提供してくれるものと思える

が，実は多くのサーチ委員会は，候補者不足という共通の悩みを抱えている。サーチ委員会からは，「限られた候補者のなかから選ばざるを得ない。候補者はみんな同じように見える。ときには退任するCEOと見分けがつけ難いときもある」といった嘆きが聞こえてくる。しかし，このような現象が起きるのは，サーチ委員会がCEOの有資格者候補を集める過程に問題があるためだ。

候補者を選び出す

　スペック・シートの項目などの編纂作業に引き続き，取締役は――ほとんどの場合，サーチ会社の助けを借りて――第一次候補者リストの作成に取り掛かる。この段階では自社の所属業種や他社CEOのプロフィールについての知識をベースにして，取締役が候補者データの大半を集める。

　マイケル・ユシームらが指摘しているとおり，社内のCEO有力候補が他社の社外取締役を兼任しているのと同じように，社外の候補者も，すでにどこかの企業の社外取締役を務めている場合が多い[23]。サーチ会社からも1,2名の候補者が推薦されることもあるが，この段階はまだ彼らの活躍の場ではない。

　何社かの社外取締役を兼任するウィリアム・パウンズ（MITスローン・スクールの前学部長）はこの第一次候補者リストの作成プロセスについて次のように説明する。

　　私にとって最初の課題は「笑いのテスト」です。もし私たちがある人物を指名して，従業員や株主たちにこの人が次のトップだと通知したとき，彼らはどんな反応を示すだろうか？そして次の課題は仕事にぴったり似合う人を見つけることです。そこで，この作業をいくつかに分けて考えます。パフォーマンス……，出身企業，誰と働いていたか，といったことを検討します。こうしてポストに相応しい候補者をみつけるのです。

■候補者リストの作成

　ある出版社でこのリスト作成プロセスの典型例を見てみよう。この社のサー

チ委員会は40名の候補者リストを作成したが，そのうちの30名はサーチ会社が依頼した取締役たちからの推薦だった。サーチ会社は，4名の女性と少数民族出身者を含む，合計10名の候補者を追加した。2，3日のうちに，サーチ委員会はサーチ会社の助けを借りて，その第一次候補者リストを20名にまで絞り込んだ。20名の候補者はほぼ全員が現役だった。

　次いで，サーチ会社はサーチ委員会に，候補者の写真，簡単なプロフィールをまとめた冊子を提出した。プロフィールには候補者の職務経歴，学歴など，ごく一般的な情報のみが直近の推定年俸と共に表示されていた。ある取締役はこの冊子のことを，「世界の出版産業の紳士録だ。なかには有力出版社のCEOやエンターテイメント産業など関連業界の，将来を嘱望されている経営者のプロフィールが記載されていた」と説明している。

　次に，サーチ会社は記載されている候補者に接触を始めた。サーチ・コンサルタントは依頼元を明かさずに，候補者のうち現職を辞することを真剣に検討しそうな人を見極めた。

　そして，サーチ会社は10名に絞り込んだリストを作成してサーチ委員会へ提出し，さらに取締役会が絞り込みをかけた。取締役会はこの段階のすべての作業では，3つの選考基準をもとにリストを作成している。つまり，候補者の現在のポスト，候補者の所属企業の経営状態，そしてその企業の評判という基準である。

■ソーシャル・マッチングの陥穽

　だが，この三つの基準が，CEO人材市場の抱える重大問題を作り出しているのである。後に検討するが，これらの基準はchapter 2で検討したとおりのCEO人材市場に対する合理的な反応と言えよう。しかしながら，これらの選考基準——前職でのポジション，その企業の業績，その企業の評判という尺度——の妥当性や適切性があまりにも自明に思えるため，また，合理的だと判断されるため，取締役たちがこの基準を疑問視したり，その妥当性を確かめるたりするようなことはなくなってしまったのである。

同時に,これらの基準は長期にわたって適用されてきた分類プロセスの基盤となっていたことも事実である。この分類を通じて候補者は絞り込まれ,また,一部の候補者が他より優位に立つという現象が見られた。

しかし,これらの分類基準をつぶさに調べてみると,CEOサーチにおいて目指すべき専門性や効率性とこれらの選考基準は必ずしも一致しているものではないことが明らかになる。むしろ,それらの目標とは関係なく,サーチ委員会は一部の候補者にスポットライトを当てて,残りを無視しているのである。

サーチ委員会のこの分類方法のメカニズムを理解するには,ジェームズ・C・マーチ,ジェームズ・G・マーチの両氏が使った概念"ソーシャル・マッチング"によると容易となろう[24]。ソーシャル・マッチングは,個人や団体などが十分な情報がないためにある事柄の選抜が困難となっているときとか,あるいは選抜すべき候補者間に差異が認められないといった状況下で,誰を選ぶべきかと悩むときによく利用される一種のふるい分けの手法である。

ソーシャル・マッチングはあちこちで見られる慣習である。だが,その影響力はあまり良いものとは言えないようだ。CEOサーチの場合のソーシャル・マッチングはCEO人材市場の閉鎖性を強めてしまうのである。取締役たちは候補者リストを作成するときに,候補者が備えている一つまたはいくつかの,容易に見分けのつく特徴に飛びついてしまい,その結果として狭い範囲の候補者に限定してしまうからだ。そのため,可能性の高い候補者を見極めてリストを作成しようとしてソーシャル・マッチング手法を応用しているうちに,取締役は少ない候補者のなかからしか選べないという思わぬ陥穽にはまってしまい,広範囲から選ぼうとした当初の意図から無意識にうちに逸脱してしまうのである。

■思考習慣の問題

取締役が特別な資質に執着してしまう性癖は,文化人類学者メアリー・ダグラスの定義する"思考習慣"によっても条件付けがされているようだ[25]。"思考習慣"は組織化や分類作業の際に機能している原理だが,ただそれはコモン

センス，つまり判りきった，当たり前とみえる要素も多い。

社外でCEOを探す場合の取締役の多くの――すべてではないにしろ――思考習慣は，外部環境に基づいている。完全に社会的なプロセスであるCEOの候補者選びという作業のなかで，取締役はこれらの思考習慣に依存しているのである。取締役がこれらの思考習慣を経て到達した，人材プールを作る際に入れるべき選抜基準は，やがて取締役が候補者を認識する際や候補者グループを構成する時に強い影響を与えるようになる。

たとえば，候補者を業績好調の企業出身者に限定することによって，業績不振企業にいる優秀な候補者を除外してしまうが，これはひとえに企業業績はCEOの能力と努力の直接的な結果だとする一般論を取締役たちが容認しているからである。候補者をスクリーニングするときにも，業績を左右する他の条件（たとえば，市場の状態やその会社の幹部社員の経験，力量）は考慮されていない。

このように，候補者の実績を評価するときに候補者の出身企業の業績をベースにする方法は――ある面では完全に擁護しうる手法でもあるが――実務面では問題が多いのである。

取締役が採用しているCEO候補者を選抜する際の三つの基準について詳しく検討してみよう。

ポジション・マッチング（役職適合）――「候補者を現職のCEOまたは社長に限定する」

多くのサーチ委員会は，CEOになるべき人物は大企業を率いた経験がなければならないと考える。1985年から2000年の間に，社外から招聘されてCEOになった人の実に75パーセントはCEOか，あるいは社長を経験していた。

ある取締役によると，候補者にCEOもしくはそれに近いポジションでの経験があれば，「彼の行動が何となく読めて，不確定な部分を減らすことができる」という。ある候補者がすでにある企業のCEOであるなら，その企業がその候補者について好ましい判断をしたということだ，と取締役たちは指摘する。

彼らの見解では，候補者を前職に基づいてコーディングすれば分類作業とエ

ネルギーを節約できるのである。GEの取締役を何期も務め，他の大企業の社外取締役も兼任するギギ・ミケルソンはこう述べる——取締役会は，「候補者について，その人物評，安定性，家族生活や社外での生活，活動状況など社外の様子についての好ましい判断を得ていなければCEOに指名しないものだ」。

取締役たちはポジション・マッチングによって外部CEO候補者をふるい掛けしているうちに，すでにCEO（または社長）に就任していることはリーダーシップを備えていることを示す信頼できるシグナルだ，と自分自身で考えてしまうのである。

取締役がこのポジション・マッチングにより候補者を選ぶことは，結果として自分たちの判断が社外から攻撃されることを避けることにもなる。つまり，候補者に必要とされる資質，特性などの要件は，CEOあるいは社長経験者なら満たしてくれるからだ。取締役会はこのようにして自分たちの判断で選んだという責任を外部に転嫁してしまうのである。

当然ながら，取締役が候補者に期待する資質などの要件は，一部の候補者には有利に働き，他には不利になる。そしてその結果，CEOの経験者，特に大企業での経験をもつ候補者が有利になり，注目を浴びることになる——だが，この基準が将来に禍根を残すことになるのだ。

取締役もこの点が問題であることはいくらか気づいている。CEOはだれも同じではなく，それぞれが異なったパーソナリティをもつ。リーダーシップのスタイルも異なる。しかし，問題なのはこれらの差異ではない。取締役は自分の選抜方法と，自分が評価対象とする候補者に認められる均一性との間に存在する因果関係について説明しないが，取締役は時として「均一性が問題だ」とのコメントを発する。

私が面談した何人かの取締役は，「本物のリーダーシップ」不足とCEO候補者の金太郎飴のような均一性に不満の声を上げていた。「企業で上手に生き残ってきた候補者ならたくさんいます。しかし彼らはリーダーではない」と，複合企業，ブランズウィックでサーチを担当した取締役，ジョージ・ケネディーは言う。同様に，スミスクライン・ビーチャムの元CEOで，何社かの社外取締

役を兼任するヘンリー・ベントは，次のようにコメントしている。

　企業の歴史のなかで，今がもっとも深刻なCEO適格者不足の時代だ。私が知っているCEOは，ほとんどがリーダーではない。単に会社の仕組みを動かす方法を知っているか，あるいは動かしてきた経営者に過ぎない。時代は変わったのだ。我々にはリーダーが必要なのであって政治家はもはや不要だ。我々は会社が何をしなければならないのかをきちんと指し示すことのできる人材を探さなければならない。組織を進むべき方向にしっかり導くことができるカリスマが必要なのだ。その導き方を知っている人が必要なのだ。自分のリーダーシップを日常の活動のなかで発揮できる人材だ。CEOを探したことのある私の経験から言うと，ほんもののリーダーを探すことは，実に難しい。

■ソーシャル・マッチングという隘路

　取締役たちが自分たちの判断基準で集めた候補者を見ている限り，上述のような発言を聞いても何ら驚くに値しない。数年前，C.ライト・ミルズは今でも通ずる次のような箴言を発していた。

　大企業のトップ経営者には，これまで，そして今日でも，多種多様なアメリカ人が集まっているわけではない。彼らトップ経営者はその出自とこれまでの教育や訓練において，他の人たちより極めて有利な位置に立っていた，頗る画一的なタイプの人たちなのだ。世間で語られているトップのイメージとは決して符号しない。[26]

　もともとの出身がどうであれ，大企業のCEOは選抜の期間が経過すると重役用の部屋に納まるのだ。その部屋に至る過程での自主規制やその部屋での付き合いによって，CEOの空席を埋めるにはぴったりだと考えられていた多様なタイプの候補者は徐々に削られてゆく。企業の最上層部にいる経営者たちは，企

業のなかで生き残ってきた人たちである。もちろん，彼ら生き残った経営者のすべてが身に付けていたスキル——特に，企業のなかの複雑な官僚的機構を把握し，その中を巧みに遊弋（ゆうよく）するスキル——は，かつてCEOには望ましいものとして考えらたものだ。

つまり，投資家資本主義が台頭する前は，CEOの仕事は企業の複雑な機能を理解し，社員と一緒に仕事をすることができることだった。ところが，取締役たちはそのようなスキルは忌避するようになった。今や，もっと捉えがたい個人の資質，すなわち"リーダーシップ"を追い求めだしたからである。

候補者をCEO経験の有無という基準で分類する方法は一つの事実を浮かび上がらせる。つまり，取締役がこのソーシャル・マッチングを適用することは，不適格候補者を意識的にふるい落とすことよりも，ほんのわずかな候補者しか達成できない期待を生むことになるという事実である。これは，結果として候補者の数を少なくするばかりか，取締役たちの思考回路をも小さくしてしまう。このソーシャル・マッチングでは，取締役は外部関係者に配慮した（と彼らが信ずる）選抜基準を採用する。

しかし，社会的に適切だと評価される分類基準——たとえば，既に企業のリーダーを務めた経歴という基準——によって候補者を選ぶことは，同時に，それ以降のすべての選考プロセスに影響する思考パターンと行動とをここで縛ることになる。つまり，このような分類はプラグマティックな考え方に根差しているものの，取締役たちのマインド（心情と知性）を拘束するのである。彼らの思考回路が不当に小さくなっているとは誰もが気づかないために，なおさら狭くなってしまっている。

取締役がCEO経験者を候補者として選んでいることは，彼らが社外の正統性から外れた候補者を選んでしまうことより，ずっとベターである。そう判断して，取締役たちは熟慮に代えて，社会的な慣例に従ってしまうのである。

業績によるふるい分け——「好業績企業の出身者を選ぶ」

私が調査した外部CEO候補探索のほとんどの事例では，候補者を所属する企

業のパフォーマンス（業績）によってふるい分けしていた。企業の業績という基準によって候補者を分類する方法は，やがて，就任した場合のCEOの能力を測る合理的な方法だと取締役たちのマインドには映っているようだ。

たとえば，最近のヒューレット・パッカード（H/P）のCEOサーチの事例をみてみよう。H/Pの何人かの取締役は社内候補者数名を検討するより，社外候補者であったカーリー・フィオリーナを推していた。フィオリーナの前職であったルーセント・テクノロジーの好業績と彼女とを重ねて考えていたのだ。同社の株価は実際，同社がAT&Tからスピンオフして以来，とてつもなく上昇していた。

だが，H/Pの取締役たちはルーセントの成功をルーセントの経営陣の手腕に帰していた。しかし，後になってわかったことだが，同社のその"成功"の大半は，"クリエイティブ・アカウンティング（利益創造会計）"と，顧客への気前の良い「ローン販売」のお陰だった。また，H/Pの取締役たちは無視したいところだろうが，1999年のITバブル当時の投資家は，テクノロジー関連銘柄ならどれでも上値を追っていった[29]。

こうした見方があるものの，業界平均以上の好業績を挙げた企業のCEOは，どこの取締役も尊敬する。社外のCEO候補者から選抜する場合では，取締役は社外から分析可能な計数に価値を見出す。結果として社外からCEOを招く企業は，大体において，所属する産業のなかで相対的に業績が好調な企業の出身者を選ぶことになる。

私は，S&P500社を対象に社外招聘の全CEOについてある期間を調査したことがあった。その結果，社外招聘CEOの出身企業の実に70パーセントは，それぞれの業界で業績が上位4分の1に入る企業だった。

業績を基準にするこの分類で驚かされることは，CEOの働き振りが業績に直接影響すると気楽に類推されていることだ。chapter 2で見たとおり，そのような見方は学術的になんら実証されているものではない。それにもかかわらず，企業業績とCEOとの因果関係の誤解について，取締役たちが批判を試みようとする姿勢は伺えない。そればかりか，疑問を投げかける研究に対しては本質的

な欠陥があるとして排斥する。

　たとえば，ある取締役はそのような研究は「本質的に非科学的だ。そのCEOが就任していなかった場合はどんな経営状態になっていたか，という比較が不可能だからだ」とし，統計的な研究を遠ざける。CEOの力量が業績に与えたインパクトを企業別に対比した研究ですら，現実味のない"学問的戯言"だとして一顧だに与えないのである。これではまるで取締役たちはこれまで明らかになった事実がお気に召さないため，代わりに自分たちの体験談を創作しているようなものだ（それは人間の性でもあるが）。このような状況では，どんな理論でも，あるいはどんな気楽な類推でも，事実として正当化されてしまう。

　また，取締役たちが候補者の出身企業の業績を分析して，候補者が業績好調にどんな貢献をしたか，ほかにたとえば事業環境，従業員の質，産業の構造，あるいはツキといった要素などに帰することはなかったのか，といったことを探り出そうする努力の痕跡も見出せない。

　議論を進めるために百歩譲って，「企業業績と経営者の資質の間には因果関係がほとんどないとする主張は本質的に非科学的で欠陥がある」という考え方を認めても，なお疑問が残る——「両者の間には因果関係がない」という説に対して，取締役たちはなぜあのような頑な拒否反応を示すのだろうか，という疑問だ。CEOの能力に企業業績が依存しているという考え方が，いかに根強く取締役たちの考え方に蔓延しているかということを読者に伝えることは難しい。取締役たちは，この考え方に宗教的確信のようなものを抱いているのである。

　この関係について，おおっぴらに疑問を呈することすらタブー視されているのである[28]。CEOと企業業績の関係を取締役たちが客観的な立場で論ずることを憚る一つの理由は，このテーマは企業の最も根本的で，深く浸透している考え方，たとえば社内の実力主義といったようなことや，あるいは取締役たち自身が出世の階段を最上段まで上り詰めることができたその理由を冒とくする恐れがあるからだ。

　取締役たちは，CEOと企業業績との相関関係を自分のこととして考えるよう

になり，神聖視するようになったのである。取締役は誰もが自分の論理を大切にする。よって，CEOの資質と企業業績との関係についての彼らの考え方が挑まれても，その反応は決まっている。さらには，適切な質問とはなにか，ということまでも定義してくれるのである。彼らは企業業績とCEOの資質との因果関係について，厳格な制限を設けて客観的な判断を避けるのである。

　CEOの資質と業績との因果関係について疑問を差し挟むことが難しい状況となっているもう一つの理由は，業績はCEO次第だという考え方が世間で広い支持を得ているという事実である。すでにchapter 3 で見たとおり，この考え方は特に，企業の好業績を一個人の貢献にしたがるアナリストやビジネス・メディアからの支持を集めているのだ。社会学者ロバート・マートンはある一つの社会的事実が，人の行動をも左右する力になる得ることを書いている[29]。その見方に沿って考えると次のようになる。

　社会のなかで，ある意見が自ずとその主張を磐石にしていく，そんな完璧な仕組みが構築されると，その意見は対立する意見に対しては，強烈な拒否反応を示すようになるのである[30]。ビジネス・メディアやアナリストといった社外のインスティチューションは，このような確実な仕組みを通じて，個々の取締役の認識を頑なものにしてしまう。彼らは活力溢れる思考のプロセスを固定化し，常軌化する。そして，その思考プロセス自体も見えざる社会構造に化してしまう。彼らは普段は自分たちの影響力を隠しているが，自分たちの認識が疑問視されることになると，俄然，きわめて情緒的に反発してしまう。

　ポジション・マッチングの場合にも弊害は見られたが，CEOの資質と企業業績の間に因果関係が存在すると思い込むと，次のような結果を招いてしまうことになる。取締役たちは明確に気付いているわけではないが，企業業績という基準に拘泥し過ぎると，凡人を候補者に加えてしまうことになりかねず，また逆に，実際は困難な状況下で実に見事なパフォーマンスを見せた候補者を除外してしまう恐れもあるのである。

　取締役たちは候補者を絞り込む方法として，本質的に欠陥があると経験則からは言わざるを得ない方法を基にした分類手法を作っているのである。

ステータスによるふるい分け――同格以上の有力企業出身か

　CEOを社外で探索する際には，名声が特に重要となる。サーチ委員会は候補者の出身企業のステータスによって自社のステータスが上がったり，下がったりすると考える。また，サーチ委員会は企業のステータスはその企業に多大な貢献をした経営陣の個人的な財産だと見なしているのである。ある取締役は次のように話す。

　　サーチ活動は専門的になっているが，この段階では"外形"をベースにして物事が進む。サーチのプロセスは基本的には取締役会によって進められ，ほとんどの取締役会はCEOの候補者には二つの要件のうち，どちらか一つを求める――同格，つまり自分たちと同じ社会的ステータスであるか，あるいはもっと上の格だ。実績を積んだ人なら，自分の会社にもプレステージをもたらしてくれる，と信じるからだ。これは，かなり偏りのある選択基準ですがね。

　企業社会の社"格"による序列のなかで，自社の現在のステータスを維持する必要性に迫られたりあるいはさらなる向上願望をもつ取締役会は，自社と同等あるいはそれ以上の序列にある企業からCEOを採用しようとする。私の調査したCEOサーチの事例では，80パーセントの企業が新CEOをこのような企業から採用していた[31]。

　取締役が自社のステータスを気にかけることと同じように，ステータスを気にするという現象は社会のあちこちで見られる。経済学者ソースタイン・ベブレンが言及しているように，ステータスは質の良さ，富，そしてこれらの類推から，権力を想起させる[32]。

　また，社会学ではジョエル・ポドルニーが市場におけるステータスの重要性を強調している[33]。

　ポドルニーは次のように指摘する――不確実性下では，企業は他の経済主体

との繋がりを，自分の良質性と価値を表象するものとして，有効に活用する。企業がこのようなスタンスをとる背景には，レジティマシーについての評価，あるいは高い社会的ステータスがその企業にとって——存亡に関することから利益成長に至るまで——さまざまなプラスの経済的便宜を提供してくれるからである。将来が不確実となってきた企業にとって，ステータスの高い企業の出身者をCEOに任命することは，その企業の将来展望が信認されることに繋がるのである[34]。

しかしながらステータスの研究では基本認識になっていることだが，個人や企業のステータスは常に質によって裏付けされているとは限らない。自動車部品メーカー，フェデラル・モグールで，この事例が見られた。

同社は，1996年11月にテネコ・オートモーティブの前CEO，リチャード・スネルを自社CEOとして迎えたが，これについてメリル・リンチのアナリストがこう書いている。「正直言って驚き，いささか安堵もしました。というのも，この会社はなおスネルのような名経営者を獲得することができたのですから」

このスカウトの結果，22ドルであったフェデラル・モグールの株価は25ドルへ上昇した。テネコで実践したように，スネルはフェデラル・モグールでも買収戦略の道を突き進んだ。その結果，フェデラル・モグールは20億ドル企業から60億ドル企業へと大きく成長したが，株価は1998年半ばの70ドルから2001年2月にはたった1ドルへと暴落していた[35]。

このような訓戒めいた話はよく聞くものの，取締役たちは人気などを図る"Qレーティング"の自社版をCEO候補者についても実施する。そして，ステータスの高い企業出身のCEOを雇えば，雇う会社もステータスの高い企業の一社に変身できると考えるのである。

米企業文化のエートスを表現する手法の一つがランク付けとリスト作成だが，『ビジネスウィーク』や『フォーチュン』といった雑誌は，ひっきりなしに「働きたい企業100社」とか「最も尊敬されている米企業」といったリストを作成する。『フォーチュン』の「最も尊敬されている米企業」特集は，そのような一覧表が作られる様子がよくわかる見本だ。

この特集の作り方は，取締役，幹部社員，証券アナリストなどにアンケートをして，次のような基準で企業を採点してもらう——
（1）経営の質
（2）商品・サービスの質
（3）財務健全性
（4）長期投資価値
（5）資産の活用度
（6）革　新　性
（7）社会と環境への責任
（8）人材採用面での才能ある人たちの人気と定着率
　出来上がったリストは（一部はもともと取締役たち自身の考え方だが），どの企業，どの取締役が本質的に優れているのかという点について，取締役たちの考え方に影響することになる。
　一方，CEOのステータスは一つの企業から他の企業へ持ち運びが可能だと取締役たちは信じ込んでいる。取締役たちの新しいCEO観によると，ステータスを移動させられてこそCEOなのだ，という。また，CEO候補者を前職，教育，経歴等で比較した場合，多くの外部関係者には候補者が同じに見えるかもしれないが——ちょうど候補者の"リーダーシップ"が取締役たちには同じに映るように——ステータスという観点から見れば，これらの候補者リストはランク付けのされた人材リストなのである。
　取締役がステータスを重視しているのは，外部関係者に向けてメッセージを提示するためである。つまり，候補者間のステータスの差異について外部関係者も自分たちと同じように判断すると取締役は考えるのである。社内候補者は誰もが金太郎飴だという外部関係者からの批判に対する反応として，取締役はこのステータスを基準にした分類方法を採用し，外部関係者にはそのなかから選択することのできる——他の人にはそうとも限らないが，取締役たちにとっては——多様なメニューの一つとして，これらのステータスを提示しているのである。だが，皮肉にもこの方法によると，外部候補者数を限定してしまう。

さらに、ステータスを基準にすると、別な意味で取締役の判断力を縛ることになる。つまり、候補者のステータスから発せられる"後光"のため、取締役たちは眩惑させられてしまい、候補者に向けられる質問が鋭さを欠いてしまう。また、取締役は候補者にステータスを求めるうちに、特定候補者には自分の判断を中止するようにもなる。

　あるいは、密かに敬服していたり、全幅の信頼を置いていたりする候補者に対しても、無関心を装うようになってしまうのだ。取締役たちは、高いステータスを具えた候補者を追い求めているうちに、真に企業を"再活性化"してくれる"新しい血（人材）"をスカウトするチャンスを──"セレブ"のステータスがなければCEOには適材ではない人のおかげで──逃しているのである。

情報源としての取締役の人脈

　マッチング、すなわち地位などを照合し、両者を釣り合わせる手法は、CEOポストの候補者をふるい分ける方法としてはかなり大雑把である。だが、取締役たちがこの方法に頼る理由は──会社の内外から批判されないようなスカウトをしなければならない、と感じるプレシャーに加えて──CEO候補者についての有益情報の入手が比較的困難なためだ。また、取締役がそのような情報入手の手段を講じれば、候補者の数を限定してしまうことにもなる。

　社外でCEOをスカウトするには精査された情報が不可欠である。事業規模が26億ドルの、ある製造業の企業の取締役は次のように言う。

　　会社の信託財産を保全する立場にある私が言えることは、社外にCEOを求めるやり方は、なかなか採りづらい選択だということです……社外には仕事をこなせる人材がいつでも存在していると言われるかもしれませんが、本当のところはなかなかわかりません。たとえば、業績を上げるためだけの外部スカウトなら問題はありません。が、ひとたび企業体質や規範といったことが絡むと、無神経な人材は不要です。サンビーム社（アル・ダンロップ）の事

例がこれに当たります。その代わりに，外部にCEOを求める決断をする場合には，その人材のことについて，外部でできる限りの情報を収集することが必要となってきます。

外部候補者の詳細情報を入手するために，取締役たちは主として他社取締役など自分たちのコネを活用する。CEO候補者はめいめいがどこかの企業の取締役であることが多く，彼らは社外取締役同士としてつながりがある場合が多い。これらの人脈をベースとした取締役のインターロック状態は，候補者になり得る人の特定情報を伝達するには最適なネットワークとなっているのである。ある取締役は自分が参画していた外部サーチの情報入手経路について，次のように語っている。

　我々は最終候補者まで絞り込み，続いて私が電話連絡を開始した。我々は（デービッドを）特に気に入っていた。だが，同時に，彼がこの会社の体質を事業環境に適応させようとするのではなく，がらっと変えようとするのではないかという懸念も抱いた。我々が探していた候補者は，うまく機能していない社内の仕組みは変え，順調なことはそのまま維持してくれる，そんな人物だった。
　私はある社の取締役に電話をした。私も社外取締役を務めている会社だったが，私が電話したその取締役はかつてその候補者と同じ企業で働き，候補者の上役だった人物だ。私はこの取締役に候補者の能力などについて尋ねた。取締役には会社名を明かさなかったが，しかし，どんな人を探しているのかは説明した。我々の懸念は取締役の返答によっていくらか払拭され，我々は結局，この候補者を選ぶこととなった。その理由は，候補者がどんな人物だったのか，ここに移った場合はどんなリーダーになるのかといったイメージをかなりの確かさで得ることができたからだ。

候補者についての特別な情報を入手する際に，取締役たちの人脈を利用でき

るということは，CEOの人材市場の創設を促進する重要な要素となっている。特定情報へのアクセスが可能であるということの重要性は，表4-3に明確に表されているとおりである。この表では，他の取締役会と――有名な取締役を通じて――高水準な人間関係が確立されている取締役会は，そのような人脈のない取締役と比較し，社外からCEOを招く可能性が高いことを示している。また，CEOを解任する場合も同じことが言える。

表4-3　1980-96年間における外部招聘者のCEOへの就任予測（ロジット・モデルによる）

	モデル1 CEO交代を条件とした場合に基づく場合 （1520例）	モデル2 CEOの解任を条件とした場合 （496例）	モデル3 CEOの自然な交代を対象とした場合 （1024例）
業績（1年前の）	-5.02*** (1.23)	-3.82** (1.99)	-5.57*** (1.59)
従業員数の対数	-1.48*** (.067)	0.91 (.117)	-.163* (.084)
内部取締役の比率	-1.42*** (.590)	-.824 (.828)	-.2.16*** (.857)
取締役会の中心性 （ボナシッチの中心性指標）	1.47*** (.333)	1.71*** (.552)	1.21*** (.417)
定数項	-.936*** (.249)	-1.10*** (.383)	.775** (.329)

モデルのスペシフィケーションについては補遺を参照。
　*p<.10；**p<.05；***<.01.

　CEO候補者の社外サーチにおいて，社外人脈に依存したり，マッチング手法を採用したりすることは，社内の人材層の薄さという問題を克服すべく外部に候補者を求めた取締役にとって，皮肉にも本質的に社内登用の場合と同じ轍を踏んでしまう。特に，マッチングという作業は，企業内という狭さの制約を超えたCEO人材市場を社外においても実現しようする理想と，候補者サーチの対象をマッチング適合者に限定している現実との間で，矛盾を生んでいる。これでは，CEOを外部から招くプロセスは"マッチングの轍"の中を進むことにな

る。取締役がマッチングのプロセスにおいて採用する選考基準は，勤勉さや実力といった個人の本当の資質を評価しうる基準に代わって用いられているために，危険さえ伴っていると言える。

CEOを社外から登用する際には候補者のステータスをマッチングさせるが，そのマッチングの際の基準がCEO人材市場を閉鎖的なものとしていることが明らかになった。だが，それだけではなく，アメリカの労働人口の分布構成が大幅に変貌してしまったにもかかわらず，米企業の豪華な執務室にいるCEOはなぜいつまでも変わらず同じタイプなのか，その理由も明らかになる[36]。

取締役は世間から適切な人選だと評価されるべき候補者を探すためにマッチングに関していくつか基準を設定しているが，これらの基準を適用することにより，自分たちでアメリカの企業社会の伝統的な仕組みを維持し，再生産していることになるのである。取締役はその結束力を維持しようと努める。

また，より大きな広がりをもつ取締役たちのコミュニティーを通じて情報と価値観を伝播しようとする。そのためは他の取締役との人脈を大切にする。

そして，自分たちが関係する外部の機関に関心を払う。これらの努力を続けているうちに取締役は結果として均一的な候補者に限定してしまう考え方や社会習慣を身につけてしまうのである。私が面談をした，洞察力の鋭いある取締役にはこのプロセスをよく理解していた。彼はこう言った。

他の選抜基準がないために，あるいはもっと広い人材層からの選択肢がなかったために，何かを見落とした，という感じをいだくかと聞かれれば，多分，否定はしません。しかし，理解していただきたいのは，私は決して選抜のシステムが良いとか，悪いとか，あるいはこうあるべきだ，とった価値判断をしているわけではない，ということです。現状がこうなっている，ということなのです

CEO候補者を外部でサーチする際のマッチング手法がもたらす結果は作為的なものではなく，むしろこのマッチングによってサーチ活動に組み込まれた当

然の帰結なのである。今日，外部スカウトではこのマッチング手法が頻繁に適用されている——つまり，当たり前のこと，滅多に疑問視されないこと，ほぼ普遍的なこととして考えられている——ため，どのサーチにおいても次から次に驚くほど同じタイプの候補者が生まれる状況になっている。

　この自己制御型，あるいは自己複製型とも言うべきCEO選抜プロセスにおいては，取締役たちが最も活発に活躍するが，このプロセスに参加するのは実は彼らだけではない。取締役会が外部CEOをスカウトする際に，どうして常に少数の候補者に焦点を絞ってしまうのか，その背景を知るためにはほとんど実態が知られていないエグゼキュティブ・サーチ会社の役割を調べてみる必要がある。

chapter 5

仲介者たち
エグゼキュティブ・サーチ会社の役割

■不思議なエグゼキュティブ・サーチ会社

　chapter 4 では，企業がCEO候補者を社外で探索する場合，取締役はその探索にどのように関わるかを検討した。取締役の関わり方は通説を覆すものだった。取締役は探索の初期段階において（いや，その後もずっとだが），企業の戦略的な状況やニーズについてはほとんど考慮していなかった。代わりに，自分の時間とエネルギーとを効果のほどもはっきりしない"候補者リスト"の制作に注ぎ込んでいた。

　候補者に求める資質の項目は，互いに矛盾するものも多々見られた。その上，これらの資質はその後の選考プロセスで問い直されることもほとんどなかった。取締役は候補者を見つけ，絞り込む過程においては，候補者の個人的な能力や実績に基づいて彼らを評価しているわけではなかった。取締役は"ソーシャル・マッチング"手法を援用して，基本的に本質と関係がないと思われる選抜基準を適用し，選抜していたのである。

　企業の取締役会というものの内実をよく理解していない場合，あるいは外部CEOサーチを実施するときに取締役に課せられる制約を理解していない場合には，取締役が前述のように行動することを奇異に思えよう。

　しかし，第1に重要なことは，取締役たちが伝統的な経済学の理論で説明し

ているような，自立した，自己中心的な個人ではなく，明確な組織とその規範とを備えたグループの構成員として存在している点だ。このグループは，企業内の取締役たちだけで構成された小さなコミュニティーの枠組みを越えてさらに広い社会的なネットワークに着実に組み込まれて存在しているのである。

　第2に重要なことは，外部CEO候補を探索している取締役会は，通常，手探り状態でサーチ活動に取り組んでいる点だ。ほとんどの取締役会は，未経験の事柄に直面する。そこで，サーチ活動に付随して発生する不案内なことがらに対しては，自分の裁量で勝手に使えるこれまでの社内での実施例などを準用するのである。

　CEOの外部スカウトのプロセスを詳細に見ると，アノマリーがいくつもある。そんなアノマリーのなかには，第三者の役割も含まれる。この場合の第三者とはエグゼキュティブ・サーチ会社を指している。これらのサーチ会社の役割については次のような逸話があり，それは彼らの役割の不可思議さを伝えてくれる。

　ある日のビジネス・カウンシル（CEOだけの経営者協議会）のディナーの席で，CEO候補を社外でサーチしようとしていたある通信会社の取締役が他社の現職CEOと隣り合わせになった。6週間後，その通信会社のCEOポストに応募することになったそのCEOは，通信会社で面接を受けた。彼が正式なアプローチを受けたのは，ビジネス・カウンシルの会合当日から2，3日後だったが，その会合のディナーのとき，このCEOはそれらしい話を何ら聞かなかった。彼がスカウトのことを初めて知ったのは，エグゼキュティブ・サーチ会社のコンサルタントが数日後にコンタクトしてきたときだった，と彼は後日，私に語っている。同様に，取締役の方も私に対し，CEOはあのディナーのときに前の会社を離れる意思のあることは微塵も示さなかった，と伝えている。

　新CEOを探している企業の1人の取締役が，すでに面識のある候補者にコンタクトするために，なぜにエグゼキュティブ・サーチ会社を雇ったのだろうか。あの取締役はあの候補者と直接話しをすることができたであろうに，奇怪な話ではある。

chapter 5　エグゼキュティブ・サーチ会社の役割

■理論的に説明のつかないESF（エグゼキュティブ・サーチ会社）

　CEOの外部サーチで活躍するエグゼキュティブ・サーチ会社のコンサルタントの役割や行動も，その実態は世間のイメージとはかなり違っている。また，社会学的，あるいは経済学的な理論からも乖離しているようだ。chapter 2 でみたとおり，経済学者も社会学者も市場取引における第三者の役割は，経済的な要請に基づくと解説する。経済学者にとって，CEOサーチの場合のエグゼキュティブ・サーチ会社（以下，ESFと略記）など第三者の機能は，エグゼキュティブに対する需要と供給とをマッチングさせることである。ESFは候補者についての決定的な情報，たとえば候補者が現在の職場を離れることを厭わないかどうかといった情報をつかんでいると思われている。

　また，ESFには候補者についての最新データベースがあり，経済学者たちはESFのそのようなスケール・メリットを指摘する。市場を研究する社会学者もESFのような第三者の役割については同じように考えるが，社会学者は特に次の点に注目し，強調する。すなわち，CEO市場の売り手，買い手の双方はお互いに繋がりがないため，サーチ会社がブローカーとして自分の大きなネットワークを使い，供給サイドと需要サイドに出合いをつけるのである。

　確かに，ある市場が順調に機能するには買い手，売り手ともお互いに相手をよく知っていること，また，相手について十分な情報が与えられていることが必要である。しかし，chapter 4 でみたとおり，このような必要性だけではCEOの探索で取締役とEFSが分業をしている現実を合理的に説明できない。

　その理由は，一つには，ほとんどのケースにおいて，取締役は当初より候補者と――直接でない場合でも候補者をよく知っている仲間の取締役を通して――繋がっているからである。二つ目の理由は，詳細な候補者情報はサーチ会社が収集するのではなく，取締役たちによって集められているからである。

　市場における第三者の役割について，社会学的，あるいは経済学的な見方に賛同する人が「なぜサーチをしている企業自体が情報を収集できないのか」という質問を受けた場合，その答えはきっとこうだ――もちろん可能だ，だが第三者を雇う場合よりコストが高くなるから自社では収集しない。言い換えると，

経済学的，あるいは社会学的な見地からすると，ESFを雇う企業は基本的にサーチを「自社で行うか，外から買うか」の選択において「買う」という結論をだしているのである。

これまでに実施された社会科学のどんな視点からの観察よりも綿密にこのCEOサーチプロセスを精査してみると，ESFの機能には純粋な経済理論通りにはいかない，たくさんのアノマリー，すなわち変則性が浮き彫りにされる。

CEOサーチにおける「取締役の役割と行動様式」とを理解しようとした場合と同様，ESFのCEOサーチ活動を理解するには，EFSの社会的な次元やその構造，文化を同時に考察しながら理解を進めなければならない。

また，同様に，外部CEO市場の特異な性質との関係を踏まえつつ把握しなければないのである。そのような社会的な関係やESFおよび候補者や取締役の考え方が立脚しているより大きな思考の仕組みを理解するには，エグゼキュティブ・サーチという産業の来歴と，サーチ会社が外部CEOサーチで主要プレーヤーとなった経緯を見ておくことが役に立つと思われる。

エグゼキュティブ・サーチ産業概史

■ESFの嚆矢──経営コンサルタント会社

ESFは専門的なサービスを提供する会社であり，その主たる事業は，トップ経営者を見つけようしている企業をサポートすることである。世界全体での市場規模は115億ドルと見積もられており，そのうちの過半は米国市場が占める。米国は欧州と比べてサーチ会社の利用件数は4倍に上ると見られている。欧州では経営者が企業間を移動する人材の流動性はなお低い[1]。規模の大きいESFは，"人材採用支援会社"という項目に分類されるが，人材採用支援会社に区分けされる他の企業とは次の点で異なる。

すなわち，広い営業圏を持つこと，民間企業に重点があること，複数の産業に精通していること，報酬がリテイナー制（手数料制）であること，また，トップ経営者と取締役の採用支援に特化していること，等である。

chapter 5　エグゼキュティブ・サーチ会社の役割

　なお，これらのESFは，通常，企業の中間管理職者層あるいは，もっと下の管理職者層を中心に人材採用支援業務をする企業，あるいはエンジニアや事務のサポート職を対象としているような成功報酬システムの人材採用支援企業とは，明確に一線を画している。

　これらのサーチ会社も，もちろん，突然一晩で生まれたわけではなかった。ルーツは第二次世界大戦後の好景気のなかで興った，ある産業にあった——経営コンサルタント業である。経営コンサルタント業の黎明期は，ブーズ・アレン・ハミルトンとマッキンゼーが市場を席巻しており，1940年代に入る頃には彼らは企業のトップに企業戦略について助言をするようになっていた。やがて経営コンサルタントがアメリカの企業社会の中でしっかりとその地歩を固めていくに連れて，ある問題が諮問されるようになった。経営コンサルティング会社が提案する経営戦略をいったい誰が実行すればいいのか，という問題である。

　実行者を誰にすべきかというこの難題が，社外でのエグゼキュティブ・サーチビジネスの原初的スタイルを生むことになった。そして，ブーズ・アレン・ハミルトンやマッキンゼーといったコンサルティング会社は，自社内にエグゼキュティブ・サーチ部門を作り，その後，独立系サーチ会社が生まれるに至ったのである。

　やがて，新しく誕生したこれらのサーチ会社は，社外エグゼキュティブ・サーチ・サービスの実績を積み，その有効性が企業指導者に認められるようになった（ただ，後述するように，CEOの場合を除いてだが）。ただ，これらのサーチ会社は規模が小さく，サーチの範囲も一定地域に限定しており，また報酬制度も成功報酬が主であった。1950年代を通じて，エグゼキュティブ・サーチビジネスは全般的に産業としてのまとまりがまだでき上がらず，仕事は主として創業者の人脈をベースとして獲得されていた。ほとんどのサーチ会社は創業者の引退前に消えていったが，そんななかでも，事業を清算するサーチ会社にとってかわろうとする人たちも続いていた（参入障壁が少ないビジネスであるため，今日でも米国には何千社というサーチ会社がある）[2]。

■ESFの合理化時代

　1960年代に入ると，この業界でも本格的な合理化が見られるようになった。産業史の第二段階ともいうべきこの時代には，報酬をリテイナー制とした，今日でもこの業界で支配的な勢力を保っている四大サーチ会社が誕生している。

　すなわち，ハイドリック＆ストラグルズ・インターナショナル，スペンサー・スチュアート＆アソシエイツ，ラッセル・レイノルズ・アソシエイツ，そしてコーン／フェリー・インターナショナルの4社である。このうち3社はその発祥を大手の高度専門職サービス会社の社内サーチ部門に遡ることができる。

　すなわち，ハイドリック＆ストラグルズとスペンサー・スチュアートは経営コンサルティング会社のブーズ・アレン・ハミルトンから誕生し，またコーン／フェリーは，会計事務所であり，経営コンサルタント業務もしていたピート・マーウィックから生まれている。また，4番目のESF，ラッセル・レイノルズは金融サービス会社が母体である。

表5-1　アメリカの四大エグゼキュティブ・サーチ会社の全世界および米国内売り上げ推移　1993-2000

企業名	全世界での売り上げ（単位百万米ドル）						
	2000	1999	1998	1997	1996	1995	1994
コーン／フェリー・インターナショナル	$576.4	$418.4	$339.1	$301.1	$256.8	$215.7	$168.0
ハイドリック＆ストラグルズ・インターナショナル	$574.2	$429.2	$324.8	$258.0	$199.8	$161.0	$131.1
スペンサー・スチュアート	$345.0	$259.5	$238.8	$244.7	$178.0	$158.5	$127.8
ラッセル・レイノルズ・アソシエイツ	$305.3	$240.0	$189.8	$184.3	$147.3	$132.1	$104.1

企業名	米国内売り上げ（単位百万米ドル）						
	2000	1999	1998	1997	1996	1995	1994	1993
コーン／フェリー・インターナショナル	$339.6	$218.5	$177.0	$157.2	$126.2	$103.8	$90.1	$55.6
ハイドリック＆ストラグルズ・インターナショナル	$341.6	$256.4	$178.0	$154.0	$123.1	$99.3	$85.1	$69.4
スペンサー・スチュアート	$192.4	$140.3	$126.0	$131.1	$97.7	$78.3	$68.6	$48.7
ラッセル・レイノルズ・アソシエイツ	$160.2	$123.1	$93.4	$94.1	$78.5	$69.7	$60.6	$40.4

出典：Kennedy Information Inc. Executive News

今日，これらの大手ESF会社は高度なサービスを提供する企業に成長しており，彼らの経営資源は個人事業主形態であった往時を大きく凌駕している。昔はこのようなベンチャー企業は，電話機と入念に作成した電話番号簿と住所録を備え，弁が立つセールスマンさえいれば成り立った。だが，今日の大手サーチ会社は大規模なIT化を図り，また，経営も専門的となっている。調査スタッフは高機能のデータベースに保存されている大企業の社内組織図に最新情報を書き込み，また，サーチ・コンサルタントは数社のクライアントのために，並行して5件ないし6件の調査をコンピュータ上で同時にこなすことができるようになっている。

ESFはもともと経営コンサルタントの事業領域のなかで仕事をしていたが，その後ESF独自のビジネス・ドメインを獲得するようになった。そこに至る過程では，第二次世界大戦後の好景気が契機となっていた。

大戦末期，欧州経済はすでに疲弊し，米国へはモノとサービスに対する未曾有の復興需要が押し寄せていた。その結果，米国の大企業においてはフル稼働を続ける工場の管理者としての部長職クラスの需要が高まり，全体としても経営幹部が不足する事態になった。増え続ける経営幹部への需要は製造業に止まらず，当時勃興期にあった運輸，通信，小売，そして世界の中心をロンドンからニューヨークに移し，力強く成長していた国際金融などの各セクターからも生まれていた。

人手不足の産業の多くの企業は，もともと自社で育てた生え抜き社員で空席を埋めることを自慢にしていたものだが，一方では米国産業の成長圧力が勝り，それらの企業もトップの人材を見つけるために，他社に依頼するという状況になっていったのである（社外にCEOを求める慣行が容認されるのはそれから何年も後のことだったが）。

ESFは，求職者からの需要を充足するためというよりも，むしろトップ経営者を求める企業サイドからの需要に応えるために，奮闘してきた——この事実はESFと従来型リクルート会社との重要な相違である。つまり，後者は仕事を求める人のためにあるが，前者は人——すでに職に就いており，通常，あまり

活発に転職活動をしていない人——を求める仕事のためにあった。

■ESF産業の成長要因

　エグゼキュティブ・サーチ産業は大戦後に順調に成長していくが，その過程では事業環境に三つの大きな変化が見られ，それらが特に四大ESFの成長に多大な影響を及ぼすこととなった。その一つ目の要因は，利益相反問題への配慮からと，本業におけるビジネスの客観性を保つために，経営コンサルティング会社が人材サーチビジネスから撤退したことだった。だがトップ経営者に対する需要が減退していたわけではなかったため，米企業社会からのエグゼキュティブ発掘の要請は，エグゼキュティブ発掘に特化したサーチ会社に委ねられた。大企業で，資金が豊富で安定した企業であり，事業所が地理的に分散している——こういった特徴をもつクライアントに対して，これらの専門的なサーチ会社のなかで有利にサービスを展開できたサーチ会社は，次のような企業だった。

　（a）　コンサルティング会社を母体にし，クライアントとの取引関係がすでに確立されている，
　（b）　個人事業の経営形態よりも，サーチ・コンサルタントが昇進できる余地のあるパートナーシップの経営形態をもっている，
　（c）　全米に支店網を完成させ，クライアントである大企業に幅広い人材を確保して供給できる。

■人事部と上級幹部経営者の選択

　四大ESF会社の興隆をもたらした二つ目の要因は，当時，企業の人事部があちこちで急増していたという状況にもかかわらず，大企業においては上級幹部経営者を社外でサーチする仕事は，人事部の仕事の正式な範囲からは外されてしまったことだった。

　大戦後，米国では労働関連法令が改正され，また企業では人事部の職務機能の専門化が図られたため，全米の企業で人事部が急増する現象が起きたと研究

者たちは指摘する⁽³⁾。だが，これらの研究者たちが明らかにできなかった点は，人事部門の仕事が複雑化していたにもかかわらず，人事担当者たちはほとんどが企業の戦略的事業の補助業務をしているに過ぎないと見られていたことだ。人事部は若い社員や管理職者を効率よく採用したり，給与体系や就業規則を作成したりすることはできても，上級幹部クラスのことに関しては，昇進も採用についても役立つことはほとんどなかったのだ。

今の時代でも人事部は，ほとんどの大企業において最も冴えない部署だと考えられているが，この事実によっても社内における優先順位の説明がつく。つまり，企業の上級幹部にとっては人事部の職務はこれまで（また，これからも），末梢的なことであり，取締役会や管理職会議といった席で人事関連のテーマが説明されるようなことは滅多になかった。さらに，人事部が掌握している社内候補者よりも，公式でも非公式でももっと実力を備えていると考えられる候補者を人事部が社外でサーチし，選抜するようにと指示を受けたとき，人事部は──事業を推進し金を稼ぎ出す部門とは対照的に──そのスタッフ部門，コストセンターとしての位置付けゆえに，有効な判断をする能力を欠いていた。さらには，政府が採用に関して新しく出した複雑な規則が人事部の仕事をより一層複雑なものとし，また，管理職者層の採用も困難にしていた。

たとえば，プライバシーを守るためと，差別的雇用を排除するためとして，個人的な質問の多くの項目が禁止されるようになった──この問題は，サーチ・コンサルタントに仲介を頼んでいる場合は，ある程度解消されるようになっているが。

「ESFはクライアントに何をオファーできるか」について，ジョン・バーンは自著，『ヘッドハンター』において，あるサーチ・コンサルタントの説明をこう伝えている。

　　クライアント（＝企業）が候補者に聞けないことでも，ヘッドハンターなら聞くことが可能なことは何か，との質問を受けたハイドリック＆ストラグルズのブレンダ・ルエロはこう応えた。

「ほとんどすべて。私は質問したいことなら，何でも聞くことができる，というスタンスで仕事をしています。私はクライアントのために仕事をしているのであって，私が候補者のことを知れば知るほどクライアントのために役立つの。クライアントはたとえば，"子供の面倒はだれが見ますか？"とか，"離婚について話してください"といった質問はできません。私の場合は，候補者が話しやすい環境で，つまり，楽しく，暖かく，何の懸念もない，そんな状況で話をお伺いするようにしています」

■サーチ会社の成長とMBA教育

　四大エグゼキュティブ・サーチ会社の成長を推し進めた三つ目の要因は，プロの経営者の証として認定されるMBAの目覚しい増加であった。MBAコースでの教育が"ゼネラル・マネジャー（複数の職能をカバーできるリーダー）"を育てたと考えられるようになり，当時の「すべての上級幹部は社内育ちでなければならない」という風潮を修正することになった。つまり，有力なビジネススクールでのMBA教育内容が，それまでの管理職者の特定専門領域，たとえばファイナンスやマーケティングといったスペシャリスト教育から，どの部門でも，あるいはどの産業でも通用する"ゼネラリスト"としてのリーダーを育てることにシフトしていたためだった。

　この結果として，米国の企業には企業を渉り歩く"モバイル・マネジャー"とも言うべき新人類リーダーが大挙して押し寄せていた。彼らはよりよいポストと報酬を目当てに，企業間を移動していた。このタイプのグループは，ウィリアム・ホワイトの古典，『組織のなかの人間—オーガニゼーション・マン』(1956年) に描かれていた，企業に忠実な幹部社員とは画然たる相違が認められた[5]。

　このようなMBAなどにみられた新しい展開によって，四大エグゼキュティブ・サーチ会社の規模と影響力は増強された。さらにその結果として，これらの展開が社外CEO人材市場の出現に途を開いたのだった。

　しかし，次の点に留意することが肝心である。つまり，ほんの2，3の例外

chapter 5　エグゼキュティブ・サーチ会社の役割

を除き，CEOのポジションは1990年代の初めまで，冒すべからざる聖域であり，EFSのビジネス・ドメインには含まれていなかったのである。CEOになるには，少なくとも2，3年間は上級幹部として社内で経験を積むことが必要だと考えられており，その経験もなく，いきなり外部者がCEOに就任することは，当時はほとんど論外だった。社外候補者のCEO指名は，何か裏があるのではないかと疑わしい目で見られ，また，取締役会とトップ経営者が次代を担うべき有能後継者を育てられなかった結果だと解釈された[6]。

たとえば，ウォールストリートのアナリストたちは，1978年にインターナショナル・ペーパーが社外から招いたエドウィン・ジーをCEOに選任したとき，あざけ笑ったものだった。ジーがCEOに就任することを発表した後の株価下落についてコメントしたあるアナリストは，優秀なトップ経営者を後継者として社内で育ててこなかったと，この会社を批判していた[7]。「この会社は最近でも，ほとんどトップマネジメントを外部から招かざるえなかった」と別のアナリストが言う。この会社の直近のスカウト事例は，「製紙産業の中で，業績不振に陥っている企業としては，間違った判断だった。この会社が必要としているのは，林産品ビジネスについて経験のある人だった」とこのアナリストはそう断言していた。

このような非難を鎮めるため，手始めとして，ジーはアナリストたちに，今後は内部で後継者を育てて人材の層を厚くする諸策を実施すること，次期CEOは社内から起用すること，の2点を約束した[8]。

だが，このような"社内候補優先"の傾向もしばらくすると収まることとなった。すなわち，「フォーチュン100社」に名を連ねる大企業のCEOが1992年と1993年に，何名もその任を解かれる事態が発生し，全米のコーポレト・ガバナンスに地殻変動が起こったのである。その結果，CEOの人材サーチにおいてもESFが活躍し，彼らが世間で認知されるようになった。

1990年代初め，米国東海岸の大手リテール・バンクで見られたあるCEOサーチは，このESFの新しい役割のお披露目であった。この銀行のCEOはどの面から判断してもお粗末な業績が目立っていた。だが，彼は取締役会から長年の支

持を取り付けていた。彼は解任を避けるべく，各取締役とは打ち解けた，いい関係を保っていたのだ。さらには，いくつか政治的な奸計を巡らし，社内にたった一人残っていた後任候補の追い出しにも手を染め，残る自分だけが取締役会の唯一のお気に入りとなっていた。

　しかし，取締役会は機関投資家から強い圧力を受けることとなった。ある取締役が説明したところによると，機関投資家は「現状は会社の資産の一部をいわば"部分的に最適化"しているに過ぎず，全体でみると結局，業績は悪化している」と取締役を批判していたのだ。このCEOがついに退任する日を発表すると，取締役会は直ぐにサーチ委員会を組成し，同時に，ある社内候補者を擁立した。そして，この候補者を評価する際の基準として社外候補者を何人か対峙させることも合意した。

　明確にはされなかったが，このプロセスはすでに結論が出ている「出来レース」であり，このサーチは"練習"のようなものだ，と取締役たちは内心で納得していた。ところが，驚いたことに，サーチ委員会の委員長を引き受けたある社外取締役の最初の仕事は，この銀行はESFを雇うという発表だった。地元の新聞は，取締役会が権限を行使して銀行の監視を強めていることの証だとし，この発表に拍手を送った。そして，当時よく知られていた大手サーチ会社のうちの3社——ラッセル・レイノルズ，ハイドリック＆ストラグルズ，そしてスペンサー・スチュアート——がコンペに参加することとなった（その結果，ラッセル・レイノルズが仕事を獲得した）。6か月間にわたる，一見精力的に見えた社外サーチ活動の後，取締役会は例の社内候補者をCEOに指名した。しかし，このような杜撰（ずさん）な"練習"ではあっても，CEOサーチのなかでESFの役割が確立される重要な一里塚となったのである。

■ "居眠り運動"だと非難される取締役会

　この米国東海岸のリテール・バンクの事例とほぼ同時期，いくつかの面で似たようなことがマサチューセッツ州のある大手コンピューター会社でも起きていた。ただ，この会社の場合，ESFへの仕事の発注はサーチ活動の中心を占めて

おり，先の銀行の場合とはかなり違った結末となっている。

その会社ではCEOは歴代が社内からの登用であり，CEOたちは自分の経営チームには社内の古くからの友人や同僚といった仲間を加える慣行があった。この慣行の根拠は，成功するためにはチームが完璧でなくてはならない，というものだった。しかし，1990年代の初め，企業の市場環境が目まぐるしく変転することになったが，実力の伴わないメンバーがCEOの仲間，つまり"インナー・サークル"のなかにいても，人心の一新をしたり，メンバーを入れ替えたりすることは難しかった。

目標の未達が続き，また社内でも議論を繰り返しているうちに，現職CEOは取締役会の雰囲気ががらっと変わったことに気づいた。取締役たちも事業環境が変貌を遂げていることを熟知していたのだ。ある取締役はこう述べていた。「何も知らない金持ちが株主だと考えるのはもはや間違いだ」。

一方，このコンピューター会社の取締役が注目したのは，ゼネラル・モーターズで発生したロバート・ステンペル（前任者がお気に入りで指名し，取締役会が形式的に承認をしたCEO）の解任だった。また，長年最悪の業績を続けていたアメリカン・エキスプレスで，CEOとしては不手際だらけのジェームズ・ロビンソンがCEOから会長に祭り上げられ，そして破綻を迎えたことも彼らの注目を集めた。

同様に，取締役たちはメディアの厳しい報道にやきもきし，また，取締役会は"居眠り運転"をしているのではないかという投資家からの非難にも耳を傾けた。そして，取締役たちは直ちに新CEOの探索を始めると公表した。彼らの最初の仕事は，このプロジェクトをリードするESFを見つけることだった。

この会社の場合も大手サーチ会社がコンペに招かれ，マスコミは"10年に1度の大探索始まる"と報道した。このサーチではメディアではおびただしい憶測記事が流れたが，会社とESFは全プロセスを通じて，候補者の正体等を一切外部に漏らさなかった。4か月後，この会社は社外の人材をCEOとして選んだ。

■ESFの有効性の実証

　社外でCEOを探索する企業にとっては，たとえばこれまで検討してきた守秘義務というような重要問題が常に付きまとうが，このコンピューター会社のサーチを請け負ったESFは，少なくとも守秘義務では非がなかったようだ。また，上述の銀行およびコンピューター会社の事例では，CEO候補者を社外でサーチするうえでのESFの有効性が実証されたが，この2社の実例以降は，社外でCEOをサーチする場合にESFを雇うことは正常であり，むしろ必要なプロセスだと見なされるようになった。したがって，ESFを雇う取締役会や一緒に作業を進める人たちがESFの機能を疑ったり，あるいは信頼しなかったりするという事実は意外であり，何か重要な意味があると思われる。

　ESFが社会的に置かれている立場は極めて不安定であり，社外で人材サーチをすることに対しては一定の考え方が支配的となっているが，ESFがそういった状況に置かれていることは，ESFの役割が単に経済的な取引を促進する進行係だけでないということを示唆している。ESFは，経済的な役割に加え，手の込んだ舞台装置と振付けの儀式を演出し，目指す終幕へと先導する役目をも担っているのである。

エグゼキュティブ・サーチ・コンサルタントの低い社会的地位

■ESFに浴びせられる批判

　エグゼキュティブ・サーチ・コンサルタントは，有能な幹部経営者を見出したい企業をサポートする重要な役割を担っているため，一般的には信用されている。しかし，彼らを雇った取締役たちからは警戒の目で見られているようだ。

　私がインタビューしたある取締役は，"サーチというビジネス全体（彼はこの言葉で"エグゼキュティブ"に特化したサーチ産業を指していた）の愚劣さ"をいろいろと話してくれた。そのほかの取締役たちの評価はこの取締役ほど厳しくは

なかったものの，それでも私が面談した取締役のほとんどは，この産業の現状を憂い，過去20年間の間に増加したサーチ会社の活動については，批判を浴びせていた。

CEOが企業間を転々と移り報酬を螺旋的に吊り上げているのは，サーチ会社が後押ししているためだ，と多くの取締役は判断している。

「もちろん，いくらの報酬を出すかは，その候補者に逃げられたら困る度合いによります。ESFは有力な人材に対してひっきりなしに，もっと条件の良い企業があると誘っているわけですから，私たちもそれなりに反応しなければなりません」とある取締役は説明した。

今日，ESFは非常に活発に事業を展開しており，どの企業のどの経営者が現在のポジションを辞する用意があるといった情報を得るためには積極的な調査を展開することも多い。最近でも『ニューヨーク・タイムズ』がある調査を引用して話題になった。その調査によると，アメリカの35歳以上の管理職では，半数近くがエグゼキュティブ・サーチ・コンサルタントと，少なくとも四半期に1回は，話をしているという[9]。そして，電話を掛けるのはそれらの管理職の方からではないという。被雇用者に対して雇用者が長期の身分保障を約していた経営者資本主義時代の慣習とはまるで様変わりだが，1980年代終盤から1990年代にかけてのダウンサイジング，"ライトサイジング"（ダウンサイジングに失敗してあわてて元に戻すこと），アウトソーシング，そしてリストラといった辛い経験を通して，冷徹な考え方をするようになった経営者たちは，一方では会社への忠義を賛美するものの，自分たちはほとんど忠誠心を失っていたのである。自分たちの利益を単に求めただけという場合と対比して，ESFがどれだけこの経営者たちの忠誠心を減衰させたのかを知ることは，極めて難しいことであろう。

経営者たちのこのような態度が正当化されているのかどうかは兎も角として，サーチ・コンサルタントは自分たちに対するクライアントの警戒心については気付いている。おそらく，コンサルタントはそういった警戒心に対する接し方も十分に心得ていると思われる。というのも，そもそもサーチ・コンサル

タントの仕事ははじめからそのような不安感を伴うものだからだ。

このような不安感の原因は，一つはESFの怪しげなステータスという歴史的な背景にあり，もう一つはこれまでにこのビジネスに従事した個人の経歴にあるようだ。

ラッセル・レイノルズ・アソシエイツの取締役，ジョン・ベックは1980年代初めのある出来事を思い出す。この会社の創業者，ラス（＝ラッセル）・レイノルズは，ある時ハーバード・ビジネススクールへ共同事業の提案に出かけた。ベックはこの時の経過を次のように説明している。

　創業者はビジネススクール側からこう言われたという——"エグゼキュティブ・サーチはビジネスと言えるものではない，寄生虫の集まりだ。一度使ってもらった企業には二度と近付かせてもらえないか，あるいは施しをもらっているか，そんな程度だ"[10]。

このような紳士的ではない対応では，レイノルズはきっとその非礼さに驚いたに違いない。レイノルズは社史に創業のビジョンを次のように書いている。まさにエグゼキュティブ・サーチビジネスのなかのモルガン・スタンレーといった趣である。

　私たちはベストでありたいと願ってきました。つまり，候補者層，オフィス，スタッフ，設備とも，すべてがベストであることを目標にしています。質はよい質を呼びます。良いオフィス——つまり，外観も中の雰囲気もともに優れたオフィス——を選ぶことは，企業活動のなかで非常に大切なことだと思います[11]。

エグゼキュティブ・サーチビジネスに対する懐疑と侮蔑は今日でもなお続いているが，当時この恥辱を受けたレイノルズは，草創期に印象付けられた寄生虫，ポン引きといった業界イメージを一掃し，この業界の地位向上に乗り出し

chapter 5 エグゼキュティブ・サーチ会社の役割

たのだった。
　ラッセル・レイノルズのコンサルタントであるベス・グリーン・オレスキーは，この創業者が始めた自社のブランド作りを次のように話す。

　　ほとんどの場合，ラスは候補者を自分のイメージで選んでいきました。なかなかしっかりしたイメージだったと思います。やがて私たちの会社はアングロサクソン系のエリート会社だと目されるようになりました。このイメージはリクルート産業がまだ世間の認知を受けていないときでしたから，大いに助かりました。みんなお墨付きの候補者ばかりでした。ラスは常に厳しい基準をクリアした候補者だけを選び，誰を企業に紹介するかを決めるときは極めて慎重でした。ラスは，こういったことが出来るのはここで働く人の特権だ，と話していました。私たちのオフィスは，モルガン銀行に似ていました。ラスは常々，モルガンのモットーを繰り返し話していました。それはこんなものでした――"一流の人たちが，一流の方法で，一流のビジネスを達成していく"。ラスはこのモットーを信じ，みんなに浸透させていたのです[12]。

　だが，レイノルズの抱いた自社およびサーチビジネス全体に対する高邁な理想にもかかわらず，エグゼキュティブ・サーチ・コンサルタントは――他人からと同時に，業界内の身内からも――人格の面で品格を欠いているように見られることがたびたびであった。実際，1980年代にはちょっとした危機が業界を襲った。
　『エグゼキュティブ・リクルーター・ニューズ』という，自称，監視的な役割を担っていた業界の機関誌が，知名度の高かったコンサルタントの学歴詐称を何件か発表したのである。この公表後，エグゼキュティブ・サーチ・コンサルタント協会は加盟会社に対して，自社のコンサルタントの資格を厳しくチェックするように要請した。
　一方，サーチ・コンサルタントは経歴を偽った同業者のことをあちこちでひっきりなしに話し，彼らがこのビジネスのイメージを悪くしているのだと説明

した(13)。

　しかし，自分たちの経歴についてコンサルタントが真実を告げていたとしても——コンサルタントのほとんどは真実を話していたのだが——彼らのクライアントである企業から高額の報酬を得ている他の専門職の顧問たちに比し，サーチ・コンサルタントは企業から見た場合には信頼度では劣る理由が他にもあった。それはエグゼキュティブ・サーチ会社のコンサルタントになる人たちが，主として企業の重役を辞めた人たちに加え，前は経営コンサルタントであった人とか，投資銀行の行員であった人たち——代表社員にはなれなかった人たち——により構成されているためである。

　たとえば，世界的なESF会社であるエゴン・ゼンダーは1999年に270名のスタッフを擁していたが，そのうちの40名は有名な経営コンサルティング会社のマッキンゼー＆カンパニーの出身者であることを明らかにしている(14)。

　幹部経営者たちの「渡り鳥的な会社移動」についてサーチ・コンサルタントたちが非難されるようなことがあれば，それはまさにコンサルタント自身がその「渡り鳥」を地で演じていたことも原因しているのであろう。新規マーケットへの参入や，早急に顧客層を開拓することを検討しているサーチ会社は，同業の競争相手からトップ・コンサルタントを引き抜くこともよくみられる(15)。さらに，経験を積んだサーチ・コンサルタントが新しいサーチ会社をスタートさせている。

　それほど驚くほどのことではないが，サーチ・コンサルタントは（自分たちがビジネスをしている環境においては——また，彼ら自身もそう判断しているのだが——あまり高く評価されていない社会的地位のために)，自意識が過剰気味となり，また自分自身の"見せ方"に関しても巧みになっているようだ。たとえば，スーツにしても自分が接触するクライアントや候補者に勝るとも劣らない仕立ての超高級品を誂えて身を包む。

　もちろん，こんな反論もできよう——サーチ・コンサルタントは寝ても覚めても企業のことで頭が一杯であり，また，企業のエリートたちと絶え間なく会っているために，上述のような傾向は決して意識した結果ではなく，いつの間

にか接触する人たちに似てしまったのだ,と。これはちょうど,実際の投資銀行の行員が映画『ウォール・ストリート』のなかのゴードン・ゲッコーと似ていたり,同じように振舞ったりすることと同じなのだ,と。

しかしながら,ESFのサーチの慣行について私がサーチ・コンサルタントと面談し,議論した中で明かになったことがあった。サーチ・コンサルタントが仕事をする相手である企業のトップには,サーチ会社のコンサルタントについて,一定の方針とプロフィールを設定しているという点である。ジョン・バーンは,そのような方針に基づいて描かれたコンサルタント像を以下のように述べる。

　　ここに登場する典型的なヘッドハンターは白人,男性,有名校卒のプロテスタントだ。その会社にはプレスを利かせた細縞のシャツを着たアイビーリーグの卒業生がいっぱい在籍している。会社案内には114名のコンサルタントのうち,74名が世界的に高名な大学の出身だと誇らしげに紹介されている。45名のMBAが在籍し,そのうちの3分の1はハーバード・ビジネススクールの"ゴールデン・パスポート"組だ。114名のうち,黒人はたった1人,女性は20名,そして禿頭が7名[16]。

コンサルタントはやたら自分の身なりなどの外見や経歴,資格などに気を配るが,そのほか,自分の挙動にも相当の配慮をしていることが窺える。

たとえば,コンサルタントたちはしばしば見え見えで,"ネーム・ドロッピング"(印象を強くするために,重要な人物名をわざとさらっと話すこと)をするが,これほど胡散臭い物言いもなかろう。また,自分たちが有力な組織や個人とコネがあることを強調する。たとえば,トップ経営者たちが入っている会員制クラブに自分たちも加入したり,自社のホームページでこれらの繋がりを宣伝したりする。また,たとえば私が会ったあるサーチ・コンサルタントは,会ってものの数分も経たないうちに,自分が企業エリートたちのことでは事情通なのだと私に吹き込もうとして,いろいろと話してきた——最近IBMのルー・ガー

スナーとゴルフをしたこと，最近GEのある部門のトップと昼食を共にしたこと，ある企業の著名な取締役と"エール大学の倶楽部"で飲んだこと，サーチの仕事を受託していた有名コンピューター会社の取締役会の内紛のこと，などをあからさまに話してきた。

　このような挙動に及ぶということ自体——サーチ・コンサルタントの場合はこれで普通なのかもしれないが——実は彼らは加わりたいと願望する勝ち組みの仲間ではなく，ただその周辺部をうろついているに過ぎないことを示唆しているのである[17]。

■飾り立てているサーチ会社

　トップ経営者たちのスカウトといったリスクの高いゲームに手を染めるサーチ・コンサルタントは，まともなビジネスなのだと世間から少しでも受け入れてもらうため，オフィスの立地や飾り付けまで気を配る。

　ESFの大手4社のうち，3社がニューヨーク市マンハッタンに本部を置いており，支社は世界各地の大都市中心部で，家賃が最高に高いビルの，最高のフロアに設けている。オフィスは凝ったインテリアによって，ある「フォーチュン500」社企業と，アイビーリーグのある大学の社交クラブを合わせたような雰囲気を醸し出している。黒っぽい木目，アンティークな東洋風のじゅうたん，趣のある古いニューイングランドの町を描いた，気品を感じさせる絵画などが見られる。

　艶出しをしたコーヒーテーブルには，この会社のブローシャーや当日の『ウォールストリート・ジャーナル』と『ニューヨーク・タイムズ』が置かれていた。これまでにサーチ会社からのコンタクトを避ける傾向にあった"超一流のクレデンシャル付き候補者"（特に経営コンサルティング会社や投資銀行出身者）をスカウトするために，サーチのエリート会社は上記のようなお膳立てを整えてきたのである。また，自分たちのビジネスを高度に専門化するために，これまでには用がなかった証明書類や，学術的なソースへの繋がり，あるいは専門家との固い連携といった，自分たちのビジネスを正当であると認めてくれること

がらにも気を配るようになった。サーチ・コンサルタントが企業エリートたちの服装やライフスタイルの真似をしていることと同様，エグゼキュティブ・サーチ会社自体が自社を一流企業の雰囲気に似せたことは，彼らが顧客企業のための信頼のおけるアドバイザーであることのイメージ作りであり，また，取締役会にとっての——電話一つで商売をする，口のうまいヘッドハンターではなく——よき相談相手になろうとした，苦節何十年の努力を物語っている。

■仲介者の宿命

　サーチ・コンサルタントの上述したような特徴や振る舞い方を（たとえば，企業の取締役たちに同調して蔑視したりなど）あざけ笑うことは簡単だ。だが，一般的に第三者や仲介者はこれまでの文化や歴史において，ずっと胡散臭い存在として見られてきたという点を踏まえれば，サーチ・コンサルタントに対してももっと好意的に見ることもができよう[18]。そもそも第三者の役割は，社会のなかの"のけ者"が引き受けさせられた役割だった。たとえば，経済の仕組みでは，仲介者的な仕事は非主流の人種に回されていたと社会学者は指摘している。これらの人種は，欧州ではユダヤ人，インドではゾロアスター教のパーシ人，南アフリカではインド人，東南アジアでは華僑であり，それぞれは代理人，家賃・地代など不動産の集金人，金貸し，ブローカーなどといった仕事に就いていた[19]。欧州の君主たちは，正体を隠して金の貸借をしたいときや取引に大っぴらに参加できないときには，たいていの場合，ユダヤ商人を介在させた。インドのパーシ人も同じような役回りだった[20]。

　彼ら仲介者の仕事はいわば経済システムの隙間に存在する職種であり，それらの仕事は重要視されず，社会的地位も最下層に位置付けられていたと言えよう。しかし，同時に，仲介業は重要な機能を果たしていることの認識が大切だ。たとえば，社会学者が強調する点だが，仲介者の立場にいるこの非主流派は——エリートの汚れ仕事を引き受けながら——エリートが支配する人たちの敵意からエリートを防御する緩衝役を果たしているのである[21]。

　換言すると，ステータスの高い人たちには相応しくない，あるいは彼らにあ

るまじき行為を引き受けるのが仲介者のステータスにある者の仕事なのである。

■仲介業務の「良さ」

　上述の非主流派たちの仲介業務には，それほど認知されてはいないもう一つの機能がある。仲介業は他の業種のような制約がないため，ビジネスなどで新機軸の発信源となるケースも多い。仲介業はその社会的ステータスが低いが故に，規範に縛られた人たちでは手をだせないこともできるのである。彼らの社会的な地位は既に傍流と見られているため，社会ではまだ不適切だとして受け容れられていないことにも取り組むことができ，結果として社会構造の変革に先鞭を付けることもできるのである。

　たとえば，研究者は1980年代の金融革命に注目する。当時の高利回りジャンクボンドやレバレッジド・バイアウトは，ドレクセル・バーナム・ランベールのような二流，三流の投資銀行が開発したものであり，ゴールドマン・サックスのような一流の証券会社は"自分たちのようなハイクラスの会社"が手を出すような代物ではないとして，当初は無視していた[22]。

　この例から考えると，仲介業者のこのような昔ながらの機能は次のような事実を明らかにする。仲介業者は——自分の目にも，また，一緒にビジネスをする他人から見ても——自分たちの生業を世間で認知される適切なものにしようと努力しているが，その努力は，他の関係者のためのプロセスをも正当化している，という事実だ。

　サーチ・コンサルタントが自分の見栄えに配慮するのは，自分を気に入ってもらおうとしている相手であるクライアントと候補者が双方とも，外観上認められるESFの能力や適切性，あるいはサーチプロセス全般の妥当性を重んじているからである。この外部CEOサーチに参画する主要プレーヤーが，三者とも外形を重視している点に着目すると，サーチ活動におけるESFの建前上の役割と実際の役割とが乖離していることがよくわかる。この乖離は企業がCEOのサーチのためにあるESFと契約した時点からずっと継続して存在する。

chapter 5　エグゼキュティブ・サーチ会社の役割

エグゼキュティブ・サーチ・コンサルタントを選ぶ
──銃撃戦

■形式的なコンペの場合も

　企業がESFに声を掛ける頃までには，現職CEOが唐突に辞任を公表していたり，あるいは取締役会がCEO交代はやむなしと決議していたりする。CEOの急な辞任の理由がどうであれ，取締役会サイドでは次のいずれかの理由でESFを呼び入れることになる。

　一つは，取締役会が社内登用予定者と社外の人材とを比較してみたかったのだが（あるいは逆の場合でも）適当な社内候補者がいなかったという理由，二つ目は最初から社外候補者を選ぶことを決めていたという理由である。CEOの職責は極めて重要であるため，取締役会はできるだけ早急に空席を埋めたいと焦る。あるサーチ・コンサルタントはこのあたりのいきさつを次のように語る。

　ウォールストリートも取締役も，また会社のそのほかの幹部社員も，すべてが次は誰が会社の舵を取るのか決まるまで気が気でない。

　サーチ・コンサルタントの協力を得ることが決定されたら，次のステップは通常，ESFのコンペである。サーチ・コンサルタント業界ではこのコンペのことを"シュートアウト（銃撃戦）"と呼ぶ。シュートアウトではサーチ・コンサルタントが，"なぜ自分たちの会社が選ばれなければならないのか"をアピールする。大抵の場合は，大手と名門同士がコンペで競うことになる。

　最近増えている傾向だが，あるサーチ会社が経営幹部（取締役の場合もあるが）をこれまでに紹介し，その紹介を受け容れたクライアントの企業でも，次のときはそのサーチ会社に他のサーチ会社と同じ立場でコンペに参加するように要請する。サーチ会社をどこにするかを既に決めていても，コンペを実施する場合も多く，これはシュートアウトの儀礼的な一面を物語る。

■事前準備

　一般的な場合，コンペには三社が招かれる[23]。コンペに参加するための準備として，サーチ・コンサルタントはクライアントの経営などの現状，最近の傾向，あるいは政治に絡む展開力などの理解に務める。ハイドリック＆ストラグルズのあるコンサルタントは，シュートアウトに参加するときの自分の準備を"ホームワーク"だと説明する。「ホームワークはリクルーターにとって，急場の事実調査であり，CEOプロフィールの素案作りです」と言う。別のコンサルタントは，この準備を次のように言う。「私たちはクライアントのビジネスについての理解を深めようとするのです」。

　ただこのような周到な準備も，CEOのサーチを推進するESFの他の活動と同様，主として表面をよく繕うためであるようだ。chapter 4 で見てきたとおり，サーチ会社が得意先企業のビジネスを理解することやCEOのプロフィール作りはそれほど重要な意味をもつものではないのである。

■サーチ会社の「差別化」の試み

　サーチ会社はシュートアウトのときに，他社との差別化を試みる。ただし，報酬がリテイナー（顧問契約）制のサーチ会社は，通常，価格競争をしないため，料金比較はこの種のコンペでは決め手とはならない（米国エグゼキュティブ・サーチ・コンサルタント協会では会員会社に対して，スカウトの成功，失敗に関わらず，できる限りリテイナーベースで契約するように要請している。なお，このリテイナー・フィーのほか，CEOサーチが成功した場合には，ESFは候補者のキャッシュ部分の報酬の3分の1に経費を加えた金額を受け取ることにしている）。

　価格競争をする代わりに，サーチ・コンサルタントたちは幹部経営者たちをスカウトする場合の自社の特徴を売り込むのである。つまり，大手各社はすべてサーチ活動が世界中にまたがっていること，クライアントと協議を重ねること，チームで取り組むこと，そしてコンサルタントの豊富な経験を強くアピールすることなどである。ただ，結果的に各社の特徴にはさほどの差がないことが多い。

以下は，ラッセル・レイノルズとスペンサー・スチュアートがそれぞれのホームページで説明しているサーチ活動の特徴である。

【ラッセル・レイノルズ・アソシエイツ】

　クライアントのニーズはそれぞれ異なりますので，ラッセル・レイノルズ・アソシエイツのサービスもそれぞれに合わせユニークなものになります。しかし，変わらないことは私たちのすべてのサーチ活動に一貫して見られる質の高さです。私たちはシステマチックな手法でサーチ活動を展開します。広範囲の候補者を――つまり，十分な資格を具えた候補者グループを余すことなく詳細に――調査し，かつ，迅速性を重んじます。私たちはクライアントのニーズが緊急であることをよく理解し，即座に，そして効果的に，対応します[24]。

【スペンサー・スチュアート】

　コーポレート・リーダーシップとガバナンスは，企業の戦略上，新商品の市場投入方法や事業拡張時の資本調達に勝るとも劣らない重要な課題です。私たちの役割は，これらの重要な戦略面において，単に候補者のリストを提供するだけではなく，判断，市場情報およびその分析結果をご提供するコンサルタントであり，戦略アドバイザーであることです。有望な人材を候補者として絞り込む前に，私たちは十分な調査を展開して報告書としてまとめます。これまでの実績，経営のスタイル，リーダーシップについての考え方，また，個人的に，あるいはプロフェッショナルとして，抱いている大きな望み，などを詳細に調べます。私たちはクライアントとサーチ活動の全般において――最初の会合から最終の契約段階に至るまで――緊密な関係を維持します[25]。

　これらの2社は自社のコンサルタントの能力について，次のように紹介する。

【ラッセル・レイノルズ・アソシエイツ】

　弊社リクルーティング・コンサルタントの質の高さが弊社の卓越したサービスを裏付けています。弊社のコンサルタントには豊富な情報があり，ほとんどがこの業界とこの市場で直接体験を積んでいます。私たちが100パーセント出資している世界33か所の現地支社にいるサーチ・コンサルタントは，グローバルなチームを組み，全社からの情報を得て，クライアントにサービスを提供しております[26]。

【スペンサー・スチュアート】

　弊社コンサルタントは卓越した能力，専門的な知識やノウハウ，そして誠実さを備えておりますので，弊社のすべてのサービス領域においてベストな解決法をご提案することができます。スペンサー・スチュアートに在籍するコンサルタントの多くは世界の一流企業や経営コンサルティング会社での勤務経験があります。また，自分の会社を経営していたコンサルタントもいます。どのコンサルタントも貴重な戦力であった人たちです[27]。

■違いがみられないサーチ会社

　サーチ・コンサルティング会社は他社と差別化を図ろうと努力はするものの，その手法にはほとんど違いがみられないため，ふるい分けは難しい。大手のESFは，自社の専属コンサルタントにはリーダーシップを評価する特別の才能があるとアピールするが，ほとんどのサーチ会社は自社のコンサルタントを同一の人材プールから調達しているのである。

　つまり，コンサルタントは元経営コンサルタント，元投資銀行の行員，元幹部経営者たちである。また，ベテランのコンサルタントは以前に他のサーチ会社に所属していたことも多く，このことがサーチ会社の画一性を一層強める結果を招いている。

　以上述べたようなESFのタイプを均一化へと収斂させる要素がいろいろと見られるため，ほとんどのESFがサーチ活動の初期段階──スペック・シートの

chapter 5　エグゼキュティブ・サーチ会社の役割

作成から最終候補者の絞込みまで——において，同じプロセスを辿ることは何ら驚きに値しない。ある取締役は一流のESFは"基本的に，見分けが付かない"と言ったが，クライアントのほとんどはこの取締役の言葉を肯定する。

　もしエグゼキュティブ・サーチ会社が本当に互いに見分けが付かないのであれば，企業はどのようにしてそのなかの1社を選ぶのであろうか。それは実際上，ESFに関する取締役会メンバーの知識，およびこれまでにESFを使った経験に基づくことが多い。

　ラッセル・レイノルズのスティーブ・スクロギンズによると，「以前からの繋がりは契約の重要な手掛かり」になるという。たとえば，1997年にスタンレー・ワークス社で見られたCEOの社外サーチの事例では，サーチ委員に任命されたある委員がハイドリック＆ストラグルズを選んだことを次のように説明している——「私は過去にハイドリックと一緒に仕事をし，彼らの仕事ぶりには満足していました」。

　もし，そのような繋がりが過去になかった場合，これまでに実施した名門企業での実績がベースとなって選ばれることになる。そこでたとえばハイドリック＆ストラグルズは，ホーム・デポ，IBM，イーストマン・コダックでの実績を誇示することになる（これらのサーチ会社もこれまでに幾多の失敗を重ねてきているが，当然のことながら，会社案内やホームページでは紹介されていない。）。

　企業が以上のような基準でサーチ会社を選択するのであるなら，なぜにシュートアウトといった儀礼を通過しなければならないのだろうか？それは，シュートアウトが手の込んだドラマの第一幕だからである。

　このドラマは，外部CEOサーチの各プロセスに見られる人と人とのコネなどといった社会性を隠蔽し，サーチは客観的に行われており，かつ市場性があるように見せるという役割を果たす。サーチ会社およびクライアントが，ある印象を周囲に与えたいときにもこれと同じような現象が見られる。

　つまり，シュートアウトを経て雇われたESFの役割は，候補者を見つけ出して評価したい企業をサポートするという一般的な役割だ，という印象を故意に醸し出したいときに見られる現象である——ESFの真の役割は実際上，まった

く別物なのだが，また，そちらの役割の方が絶対的に重要なものなのだが。

仲介者としてのエグゼキュティブ・サーチ会社

　サーチ委員会が設置されてESFとの契約が締結された後の作業の第1ステップは，chapter 4で見たとおり，スペック・シートの作成である。スペック・シートは候補者に望む資質と特徴を書いた，いわば洗濯に出したい衣類の欄をチェックするシートのようなものだ。だが，それらは完成された後は，実務上利用されることはほとんどない。

　第2ステップは（取締役会が本気で外部の候補者を招聘しようとしている場合は，特に重要なステップとなる），ESFが取締役から意中の候補者名を聞き出すことである。ここが重要なポイントである理由は——サーチ・コンサルタントはサーチのプロセスを説明するときにこのステップを特に強調するが——CEOサーチはほとんどの場合，候補者がゼロの状態からスタートするわけではないのである。取締役たちの推薦が，実は貴重な候補者リストとなるのである。

　このステップでの失敗例は，ある大手地方銀行で見られた。その銀行の取締役は社外取締役も含め，多くが地元育ちであり，取締役会は現職CEOの知己が占めていた。

　「第1次のリスト作りでさえ，私たちは本当に困りましたよ」「取締役は地元の人が多く，世間の金融業界で誰がリーダーなのかについての情報がなく，ほとんどがリスト作りの助けにはなりませんでした」とこの時のサーチ・コンサルタントは言う。

　ESFが候補者の確認と評価作業に活発に関わっていたとしても，それはごく普通の取り組みに過ぎない。図5-1にあるとおり，CEOのサーチプロセスには，エクステンシブ（広範囲を対象に探索すること）とインテンシブ（集中的に深く調査すること）の両面があるのである。

　サーチのエクステンシブ面では，候補者のスペックや人材プールについての考え方が定義され，候補者や予備軍の一般的な情報が収集される。その一般的

な情報には学歴，経歴などが含まれる。この収集作業は通常，取締役とESFの両方で担当する。

　私がインタビューしたコンサルタントのほとんどは，次のようなあるコンサルタントの見方に賛意を示していた。

　　サーチプロセスにおける私たちの第1の責務は，事実に基づいた，正確な情報を候補者の1次リストに盛り込むことです。また，ここではクライアントに提出する候補者の経歴が真実であり，それらの裏付けがあることが重要です。これらの情報は弊社の資料室，あるいは大企業やその幹部経営者について情報収集をしている弊社調査チームにより入手できます。

■ESFの具体的な事例

　エグゼキュティブ・サーチ会社は絶え間なく候補者リストを作成したり，あるいは更新したりしているため，これらの関連情報をすぐさままとめ上げることができる。私が調査したESFは全社で，1年間，平均延べ2,000人の幹部経営者に面談するという。当然ながら，このESFには候補者の専門領域，個人情報，給与などについての最新情報が集まる。

　これらの情報をつかんでいれば，1次リストを素早く完成させることができる。つまり，大きなリストから，"報酬の高い人"や"引退年齢に近い人"，"過去3年以内に当社が今のポジションに推薦した人材であるために，今はまだ推薦できない人"などを除外していけば，早急に一次リストができ上がるのだ。

　インテンシブ・サーチにおいては，候補者の特別情報が収集され，また照会先でチェックされる。この作業は主として取締役が分担するが，chapter 4で見たとおり，候補者の能力については候補者を直接知っている他の取締役から具体的な情報を得ている。

　企業の取締役たちも，ESFの役割は候補者を探し出し評価することではないことを了承している。では，ESFの役割とは何か。

「フォーチュン500」社の数社で取締役を務め，これまでに何件かのCEOサーチを経験したことのあるギギ・ミケルソンは，ESFの重要な役割について次のように簡潔に述べる。

　ESFに取締役会の役割を期待するのは誤りというものです。私が経験から学んだところによれば，ESFをもっと上手に生かすには…企業からのダイレクトなアプローチは頑なに拒絶する候補者であっても，あるESFに対してなら胸襟を開くことがあり，これを利用するのです。つまり，他の人，たとえば弊社の取締役や他のESFのコンサルタントでは無理な場合でも，そのESFのあるコンサルタントには心を開く場合があるわけです。そんなコンサルタントを私は何人か知っています。過去1年半の間に35回のアプローチを受け，すべてを袖にした候補者でも，そのようなESFなら話を聞いてもらえるわけです。

■CEOサーチにおけるESFの役割

　以下はCEOサーチにおけるESFの役割について，あるCEO候補者が説明した内容である。

　エグゼクティブ・サーチ会社から仕事紹介の電話を受けることと，他の企業，特に競合会社から直接電話を受けるのとでは，大違いです。サーチ会社とは気軽に話が出来るし，オファーについての情報も入手できる，自分の市場価値もわかる…。しかし，企業の取締役と直接話をすることは，これとはまったく異なります…。もっと，真剣になります…。この種の話はいったん始まってしまうと，いい加減では済まされなくなるのです。

　経済学的あるいは社会学的な見方では，市場における第三者の役割を情報の提供者，あるいは売り手と買い手の出会いを作る役割，という観点で捉える。だが，この学問的な見解とは対照的に，実際の市場参加者はCEOのサーチ活動

におけるESFの役割を上述のように説明し，まったく別の活動をしているという。あるサーチ・コンサルタントは次のように話す。

「我々が単に情報不足を補っているに過ぎないと考えるなら，それは全体像を捉えていないことになる」サーチに直接関わった人たちによる説明では，ESFは何を置いてもまず，ある一つの商品を扱う職種だという。それは「仲介」という商品である。

「仲介」業は，ESFが単に情報のブローカーではないことを如実に示しているが，仲介業に対するニーズの由来は外部CEO人材市場の三つの特徴，つまり，chapter 2で見たとおり，「少ない参加者」，「高いリスク」，そして「レジティマシー（正当性，適切性，妥当性）についての懸念」に基づいている。

ESFが携わる仲介の仕事は，次のように大きく三つの部分に分けられる。
（１）　人材を探している企業の取締役会の結束を図るために彼らの活動を調整し，早急に候補者たる人材のスペックを取りまとめ，候補者群を捜し出すこと。
（２）　企業と候補者間のやりとりを仲介すること。この段階での取引が成功しなかった場合においても，両者がリスクに晒されないようにするために順を追って交渉を進めること
（３）　関係者に対して，サーチプロセスが専門的にシステム化されており，かつ関係者の利益に沿うように執り行われていることを示すことによって，このサーチ全体のレジティマシーを高めること

これらの三つの部分を以下で具体的に検討してみる。

ESFの仲介調整業務

アウトソーシングはよく見られる商慣行である。CEOのサーチにおいても，企業はESFへサーチ活動の"調整"を外注する。サーチ活動における調整とは，一つ一つのサーチ活動の進行管理であり，加えて，社外CEOサーチにおいては取締役も候補者も感情をたかぶらせることが多くなるが，彼らの間の関係の調整を意味する。

ESFの調整役としての機能は，ESFがエグゼキュティブ・サーチに特化しているための要請だ。取締役は大体がパートタイムでこの仕事に取り組んでいるようなものである。取締役会は通常，四半期に１度の割合で開催され，取締役会の事務方も人数が限られている。そのため，サーチ会社はCEOサーチ活動を実施し管理する作業において，経験，規模の両面でCEOを募集中の企業よりも優位な立場にある。もしこのような仕事をESFが引き受けるなら，ESFを雇うことはまさに"メイク・バイ・デシジョン"（内製か外注かの決定）のバイそのものである。

　だが，CEOサーチという作業におけるESFの調整役としての機能は，作業の実施，管理面のみに止まらない。戦略的かつシンボリックな意味におけるCEOというポジションの性質と重要性を鑑みると，CEOサーチは企業にとって内部事情と密接に絡む，時には組織の分裂や破壊を引き起こしかねないものである。

　この点は，取締役もサーチ・コンサルタントも共に強調する。一つのサーチに対して取締役たちが抱く不安や熱意，あるいは，さまざまな関係者やその思惑の間で発生する衝突が生み出す議論は，どのようなCEOサーチにおいても慎重に対応すべき重要な部分なのである。

　このように，EFSはCEOサーチ作業の工程管理に加え，クライアント企業の"取締役会が結束して効果が出せる"ように，その調整役も受け持っているのである。

　この二つ目の微妙な調整機能をESFがどのように果たしているか，以下の二例において見たい。大企業のCEOに相応しい候補者の絶対数は極めて小さいため，ESF会社は各企業の各取締役が努力して集めた候補者数が数が不足していたという結果にならないよう気を配る。

　コンサルタントによると，取締役会が自分たちのサーチを，故意ではなく，だめにしてしまう場合とは，元気のあり余る取締役が自分で直接候補者にオファーの話をしてしまう場合である。（これでは噂が広まり，候補者の現在のキャリアを危険に晒してしまうことになりかねない，とんだ不始末となろう。噂が広まるとその

候補者は，自分が他社に移る気がないことや，現在のポストを全うする旨をわざわざ公表せざるを得なくなる。)。

　このようにESFの役割は，取締役が取り組んでいるのはルールのある高リスクゲームであり，そのルールの遵守が重要であることを取締役に認識してもらい，徹底させることでもある。さらに言うと，chapter 1 でみたバンク・ワンの事例にあったように，取締役会は派閥に分かれる場合もある（取締役会の一致結束に高い価値が置かれているにもかかわらず，である）。いくつかの派閥を混ぜ合わせて一つにするということも，ESFの調整機能として重要な仕事になる。

　社外でCEO候補をサーチする場合の"調整"役を取締役会は外部の"仲介"機関に依存しているが，この状況はまたある重要な事実を浮かび上がらせる。企業が曖昧で複雑な市場取引に直面した場合に取引目的を実現するには社会的な仕掛けを巧みに利用することが絶対的な重要性をもつという事実だ。その社会的な仕掛けは，ESFが外部CEOサーチで果たす第2の役割，つまり，次に検討する"調停"機能と同じほど重要なのである。

ESFにおける調停業務

　ある候補者は，求人企業から直接電話が掛かってくる場合と，ESFからとでは受け止め方が異なることを，上で引用したように説明していた。彼の説明が示唆するように，ESFの役割の一つはコミュニケーション・チャネルとなることだが，それに加え，高いステータスの参加者同士の間でバッファーの役回りを演じることもまた重要な役割なのである。

　ステータスの高い人たちは，第三者が間に入らない限り，社外でCEOを探すといった高いリスクを伴う仕事には関わりたがらないからだ。このバッファー役の仕事が仲介者の"調停"機能そのものなのである。

　世間には繋がりのなかった組織同士を結び付けるプレーヤーがいるが[28]，これらのプレーヤーの活動を，最近のほとんどの研究では情報の流れを中心にして説明している。ただ，情報に着目することはもちろん大事なことだが，その説明の難点は戦略的な状況に置かれたときのプレーヤー間の相互のやりとりか

ら目を逸らしてしまう点だ。その結果，ほとんどの研究では，企業，候補者，サーチ会社が外部CEOサーチのプロセスで"取引をする"ときに見せる，緊密で複雑かつ微細な相互作用には触れずじまいとなる[29]。

　実際，第三者の役割は社会学あるいは経済学では自明のものとみなされたり，無視されたりしているのだが，現実には，第三者に大きく依存することによってはじめて取引の当事者たる二者間に実務的な関係が構築できるようなデリケートで何が起こるかわからない社会的なプロセスである。私があるESFのCEOに対して，仲介者の機能に関する学問的な研究やそれらの論旨の弱点について簡単な説明をすると，彼は強い調子で次のように応えた。

　　この場合，"二者間の関係"といっても，ポジションとポジションの関係ではなく，人と人との関係のことです。生身の人間の関係なのです。傷つきやすく，エゴをもった，自分のキャリアのことが一番気になる人間です。自分の一番の資産は自分に対する世間の評価だ，と考えている生身の人間のことなのです。

■ESFのリスク

　chapter 2で見たとおり，外部でCEOを探すときには，探す企業も探される候補者の方も大きなリスクを負う。そのため，両者は秘密保持に特別な配慮をする。企業は特定の人に当初から限定して関わりすぎることを避けるため，また，第一候補を選べなかったという結果にはしたくないため——そして候補者は，他社に関心があることが早々と露見してしまうと，自分のキャリアに傷がついてしまうため，あるいは仕事を求めたが結局得られなかったという事態を恐れるため——共に細心の注意を払うのである。

　ESFは，機密保持のために徹底的に準備する。たとえば，サーチ会社を候補者などが訪問しても，受付け付近に先客がいるということはあり得ない。事務所の中では個室の応接ルームで候補者はコンサルタントと話し合う。候補者が同じESF事務所内で知人にばったり会うといったことのないようにアポイント

の日時は厳密に調整されている。

　CEOサーチの場合には，サーチ・コンサルタントは時刻については，なお一層注意する（バンク・ワンのCEOサーチの事例で，ラッセル・レイノルズのコンサルタントは候補者同士がぶつからないように配慮していたことを思い起こしていただきたい）。あるサーチ・コンサルタントは，高いステータスと評判を維持することが，両者にとって重要であることに注目し，このような機密保持の必要性について次のように言う。

　　もしサーチプロセスの内容が明らさまになると，かなりの影響が出ます。たとえば候補者が，その仕事に就かなかった場合，外部からはどこかに欠陥があったに違いないと見られ，また，候補者の現在所属する会社からは忠誠心に問題がある，と見られます。また，第一の候補を逃した取締役もその不始末を問われます。このように，関係者全員にとってサーチプロセス自体がリスキーなのです。さらに注意すべきは彼ら全員が普通の人たちではない，ということです。彼らは企業内，官公庁や自分の所属するコミュニティーにおいては，影響力のある高い地位にあります。こうして，誰にとっても，リスクは極めて高くなるのです。

　このように外部CEOサーチに参加する候補者と企業は，ともにリスクに晒され，ともに自分のキャリアや評判，ステータスを傷つけられてしまう可能性が高い。そこでESFは参加するすべてのパーティが本気で事に臨んでくれるように仕向けておかなければならない。
　ESFは，リテイナー契約をした企業の取締役を注意深く観察し，本気で社外から候補者を連れてこようとしているのかどうか見極めることになる。もし，取締役会が外部候補者には余り関心がなく，結局は社内から登用するということが濃厚な場合は，ESFのサーチ活動はそれなりに形式的なものになる。
　そんな場合，あるコンサルタントは，「それまでに目をつけていた2，3名の若い候補者を紹介し，取締役会の受けはどうかチェックしてみます。おそら

くCEOの仕事にはなお未熟で不適かもしれない候補者ですが，彼らに練習のチャンスを与える以上のものがあります...つまり，彼らの評価が得られるのです」。

外部サーチが本当に真剣なものであれば，ESFは一生懸命になって，オファーに関心を示した候補者が単に現在のポジションの条件交渉にこのオファーを使うのではなく，本気で取り組むように仕向けていく。

あるサーチ・コンサルタントが次のように語っていたが，彼の同業者も大体は彼と同意見である——「候補者の本音を突き止めておくことが鍵」。他のコンサルタントは，なかなか立派な人材なのだが交渉における抜け目のなさで知られる，ある候補者について本心をどのようにして見抜いたか，つぎのように説明している。

こんな質問をして見ます——いつから勤務できるのか，希望の報酬額は，今の社を辞することをどう感じるか，直接面接に行くことは出来るか，といった質問です。オファーの迫真性を感じてもらうための質問です。候補者はもちろんスマートですから，もしこれらの質問を適当にあしらえば，二度とお呼びが掛かることはないことを理解しています。また，オファーの際の約束事を破ることは，一言一言がまるで宣誓のように考えられているこの世界では，極めて始末の悪い結果になることも心得ています。

図5-1 CEOサーチにおけるESFと取締役の役割分担

	取締役	ESF	取締役
エクステンシブ・サーチ			
スペックの定義	＋		
候補者プールの定義	＋	＋	
一般的な情報収集		＋	
インテンシブ・サーチ			
個別候補者の特別情報の収集			＋
照会			＋

■ESFの「ディープ・プレイ」

　上述のとおり，外部サーチのこの段階においては，CEOをスカウトしようとしている企業もCEO候補者も，多くの面でリスクに晒される。そして，サーチを成功に導くための基盤は，サーチ・コンサルタントの磨き抜かれた，人と人とを仲介する術や交渉手腕であるという点も明らかになった。

　企業内や社外のCEO候補者はCEOサーチに関わったがゆえに，それぞれの持っている社会的なステータスやビジネス・キャリアを危険に晒すことになる——こういった図式は，文化人類学者クリフォード・ギアーツの"ディープ・プレイ"というコンセプトを思い起こさせる。

　ギアーツの定義する"ディープ・プレイ"においては，「功利主義的な見地からは，リスクが高過ぎて，そのような不合理なことにはとてもまともには取り組めない」ものである。しかし，この点もギアーツが指摘しているが，個人は絶え間なく"ステータス・ギャンブリング"という"ディープ・プレイ"に嵌っているのである[30]。ただ，ギアーツが指摘する"ステータス・ギャンブリング"は，調停人を介した場合のみのお話ではあるが。

　外部CEO人材サーチにおいて，この重要な役割である調停を引き受けているのがESFということになる。ESFは段階的かつ調和的に介入して，"ステータス・ギャンブリング"において調停役をこなすのである。

　この調停過程では，候補者と求人企業の双方がお互いに同じ程度のリスクを負担しつつ，じっくりと相手への信頼度を増していく。ESFは，スカウトが失敗に終わったときにも一方の参加者の痛みが他より強い，という事態にならないように，長い時間をかけ細心の注意を払って対処する。これを可能にするため，サーチ・コンサルタントは両者に対する接し方で，絶妙のバランスを保つように努力する。

　ハイドリック＆ストラグルズのシニア・サーチ・コンサルタント，トム・フリールは次のように言う。

　他のビジネスとは異なり，サーチ会社のビジネスのユニークさは，……トップ

経営者のスカウトでは，クライアントと候補者の双方の意見を共に擁護し，共に推奨するという立場です。サーチ・コンサルタントは基本的に"調停役"でなければなりません。我々は実にトリッキーな立場なのです。

　取引に関わるすべての人たちに公平に接すること，またそれぞれの体面を保つよう配慮することがこの仕事では極めて重要である，とほとんどのサーチ・コンサルタントが強調している。

■なぜ直接の接触は制限されるか

　すべての参加者のステータス・ギャンブリングをESFが管理する主要な方法は，候補者と求人企業の直接接触を制限する方法である。この戦術に従い，求人企業ではなくESFが見込みのありそうな候補者に最初の打診をする。なぜこの手順なのかについて，あるコンサルタントが次のように説明する——「その理由は簡単です。クライアントの利益を損なわないようにすることが私たちの第一の仕事だからです」。

　ほかのコンサルタントも，候補者の利益保護について言及して，同様の心情を次のように吐露する——「候補者が現在のポストから移りたくないときには，候補者は求人企業名を知る必要は無いはずです。社名は伏せたままにされます。同様に，候補者も正体を明かすこともないため，なんのリスクに遭うこともなく保護されるわけです。だれの正体も明らかになりません」この点に関しては，実際，私の面談したどのコンサルタントも，最初にESFが候補者の真剣さをチェックすることが肝心で，これがその後の匿名性と各参加者の利益保護に繋がる，と説明していた。

　ESFは全サーチの工程で，候補者とクライアントの間を行き来し，心配の種を探り出し，障害を除去し，調停者として機能する。あるコンサルタントはこの役割を，「どちらも気持ちよく交渉ができるようにするため」だ，と話していた。

　このサーチの段階で候補者，求人企業の二者が関わりの度合いを徐々に深め

るに連れて高まるリスクについて，ESFは細心の注意をもって対処する。これもあるコンサルタントの証言だが，サーチが進展するに連れ，何名かの候補者は今の会社から移ることができないことがわかり，また何名かは求人企業に適した候補者ではなかったことが判明し，平均的には当初15名ないし20名が掲載されていた名簿は，数名に絞られる。

　このようにしてクライアントと候補者との間でやりとりしているうちに，最終候補者リストは3名ないし4名になるという。そのときになって初めて，ESFは候補者と求人企業の面談の場所，日時を設定することになる。

　求人企業の取締役が最終決定までに候補者たちと会うのはたった1回だということには，さまざまな経営責任を負うCEOというポジションであることを考慮すると，たいへん驚かされる。しかし，サーチ・コンサルタントはこの慣行には重要な理由がある，と次のように説明する。

　実際に顔を付き合わせての面談は緊張の連続であり，候補者，企業とも自らをリスクに晒しながら，弱い立場で話し合いに臨んでいる。この面談では取締役は前任CEOについての不満をフランクに話す。また，候補者もこの面接を受けていること自体，現職の会社に対する裏切り行為であると自覚するし，また，求人会社から拒否される可能性があることも知っている（ギアーツ流に言うと，すべてのプレーヤーが手の内を見せているこの面談＝プレイの程度は，"ディープ"なのである）。

　あるコンサルタントはこう言う――この段階の候補者は「手続き上はオファーを拒絶することはできよう。だが，候補者でそのような軽挙に及ぶ者はいない。もし候補者にそんな素振りが見られれば，最初から面接に連れては来ない」

　ゲオルグ・ジンメル（ドイツの社会心理学者）はこのような顔を付き合わす面談の緊張感と関わり方の程度を次のように語る。

　　感覚器官を社会学的な視点から検討してみると，目は特別な働きをしていることがわかる。個人同士が結び付いたり，相互に作用し合う現象は，お互

いが目で見合うことがベースになっている。目での交信こそ，どこでも見られる，最も直接的かつ純粋なやりとりだと言えよう。人類が結ぶ社会関係のすべて――自己主張や自己犠牲，あるいは親しさ，よそよそしさ――も，もしこの目で見合うという行為がなければ，まるで違ったものとなっていたであろう。人が相互に見つめ合うという行為は，ただ単に他人を見るとか観察するとかいったこととは明確に異なり，まったく新しい，人と人のとの結合を意味するのである[31]。

社会学者アービング・ゴフマンは"フェイス・エンゲイジメント"（顔をみることによる契約）を分析したが，対面的な相互作用の結果として，コミットメントが高まるという。

何かに取り組もうとしている参加者がいったんお互いに胸襟を開くと――お互いに相手がどの程度認知しているのかを面前で確認することができるというメリットを最大限活かしながら――その場で目と目によるコミュニケーションが慎重に執り行われる。参加者は自分のマインドを（会話では）相手と同じテーマに向け，目は相手と同じものを見る……こうなればお互いは状況認識を同じにすることになる。すなわち，次のような一致が見られる――関連すること，関連しないことについての知覚的な判断の一致，相互の思いやり，同情，意見の相違を無視する，といった点についての"基本的なコンセンサス"などである[32]。

またゴフマンは，対面的な取り組みでは話がつい進展しやすくなる危険性があると指摘している。つまり，相手と向かい合っているときには"暗黙の了解や紳士協定のようなもの"が発生しやすい，という[33]。だが，外部CEO人材サーチのケースでは，両者はこのような"了解"事項は，移籍の準備が完了するまで留保しておこうとする。従ってこの段階でのESFの調停機能は，このような準備がいつ出来るのか，しっかりと確かめることである。

ESFは外部CEO人材サーチにおいて全体を組織化する役割を果たしているが，これと同様にESFの調停機能はサーチの参加者が複雑であいまいな市場取引に直面した際にその機能を発揮する，重要な社会構造の一例である。また，この外部CEO市場を理解するうえでは社会構造だけではなく，社会的な条件のもとで規制を受けるサーチ参加者の認識や信念も重要なのである。

ESF業務のレジティマシー

すでにchapter 2，4で見てきたとおり，取締役，候補者，そしてこの二者に影響を与えるメディア，アナリストなど外部関係者が抱くレジティマシーに関する懸念と配慮，つまり，CEO人材サーチのプロセスを適切なものに見せようとする配慮が，この外部CEO人材市場の決定的な特徴となっている。

取締役は，自分も参加する社外取締役たちの大きなコミュニティーとの仕事の上の繋がりや社交的な付き合いのため，他の取締役たちや候補者予備軍との接触において，適切な外聞を保とうと特に努力する。また，アナリストやビジネス関係のメディアといった外部関係者に対してはその影響力を考慮して，彼らがこの外部サーチは客観的かつ適切に実施されていると判断してくれるように懸命に配慮する。このような状況においては，求人企業が適切さを維持しつつCEO候補者のサーチを実施するには，ESFをサーチに加えることが賢明な対処法となる。

ラッセル・レイノルズのバーバラ・サイデルは，取締役たちのレジティマシーに関する懸念と，ESFがその懸念を軽減する役割について，次のように話す。

取締役会は，彼らが何をすべきかをすでに知っていることもありますが，ともかくESFを雇います。取締役の受託責任の一つとしてESFを雇う，というような心境だと思います。型どおり，という感じですね。ラッセル・レイノルズはすべてのプロセスで安心とレジティマシーを保障してくれる，そんなブランドだからでしょう。

社外での人材サーチにESFが介入したために，サーチプロセスが適切に行われるようになったという点が確認できるのは，まずは求人企業と候補者の間の関係においてであろう。顧客や競合会社から人材をスカウトしようとするときにESFを雇う会社はレジティマシーを保ちつつスカウトに臨んでいる，と企業も候補者も，暗黙のうちに了解する。求人側企業が"最良の候補者"を探すために第三者を介在させることは，人と人との繋がりといったこの人材市場に内在する社会性からはいったん距離を置くことであり，"フリーマーケット"という容認された行動規範に沿って人材を求めることとして解釈される[34]。競合会社のCEOをスカウトしたある企業の取締役はこう言う。

競争会社のCEOにスカウトの声を掛けるは求人側企業ではなく，第三者であるESFです。ESFは単に契約上の義務を果たしているに過ぎません。クライアントのために，最良の候補者を探すという義務です。

候補者もサーチ・コンサルタントからの電話の方が受け易い。最近，あるCEO候補はこう述べていた。「サーチ会社からの電話を取るのは何の害もありません。求人企業はどこかといった，企業の秘密は何も漏らされません。ただ，一般的な情報のみです。

■ESFの介在によるレジティマシーの外観確保

以上のほか，ESFの介入によって適切性の外形が形成されたことを示すべき対象は，サーチには直接参加こそしないが，そのプロセスと結果には大いに利害関係のある，たとえば株主のような関係者である。そのようなステークホルダーから見ると，ESFを雇えば——そうでなければ不透明な——プロセスが適切化されるのである。

ESFを使うことは，たとえば株主のような利害関係者にしてみれば，会社は完璧なサーチ活動を展開していることの証にもなる。ある取締役はこう語る。

今日では，機関投資家が我々の一挙手一投足を監視しています。したがって，サーチの工程がフェアであって，なんらやましい動きがないように見えるこ

とが肝心なのです。

　企業内に有力な後継候補者がいる場合であっても，ESFが雇われるのはこの公正さを社外に提示しなければならない，というプレシャーのためという場合が多いのである。
　ESFが外部CEO人材サーチに介入することによって，CEOを探している企業や候補者，そして株主などの外部関係者にとっては適切性の外形が整うことになる。ESFのこういった"適切化"機能が認められる前提には，ESFは「取引に直接的に，あるいは間接的に関わるすべての参加者の利益のために，等しく配慮している」と認識されている事実がある。サーチに関わるほとんどの参加者は，ESFが自己の利益のために候補者あるいは求人企業のどちらかに傾斜しているものではない，と信じる。むしろ，ESFにとっては企業も候補者も両方がスカウトを成功させるにあたっては同じように重要な存在として認識されているのである[35]。
　したがって，候補者，企業ならびに——この二者が手に入れたいと願うお墨付きを供与してくれる外部のメディアなど——外部関係者の三者について，その共通する立場，また彼らの利益相反問題に配慮しておくことは，結局はEFSのためになるのである。このように，一方で外部関係者の関心事にも配慮しつつ，他方では候補者および企業の両方の利益を図る立場から距離を保つ，という二つのスタンスの組みあわせによって，サーチへのESFの介入が一層の客観性を帯び，よってこのCEOサーチに適切性を付与することになっている[36]。
　ESFは外部CEO人材サーチに適切性をもたらす役割を演じている，という見方はほかにもいろいろなことを連想させるが，なかでもサーチプロセスは本質的に芝居掛かっているものだ，という見方は注目に値する。ここで"外部CEO人材サーチは芝居掛かっている"と言っても，"見世物"だとしてけなしているわけではない。大方の人間の営みは——どんなに真剣に目標を追求していようとも——観客に見せているという意味においては芝居と同じなのである。
　こう考えれば，クライアントの注目を勝ち取ろうと努力し，自分と取締役会

に降りかかる批判をかわし,外部人材サーチへの取り組み方を決めるESFの役割もまた芝居と同じである。そして,ESFの行動が,芝居がかっているとして問題とされるのは,参加者がESFの行動をそのようなものだとして解釈できないときだけであろう。たとえば,まずい人材をスカウトしてしまったと後になってわかったとき,取締役はサーチ・コンサルタントが多少なりともその人選に介入したことに付け入って彼らを大げさに責める。取締役たちはサーチ・コンサルタントにはそのような結果をもたらすだけの権限がなかったとは解釈できずに,責任を転嫁するのである。当然のことながら,取締役は社外でのCEO候補者サーチが失敗に終わった場合の責任を自分たちが雇ったサーチ・コンサルタントを身代わりにして,回避しようとする。

　そもそも取締役たちのその失敗は,ドラマのなかのスター,つまりカリスマ的な候補者に自分たちが虜になってしまったことに原因がある。取締役たちがカリスマ性を備えた候補者にそれだけの影響力を与えてしまうという事実は,外部CEO人材サーチという芝居の皮肉な側面である。外部サーチについての調査の最終段階においては,どのようにして,また,なぜに,このCEOへの戴冠が行われる,つまり継承者が決定されるのか,その理由を突き止めることにする。

chapter 6

ナポレオンの戴冠
カリスマ候補者の任命

■更迭された2人のCEO

　ヒューレット・パッカードのルー・プラットは1990年に，またジレットのマイケル・ホーリーは2000年に，それぞれCEOの地位を追われた。2人は「フォーチュン500」社に名を連ねる企業で，"更迭されたCEO名簿"に名前を残すこととなった。ただ，彼らの名前は10年の歴史を刻んできたその名簿の単なる追加記載でしかなかった。名簿の初めに記載されている経営者といえば，IBMのジョン・エイカーズ，ウェスチングハウスのポール・レゴ，ゼネラル・モーターズのロバート・ステンペル，コダックのケイ・ホイットモア等であった。1990年代の初めの頃に解任された他の多くのCEOの場合と同じく，ホーリーとプラットの後任も社外からスカウトされた人物がそのポストを襲った。時代は投資家資本主義へと移り，ジレットとH/Pの取締役会は——その他のたくさんの「フォーチュン500」社企業の取締役会と同様——業績を回復すべく，また，投資家，ウォールストリート，そして経済関連メディアからの信頼を再度勝ち取るべく，社外にCEOの候補者を求めたのであった。投資家，アナリスト，メディアは間断なく上記両社を責め立てていた。

　ホーリーとプラットはともに，アメリカを代表する超一流企業のトップでありながら，ほとんど世間には知られていなかった。その理由は明らかだった。

2人ともマスコミで騒がれるような人物ではなかったのだ。現在ではテレビに出演し自社製品を宣伝するCEOは多いが，2人にそのような殊勝さはなかった。また，ゴーストライターを雇い，自画自賛の自伝を上梓することもしなかった。雑誌の表紙に自分の顔写真がたくさん掲載されるようなこともなかった。社内で彼らがCEOだとわかる人は，両社とも，ほんの一握りの人たちだけだった。

　しかし，この2人のCEOは忠実な会社人間ではあった。前任者と同じく，2人は自分の人生のほとんどを自分が取り仕切ることになった企業で過ごしてきた。2人とも入社後の早い時期から人事部によって，将来の幹部候補としてマークされていた。彼らを監督する立場の上司たちは，あらゆる状況下で彼らの行動を観察し，またその観察結果に基づき，彼らの仕事の守備と責任の範囲とを拡げて，出世コースを歩ませていった。上司にとっては，彼らはほんとうに信頼のおける部下であった。彼らはじっと時を待った。そしてその時節が到来し，彼らはCEOになった。

　要約して言うと，ホーリーもプラットも，第2次世界大戦後の米国企業社会に見られた経営幹部の生き様の，まったくの典型例であった——ただ，このような経営幹部の生き方も，やがて時代が変遷し，もっと違うタイプの経営者が求められるようになると，破綻を来たすことになるのだが。

■CEOに求められるカリスマ性という資質

　ジレットとH/Pの取締役会はともにこう考えていた。業績を回復させるために必要なのはホーリーやプラットがもち合わせていた経営管理能力，すなわち，すでにその力量が実証されていた経営管理能力ではなく，それとは違う他の"何か"であろう，と。ただその"何か"はなかなか定義が難しいことだった。

　H/Pのサーチ委員会の委員長は会社が探しているのは"極め付きのリーダーシップを備えた人物"で，かつ"焦眉の緊急事態にも対処できる人物"だと説明した。ジレットのある取締役は，自分や他の取締役が求めているのは"会社を活性化"させ，かつ会社に"自信と秩序"をもたらしてくれる候補者だ，と述べた。

chapter 6　カリスマ候補者の任命

　最近ではますますたくさんの大企業が捉えどころのないこの"資質"をCEOに求めるようになっているが，取締役やサーチ・コンサルタント，あるいは影響力のある外部関係者たち（たとえばアナリスト，ビジネス紙など）がこの資質について説明するときには，カリスマという言葉をよく使う。CEOサーチに携わる参加者たちや，あるいは学者たちによるこの言葉の通常の使い方では，企業の"リーダーシップ"という概念から想起されるいくつかの資質とこの言葉は同義語として把握されている。
　今日，CEOの資格について議論するとき，経営者としての具体的な課題との関連においてその資格を捉えるのではなく，ある特定個人には他人を奮い立たせる能力が備わっているかどうかという観点で論じることが多くなっている。今日では"リーダーシップ"の重要な中身とされているのは，無気力あるいは懐疑的な人たちをやる気にさせられること，とされている。つまり，会社に不安と焦燥感が充満しているときに，従業員が自信を持ち，発奮するように仕向けることが重要なのである。
　また，企業の利害関係者が私利私欲と派閥によって分断されているときには，それらをまとめる能力が求められる。企業のリーダーの仕事は，企業が危機に直面しても敢然と立ち向かい，危機を乗り越えて未来へと導いていくことだ，と考えられているが，CEOがこれらの仕事をこなせるには——今やどこでもそう信じられているようだが——カリスマ性が必要だ，というのである。

■あいまいなカリスマ性の定義

　カリスマ性という概念はこれまでにビジネススクールの教授や経営コンサルタント，経済紙などを惹きつけてきた。しかし，この概念を一般に"リーダーシップ"を説明する場合に用いれば，曖昧で不正確だとの批判は免れまい。
　伝記作家やジャーナリストが人物像，たとえばジャック・ウェルチやスティーブ・ジョブズ，リー・アイアコッカのカリスマ性を描こうとしてかなりの紙幅を費やしても，この言葉は，通常，「愛」や「芸術」といった言葉と同じく，その意味を正確に定義することが極めて難しい。カリスマ性という言葉を使っ

ても，意図した意味はほとんど伝わらないと思われる。

　また，企業の取締役やサーチ・コンサルタントも，自分たちの符丁を使って候補者のもつカリスマ性を描写しようとする。だが，彼らが何度も繰り返して使う言葉は"chemistry（反り，馬，相性）"，"executive presence（幹部経営者としての存在感）"，"articulation（言語の明瞭性）"，"stature（威厳）"，そして"change agent（企業変革の請負人）"といったものだ。chapter 4 で挙げたスペック・シートの場合と同様，取締役たちにとっては——会社にはびこる因習を打破しようとして社外にCEOを求めたのであろうが——このような凡庸な言葉を使っているということは，それ以外の言葉で考えることが彼らにとっては至難のことなのであろう。

　カリスマ性という資質がいかに漠然としたものであっても，取締役はカリスマ性が具わっていると思う人材を候補者として高く評価する。また，候補者リストから除外する人材は，これらの資質の2，3の項目が欠落している点を理由として指摘する。さらに，カリスマ性は生得のもの，あるいは性格，能力などの基礎が形成される時期の経験により形成されるものであり，後天的なものではない，と取締役たちは考える。

■保険会社のCEO選抜の例

　このような認識や判断は，実務上，どんなところで見られるのか，次の大手保険会社の例で検討してみたい。この保険会社のCEOサーチは，最終的に3人の候補者に絞られていた。2人は社内候補者，そして1人が社外の候補者だった。ある取締役は自分の評価基準について，次のように話している。

> 私が注意してチェックしたのは，彼らが自分の考えを言葉としてまとめる能力，概念的に把握する能力，明確に自己表現できる能力，他人について話す能力，自分の行動を理性的に説明する能力，そして候補者の物事に対する姿勢，癖，身なり，です。

この大手生保会社のCEOサーチを担当したサーチ・コンサルタントは自分が眼を付けた一人の候補者の選抜基準について，上記の取締役と同じようなことを言っていたが，それに付け加えて，候補者の毛並みや性的魅力も重要な要素だとして挙げている。

　私は彼の目立たない性癖や，しゃべる時の抑揚のつけ方，他の人への語り口などが気に入りました。また，彼の育ちも良かったですね。立派なご両親で，家系もすばらしい。彼には求められるすべてが揃っていました——若いときから責任を伴う仕事の経験を積み，周囲には確実に約束を果たしてきました。そして，もう一つ気が付いたことは，秘書たちの顔が紅潮したことです。他の候補者ではありえなかったのですが，彼女たちは彼に会うと頬を赤く染め，表情も嬉々としはじめたのです。

私はこの同じ会社の他の取締役に，次点となった候補者をなぜ選ばなかったのか訊いたが，彼はこう答えた。

　トップ経営者には威厳が必要です。目線を定め，颯爽と，かつ優雅に動かなければなりません。まず自分が最初に手を差し出して握手をします。（しっかりと，大きく２回揺する握手です。）座ったとき，彼が前屈みになっていれば，話に聞き入っていることがわかります。世間話から始めても，すぐに本題にもっていける能力が必要です。ちょっとしたことで狼狽するようではいけません。日々の事務的な，こまごましたことは，誰か他の人，秘書あるいはアシスタントが，面倒をみている，といった印象を与えられることも大切です。デービッドには以上のような傾向が認められなかったので，候補者から外されたのです。

■CEO候補者についての取締役の意見

　個々の取締役にはそれぞれ個性があり，嗜好も異なる。したがって，候補者

のもつどのような資質をカリスマ性と見るかについては，同じ取締役会のメンバーであっても意見は一致しない。各取締役にはこのような認識のズレがあることを考えると，それぞれの取締役は別々の候補者を推薦してくることが大いに予想される。

　だが，実際はそうではない。それぞれの取締役は自分の推薦候補を他の取締役の推薦候補と同じにする傾向が極めて強いことが判明している。これは，上記のような各取締役の認識や嗜好の相違に照らして考えると不思議なことだ。しかし，取締役たちの同一候補者へと収斂（しゅうれん）するコンセンサス志向は，カリスマ性の本質を解き明かす上で，重要な鍵である。つまり，取締役が特定の候補者に帰属せしめる"カリスマ・パワー"は，取締役たちの個々の意見に過ぎない，ということをこのコンセンサス志向は示唆しているのである。また，"カリスマ・パワー"はほとんどの場合，個人の属性というよりは，社会的産物——つまり，集団として活動する取締役が（無意識のまま）候補者のなかに見出そうとする社会的な"期待"から生まれたもの——なのである。

　外見上の能力が同程度であると見られる他の人よりも，何故かある人物が多くの注目を集める，といった事例は，通常，よくみられる。

　その理由について，歴史家，ジャーナリスト，そしてその他のウォッチャーは，個性に着目し説明する。だが，それらの説明は説得力に欠ける。たとえば，多くの映画スターやポピュラー音楽の歌手などのタレント性は，彼らの演技力や音楽の才能によるのではなく，彼らが舞台に現われたときに観客が興奮するという事実に基づいている[1]。これと同様，CEOの人材市場でも，ある経営者の噂は——彼らの能力や実績とは無関係に——他の人の話よりも，なぜか多くの人に知れわたる，という事態が発生している。

■カリスマ性定義——社会構造と思考システム

　実際にCEOとなると，業務執行上の采配に注目が集まった場合，リーダーとしてカリスマ性を威示し続けることは難しいこともあろう。カリスマ性という言葉は過去においては，ある個人の行為を称賛し，形容するときに使われてい

た。ところが，この「行為」に，最近では何千人もの首切り，数百万ドルのお手盛りの報酬といった事態が含まれるようになり，カリスマ性の定義が揺らぐこととなった。

今日，米国で語り伝えられている企業論（それは米国社会全般の社会心理分析を投影したようなものなのだが）では，カリスマ性は特定の行為や業績など，達成されたことを評価するときの形容というよりも，むしろ，身体などのハンディキャップを克服して偉業を成し遂げた個人の能力について言う場合のほうが多い。そうであるからこそ，たとえば，ジャック・ウェルチの伝記作家たちはこぞってウェルチが後に巨大企業を率いる才覚を養った礎として，彼が幼少のときに吃音を克服した逸話を書いているのである[2]。また，ジョン・チェンバーズの伝記には彼が難読症を乗り越えたこと，また，その体験が後になってシスコ・システムズを創立する力を与えたとする話が記されているのである[3]。

著名人と名のつく人たちはこれまでに注目されなかった逆境のことや，トラウマ，ひ弱さ，そして不品行のことなどをみんなに知っておいてもらいたいと願うようになるものだが，ただそのような話が明らかにするのは本人のことよりも，その話によって影響を受ける人のことである場合が多い。

要するに，カリスマ性は，社会的な必要に迫られ，みんなと意見を一致させて特定のリーダーにしがみ付きたいときに作られる，完璧に見る側が心に描く表象に他ならないのである。

外部CEO人材サーチにおける取締役とESFの役割は，それらの役割が機能している社会構造と思考システムとの関係において捉えられた場合において真に理解されるのであるが，同様に，社会に認知される（あるいは既にそうなっている）カリスマ性を具えたCEOと候補者を見つけ出すのも，社会構造と思考システムとのかかわりで把握される必要があるのである。

CEO候補者の役割が，社会的に構築されていく様子を理解するには，まず最初に曖昧に解釈されてきた，また，多くの場合，誤解されてきたカリスマ性という概念について検討する必要がある。

"カリスマ性"の社会的,文化的な側面

■ケインズおよびウェーバーのカリスマ性に対する見方

経済学者のジョン・メイナード・ケインズはこう書いている。

「経済学者や政治学者の考え方は——正しいときも間違っているときも——一般に理解されている程度よりも強い影響力を持つ。世界は彼らの考え方に支配されているのである。自分では何者からも知的な影響を受けていないと思っている現実的人間も,実は今や死に絶えた経済理論の奴隷である場合が多い。権力を傘に着て,天の声が聞こえたとうそぶく狂人たちも,何年か前の研究者のメモから妄説を作り上げているに過ぎない」[4]。

ケインズがここに記述した論旨は,カリスマ性の概念に当てはめて考えることができよう。

カリスマという概念は,過去百年以上の間に,マックス・ウェーバーやシグモンド・フロイトを経て,今の時代の用語集に収まるようになった。chapter 3 で検討したとおり,ウェーバーはこの「カリスマ」という言葉——もともとは "gift of grace(神の恵み)" の意——を宗教的な意味合いから政治用語へと転用した。

ウェーバーは,カリスマを,他人をして献身的な気持ちにさせる力,自信をもたせる力,輝かせる力,勇敢さなどの心情を抱かせることのできる力だ,と説いた。また,彼はカリスマ性に基づくリーダーシップ論と,慣習や伝統に基づく従来型のリーダーシップ論,および法の支配の下で "合理的に授権" されて力量を発揮するリーダーシップ論とを対比した。このように,彼の言うカリスマ指導者は,その支配的権限の根拠をこれまでの慣習や伝統,また,法令に置いているリーダーではなく,特定問題を解決する特別な才能を天から授かったリーダーである[5]。

ウェーバーによると,理想的なカリスマ指導者は配下の者たちから無批判で崇められているリーダーであるという。すなわち,カリスマ指導者は,活力に満ち,聡明で,モラルも完璧である,とされる。だが実務上,このような理想像のカリスマ・リーダーには滅多にお目にかかることはない。

また，ウェーバーは，社会はこれまでのところ，カリスマ的権威に対してまったく無防備で影響を受けやすい状態であった，と指摘している。自由民主国家，たとえば米国などにおいては，社会は個人のために存在するのであって，決してその逆ではないと考えられている。そのような民主的な個人主義的社会においては，構成員は時間の経過とともに，独立心をより強くかき立てられるようになる。独立心が旺盛になると，カリスマ的な権威からの影響は減衰する。

　しかし，ウェーバーは――歴史的にはごくまれな状況下で起こることだが――進化した近代の民主社会であっても，カリスマ的な人物の突発的な出現を許してしまうことがある，と指摘している（ウェーバーがあと2，3年長生きして，母国でヒットラー独裁が台頭する姿を目にしたとき，自分の慧眼に驚いたことだろう。）。

　このような状況を企業社会に当てはめて考えた場合，カリスマ的なリーダーシップは現代の企業においては，どのようにして出現するか，という設問となる。しかし，この問いに答える前に，企業で見られる"コントロール（支配力）"と"レジティマシー（正当性）"について，ウェーバーがどう考えていたか簡単に触れておきたい。

■カリスマの原初形態からの考察

　ウェーバー理論を構成する基本な考え方の一つによると，すべての組織はある種の統率的な支配的権限に依存している，という。そして，そのような統率的支配力が完璧な状態で維持されるには，そのあり方に合理性，妥当性が認められなければならない，とした。

　これを組織論的に考察した場合，そのような支配力はすでに19世紀の経営組織において原初的な実例を見ることができる。当時，ある企業において創業者の死あるいは引退という事態が発生したとき，その企業の経営は，通常，創業者の相続人が引き継いだ[6]。だが，企業におけるカリスマ的な支配力はもともとその企業を起業した創業者の人格のなかに認められたものであった。

　ウェーバーが挙げたカリスマとは，もともと預言者，夢想家，聖人，あるいは革命の指導者といった人たちであった。企業分野でこの範疇に入ったのは創

業者であったヘンリー・フォードやアンドリュー・カーネギーであり，彼らがカリスマ経営者の走りであった。法または合理性に裏打ちされた権威——つまり，正式に法令として認められたことにより有効性や妥当性をもつに至った権限は——経営者資本主義の時代になるとCEOのポストでその実例がみられることとなる。ここでは当面，この「合理的権限」から「カリスマ的権威」への移行に注目することが肝心である。

日常的に使われる"カリスマ"という言葉は，特定個人に具わる生得の資質だと考えられている。だが，ウェーバーの定義を解釈するにあたって，この一面だけにとらわれると，ウェーバーの慧眼の最重要部分を見落とすことになる。すなわち，彼が区別している「伝統的支配権威」，「カリスマ的権威」，そして「合理的権限」は，それぞれがある特殊な社会的政治的な状況の落とし子だという点だ。つまり，カリスマはその成立において，社会現象だというのである[7]。

もっと正確に言うと，社会がカリスマ・リーダーに信を置くのは，主としてカリスマ個人の性質などによるのではなく，むしろ特定の社会関係（社会の仕組み），そしてその社会関係が組み込まれている文化的な背景による，とウェーバーは主張するのである。

■カリスマ性の本質

カリスマ・リーダーの存在を下支えしている社会的な仕組みに関連して，ある重要な事実がある。リーダーは配下に対して，義務として服従を要求する。しかし，この関係が可能になるには，配下によってこの関係が肯定されていることが前提である[8]。換言すると，ウェーバーの論理では，1人のリーダーは他人がカリスマだと認めた段階で初めてカリスマ的な指導者となるのである。さらには，リーダーのカリスマ性は配下による継続的な再確認を必要とする。もしカリスマ・リーダーが部下に何らの恩恵をもたらさなければ，あるいはカリスマ・リーダーのある特別な才能がその才能ゆえに部下たちを顧みないことに繋がるのであれば，リーダーのカリスマ性とその正当性は雲散霧消してしまうことになる。ひとたびリーダーの"魔術"が消え去ると，配下に対する支配

力も消えることになる[9]。

　カリスマ性のもつ二つ目の本質的側面は，カリスマ性が文化的文脈に依存している点だ。カリスマ性はその時代の文化を背景としているとしたウェーバーの考え方を敷衍しつつ，米国の文学者レオ・ブローディは次のように言う――。何世紀もの間，支配者であった教会の権威や貴族支配の下，カリスマ性は神の思し召しや崇高な目的を実現するリーダーの威示行為に付随した副産物であった。やがてそのような社会も宗教的呪縛や貴族支配から脱却することになるが，そうなるとカリスマ性は個人に帰属する特性だと考えられるようになった[10]。

■カリスマの意味の変遷

　ブローディが言及している社会的，政治的な環境の変化は，米国で発展することとなるユニークな資本主義に重大な影響を与えた。すなわち，米国で進展した新しい「経済個人主義」的な考え方では，成功は個人が努力した賜物だとみなす。ウェーバーが名著『プロテスタンティズムの倫理と資本主義の精神』において論述しているとおり，この個人の努力次第とする考え方はベンジャミン・フランクリンの金言集 "Poor Richard's Almanc" のなかの「神は自ら助ける者を助く」という金言がそのルートだとされている[11]。

　カーネギーやロックフェラーのような帝国を創造したカリスマの出現とともに，この個人の美徳は――おそらく富の蓄積が大いに影響したのであろうが――「神の恵み」によるカリスマの象徴のようになった。勤勉，意思の力，そしてそのほか叩き上げの人物像に付随する特質への讃歌はビジネス関連の伝記や自伝の主要な部分を占めるようになった。だが，そのような書物にはビジネスについてのヒントや助言がほとんど書かれていなかった。成功はスピリチュアルなものであり，独占体制を作り上げたり，労働組合をぶち壊したりといった程度の低いものとは違っていた，というのである[12]。

　大恐慌時代になると，カリスマ的なビジネス・リーダーの霊験もいくらか弱まっていき，その傾向は第2次世界大戦の終結まで続くことになる。だが，最初に凋落の兆しが見られたのは1890年代の景気後退期から20世紀初頭の躍進時

にかけて、ロックフェラーとカーネギーの神話にひびが入ったときだった。この頃になると、両家が資産を積み上げられたのは、実はプロテスタントの美徳によるのではなく、悪辣非道な競争の成果だったと考えられるようになった[13]。さらには、進取の気概にあふれていた創業者主導のカーネギーとロックフェラー財閥も、その後に続いていたあまり特徴のない、経営管理のプロが経営する企業の台頭を許すことになり、それらの企業のほかに自助努力と崇高な個人のモチベーションによって成功した企業を見出すことは難しくなった。

　第2次世界大戦も終わりに近づくと、ヒトラーやムソリーニといったカリスマ指導者のために、欧州各国は焦土と化し、それ以降列強はカリスマ指導者には辟易することになった。また、歴史学や社会学においてもカリスマに批判的な研究が見られるようになった。つまり、叩き上げの個人についての神話は、単なる元気づけられる話ではなく、学歴や資格のない人たちに対してますます門戸を閉ざす傾向を強めた時代に、なお希望を持たせるという役割を担ったのである。

■カリスマの文化的側面

　ビル・ゲイツは成功した弁護士の子息で、中退したとはいえ名門ハーバード大学に通っていたというように、IT時代の英雄的起業家はすべてが貧しい家系出身の「叩き上げ」とは限らない。それでも、たゆまぬ努力を重ね成功する人を称賛する気風は現在の米国企業社会のなかにも、なお息づいている。

　しかし、1980年代に到来した投資家資本主義は、chapter 3で見たとおり、新しいビジネスリーダーとしてカリスマを台頭させることになった。つまり、窮地に追い込まれた取締役がトラブルに見舞われた企業を救うための救世主として外部からCEOを招聘するようになったのである。

　CEOに関しては、米国大企業の所有と支配の関係が大きく変遷したため、これまでにない注目を集めている。ビジネスについての新しいイデオロギーも形成され、その関連において有能なCEOの定義も新しくなった。企業は自社グループの結束を図り、お互いが深く関与するようになり、従業員にはロイヤリテ

ィーを要求するようになり，ビジネスはますます世俗化を強いる宗教の様相を呈するようになっていったのである。

　この新しいイデオロギーは，現代の企業のなかに一種の擬似的な共同社会を作ることのできるCEOに対する需要を喚起した。その共同体は，経営者資本主義の時代の公式組織や分業とはあきらかに異なったものであった[15]。

　文化の影響の重要性やカリスマ的リーダーの権威を高めるような上司と部下との関係の重要性にもかかわらず，こうした現象的考察は，アメリカの大企業でカリスマ的権威が合理的権限に取って代わった理由と経緯を理解させただけである。

　このような幾重にも不可解な変化をより深く理解するには，検討の対象を社会および文化から，次には企業そのものへと移すことが必要である。企業を見るに際しても，ウェーバーのカリスマに関する理論が示唆に富む。

カリスマによる継承を促進した構造的前提条件

■ウェーバー理論の誤用

　ウェーバーは前述したとおり，カリスマの支配力を支持している社会関係や文化的背景を議論の対象としたが，その他にも力説したことがあった。それは社会あるいは組織がそのリーダーを選ぶときには，カリスマ志向，つまりカリスマ性を具えたリーダーに目を向けてしまう構造的条件についてである。

　ウェーバーの指摘によると，カリスマ的権威を選好する傾向は，"特異な社会環境"（と彼が呼んだ）の状況で顕著になるという。特に，カリスマ・リーダーは社会がひどく荒廃したときに現われる点にウェーバーは注目した。しかし，ウェーバーはこのように理論的に考察しているにもかかわらず，社会の構造的変化がカリスマ的支配権限を生起させる特定の仕組みについては，なぜか一般論の域をでていない。そしてその一般論が，カリスマ概念を盗用する一因となっているのである。すなわち，リーダーがその地位に着いた経緯についてはほとんど考慮せず，リーダーの成功または失敗を説明する際にカリスマ性を援用

して説明しているのである。

■社会制度の荒廃とカリスマ支配

社会制度の荒廃がカリスマ的支配力の出現を許してきた点についての学術的研究としては，政治人類学者ダグ・マドセンとピーター・スノーがこれまでのところ，もっとも説得力のある研究を発表している。彼らは次のように叙述している。

> たとえば国家や経済体制といった大きな社会体制が崩壊すると，人々は（すべてではないが）多くが巻き込まれ，それぞれの生活も破壊されることになる。個人の期待は粉々に打ち砕かれ，望みは潰えてしまう。社会が存立していた前提が崩れ，社会のさまざまな協定や経済構造が崩壊する。"理解"は見られなくなり，それと共に対処しようとする気概もたいていは消えてしまう。

また，マドセンとスノーが指摘するところによると，社会が崩壊するといったストレスが充満する状況下では人々は他との繋がりを持っていたいと願うだけではなく，さらには強いリーダーの率いるグループに所属していたい，と欲する[16]。

国家や経済体制の破綻は社会崩壊の極端な例であるかもしれないが，企業においてもカリスマへの継承を促すことになる構造的な要因を検討すれば，同様のメカニズムが働いていることが確かめられる。

■合理的継承からカリスマ継承への逆流

CEOの継承に際し，カリスマ的リーダーを選ぶ方針に沿って検討することはCEO継承についてのこれまでの慣行からの決別を意味する。私はこの表現（「カリスマ的リーダーを選ぶ方針に沿って検討する」）によって，これから候補者が評価される基準は，事前に準備されていた経営手腕による基準や経営戦略上の

要請に基づく資質による基準ではなく，あるいはまた，客観的評価が可能かどうかでもなく，候補者はその個人的な特徴により評価されることになるという点を指摘しておきたい。

CEOの後任としてカリスマを据えるような事例は，大企業では滅多に見られるものではないだろうと研究者は指摘していた。研究者や実務家の多くも，1920年代より異口同音に，カリスマは合理的な経営には邪魔な存在だと指摘してきた。企業にカリスマが許されるのは，起業家精神の旺盛な企業だけだとされてきた[17]。しかし，実際は大企業においてもその事例が続発したことには驚かされる。

アルフレッド・チャンドラーは大企業の台頭に関する研究において，後継者にカリスマを選んでいた時期からもっと合理的な継承方法へ移行したこの間の変遷が，現代的な企業組織が誕生する上で最も重要な経営革新だったと記述している[18]。

それまで慣習的に行われていた伝統的な継承や，あるいはカリスマを据える継承とは対照的に，大企業の出現はリーダーの継承においても新たな考え方をもたらした。個々人は単に会社を創立したから，あるいは創業者の係累だから，という基準ではなく，経験や能力を基にして昇進を受け，採用されるようになった。

したがって，幹部候補のキャリアもトップに近いポストから始まるのではなく，新入社員と同じ待遇からスタートするようになった。また，CEO候補者も大企業においてはどこでも大体同じようなキャリア・パスを辿るようになった。つまり，マネジメント・トレーニー（管理職の見習い）として採用され，そこからスタートするようになったのである。そして，彼らが社員として雇用された後は社内の昇進制度に沿って出世していくシステムとなった[19]。社外からの中途採用はまれであり，あるとしても特定部署の人材に限られていた。給料についても，企業目的を達成するにあたって当該ポジションの貢献度を評価した給与体系に則って決定されるようになった。

企業のトップになるには，幅広い職域での経験や昇進歴といった年功と，経営管理能力といった技能の両方が必要とされるようになった。

今日ほとんどの研究者は，米国大企業におけるCEOの継承は合理的になされており，その選抜の基準は人格を中心としたものではなくなったと考えている。しかし，そうだとすると，なぜカリスマ的リーダーへの継承が再び見られるようになったのか。取締役たちが道理にかなった合理的なCEO継承を実施しない背景には，二つの要因が触媒の役割をしているのである。一つは，ある特定企業にとって社外での人材サーチはそれまでの伝統，流儀を打破することであり，またルーティン（日常性）からの飛躍を意味していること，そしてもう一つはCEOを外部でサーチする企業には業績不振という要因があること，この二つの要因がカリスマ志向を強めたのである。

社外人材による継承がもたらすルーティンの打破
■CEO選抜と継承のルール
　CEOの交代には企業活動を混乱に陥れる危険が付きまとう。そこで大企業はこれまでの百年の間に，この混乱を少しでも和らげるために，さまざまな対策を講じてきた。

　具体的には，これらの大企業はこれまでに行われていたプロセスよりももっと整然とした継承が可能となるように，明示的な，あるいは暗黙の了解事項として，さまざまなルールを設定してきた。それらのルールの多くは継承プロセスから「人」の要素をできる限り排除する，つまり，非人格化するためでもあった。このルールには例外を認めず，やむを得ない場合は取締役会や株主の承認を必要とする仕組みにした。取締役会はこのようなCEO選抜と継承のルールおよびそれらの作業の手順を定めておくことは，継承の各プロセスにおいて秩序と予測可能性をもたらすと見なしていた。

　「フォーチュン500」社の数社の社外取締役を務めるウォルター・サロモンは，1970年代と80年代にクウェーカー・オーツで見られた整然としたCEO交代について次のように話している。

私たちの場合，極めてダイナミックに継承を進めることができました。人選の対象範囲を広くとりましたので，常に少なくとも2，3名の後任CEO候補者がいました。さらに，取締役会もこれらの候補者を何年間も知っていましたし，また，会社のニーズ，候補者の強みも把握していました。つまり，取締役会は社内候補者の選考に際しては知識や経験があったわけです。生え抜きの場合，まず，内々の後継者というところから始まり，やがて正式に後継者として認定され，しかる後，CEOの指名を受ける，という順序です。この手順ですと，取締役会は候補者のプレゼンテーションを吟味したり，現職CEOの推薦内容を確認する時間的な余裕があるわけです。このプロセスでは現職のCEOが主体的に動きました。彼は自分の選択について取締役会の理解を得られるように動いたのです。

　上記のクウェーカー・ウォーツの継承の例は，第2次世界大戦後の米国大企業ではよく見られた典型例である[20]。企業は組織の各部署に優れた人材を安定的に供給するため，ヒューマン・リソース（人的資源）部門と能力開発プログラムにふんだんに予算を割り当てた。このように，社内で育った生え抜きの人材が構成する"社内人材市場"からCEO継承者を選ぶ傾向は，歴史的に米国大企業の大きな特徴であったといえよう。

　たとえば，私の調査したある企業では，取締役会は幹部社員の評価用に「デプス・チャート(知性力表)」と名付けた表を考案していた。このチャートにはCEO後継者候補として3名，あるいはそれ以上の名前が挙がっており，それぞれの対象者の業績考課は毎年12月に実施されていた。チャートには候補者の強みと弱み，そして社内での職務履歴といったことのサマリーが記録されていた。

　チャートに掲載された社員は自分が候補者であることを認識しており，候補者の上司は，候補者の能力にさらに磨きをかけるため候補者と協力していた。

　社内候補者のなかからCEOを起用するに際し，社内継承用の一定のルールに則って実施すれば，それだけである大きな問題が解決されたも同然だった。あ

る問題とは，リーダーシップを個人から個人へ公式に移転させるという，企業にとっては困難極まりない難題だ。

そういったCEOの社内継承のためのルールが確立されていたため，ステークホルダーはリーダーが交代の途中でも企業活動は中断されることなく継続されるというメッセージを得ることができた。また，あらゆる事項が適切なルールや手続きに沿って決定されてきたため，新CEOに付与される権限も正当化されていたのである。

■アメリカン・エキスプレスの事例

だが，企業が社外で候補者をサーチすることを決めると，それまでCEOの交代に適用してきた社内ルールや手続きはあまり役立たなくなる。その例を1990年代初めのアメリカン・エキスプレスで見てみよう。同社はそれまで実施してきたCEO交代の慣行を変えたが——細部では同社特有の原因があったものの——そのような変更がいかに社内の混乱を引き起こすことになったのかを知ることができる典型例となっている。

1980年代の後半および90年代の初め，問題を抱えていた同社の中核事業，すなわち，トラベル・カード（旅行者向けクレジット・カード）部門と証券部門のシェアソン・リーマンは，ますますその深刻さを増して，同社の利益を大幅に悪化させていた。だが，そんな時でも，マスコミから"テフロン製の経営者"と異名をとっていたCEOのジェームズ・ロビンソン3世は，1980年代の失策や業績不振の責任を巧妙に回避して，何年間にもわたって退陣要求の声を封じていた[21]。（サンディー・ワイルとルー・ガースナーの2人がこのCEOのポジションを狙ったが，この例は人材市場の閉鎖性を物語るさらなる傍証でもあろう。）

業績の低迷は1990年代の初めまで続き，やがてマスコミや株主がアメリカン・エキスプレスに君臨していたロビンソンの王侯支配を批判の俎上に乗せるようになった。1992年の秋，投資家から勇気付けられた取締役会メンバー数名は，ロビンソンに退陣を迫り，取締役会に対しては社外でCEO候補者の人材サーチを開始するように要求した。ロビンソンは渋々ながら数週間以内に辞任す

ると公表した。そして，これは彼の誠意だと受け取られたのだが，後任CEO候補者をサーチする責任者を引き受けたのだった。

　ある内部事情通によると，"反乱分子"の取締役たちがロビンソンを退陣に追い込んだ後には混乱が起こり，取締役会の機能は大幅に"麻痺"したという。

　「アメリカン・エキスプレスはこれまで社外でCEO候補者を探した経験がなかったからだ」とこの事情通は言い，次のように説明した。

　　アメリカン・エキスプレスの取締役会は取締役会の模範のようなものだった。名簿はまるで名士の紳士録だった。なかには大物政治家，ヘンリー・キッシンジャーや，モトローラのジョージ・フィッシャー会長の名前もあった。彼らは報酬を受け取り，会社のジェット機を使い，数知れない倶楽部の会員権を供与され，また会社の高級マンションに住んでいる者もいた。取締役たちは，退任CEOが新CEOを指名するという慣行にはいつも従っていた。したがって，ほかにすることはなにもなかった。

　ロビンソンがサーチの仕事を引き受けた後，彼は退任する自分が新CEOを指名する任に当たるという会社の慣行が今回も守られるよう全力を尽くした。
　ある内部事情に詳しい人の話だと，取締役会が可能性の高い候補者を面接するたびに，ニューヨークに本拠を置くPR会社の幹部であったロビンソンの妻が，候補者の名前をプレスにリークしていたという。招聘したい人材は，すでにどこかの企業でCEOとして活躍している場合がほとんどであり，このリークの結果として，彼らはアメックスのポジションには関心がないと，やむなく公に発言する羽目になるのだった。
　このときのサーチに詳しい別人によると，「もし，ロビンソンがサーチに干渉していなかったら，取締役会はきっと社外の候補者を指名していたと思う。社外からの目が厳しくなっている状況では，企業に対する信頼を取り戻すには社外の候補者が一番だったのです」。

一方，外部でのCEO人材サーチが継続されていたとされる2か月間に，ロビンソンは取締役会のメンバーのほとんどを説得して，自分がアメリカン・エキスプレスの会長職にとどまることを決議するように仕向けていた。また，取締役会はロビンソンの指名した社内登用の新CEO，ハーベイ・ゴルブを承認するに至った。さらに，ロビンソンはこの期間内に自分を退陣に追い込んだ3人の反対勢力を取締役から外し，さらに，反対派であった取締役の子息を左遷した。

　だが，シェアソン部門の損失が新たに報告されるに至ると大株主のさらなる怒りを買い，ビジネスメディアからも批判を浴び，ついにはアメリカン・エキスプレスの取締役会もロビンソンに全面的な退陣を迫ったのだった。

■ケース・スタディの「教材」

　通常行われていたCEOの交代プロセスとは異なることになったアメリカン・エキスプレスでのロビンソンの後継者探しは，以下にあるとおり，ハーバード・ビジネススクールでのケーススタディーの格好の教材となった。

　1992年9月20日，（当時のCEOであった）ロビンソンが室外に退出すると，社外取締役会が開始された。（モービル・コープの前CEOでアメリカン・エキスプレスの取締役であったローレイ・）ワーナーが立ち上がり，発言を求めた……続いて，彼はロビンソンのこれまでの失策を縷々説明しはじめた……彼がプレゼンを終えると，ではいったい取締役会として何をすべきなのか，と彼らは議論した。ワーナーは，取締役会がロビンソンに即時の辞任を求め，代わりにCEO代行を取締役の中から選出すべきであると答えた……この提案を討議しているうちに，どうやら取締役会はワーナーの提案に対してかなり強く反対であることがはっきりしてきた。数名の取締役はこのような形でロビンソンを放逐することには強力に反対したと伝えられている。結局，ほんの2，3名の取締役がワーナー提案に賛成しただけだった。

　ただ，取締役会も後継者選びはもっと議論を深めることが必要だ，との認

識で一致した。ロビンソンは翌日の取締役会で討議すべき計画書を提出するように指示を受けた……（ロビンソンを委員長としたサーチ委員会が設置されていた。ロビンソンが強制的に退陣させられていながら、後釜に座る人物を選ぶ立場にいるというのはどう考えても尋常ではなかった。）

　12月になると、ロビンソンが辞任するというニュース記事が『フォーチュン』に初めて掲載された。その記事では、ワーナーを首謀者とするクーデターがあった、とされたが、すぐさまロビンソン、ワーナーの双方は否定した……だが、懐疑心を強めていたジャーナリストやコメンテイターに対して、クーデターなどなかったと完全に説得することはできなかった。いくつかの刊行物は実際、ロビンソンの失脚に歓喜し、次のような記事タイトルを掲げていた——「ジェームズ3世王の転覆」、「アメリカン・エキスプレスの静かなるクーデター」。

　『フォーチュン』とそれに続いた各誌の詳細な報道により、サーチ委員会はもっと早急に人選を進めなければならなくなった……ロビンソンもまたメディアや自分の味方の取締役たちに対して、自分の実績を主張することを始めた。取締役たちに対する電話では、自分に都合がよいことだけを話していた……。

　ロビンソンが辞任することが公表され、彼は後任にハーベイ・ゴルブを推しているというニュースが伝わった翌日、アメリカン・エキスプレスの株価は1.4ドル上昇した。だが、取締役のなかにはゴルブについて疑問を呈する者もいた。そのような疑問は一連のプレス・リークの形で流れていたが、同時に、取締役会のなかの2派分裂を隠す役割をも果たしていた。つまり、分裂とはロビンソンを支持しロビンソンの選んだ後継者を擁立する派、そして反ロビンソンで、社外候補者をもっと真剣に検討することを要求する派の2派だった。（取締役会メンバーのなかには）ゴルブのぶっきらぼうな性格を嫌う者もいた。また、彼は上品なアメリカン・エキスプレスのカルチャーにそぐわない、と非難する取締役もいた。そして、数名の取締役会メンバーはゴルブがロビンソンの指名だということだけで反対に回った、と伝えられている。

忠実なロビンソン派のドルー・ルイスは次のように発言している。

　ハワード・クラーク・シニアにしろ，ローウェイ・ワーナーにしろ，ハーベイをロビンソンそのもののように考えている。彼の頭の皮でも剥ぎたいのだろうか。

　CEOの交代に関するメディアの憶測記事も，もはや度を越し，アメリカン・エキスプレスの将来像に不安が漂い始めると，社内の士気も一層低下した。誰をリーダーにするのかを巡って，取締役会が割れていることは誰の目にも明らかだった[22]。

■CEOの継承と取締役会

　CEOの継承において従来とは異なる継承方法を採れば，以上でみたような混乱を伴う可能性があるが，この従来と異なる継承方法とカリスマ志向の継承とは実は，密接に関連している。取締役会が従来とは異なる継承を検討するようになった背景は，通常，何らかの理由で後継者を早めに公表する必要に迫られている場合だ。取締役会がこれに早期に対応できなかった場合，その会社は次のどちらかの状態にある，とある取締役は説明する。

　つまり，取締役から全面的な支持を取り付けられる社内候補者がまったくいない場合，あるいはその会社が抱える問題があまりにも深刻なため，迎えるべき有能なCEOには見向きもされていない場合，のいずれかである。

　取締役会はこのような焦りのため，企業のニーズや候補者の強さ，弱さを評価する客観的なプロセスには目をつぶり，急いで後継者を決めようとするのである。そんなサーチ活動はおのずと，細かいことにこだわり過ぎたり，明らかに政治的に動いたり，場当たり的で無節操なものとなってしまったりする。社外でCEOをサーチする場合に依拠すべき方針や手続きなどを確立している企業は滅多にない。そのため，取締役会は会社に秩序をもたらしてくれる人物を求めたのである。

内部に派閥が存在するある取締役会のサーチ委員会で委員長を務めた人物は，自分と仲間の考え方を次のように語っている。

　　取締役会は割れていました。会社には融合されるべき2つのカルチャーが画然として並存していました。私たちをもう一度まとまらせてくれる人物を必要としていました。誰か強力な個性で混乱を収拾し，全社をまとめられる人物です……前任者の退陣により起きた混乱，そしてその結果の無秩序と方向性の喪失を経験した我々は，みんなをまとめ，会社に安定をもたらしてくれる強い個性，強い個人を見つけたいと思ったのです。

カリスマ性を備えた人物を後任に据えたいと願うのは，企業に秩序を取り戻したいという思いと関連している。好業績企業で現在CEOを務めている候補者，または取締役が自社に相応しいと評価する人物やそういった企業の出身者は——換言すると，chapter 4 で吟味した社会的マッチング基準をクリアした人物は——上記のような状況下では明白に有利であるといえよう。その理由は，取締役にとってそういった候補者はすでに真価が証明されているため，取締役の社外サーチにまつわる懸念を和らげてくれるからである。

企業業績不振とカリスマの出現

　企業業績の好・不調は，取締役会が合理的な継承者を選ぶか，それともカリスマ的な継承者を志向するかということに大いに影響する。企業が好景気に沸き，事業環境も安定しているときは，取締役は伝統的なプロセスを選び，退任するCEOの指名どおりに承認することが多い。対照的に，業績不振に喘いでいるときは，取締役会は事態を改善するために，社外にカリスマを求める傾向が強くなる。

　カリスマ・リーダーの出現を促したと思われる要因を数値で把握しようとした比較研究がいくつか公表されている。それによれば，企業経営の危機状態と

カリスマ待望との間には強い相関関係が見られる。企業の危機はさまざまな形態で現われる[23]。そのなかでもっとも一般的なのは業績不振、そして業績不振に付随する関係者の不満である。企業業績の不振が危機的なレベルに達すると、不満が高まり、通常の状況では見られない一連の要求が突き付けられるようになる。また、取締役会メンバーは、将来不安と心配事に苛まれることになる。

　カリスマの指導性と企業が直面する危機との関係は通常、次のような接点で解釈される。すなわち、カリスマは企業が直面する問題の解決策を明確に提示し、その解決策に沿って全社を盛り上げていく。このことにより彼に対する支持者が増えていく。あるいは、カリスマが企業のミッションを明確に打ち出すことにより、やがて部下となるべき人たちはそれまで明確に自覚していなかった重大問題に注目する。もちろん、カリスマが打ち出す方針が途方もなく誤っている場合もある。

　たとえば、高級デパート・チェーンを展開する企業から中流階級相手の小売店に移籍した、流通が専門のカリスマCEOの場合である。彼はそれまでの自分の方針をその小売店にも適用し、もっと上流階級を狙い、高収益小売店への脱皮を図った。だが、やがて経営破綻寸前までいったところで、彼は評判の高かった新しいCEOにとって代わられた。

　新CEOはこの小売店は"中流階級の顧客を対象とした小売店"という原点への回帰が必要だと感じていた。このような失敗例を見ると、かつての大企業がカリスマを避けて合理的なCEO継承の道を選んだ理由がよく理解できる。

■社外からのカリスマの仕事

　しかしながら、社外から来たカリスマの仕事は企業に対してときどき"ビジョン"を示すといったことだけではない。その他にも、危機に瀕している企業へ、部外者だからこそ与えることのできる希望を提示することもできる。

　社外から招いたカリスマの危機打開力はある産業が構造的な変化によって企業業績を低迷させているときにはとくに効力を発揮する。

　そんな事例は、たとえば、主力のインスタント・カメラがデジタル・カメラ

によって市場から駆逐されたポラロイドだ。同社は"緩慢なる死"に向かって進んでいた。また，売上げの大半，利益のほとんどを長距離電話事業に依存していたAT&Tの例もある。同社は，デジタル時代にアナログ・サービス企業として生き残るには先がなく，盛んに事業の再構築を進めてきたが，今までのところ一向に効果が見えていない。両社とも問題は経営のまずさではなく，事業環境の構造変化が原因であった[24]。

　組織戦略論や社会生態学の研究によると，このような情勢下で最もよい対策は，規模を縮小して利益を株主に還元すること，あるいは事業の停止である。だがそのような対策は机上でいかに合理的だとしても，実際上，滅多に実行可能だとはされない。それぞれにもっと"勇気のある"解決策が求められるのだ。そして，この解決策として，社外から万能の候補者——カリスマ性があり，意欲満々の人材——を迎えることほど簡単な解決策はないのである。

　候補者はその会社の事業分野の経験がないかもしれないが，それでも構わない（そのいい例は，社長，COOの経験者で，AT&Tの取締役会がその決定を翻すまでの9か月間足らず，AT&Tの次期CEOとして指名を受けていたジョン・ウォルターだ。取締役会は結局，もう一人の社外候補，C. マイケル・アームストロングを雇うことになった）。しかし，ゲオルグ・ジンメルが注目しているとおり，外部のカリスマ候補者や「よそ者」は希望や期待を持たせてくれる[25]。

　カリスマが登場すれば，少なくとも一時的にしろ，社内の幹部社員を登用する場合とは比較にならないほど，今後の可能性について幻想を与えてくれる。社内の候補者はこれまでの「負け組みの一員」であることを連想させる。ある取締役が言ったことだが，社内候補は「あまりにも将来を悲観し過ぎている」のである。会社の細々とした問題についてほとんど何も知らない外部の候補者は当然楽観的になりやすいのである。

■統計上の因果関係

　企業の「業績不振」とそんな企業が「カリスマへの継承に執着すること」との因果関係は，CEOの「解任」と「自主退任」とを比較した統計によりはっき

りと確認することができよう。

その統計によると、業績が低迷している企業においてはCEOの解任の事例がもっとも多く見られる（chapter 4，表4-2参照）。また、そのような企業は個人の経営手腕を経営不振の解決策として想定しがちである。さらに、企業業績というものは過去のアプローチに依存していては回復がおぼつかなく、企業は外部の全能者によって作りかえられなければならないのだ、と取締役は考えるようになる。

技術の進歩、規制の緩和、あるいは従前からの手順やルールをあまり役立たせなくしてしまうその他の情勢によって、企業がカリスマへの継承へとなびいてしまう条件が醸し出されるのである。保険会社のトップのスカウトを手掛けるエバン・リンゼーは、保険業界で問題が深刻化している企業の幹部社員のやる気のなさを指摘する。そして、事業環境によって業績不振を招いた保険会社とそんな企業がカリスマへの志向を強めることの因果関係を明らかにして、以下のように語る。

　保険業界は産業が誕生した当初からよいリーダーは不要だった。リーダーシップのある人、ビジョンのある人、戦略のある人、変革を起こす人、こうした人々はこの産業では不要であり、1980年代後半に至るまで、「年齢と経験」がこの業界のCEOを決める決め手だった。だが、金融業界全体に規制緩和のうねりが押し寄せ、業界の最大の問題は、経営者が単なる経営者から、何でもこなせるゼネラルマネジャー・タイプへと移行しなければならなくなったことだった。ほとんどの保険会社の幹部社員はこの劇的な変化を乗り越えられなかった。そして取締役会は社内で後継者を探すこととなったが、よい候補者は見つからなかったのだ。

■業績不振と変革へのニーズ

企業において業績の危機感が高まると、変革へのニーズが強まる。そんな時には、CEOの責に帰せられない場合でも、取締役会は新しいリーダーを求める

ようになる——ただ，取締役会のそのような行動はほとんどが象徴的，形式的なものであり，新しくCEOとなった者の選択肢はかなり制限的なものとなりやすい[26]。

また，企業が業績的に危機に陥ると，これまでの決定事項や確立されていた権限も往々にして反故になってしまう。さらに，強力なリーダーの出現を求める傾向が強まるのだ。少人数グループに特徴的に見られる行動様式を研究した報告によると，問題解決を委ねられていた少人数グループが自信を喪失して危機に面すると，より少ない僅かな人たちに解決を委ねる傾向になるという[27]。これをCEOの継承に当てはめて考えると，取締役たちが途方に暮れ，問題の解決策を模索しているときには，強いリーダーを選ぶことに傾くのである。言い換えれば，取締役たちの責任放棄と他者への権限委譲の下地が醸成されるのである。

業績が不振となった場合に複雑な問題に対処する際，想像される解決方法は個人崇拝の小型版のようなものといえよう。エバン・リンゼーはそのような事態について，深刻な業績不振に陥った米国南部の大手保険会社の事例を挙げて説明する。

この保険会社が抱えていた問題は規制など複雑な事業環境の変化に起因することが多かったが，取締役会は「会社は苦境にあるが，保険産業界のジャック・ウェルチやルー・ガースナーといった人材ならば救うことができる」と考えていた。エグゼクティブ・サーチ会社のコンサルタントは，CEO候補を説明するときにはよくこう言う——「彼はルー・ガースナーに似ていますね」，あるいは，「ジャック・ウェルチと同じような経歴です」。彼らの名前を挙げると，取締役は次のことを連想するのである。ルー・ガースナーの場合は，「企業の経営再建」。そして，ジャック・ウェルチは「経営を常にスリム化し，世界最高の企業価値を生むべく間断なく再投資するイメージ」である。

だが，社外CEO人材サーチ活動が後半に入った段階でも，ジャック・ウェルチやルー・ガースナーではなく，表面的にはみな同じに見える3，4名のあまりカリスマとは思えない候補者しか見つけられなかったときに，取締役たちはどうすべきなのだろうか。このうちの1人の候補者をどのようにしてカリスマ

だと認定するのだろうか。

　以下において，外部CEO人材サーチで対象となる候補者をもっと詳細に吟味し，カリスマの役割を負うべき候補者がどのようにして選抜されていくのか検討することにしよう。

カリスマを作る

■カリスマ創造と社会的文脈

　すでにこのchapter 6の前半において，一般的なCEO人材サーチの場合には取締役会のメンバー同士は3，4名の最終候補者の中から，それぞれが同じ候補者に絞り込んでくる傾向が強いことを指摘した。なぜ，この傾向が出てくるのかその理由は次の事情が説明する。

　カリスマ性は個人の持つ資質によるというよりも，社会的に作られていくものだという理由である。カリスマについてはこれまでにも社会学的な分析がなされているが，それらの研究では社会的な文脈が強調されている。一定の社会的な文脈のもとで，個人や集団あるいは社会でさえも，カリスマの権威に依存する傾向を強める。そういった社会的な文脈の一つがルーティンの打破であり，また，業績の低迷といった要因であった。

　そのような社会的文脈は重要ではあるものの，カリスマの属性に関する私の認識は以下の点において先人たちの研究とは異なる。すなわち，私の考えでは，ある個人にカリスマ性があるかどうかは，大部分は評価を受けているその個人の社会的な特徴により——そして，ある程度は，社会的に価値が認められたその個人の属性によって——判断されるのである。

　このいい例は，候補者が名門企業出身の場合である。ある候補者が名門企業の出身者であることほど，その候補者にカリスマ性が備わっていると取締役たちに信じてもらえるものはない。

■スタンレー・ワークスのCEOリサーチ

　この傾向を示す実例として，1996年から97年にかけて見られたコネチカット州の工具メーカー，スタンレー・ワークスのCEOサーチを検討してみたい。
　この会社は，それまでの数年間，業績が低迷していた。ウォールストリートのアナリストや取締役たちは一様に，業績改善への明確な戦略がないためだと指摘していた。取締役たちはまた明確な戦略の欠如は，CEOに経営に関する展望がなく，企業目的を明示できなかったことによるとみなした。
　私はスタンレーの取締役と面談したが，この会社が過去10年間にほとんど成長をみなかった産業に属している点についての指摘はなかったし，また，ウォルマートやホーム・デポといった巨大アウトレットがスタンレー製品の低価格設定を望んでいることも話題にならなかった。昔からスタンレー製品を販売してきたパパママ・ストアの金物屋はこれらの巨大スーパーによって滅ぼされているのだ。アジアから低価格，高品質の工具が輸入され，米国市場を席巻しているというのに，世界市場の競争激化についても何ら言及はなかった。スタンレーの取締役たちは有能なCEOが来れば，「彼が考えをまとめ，適切な戦略を策定してくれる」だろうと，ただ単純に期待しているのだ，と別の2人の取締役がコメントしていた。
　スタンレー・ワークスの取締役会は大掛かりな人材サーチの末に，GEメディカル・システムズの元の社長，ジョン・トラーニを迎えることとなった。私が別のスタレンーの取締役にトラーニを雇うことにした理由を尋ねると，トラーニがゼネラル・エレクトリック出身でしかもジャック・ウェルチの部下であったことが取締役会ではいつも取り上げられて議論されていた，と答えている。
　取締役たちはGEの幹部社員養成の実績について議論していたのだ。取締役たち全員は，米国で他のリーディング企業へ移ったGEの元幹部社員が今ではその企業の業績を改善している点に注目していた。しかし，どの取締役もトラーニのGEでの経験とスタンレーの抱える問題とを関連付けて検討することはなかった。また，トラーニが会社を移りたいと考えたのは，彼がスタンレーと

は比較にならないほどステータスの高いGEではCEOに昇格することはあり得ない，とおそらく彼が判断したからだという点に着目する取締役もいなかった[28]。

GEの業績もまた，スタンレー・ワークスの取締役たちがトラーニを評価する際に影響を与えている。取締役会のロジックをある取締役は次のように説明する。

この候補者なら仕事をこなせると私たちが確認できた候補者は3名か4名はいる，と私は思いました。しかし，他の取締役たちは特定の候補者に固執していました。その候補者，ジョン・トラーニは桁違いの最優良候補者でした。彼と取締役たちの相性も抜群でした。なんと言っても，彼は輝かしい業績を挙げたジャック・ウェルチの時代にGEで過ごした人物でした。ウェルチがトップだったころのGEほど企業価値を高めた巨大企業は見当たりません。

■カリスマ性とソーシャル・マッチングの手法

スタンレー・ワークスのサーチを見守ってきたアナリストたちが出したコメントもこの誤謬含みのロジックを一層強固なものにした。たとえば，ナットウェスト証券会社のニック・ヘイマンは，「トラーニはGEのなかで，トップ・テンに数えられる幹部です。それはつまり，世界で十指に数えられることを意味します。スタンレー・ワークスに投資する人たちが楽観的になるのも無理からぬことです」[29]。

だが，私がこの本を書いている時点では，取締役とアナリストがトラーニに対して抱いた当初の楽観的な期待は報われていないようだ。スタンレー・ワークスを"工具のコカ・コーラ"に作り替えるとトラーニが目指した計画は，確かな戦略というよりはむしろ幻想であり，同社はなおも足掻き続けているように見える[30]。

スタンレーの取締役たちのこれらの発言から判断すると，取締役会が候補者

にカリスマ性を見つける根拠として，少なくともある部分では，前職企業のステータス，その企業の業績，あるいは高名な経営者との人脈が考慮されるようだ（これらの外面的属性は，例示的なものあって，カリスマ性のコンセプトを構成する外面的基準を網羅したものではない）。

ある個人が，カリスマ性を備えているかどうかをこのような属性の基準で決めることは，候補者を適格者，不適格者に分類する"ソーシャル・マッチング"の手法とよく似ている。ソーシャル・マッチングと同じく，カリスマ性をある候補者に帰属させるということも根底においては個人の資質によるのではなく，本質的にみんなで（＝社会的に）決めるというプロセスなのである。

しかし，サーチの初期段階での社会的マッチングと，1人に絞られた最終候補者へカリスマ性を付与するというマッチングとの間では，微妙ではあるが，ある重要な違いが認められる。

その違いとは，"other-directed"（「他者誘導型」）という社会学的な概念をもって説明することができる。ソーシャル・マッチングはそもそも「他者誘導型」である。「他者誘導型」の社会的な行動では，参加者は自分の行動を決めるに当たって，注意深く他者の評価とその期待値とを見定める。そして，このような他者の評価と期待値が実際の正当性，適切性の基準となるのである。

外部からCEOを招く継承において，取締役たちは外部関係者が適切な候補者だと判断してくれる人材を揃えるためにいろいろと尽力する。その一つが，優秀な候補者には具わっているとあまねく期待されている資質に取締役たちが執着することだ。時の経過と共に，これらの判断基準は多くの企業で広く採用され，あるいは忠実に実行されるようになったため，もはや正当化する必要のない「当たり前のこと」，あるいは一種の「ルール」と見做されるようになった。

ソーシャル・マッチングを拠りどころとしている取締役会にとっての取り柄は，出てきた結果の擁護が容易であることだ（このような格言があることを思い出して頂きたい——"IBMのコンピュータを買ったために解雇された人はいない"）。

外部CEO人材市場において「ソーシャル・マッチング」がよく使われる理由は，候補者が実際にCEOに就いた場合の実力がわからないからである。つまり，

CEO候補者の能力を事前に知ることは不可能であるため，ソーシャル・マッチングの手法によって無難な候補者を選ぶことになるのだ。ただ，有能と思われた人材でも経営に失敗することもあるが，そんな場合でも取締役会が適切な資質の候補者を選ばなかったからとの批判は免れることになる。社外のCEO候補者はどの候補者も多くの判断基準に照らしてみたときに，見分けが付けにくいという理由はこのようなソーシャル・マッチングの選抜方法の結果なのである。

候補者の最終リストを作成する際の拠りどころとされるソーシャル・マッチングとは対照的だが，取締役たちが特定候補者にカリスマ性を帰属せしめるのは，取締役たちの単なる自己弁護のためというのではなく，取締役たちは候補者の所属を真から称賛するようになったからである。

もっと複雑な見方をすると，取締役たちはそれまでの環境によって候補者の持つカリスマ性を賛美するに至ったから，とも言える。また，もっとも単純に考えると，カリスマ性を認めるということは，次の例のように本質的に1人の個人に対する反応なのである。

取締役たちはある個人のリーダーシップの可能性をあれこれ称賛するが，彼らのその言い方を聞いていると，彼らは堂々としたある特定個人に魅せられてしまい，その人に付いて行きたくなった，と告白しているように思える（実際，取締役はこんな希望さえ抱く——カリスマ・リーダーが会社の直面する困難を克服してくれるし，むずかしい決断から部下たちを解放してくれる。）。

たとえば，バンク・ワンの場合を思い出していただきたい。ジャミー・ダイモンより商業銀行業務での経験が長い（また，ジョン・マッコイが退任してからずっとあの銀行の実質的な経営を日常的にみてきた）バーン・アイストックという銀行内の候補者ではなく，外部のジャミー・ダイモンがなぜ選ばれたのかと問われたとき，あるバンク・ワンの取締役は次のように答えていた。

ジャミー・ダイモンを選んだのは何人かいた候補者のなかで，リーダーらしさが明白だったからです。ジャミーはまさにこれこそリーダーだといえる人材でした。彼は即断即決のタイプで，論理的で，しかも話に説得力があり

ました……彼は経営の安定や社内のまとまりのため,といったことには時間をあまり費しませんでした。彼が代わりにやったことは,この銀行をトップの銀行にすることだったのです……アイストックの場合は,もっと社内の融和を大事にしていました。アイストックはこの銀行には安定が必要であり,合併やマッコイの退陣に伴って発生した混乱により社員も疲弊しきっており,休息が必要だと考えていました。

■カリスマ性とインプレッション・マネジメント

なぜ人はある人物よりも他の人物にカリスマ性を強く見出すのか,その理由について,通常,人は理解しようとはしない。だが,人は自分たちがカリスマ的な人物に接するときには,その理由について思いを巡らし,自分たちの反応を決めようとする。

chapter 3 でみたとおり,企業のCEOとはこうあるべきだという定義およびその定義によって価値が評価されるCEOの資質は,歴史的にみると他の諸条件に依存してきたことがわかる。また,その定義はこれまでに幾度も変貌を遂げている。したがって,バンク・ワンの取締役がダイモンのカリスマ性に対して示した反応は,単に取締役の個人的,主観的な反応といったものではなく,社会的なプロセスから生まれたものであり,あるいは,社会的なプロセスを経て来たものと言えるのである。

このプロセスを通して,取締役たちは候補者を「即断即決」,「論理的」,「説得力あり」と見なし,評価し,尊敬することを学ぶのだ。また,「安定」志向や「社内の融和」にこだわっている人を軽んずるようにもなるのである。

候補者のリーダーシップを取締役が判断するときに自分の個人的な印象を基準にすると,ことが一層深刻となる。取締役と候補者との間で行われる短い面接では,その結果に対する信頼性が乏しいからである。

取締役たちは短時間の面接で候補者にリーダーシップの素質があるかどうかを見抜くことができると言う。実際,私の面談した数人の取締役は,面接を始めてほんの数分のうちにその候補者に本当のリーダーシップが具わっているか

どうかが判断できた，と話していた。

　さらには，取締役たちは候補者を外観から判断し，候補者の性格を正しく判断していると信じているようだが，実際はごく狭い基準で安易に即決しているに過ぎない。この性格なら後々にはこうするであろうと予想させる一つの手がかりとして人の性格を見る場合，取締役たちの見方はあまりにも単純で誤認を招くものと言えよう。

　面接のような同一条件を保たなければならない場面でも，我々は一貫した立場ではなく，さまざまな自分を，さまざまな候補者に，そしてさまざまな状況でさらけ出してしまう。相手の社会的なステータスと自分を比べ，相手によって異なる対応をする。単なる知人と親しい人とでは，接し方も異なる。つまり，これらの反応は，アービング・ゴフマンの言う"インプレッション・マネジメント"に依って対応していることになる。

　インプレッション・マネジメントとは，自分についての情報を発信することを通して，他人が持つ自分のイメージをコントロールしようとするものである。発信するものとは，強調や調子，そして実際の開示や，発言内容の省略，といったものがある。

　人は自分の目的を達成するために，よくこのインプレッション・マネジメントのための情報発信をする。この方法は，必ずしも故意に偽りの表情を作ったり，騙したりすることを指すのではなく，好ましい自分のイメージを与えるように，また，自分自身に目を引くように装うことを含む[31]。

　人は常にインプレッション・マネジメントに取り組んでいるという事実から考えて，候補者のリーダーシップは1回の短時間面接で判断できるとしていることは，CEOの外部サーチの更なる理不尽さを物語る。その1回だけの短時間面接は，サーチ過程のなかで候補者のことにまったく関わらなかった取締役が候補者と接する唯一の場なのである。

　さらに，外部人材サーチの最終決定をするための判断材料となるべきこの面接は，候補者の気質を知り，CEOとしての適格性をチェックするものとして設定されているわけではない。むしろ，外部CEO人材市場という特異な状況が要

請する，本質とは関係ないとも言える要求項目を充足するために実施されているのが実態である。

このような状況下の面接では，候補者の誠実さ，人格の成熟度，洞察力，動機，会社に対する理解度などについて，取締役たちが果たして健全な判断をしているのかは容易に確認できない。これらすべて，どんな動きをしてもうまくはいかない問題の根源は，CEOの外部人材サーチに内在する歪曲した論理がもたらしているものなのだ。

■外部人材サーチと不合理性

これまで検討してきた外部人材サーチの各時点においては，次の諸点に照らすと，驚きに値する，あるいは不合理とも思える，関係者の振る舞いが見られた。つまり，本来，サーチプロセスは候補者の対象を出来る限り広くとり，企業の戦略的状況を基に策定した客観的尺度に照らして，また，CEOに要請される経営上の課題に照らして，候補者を評価すべきであるのに対し，実際はこれらとは異なる評価が見られたのである。

たとえば，ESFへ委託すべき仕事を取締役たちがしている例があった。その例とは取締役たち自身が――人材を集め，評価するときに企業のニーズを考慮しないまま――候補者をリストアップし，候補者についての重大な情報を収集するといった行動である。また，ESFの役割は候補者をたくさん見つけることではなく，あるいは候補者についての情報を提供することではなく，取締役と候補者の間に立って仲介することだった。

次に，候補者の役割をもっと詳細に見ると，ここでも明らかな異常現象が見られた。サーチの最終段階は候補者に決定的な評価を下す時点ではなく――候補者の一人がCEOに選ばれる前の段階においても――むしろ候補者たちに交渉の主導権を与える段階として位置づけられていたのである。

慇懃なる面接

　従来からのCEO承継のプロセスでは，退任するCEOと取締役会が候補者に対して絶大な「力」を及ぼしていた。

　chapter 3において，レジナルド・ジョーンズは，ゼネラル・エレクトリックでは結局ジャック・ウェルチを後継者にしたプロセスを描写していた。GEの選抜の経緯からも明らかだが，この「力」の背景にあるのは，採否の決定権を握るのは取締役会であり，CEOのポストを狙って活発に動く社内候補者のなかから選抜するのも取締役会だという事実であった。

　だが，上述の社内継承で見られた力関係も，社外でカリスマ的リーダーをスカウトする場合に見られる取締役会と社外候補者との間の力関係とでは際立った対照をなしている。そのもっとも基本的な相違は，取締役たちが社外候補者に対しては慇懃になる，という点だ。

　CEOに指名されるカリスマ人材は，待ち望まれた企業救世主であるため，取締役たちはその救世主にすべてを依存したくなる。企業は候補者を逃さないようにするため，取締役とサーチ・コンサルタントはさまざまな方法を用いて誤解を最小限に食い止め，残念な結果にならないように務める。その方法の一つとして，取締役たちと候補者の直接コンタクトの回数や内容が極力制限される。

　すでにESFの役割として，候補者と求人側企業の間のバッファーになるという役割を見てきた。だが，この不可欠なバッファーの役回りは，通常行われている取締役会の慣行によっても達成されているようだ。つまり，CEO候補者と企業側の面接が最終決定に至るまでたった1回で済ましているという事実は，何らかの問題の表面化を未然に防止するバッファーになっているのである。

　さらに，候補者と取締役たちとの直接的なコンタクトが厳格に制限されていることもバッファーとなっているが，取締役たちの面接時のマナーも，更なるバッファーとなっている。顔を付き合わせた面接は，候補者が辞退する結果を招くことになりかねないほど内容が重く，濃密なやりとりになるため，面接時

の取締役たちの言動は自ずと丁寧になり，インプレッション・マネジメントに満ち溢れたものとなる。

　くだけた表現や接し方は，誤解されやすいため，言葉は注意深く選ばれる。また，取締役は，過度に自分のことを前面にだしたり，あるいは卑屈さを示したりして，服従の意思を誰にでもわかるように表現することもある。ある銀行の取締役はこう述べている。

　　選考の最終段階に辿り着いたとき，あいつが候補者を逃してしまった張本人だ，とは言われたくはありません。もはやこの最終段階においては，つまらないことで対立したため候補者に辞退されて，もういちど最初からやり直し，という事態だけは避けたいのです。

このように，取締役たちは高圧的な接し方や脅迫めいた声の調子で喋るのを慎むだけではなく，質問項目数も自己規制しているのである。ある候補者はCEOに応募したときの面接の様子を次のように回顧する。

　　医学部の面接試験のようではありませんでした。質問項目はそんなにたくさんあるわけではありません。代わりに，取締役たちは会社の売り込みに時間を費していました。いま，会社で起こっている好ましい事柄を並べ，いかによい会社であるのか，滔々と話していました。

■アル・ダンラップの事例

　実際，取締役たちは面接に際してほとんど準備もせず，あるいは面接の心得といった研修も受けず，また候補者に巧みに質問する仕方もわからないまま候補者に会っているのが実情である。

　彼らの質問には鋭さがなく，仮定の話が多い。候補者の過去の実績を抉り出すという質問よりは，これからどうしたいか，といったものが多い。実際，CEOの社外サーチで不足している候補者に関する情報は鋭い質問でしか得られ

ないことを考えると，軟弱な質問しかできないというのはまた不思議な話である。

他の職の面接では，通常，面接者が聞き出しているはずのこれまでの実績や経歴を，CEO候補者の面接の場合には聞き出さなかったことにより起こり得る結末は，『チェーンソー』の主人公，アル・ダンラップの実例が如実に物語る。

アル・ダンラップは，今や名誉を失墜させてしまったが，もともとサンビーム社およびスコット・ペーパーでCEOだった人物である。サンビーム社が彼をトップ経営者に雇った1996年までに，ダンラップはCEOのなかのCEOとしてセレブの仲間入りをしていた。彼に勢いをつける機会を与えたのは，彼が1994年4月から95年12月までCEOとして働いていたスコット・ペーパーでの企業再生であった。彼はこのとき，11,000人の首切りを含めた情け容赦のないリストラを断行して名を馳せたのだった（ダンラップは『ミーン・ビジネス』という，「真剣に取り組む」という意味のタイトルの自伝を刊行している。この本のなかで，彼はスコット・ペーパーをキンバリー・クラークへ売却する手筈を調えた自分の働きは，自分が退任時に受けた功労金1億ドルに"値した"と自慢している）。

サンビーム社の前の取締役の1人が今となって認めていることだが，取締役会はダンラップが大変気に入っていた。そして，彼が移籍してくれば株価が即座に高騰するという期待があったため，彼の前歴で見られた批判，つまりダンラップ流の"ミーン・ビジネス経営"に対する批判は，彼に不満を抱いていた部下たちが誇張して悪く言ったものだとして，取締役会は問題にしなかったのである。

しかし，取締役会がダンラップに対する"がさつで，プロ経営者らしくない"という世間の評判について，もっと真剣に審査していたならば，ダンラップが20年前にでたらめな取引をして解雇されていたことや，後に経理の不正操作に手を染めていたとして告訴されたこともわかっていたはずだった。ダンラップは結局この不正経理操作と同じ類の不祥事をサンビーム社でも起こし，1998年にはサンビーム社を追われることになる[32]。

■面接時に準備されている候補者への配慮

　CEO候補との面接時に，候補者に挑むような，あるいは，まごつかせるような質問を避けていれば，取締役も候補者もお互いに当惑することはない。それだけではなく，その面接で不躾な質問をしないことによって，CEOのポジションに応募してくれたその候補者に対して取締役たちは感謝の気持ちを伝えていることにもなる。

　つまり，この感謝の気持ちはサーチの初期段階で，すでに他の方法によって，特定の候補者には伝えられているのである。一人の候補者が取締役会に推薦される頃には，サーチ・コンサルタントはその候補者に取締役たちがいかに高くその候補者を評価しているかを伝えているのである。

　ラッセル・レイノルズのスティーブ・スクロギンズはこのような動きをこう説明する――「これは候補者にとってチャンスであることを伝えます。また次のキャリアを考える上でも役立つことだとも伝えます。候補者に対するお薦めなのです」。

　一方，サーチ・コンサルタントは特定の候補者を取締役たちの目に際立たせるため，取締役たちにはいかに「苦労してこの候補者に面接を受けてもらえるようにし向けてきた」かを知ってもらうように努める。

　このような事前の仕掛けは，取締役たちの心構え――つまり，候補者はすでに他社に所属しているのであるから，その仕事よりも新しい仕事のほうが魅力的に見えるようにしなければならないという気負い――とあいまって，面接はスムーズに行われることになる。この辺りの事情をある企業のサーチ委員会委員長は，次のように語っている。

　　私たちは候補者にこの会社に魅力を感じてもらいたいのです。候補者には真剣にこの仕事のことを検討してもらいたいのです。だからこそ，私たちは万端整えて会社をよく見えるようにするのです……私たちは取締役会のメンバーとして，将来はこの候補者と一緒に働くことになりますので，行儀良く振る舞っておくわけです。自分に魅力を感じてもらいたい人に対して礼を欠

くような人はいませんよね。

候補者への敬意

　取締役たちがCEO候補者に払う敬意は，単にシンボリックなものではなく，CEOの外部サーチにおいて候補者の立場に実質的な影響を与えている。たとえば，候補者は条件などの交渉においては優位な立場に立つことを意味する。（同時に，これから検討するが，取締役会に対して新CEOとしての統制力を強化することにも繋がる）。

　取締役会が新CEOとして白羽の矢を立てた候補者ともなると，取締役会が敬意を表し始めた面談の時点から支配力は実質的に崇拝者からカリスマ・リーダーへと移転しているのである。こうなると，新CEOの選任は，ローマ法王の権限を不当に行使し，自分で自分の頭に王冠を載せてフランスの王となったナポレオンの戴冠に譬えられよう。

　このような選び方自体は合理性を欠いているとしても，カリスマがCEOに選任されればより明るい将来が約束されたも同然だと企業のすべてのステークホルダーが期待していることを考え合わせると，このようなカリスマの選任方法は道理にかなっているとも言えよう。この期待の下で有名人がCEOに選任されれば，企業にとっては打ち出の小槌のような資産を得たことになる。

　今日のように関心事があっという間に移っていく有為転変の時代では，名声もすぐに忘れられる。CEOの人選の話題は株式市場において，たった一日の取引日のうちに，企業の株式時価総額を大きく増減させる。それ故，企業は最近ではますます適切な人選によって株価の上昇を目論むようになっている。

　「明るい将来の約束」は実行されたり，あるいは反故にされたりするが，しかし「偽りの約束」であったとしても，それなりに——特に候補者にとっては——意味がある。候補者は取締役が示してくれる敬意をもっと実利的なアドバンテージとして利用する術を知っているからだ。ある外部CEO候補者は自分が就任することとなった企業との交渉の経験を次のように語った。

この企業の取締役たちは自分たちのビジネスが転換点に立っていることを意識していました。事業の半分は昔ながらのやり方でしたが，それらもＩＴ化されつつありました。企業が必要としていたのは，事業の財務面と営業面を固め，事業のＩＴ化についても促進できる人材でした。私はこの点はこれまでの実績で高い評価を得ていました……そこで，取締役たちは私がこれらの目標を達成することができるだろうと判断したのでした……私には彼らはほかに候補者の選択肢があまりないこともわかっていました。

■取締役と候補者の「情報の非対称性」

　一般的に，取締役たちには候補者について多岐の"選択肢"があるわけではない。その理由は，候補者をサーチするときにすでにソーシャル・マッチングを通して，候補者の数を絞り込んでいるからである。さらに，取締役はカリスマを選び出すという目的に沿って人選を進めるが，そうなると候補者同士の比較は経営者としての技量や手腕ではなく，人物比較が基準となる。

　このようなプロセスでは，ルー・ガースナーのような経営手腕を持ち合わせた候補者ではなく，彼に似た人物しか見つけられないであろう。取締役たちは自分たちの関心を特定候補者に絞り込むことによって，結局自分たちの選択肢を１人にしてしまうのである。そして，社外の人材市場を自ら閉ざしてしまう。１人の候補者に絞り込んでしまうと，取締役たちが交渉力を失ってしまうことは当然の結末だ。

　カリスマ性があるとされる候補者が交渉において優越的な立場に立つことができる理由は，競争相手がほとんどいないということや，取締役たちが特定個人に固執してしまうため，というだけではない。

　これらの理由のほかに，次の二つの背景が考えられる。一つは参加者が負うリスクであり，もう一つは"レジティマシー"（妥当性，適切性）の問題である。候補者はすでにどこかで勤務している場合が多く，取締役たちに比べてスカウトの結果がそれほど重要なわけではないが，取締役たちはそういうわけにはいかないためリスクが高い。

さらに，前にも述べたが，取締役たちが本命の候補者を逃してしまって場合，そのことが世間に洩れると，会社にとってよい話とはならない。なぜなら，その後どのような人物をCEOに選んだとしても「次点の候補者」を選んだとされ，この選抜全般やCEO継承の妥当性について問われることになるからだ。
　候補者に敬意を表し特別扱いに遇していれば，取締役と候補者の間の力関係に差を生じさせるほか，企業は優れた候補者に巡り会えないという結果をも招来する。その原因は，取締役会が候補者に対して過度に特別な扱い方をしているため，両者にとってお互いを認識するための情報が不足し，それが深刻化するためだ。候補者サイドから見た場合，この問題の存在は上述のCEO候補者の例で示されていた。
　彼は次のように語っていた――面接を受けた取締役会は，このCEOポジションの空席がいかに千載一遇の好機であるかを売り込んでいた。
　しかし，このCEO候補者は「しかし，私にはこのポジションが本当に良いものなのかどうか，わかりませんでした」と答えている。「私にはこのときのやりとりが本当に公平な取引だったのかどうか，それもわかりませんでした。お互いに自分の良いところだけを売り込んでいたようです」。
　取締役も候補者も，双方が求めるお互いについての情報は，どんなに立派なお膳立ての下でも，たった1回の面談などで得られるものではない。相手に関する本当の意味での情報は，長い間の相互の触れ合いのなかで徐々に蓄積されるものなのだ。そのような真の情報を得るには，面接での礼儀を除いて，相互信頼の積み重ねが必要であって，そうした努力の結果，お互いが胸襟を開き自分をあからさまにするのである。そのような情報は，急いでも，得られないものだ。
　社内でCEOを指名していた場合は，取締役たちは候補者を長い間の付き合いを通じて熟知していた。社内の人材候補から選ぶ場合では，場所と共に時間に便宜が図られていたと言えよう。また，社内登用の場合，外部の関係者，たとえばアナリストやメディアの批判の目からは逃れられた。しかし，社内登用を取り止める場合，CEOを早期に選任しなければならないというプレシャーが高

まり，その結果，カリスマを探すという結末になるのである。そうなると，取締役たちは特定候補者の誇張された評判に——もっと細部にわたって吟味することなく——すがってしまう。ある消費者用製品を扱っている企業がJ&J（ジョンソン・アンド・ジョンソン）からCEOとしてある人材を招いたとき，そのコストが高くついた例を以下でみてみよう。ある取締役はこう述べている。

　ジョンソン・アンド・ジョンソンは人材の宝庫と見られていました。消費者向け商品では，定評のある企業ですし，GEとはよく似ていました。しかし，私たちのケースでは，外れのCEOでした。（スティーブが）私たちの会社に移ってきたときは，私たちには，彼についてJ&Jがつかんでいたような情報はまったくありませんでした。（スティーブの）問題を私が知ったのは，彼が役員会に出席するようになって1年も経ってからでした……彼はある日の役員会で，会社の業績を向上できなかった理由として，彼がJ&Jに在籍していたときに一緒に働いていたときと同程度の知性と分析力をもったチームをここでは作れなかったからだ，と弁明しました。彼らと同じような才能はここでは発揮できない，と言いました。この言葉を聞いたときでした。私はJ&Jで彼が成功した理由がわかった気がしました。彼の成功は彼自身の力ではなく，J&Jの組織力やカルチャーのお陰だったのです。そうだとすると，わが社では絶対に同じものを創ることは出来ないし，望むことも無謀なことでした。（スティーブは）この会社で花を咲かせることはないだろうことがわかりました。

■CEO候補者の本音

　取締役たちが過大に評価された企業や候補者の名声に依拠してきたことは，あるいは候補者に対し過度の敬意を表してきたことは，現実を鑑みると皮肉な結果となっている。また，不必要な災厄を取締役が自ら招いたことのように思える。その現実とは，候補者自身は——少なくとも自分が新CEOとして取締役に選ばれたことがはっきりするまでは——取締役が評価しているほど自分に力

が具わっているとは必ずしも自己評価していないという事実である。CEOとしてどんなに望まれている候補者であったとしも、欲と癒すべき不安に苛まれている人間には変わりないのである。

　たとえばCEO候補者は——勤務している現在の会社ではすでにカリスマ的な経営者がCEOを務めているために——その会社ではトップにはなれない候補者であるかもしれない。

　また、経済学者は企業内ではスムーズに昇進していくと考えているようだが、企業の内部昇進制度はとてもそのようなものではない。企業においてはCEOのポストが充たされているとき、現職が辞めない限り他の人がそのポストには就けない。企業内の昇進にそのような制約があるため、次を待っている人たちは他社へ移ることを厭わない例が数多く見られるのである（社内の有望CEO候補者が社内での昇格を閉ざされたとする理由は主に次の二つである。一つは年齢の問題。次を待っているうちに現職CEOとあまり違わない年齢になってしまうこと。二つ目は、直接、間接に自分にはCEOの目がないだろうという声を耳にするようになるためだ）。

　現在の会社での昇格の見込みがどうであれ、現在の会社でCEOではない候補者が移籍することを決める要因はほぼすべての場合、金銭的な要因である。次のポストで予想される巨額の報酬を得たい、という衝動だ。しかし、そのような候補者には移籍を望む複雑な要因が他にあることも多い。上級の経営幹部にとって、CEOに選任されることは自分の経営者としての力量を認めてもらったことになる。あるCEO候補者は私にこう言っていた——「私は、自分のキャリアのほとんどを威風堂々たる経営者の陰で過ごしてきました。仕事をこなしてきたのは実は私でしたが、ほとんど私の実績として評価されていませんでした。私は自分の力をみんなに示したかったのです」。

　自分をこの地位に就けた人たちは賢者たちだったとCEOが判断できる限りは——少なくとも当初しばらくは——彼は自分の力量を信じることができよう。CEOに選任することは通常の経営判断ではなく、新CEOを称賛する"公表"というイベントを伴っている。「舞い上がった気分でした」と他のCEOが述べる。「公表されるとそのとき、自分は世界の頂点に立ったように思うのです。

この地位に上りつめるまでに犠牲にしてきたことすべてが報われたように思えます」

■名声を求めるCEO

　一方，既にどこかの企業でCEOに就いている候補者にとって，新しい企業に移籍することができるチャンスは自分の名声を高めることのできるステータスの高い企業へ移ることのできるチャンスでもある。

　このようにCEOが所属先などの属性によってカリスマ性を得ようとする動機は，名門の倶楽部に加入することや名門大学を卒業しようとする場合となんら変わりはない。CEOもほかの人たちと同様，CEOの間で名声を競う。そのやり方は主に二つある。一つはよく評価されることと，もう一つは他の企業からのオファーがあることだ。

　自分がすでに名門企業で成功しているCEOでも，他のCEOに与えられる評価には常に気を配る。自分の会社の名門度ランキングを，あるいは他のCEOの人気度を，そして自分の評価について，いつも気に掛けている。CEOは，物質的な欲望についてほぼすべて満たされている社会的な存在として，次にはもっと高いステータス，称賛，そして時には仲間のCEOからの羨望を望む。このようにCEOが高いステータスを求めれば，他社へ移籍するという現象が見られることになるのだ。

　そして，このような人材の移動が起こるかどうかは，自分が移籍した場合にステータスを高めることができるか，あるいはステータスを安定させられるか，悪くならないか，ということの判断をCEOがどのようにするか，という点にある。評判は，つまり，外部CEO人材市場では主要"通貨"の一つなのである。

■CEOの「気配り」

　自分のステータスに絡むこととなると候補者たちは気を配るが，外部から招かれたCEOとして他の企業に移ることについては一層その気配り度を強める。そして，カリスマとして移籍するときには取締役会に対して特別に強い態度で

交渉をするのである。候補者たちは自分たちが企業に迎えられたことは，会社にツキを引き寄せるための取締役たちの試みであり，特に業績の低迷で失った評価を回復するためだ，と認識している。

しかし，同時に，自分たちを雇えば一時的に会社の状況は好転するが，それを常態化するには自分たちが絶え間なく手腕を発揮し続けなければならない，ということもよく認識している。

この意味では，候補者は，性急に成果を求める取締役や社外の関係者たち，たとえば経済関係のメディアやアナリストたちより，現実をよく見ている。さらには，候補者は移るとなると今のポストを犠牲にするわけだから，名声，権力，そして報酬をその代償として要求する。

ある取締役はこう打ち明ける——「スカウトの交渉も終盤になると，何でも要求できます。取締役にとって最悪のケースは，もう一度最初からやり直さなければならないという羽目に陥ることですから。だから，要求すれば何でも呑んでくれるのです」。

このような状況では，候補者の要求は報酬や退任慰労金のパッケージにとどまらない。なかには権力と権限の両方を要求する候補者もいる。つまり，多くの事例では候補者はCEOと取締役会会長の兼任を要求し，さらに取締役の構成を決定する権利も要求する（ジャミー・ダイモンのケースがこの例だった。彼はバンク・ワンの取締役と就任前に交渉し，取締役会の定員を6名削減し，新たに自分のよく知っている2名を加えた。取締役会を意のままにしたかったダイモンの気持ちは彼がシティバンクでサンディー・ワイルの下にいた事実を考えるとよく理解できる。だが企業統治のプロから診ると，CEOに対してあのような大判振る舞いを施すと，CEOに対する取締役会の監視機能が毀損される，と言われよう）。

いずれにしろ，ステータスのずっと高い会社であってもその会社のCEOとして選任された場合に彼ら新任CEOが経験する心配事を軽減してくれるものではない。就任当初にステータスが上がっても，それはほんの一時的なものであるかもしれない。その企業の業績が悲惨な状態の場合，栄光のポストに就いたという気分は，やがて来る破滅へのほんの短い序曲だったと判明するかもしれな

い。その結果，自分の経営手腕に自信があり，楽観的であったCEOですら，別の会社への移籍を検討する事態となる。情報不足のため，候補者はこの事態を予測することができないのである。市場参加者が十分な情報を得て取引をする（経済学者たちはこれが現実だとよく取り違えている）理想的なスカウトとは対照的に，CEOの候補者は自分が移籍した場合，長い間にはその移籍がどんな結果となるかの予想ができないのである。また，候補者には，いつ，またいくら手切れ金を渡されるかもまったく読めない[33]。

■カリスマ神話の語り部

　確かにCEO候補者は取締役から見ると，ナポレオン，あるいはもっと大げさに言えば，神様のように見える。また，取締役の判断に影響を与える人たち，また逆に取締役の判断によって影響を受ける他の人たちの目から見ても，CEO候補者はナポレオンや神様のような存在として映る。

　だが，そのように見られていても，CEO候補者は自分自身では完全に制御することのできない力に翻弄されている，ごく普通の人に過ぎないのである。

　ジャミー・ダイモンは私にこう話したことがあった。「みんなは本を持っています，つまり，物語です」

　ダイモンや彼の仲間の理解では，そのような物語の一部になるには，自分の物語であったとしても，ある程度はその物語を伝える語り部の語り口に任さなければならないのだという。しかし，これまで20年間，CEOとCEO候補者は語られたその物語，つまり，"リーダーシップ"や"経営手腕"，そして"市場"といったことのストーリーから大いなる恩恵を受けてきたのである。そしてカリスマCEOが登場する時代となった。だが，次の点だけは強く指摘しておかなければならないのだろう——CEO継承に直接関わる人たちや外部からこの継承を見守る人たちが，この物語を語ったり，語り継いでいるという事実である。

　CEOの外部サーチの過程では社内のひと塊の人たちの利益は増大するが，誰の利益が一番損なわれることになるのか——これを見極めることが外部の候補者をCEOに選任することの意義を理解するうえでの，最後の，そしてもっとも

重要なステップである。それはまた，CEO選抜のプロセスが企業のステークホルダーや社会全般に対して適切な利益をもたらすためには，どんなことがなされなければならないのかを知るうえでの最初のステップになるだろう。

chapter 7

空席、だが閉鎖的な選考
CEOの社外人選からの教訓

■社外人材によるCEO継承の実態

　経営者資本主義の時代には，経営幹部たちは自己中心的な人物像として描写されることが多かった。そんな生え抜き経営者の企業支配からの脱却を図るため，その方策を巡る沸騰した議論の中で，外部CEO人材市場が生まれた。社内という制限枠を撤廃してサーチ対象を社外にまで拡げると——また，そのサーチ活動の理論的根拠もその枠組を拡げると——CEOのポジションをより多くの候補者に開放することになり，一企業の社内人材よりも多くの才能を集めたり，また，企業の可能性を幅広く探ったり，さらに，現状維持に汲々としない経営者を集めることができると考えられた。

　このように，外部CEO人材市場を擁護する人たちは，市場原理と競争論理とを巧みに取り込んでこの市場の良さを提唱したのだった。彼らは閉鎖的な仕組みは壊し，門戸を開放することを提案していた。

　だが，前章までに見たとおり，今日行われている社外人材によるCEOの継承の実態は，門戸開放や競争原理とは程遠い。今日のCEO人材市場は，本来の開かれた市場と同じだと擁護されているが，実態はそうではない。経済学者や，また，一部社会学者でさえ，誤って伝えているが，この市場は"インスティチューション・フリー（制度のしがらみの制約がない状態）"ではないのである。外

部CEOサーチ活動は，あらゆる段階で，従来は社内だけに限定されていた規則と慣例により，がんじがらめになっているのである。

　大企業での事例により次つぎと明らかにされてきたが，サーチ活動のプロセスでは，社会的なステータスなどの資格，投資家やメディアの評価，第三者（すなわち，エグゼキュティブ・サーチ会社＝ESF）の介入などが，候補者の選択を制限しており，候補者の求職活動や人材流動性に多大な影響を与えていたのである。

■CEOの社外人材市場——"閉鎖生態系"プロセス

　CEOの社外人材市場は，新古典派経済学がいう一般の市場とは重要な点でかけ離れているため，その人材市場を通した人選はベストではないと推測される。実際，厳しく査定をしてみると，あまりよい人選が行われていないことが明らかとなった。それは次の例でも十分に理解されよう——メディアなど社外のインスティチューションからの制約のために，CEO候補として有能な人材はスクリーニングが始まる前から既に除外されているのである。

　このように，外部CEO人材サーチのプロセスは，トップ経営者層たちだけの"閉鎖生態系"を形成しているといえよう。彼らにとっては，いわゆる目に見えない"ガラスの天井（女性など，弱者，少数民族への目に見えない差別，つまり透明な障壁）"は，完全に不透明で曇っており，その不透明な天井（床）の下の階にいる人材の姿が取締役やサーチ会社からは見えないという状況が作り出されいるのである。

　これは，単に才能の浪費であるばかりでない。企業はそもそもオリガーキー（寡頭支配）から脱するために社外のCEO候補者をサーチすることにしたはずだが，これでは元の木阿弥に戻ってしまう。

■外部人材市場が台頭した背景と歴史の皮肉

　さらに，CEOの外部人材市場が台頭した背景には，歴史の冷酷な皮肉が見られる。前世紀末にはソ連邦が崩壊し，その経済体制の仕組みは信を失った。そ

して，代わりに市場主義という仕組みが世界を支配するようになった。1990年代には短い期間だったが，インターネットや通信分野が進展し，また，必要な事業資金は無尽蔵に調達可能だと錯覚させられる日々があった。それらの趨勢は多国籍大企業の継続支配を脅かすように思えた。そんな時代を経て今，市場制度という経済の仕組みは，単に崩壊しない安全さというだけではなく，あらゆる面からみて，堅牢で，より効率的で，人間の安寧にとってこれまでになく重要になってきたと見られている。

しかし，ここにも皮肉がある。米国においては，大企業のリーダーを選ぶプロセスが，かつての旧東ベルリンの壁のように，囲い込まれてしまっているという事実である。そこは市場原理からは隔離されているのである。今日の新しい，株主が中心に据えられている形態の企業の上層部においては，往年の会社人間の居場所はなくなり，その代わりに"クローズド・ショップ"に庇護された，競争からは無縁の少数の幹部候補生たちが陣取っている。そこでは，現任のCEOや退任するCEOが，経営能力とは関係なく，企業や株主の利益から，かつては見られなかったほどの巨額の報酬，慰労金をかすめ取っている実態が見られる。

換言すると，カリスマCEOというカルトと，それを生み出し助長する閉鎖的な後継者人選のプロセスは，"歴史的に見て不思議な現象"以上のものである。それらは企業と社会の両方に重大な損害を与える恐れがある。最後のこの章においては，米国の企業と社会にとって，カリスマCEOが出現したことがどのような現象を引き起こしているのか，また，カリスマCEOに代わる別の合理的なCEOの継承の仕方があるかどうかを検討したい。

社外からCEO後継者を選抜した結末

自社のCEOに選任すべきカリスマ性を具えた人材を社外で探す際に，取締役たちはそれに付きもののリスクを無視するか，かなり軽視することが多い。そもそも社外に人材を求めるということ自体，トラブルに見舞われた企業が救世

主を探しているということを意味する場合が多く，社外からCEOを人選することが企業の存続を危うくした実例が少なくない。

コピー機器から甘味飲料まで，あるいは剃刀の刃やATMなど，あらゆる業種の企業において，取締役会がCEOを退任させる事態が続出している。このようにして退任させられたCEOは間違いなくその自尊心を傷つけられるが，ただ彼らはこの試練から次のステップへは金銭的にかなり裕福になって立ち向かうことができる。

だが，彼らが残した満身創痍の企業の苦難は続く。ゼロックスでは社外から招いたリック・トーマンがその短期間の任期中に業績が不振となり，彼の任期が満了したあと，会社は破産審査裁判所で数か月も審理される事態に陥った。あるいは，サンビーム社では嘱望されていたアル・ダンラップが就任した後，5年も経ないうちに連邦破産法11条による会社更生手続きの適用申請をする羽目となった。また，金融サービス会社のコンセコでも，GEキャピタルのスーパースター，ゲーリー・ウェント元会長を雇うために4,500万ドルという破格のボーナスを支払ったが，2001年から02年にかけての冬季にはついにインソルベンシー（支払い不能）の状態に陥ってしまった。

■自己保身を第一義とする取締役

企業がこのようなリスクに見舞われる原因は，CEOの退任という事態が発生したとき可及的速やかに空席を埋めなければならないというプレシャーを取締役会が感じるからである。企業業績が悪化したときに取締役が受けるプレシャーについてはこれまでに既にたくさんの呵責な事例を見てきた。会社が破産するかもしれないというプレッシャーの下，どんな結末になるのか詳細に検討することもなく，取締役会は惨状にひれ伏し，現職CEOを解任する。そして，投資家，経済紙，ウォールストリートのアナリストを宥めることができる新CEOを探し始めるのである。

このようにして，本来はじっくりと研究して探すべき人材を慌てて探すことになる。サーチ委員会も，そのメンバー構成がほとんど配慮されずに組織され

る。取締役たちはサーチ委員会の各委員が会社の直面する問題に詳しいかどうか，あるいは専門領域から生じるバイアスを持っていないかどうか，といったことを立ち止まって自問自答するようなこともしない。

あるいはまた，取締役たちは，企業のおかれている戦略的な状況やニーズや，それらがCEOの交代に際してどう考慮されるべきか，といったことについて十分な検討を加えていない。その代わりに取締役たちが配慮することは，自分たちが新しく選んだCEOに対してメディアやアナリストたちがどのように反応するかといったことである。

取締役たちのこのような姿勢は——現代の企業の意思決定の場では多く見られる通常のことだが——彼らの，保身を第一として，正当性だけを求めている姿を示しているのである。自分自身の保身本能に身を任せている取締役会は，企業経営の長期間の健全さを保全すべき任務を怠っていることになる。

■誤った情報によるリスク

社外からCEO後継者を選ぶ場合に，どうしても付いて回るリスクの二つ目は，不完全な，また，時として誤った情報に基づいて後継者を決定しなければならないという事実から生じる。

CEOを選任する際に重要な判断材料となる情報や資料は，企業から企業へ容易に移転されるものではない。ほとんどの情報は非公式であり，幹部社員がその同僚あるいは部下などとの接触を通じて得られるものであり，企業内部の非公式ルートで流れているものだ。ただ，CEOの候補者を社外で探索している企業から，他社のそのような情報やその情報が流れる企業内のルートへはアクセスができない。そこで取締役たちは個人的なパイプを使って他社の内部の情報を集めようとするが，又聞きの情報はおのずと制限があり，内部だけに知られている情報とは質的な相違がある。

■選別の手法の誤り

三つ目のリスクは，候補者にはどんな実績があるのか，あるいは実際の場で

どう実績を示せるのかについての信頼度の高い情報がないため，取締役たちは，私が"ソーシャル・マッチング"と呼ぶ選別の手法に頼ってしまっていることである。

この手法ではCEOとしての適格性を擁護し易い特定候補者には多大の加点がなされ，そうではない候補者をばっさりと切り捨てるという結果を招く。その結果，取締役会は人選作業の当初から，CEOにもっとも相応しい候補者の数を削減してしまうことになる。

以上のリスクは，私がこの著書において説明した外部人材サーチのプロセスを注意深く検討してみると，すべて明らかだ。だが，社外人材を選ぶ企業にとっての重大なリスクは他にもある。そのリスクは，取締役会が新CEOを指名した後でその危険性が顕在化する。

そのなかでも，一番大きなリスクは，企業業績にも影響し，また，その企業の社会的，道徳的な正当性にも影響を及ぼす。それは，現代の経済スキャンダルとも言えるものであり，『フォーチュン』の記事のタイトルを使えば，"CEOによる巨額の給料泥棒"というリスクである[1]。

上昇するカリスマの報酬

カリスマCEOにはいかほどの値段がつくのか？CEOの報酬は業績貢献度にリンクしたり，株価に連動したりするものではなく，CEOが要求する額がその答えだ，という返事が最近では多く聞かれるようになった。企業業績とCEOのパフォーマンスの相関性が説得力を持って説明されているわけではないため，企業はある神話を受け容れるようになっている。

その神話とは，（株価の短期的な上昇を超えて）長期にわたって企業業績を向上させる鍵は，外部から救世主を招くことであるという神話である。自分たちを守るため，取締役会は自分たちのとった行動を自己弁護するため，込み入った理屈で正当化した複雑な報酬体系を設定する。

その理屈は，アニュアル・レポートの註釈で目立たないように説明されることが多く，そのページには，往々にしてCEO自身がお手盛りで設定し，言いなりになる報酬コンサルタントから賛同を得ていると書かれた報酬の仕組みが語られている。

　また，CEOの利益と株主の利益とを合致させる目標が説明されているが，この怪しげな目標はどのような手筈を整えても，達成するのは難しい。それは下記を見ればよく理解できよう。

　CEOの報酬については，今やそのベールが剥がされつつあるが，その詳細はこれからも一層明らかにしてもらいたいものだ。経営者の2000年度の報酬について調査した『ニューヨーク・タイムズ』によると，大企業のCEOは平均して，これまでの新記録である合計2,000万ドルの報酬を受け取っていた。これは1999年度に比べ，ストック・オプションで50パーセント増し，月収・ボーナス合計で22パーセント増しの報酬であった。大企業のCEOの報酬を，株式市場の主要な指数であるS&P500社の株価指数と比べていただきたい。S&P500株価指数は前年に比べて10パーセントも下落していた。また，ナスダック総合指数は39パーセントも下降していた（米労働省によると，この同じ年に時間給労働者は3パーセントの昇給，同じく給与労働者は4パーセントの昇給にすぎなかった）。

　さらに，この2000年のCEOの報酬上昇の数字は，長年の傾向の単なる一時期のものに過ぎない点が問題の深刻さを物語る。株式公開企業のCEOの報酬水準を調査した研究では，1990年代にCEOの報酬は535パーセントも上昇したという。この期間に297パーセント上昇したS&P500株価指数，116パーセントの増益を示した企業業績，また32パーセント上昇した給与水準が，ずいぶん低い数字に見えてしまうCEOの報酬の高騰ぶりである（インフレ率は未調整）。

　また，上記と同じ調査によると，アメリカ合衆国大統領とCEOの間の報酬格差は，1960年と今回の調査時点とを比較すると，2分の1から62分の1へと大幅に拡大しているという。また，これを工場労働者の――インフレ率をわずかに上回る彼らの平均的給与の上昇率ではなく――CEOの報酬と同じ上昇率にして計算すると，彼らの1999年度の年収は23,753ドルではなく，114,035ドルに換

算される。最後に，もし最低賃金がCEOの報酬と同じ率で上昇していたなら，1970年の実質金額よりも低い現在の時間当たり賃金である5.15ドルではなく，24.13ドルに跳ね上がっていた計算となる[2]。

■CEOの報酬と企業・株主利益との関係

　CEOの報酬問題をもっと詳細に検討してみると，CEOにふんだんに払われている金銭的報酬と，企業業績との間にはほとんど相関関係がないことが明らかとなる。たとえば，CEOの報酬全体の3分の2は現在ストック・オプションで占められているが，それは企業の負債の13パーセント相当を占めることになる[3]。ストックオプションが負債として扱われる理由は，企業が株価とストック・オプションの権利行使価格の差額を結局負担することになるからである。現在，CEOの報酬と業績貢献とをリンクさせるという大義の下に，ストック・オプションの権利が大量にCEOに付与されている。しかし，最近の調査によると，新しく就任したCEOが最初にすることは，このリンクを壊すことだという。

　つまり，CEOは自分の業績への貢献度が明確になる前の，できる限り早い段階でオプションを行使し，株を市場で売却するのである。実際，CEOとその他のトップ経営者に対するストック・オプションの付与件数が1993年から95年にかけて爆発的に増加したが，経営幹部の自社株の持ち株数はこの期間には拡大していなかった[4]。

　また，IRの担当部署は，自社の経営幹部が社内で持ち株を継続的に処分しているのは，日常的に行っている資産多角化の一環だと説明するが，しかしこのような行動はストック・オプションが導入されたそもそもの目的を反故にすることだ。たとえば，エンロンのトップ・エグゼキュティブや取締役は，自社破綻の原因が自分たちの無謀な資金集めであったにもかかわらず，彼らは自社株の売却により2000年と2001年に，10億ドル以上を手にしていたことが判明している。

chapter 7　CEOの社外人選からの教訓

■CEO報酬のコスト
　CEOに対する取締役たちのこのような"浪費"が企業や株主に対してもたらす究極のコストとはいったい何であろうか。ストック・オプションについては長い間，企業の取締役会は"コスト無し"とみなしてきたが，経済学者などはなかなかの説得力をもって別の主張をしている（ブラック＝ショールズ価格決定モデルと呼ばれる計算式を使って，すべてのオプションのコストを計算した経済学者がノーベル賞を受賞している）。[5] また，オプションのコストを損益計算書に計上すると利益が小さくなるが，企業に対し真正の数値を計上する経理方法の導入を要請するどんな動きに対しても，CEOたちは反対してきた。彼らが反対する原点は，もし企業が経営者の報酬の詳細を明確に開示する義務が課せられると，経営者はオプションの行使がしづらくなるからであろう[6]。現状のまやかしが続けば，当然のことながら，偽の情報がもたらす市場の歪みという形で，コストは投資家に転嫁される。
　ストック・オプションは，誤解を招く恐れのある損益計算書に加えて，株数の増加という禍根を将来に残すことになる。つまり，ストック・オプションが行使されると，流通市場の株数残高が増加し，投資家が所有する1株当たりの価値が希薄化されてしまう。
　ストック・オプションの付与を正当化してきた理論によると，希薄化により発生する損失はエグゼキュティブにインセンティブを与えたためにもたらされた株価上昇によって，十分に償われているという。だが，ストック・オプションのインセンティブ効果がこれらのコストを上回るとしても（また，CEOは出来る限り早期に株式を処分しているが），ストック・オプションの権利を広く社員全体に分配するのではなく，数人のエグゼキュティブだけが享受していること自体が問題であろう。
　いずれにしても，カリスマCEOをスカウトしようとして社外に人材を求める取締役会は，企業や株主に帰属する何十億ドルという大金を現職CEOや退任したCEOに注ぎ込んできたのである。そして，その結果の見返りはほとんど得られないままだった[7]。これからそう遠くはない日に，我々が米国企業の歴史を

振り返ったとき，取締役会が犯したこの大愚行に驚愕することになろう。

ある市場において，参加者の行動に伴うコストが市場に課され，それが計上されない場合，その市場は経済学用語では非効率だとされる。CEOの報酬に見られるような，目も眩むほどの非効率な結末を招いたのは，CEO外部人材市場の閉鎖性そのものなのである。

■CEO報酬高騰の要因

1980年代から見られたCEOを社外に求める傾向と，CEOに対する報酬の天井知らずの高騰ぶりとの関係は，その全容が解明されたわけではないが，輪郭は見えてきたようだ。

CEOに相応しい人材の不足は，確かにこの現象の一因となっているし，また，カリスマCEOは他の幹部経営者とは質的に異なるからだとする，カリスマCEOのモデルそのものを高騰の原因とすることにも一理はある。同時に，CEOのポジションを社外人材で埋めようとする企業が増加したにもかかわらず適格な候補者が不足しているため，また，取締役が企業の救世主となるCEOを渇望するため，CEO候補者はますます増長し，専横な振る舞い方をするようになってきたことも事実だ。

さらに，外部CEO人材市場が進展するに連れ，CEOの報酬はその企業の社内の給与体系とはますます相容れないものになっている。特に，報酬を担当する社外のコンサルタント（だいたいはCEO候補者自身が指名する）が介在し，他社のCEOの偽りの報酬パッケージを企業に提示するようになってから，この傾向はますます顕著になった。

サーチ・コンサルタントやビジネスメディアは，CEOの報酬はそのCEOの価値を表示する尺度だとする考え方を助長してきた。ゴールデン・パラシュート（高額退職報奨金），ゴールデン・ハンドカフ（金の手錠＝特別優遇措置），その他業績とは連動していない一連の厚い待遇——これらはCEOの報酬パッケージに盛り込まれる標準的な条件であり，投資家資本主義以前の時代にはなかったものだ[8]。

CEOの報酬が超高額水準まで上昇した原因は，CEOの人材市場が閉鎖的なためである，とする見方は，ロバート・H.フランクやフィリップ・J.クックのような経済学者からは，その信憑性が問われることと思われる。
　この二人は──CEOの高額報酬について批判的だが──このような結果になっているのは，競争の激化が主因だと見る。二人はその共著"The Winner-Takes-All Society"（邦題『ウィナー・テイク・オール─「ひとり勝ち」社会の到来』日経，1998年）において，エンターテイメント，スポーツといった分野ではかなり以前から報酬に巨額の差があることは普通であったが，それがいかにして今日の法曹，医療，投資銀行の世界に拡がっていったかを描いている。
　これらの世界では，少数のプレーヤーたちが，報酬を独り占めする。著者はまた，競争が熾烈であればあるほど，富が勝者に集中する市場になる傾向が強いことも指摘する。CEOの人材市場は"ウィナー・テイク・オール・マーケット"だと二人は見なしているが，その市場では競争を促進するルールが導入されていることと相俟って技術などの変化から生まれる競争力が，一流のCEOをより価値の高い候補者に押上げていると主張する[9]。
　しかし，CEO人材市場は広く開放されており，競争原理が働いているという見方は，実は，私の研究から得られた成果とはかなり違っているのである。

■CEO報酬の高騰を擁護する見解

　元ハーバード大学学長，デレク・ボックは著書"The Cost of Talent"において，専門的職業の報酬について論じたが，そのなかで市場が閉鎖的である場合，報酬制度にどんな影響を与えるか，次のように述べている。

　（どんな結末になるか不確実であり，また，選任がまずかった場合には無残な結果を招く）そのような状況下，報酬額で激しく競り合うことは普通ではなく，むしろ例外的なことであろう。なぜなら報酬額は滅多に候補者を選ぶ際の基準にはならないからである。また，選ばれる理由は，希望の報酬額が競争相手より低かったからではないからだ。外科医の場合，通常より低い

料金で人工関節の手術をしたり，腫瘍を切除したりするなど，その料金の低さを売りものにしてはいない。しかし，幹部経営者や専門家を選ぶときには金額は二義的だと考えるだけではなく，ほかに留意しなければならないことがある。余りにも低い料金でサービスを提供することは，どこか弱みを表示していることであり，低料金は顧客を魅了するのではなく，逆に彼らの離反を招くことにもなりかねない点だ[10]。

ボックはまた，次のことにも注目している。伝統的な，競争原理に基づく市場の慣行からいったん外れてしまうと，通常は害のない筈の市場メカニズムも異常な結果を引き起こしてしまう，という。たとえば，1980年代にCEOの報酬を公開しようと努力したことが，結果として報酬額を徐々に引き上げてしまうことに繋がった[11]。

私はボックの見方，つまり，高騰するCEOの報酬は市場のいくつかの不完全な要因のためであるとする見方には賛同できる。だが，ボックの推論は，問題を非対称情報に帰属させている点で伝統的な経済学のロジックに基づいていることになり，私はその点が問題であると考える。また，私は外部人材市場の基本的プロセスが進展していくにあたっての社会構造や文化，あるいは閉鎖性の役割をこの本で描写したが，ボックの見方はそれらとは，結局異なる解釈となっている。

ボック，フランク，そしてクックは，膨れ上がったCEOの報酬パッケージの是非については懐疑的な人たちの意見を代表している。だが，彼らの意見は高騰した報酬を擁護する大勢の人たちの声にかき消されている。特に，マイケル・ジャンセン，エド・ラジア，ケビン・マーフィー，そしてシャーウィン・ローゼンといったエコノミストは，高給を取っているスポーツ選手の例を引き合いに出し，彼らがたっぷりと報酬をとっている現実は才能や貢献度に相応しい報酬を受けているに過ぎない，と現状をしっかりと擁護している[12]。

確かにバスケットボールやホッケーのチームに，一人のスーパースターが存在すればそのチームの命運は明らかに違ったものになろう。だが，大きく複雑

な組織全体で達成した業績をあたかも一個人が成し遂げた貢献によるとする詭弁によって，たとえばバスケットのマイケル・ジョーダンのごとく，CEOを神様のように扱っているのである。「クレムソンは50億ドルも株主価値を増やしたではないか」とCEOに最近供与された報酬を正当化するために，彼らは単純な原因と結果の関係を援用して訴える。

　だが，すでにchapter 2で見たとおり，自社の株価が倍に急騰する場合のほとんどは，クレムソンが，いや，ほかのどのCEOでも，直接にコントロールできるものではないのである[13]。CEOなら自社の株価を上げられると考えるのは，大統領なら経済をよくすることが出来ると考えるのとあまり変わらないばかばかしさだ。

　一方，高騰したCEOの報酬水準をそれでも擁護している人たちは，数理的モデルを使って過去を分析し，報酬額は市場が決めているから相応しいとしているが，ただ，株主の負担は――投資からの収益が低迷あるいは減少しているというのに――急増するばかりだ。

　だが，このような金銭的なコストはカリスマ経営者をスカウトした場合に，企業や株主が負担する唯一つのものではないのである。

■カリスマ・リーダーへの継承がもたらす非金銭的コスト

　企業のカリスマ志向は，企業が今後の展望を切り開いてくれるリーダーを希求していることを意味する。だが，カリスマ・リーダーによって展望を切り開こうとする方針は，情報をますます社内で共有化し，意思決定の権限を社内組織の各レベルに委譲することによって好業績を目指すようになっている現代の企業にとっては，まずい方針であろう。というのもその理由は，一つには，カリスマ・リーダーによる会社経営は，意図した場合でもそうでない場合も，権限を中央に集中させることが要請されているからである。

　カリスマ・リーダーは，よく平等主義と権限の委譲を唱えるが，そのような高貴な香りのする宣言は――独裁者がその臣民に「愛」を施すと言明することと同様――往々にして自己欺瞞，あるいは意図的な粉飾になりかねないし，ま

た，実際そうである場合が多い。

　企業が自社に最適な経営方針を示してくれる人材を運良く見つけたとしても，カリスマ・リーダーは実際，その方針を実行するときに，しくじってしまう。問題は，カリスマが自分の経営内容について批判をさせないようにしている，という点にある。

　カリスマ経営者は大企業の複雑な機構のなかで，批判や質問の声を聞かずにおれば，自分が果たして効果的な経営をしているのかどうかさえ把握できないだろう。

■外部招聘の真のコスト

　カリスマCEOを神聖化することによって生じる最大の犠牲者は，これまで社業発展に貢献し，忠誠を尽くしてきた幹部経営者であろう。カリスマCEOへの継承が暗に示していることだが，企業の中で一個人だけが大きく注目を浴び，たくさんの報酬を一人占めしている現実は，企業業績は一個人の力だけで達成できたのではない，という点をまったく無視している。そういう意味でも，社内の人材を無視し，スター経営者の争奪戦に走る傾向は有害なのである。

　ジェフリー・フェッファー（スタンフォード・ビジネススクール組織行動学教授）が例証しているとおり，期待の程度が低ければ，掲げた目標は自然に達成できる[15]。だが，CEOが外部から招聘される場合，このような目標達成は見られない。外部から招聘するCEOの継承の場合，（金銭的な報酬に見合った）異様で，かつ，過剰なほど強い期待が新CEOに寄せられるだけではなく，内部の人たちの貢献についてはそれとなく低く評価してしまう。これにより，内部の人たちは自分たちが企業の利益を追求することを期待されていない，と思ってしまうのである。

　このように，幹部経営者たちの取り分も含んだ報酬のほとんどが一人の人に集中的に給付されてしまうことを見て，他の人たちの企業経営に対するコミットメントは低下する。それだけではなく，その他の経営者たちが——社外ではそんなに価値の認められることではないがその会社にとって価値のある——技

術を磨こうと努力する気持ちさえも萎えさせてしまう。

　企業としてもトップを外部から招聘することが多くなるにつれ，社内で管理職者を育てようとすることが少なくなっている。

　エグゼキュティブ・サーチ会社のラッセル・レイノルズのシニアパートナー（匿名希望）は，彼の事業が最近劇的に拡大しているのは，企業が管理職者とその研修に資金を投入することを怠ったからだと分析する。

　一方，幹部経営者が一つの会社から他社へ移ることによって生じる情報，専門的ノウハウ，競争力などの移転に絡む本当の金銭的なコストははかりしれない。

■会長とCEOの兼任による弊害

　カリスマによる継承はCEOを除くその他の幹部経営者の企業経営への貢献度を抑圧してしまう一方，企業のガバナンスをも弱める。社外から救世主をスカウトする過程において，これまで見たとおり，取締役会はその権限を放棄することもしばしば起こる。実際のCEOサーチは取締役会が現職のCEOを解任したあとで始まるケースが多い。ただ，よくあることだが，CEOが取締役会会長職を兼任しているときはこの解任が難しいことになる。

　会長とCEOは，取締役会で報告される業績に関する情報の内容と同様，取締役会の議事については絶大な権限を維持し，行使する。また，会長は公式，非公式を問わず，報酬・指名委員会の委員の任命に加えて，取締役会のメンバー構成についても権限を行使する。

　バンク・ワンにおいて，ジョン・マッコイを追放する決議をした事例のようにCEOが強制的に解任させられる企業では，解任の後，会長職とCEOを分離し，CEOは社外からスカウトしてくるのが普通である。この手順は企業ガバナンスの専門家からはお褒めの言葉を頂戴するが，しかし，外部からCEOを招いた企業では取締役会が，兼任を分離した後で，就任するCEOの要望を受け容れて，再度CEOと取締役会会長の兼任制をとっているケースも多い。[16]。

　私の調査したケースでは，選ばれた最終CEO候補者は会長職との兼務を移籍

の条件にしている例が大多数であった。また，新任のCEOは他の方法で自分の権力の基盤を構築する例も見られた。たとえば，企業の体質を弱体化することに繋がるが，現職の取締役を自分の知人と入れ替えたりして基盤を強固にするのである。このような事態を伴う社外候補によるCEOの継承は，いったん行われた決定を容易には覆せないという意味で，危険である。

　以上のような理由から，カリスマ候補者にCEO職を継がせることは，"失望への確かな道のり"だといえよう。そして，これは，単に企業側の失望ではなく，CEOの失望でもある。

　カリスマが継承するプロセスでは，達成されそうもない期待が生まれ，また，企業に真に必要なニーズを巡って，投資家やアナリスト，経済紙から出される近視眼的な要請に応えようとして，多くの新任CEOは失敗への道を歩んでしまう。そんな人材でも，傷ついた自我意識を癒すため，たっぷりと退職慰労金をもらって去る。その見返りとして，彼らはそれ以上のキャリア，評価をそこで諦めることになるのだが……。

　また企業の方は，今日よく見られるように，CEOの短期交代から派生する混乱の付けをいろいろと支払わされることになる。それも，たんに高額の手切れ金を支払うだけではなく，ビジネスの機会喪失なども含まれる。企業にとっても，また，それを経営する人材にとっても，カリスマをスカウトしてCEOに据えるという継承方法は，不毛と浪費の結末に終わることが多いのである。

■カリスマCEOによる継承の欠陥の教訓

　ここで一つ問題を指摘しておきたい。すなわち，カリスマCEOによる継承の欠陥から教訓を得たいと考える企業の取締役たちにとって，もっと広く影響を及ぼす可能性を秘めた問題である。それは，単に企業の収益性に関することだけではなく，国家における企業の社会的，道徳的なレジティマシーの維持に関する問題である。一般の国民はさまざまな理由が重なって，企業の力と行為について，今日ますます疑問を呈するようになってきている。社会学者ダニエル・ベルが指摘しているが，（実はマックス・ウェーバーの説の受け売りだが），「ど

んな社会体制でも，その体制を維持するための究極の基盤はその体制の権威に道義的な正当性が備わっていること，また，それが大衆に受け容れられていること」[17]なのである。

　経営者資本主義という旧体制が正当性を認められたのは，効率性がもたらされると思われていたからである。だが，その体制が崩れて今日支配的である株主資本主義にとって代わられると，古い経営スタイルのエリートは追い出されることとなった。追い出しの根拠は，企業は重要な社会の創造物であり，自己中心的な社内エリートだけがリーダーとなるべきものではない，ということだった。

　だが，その後のカリスマCEOが統括する体制はあらゆる精神的な支柱から切り離され，当初目指した正当性とは一致しない方針や目標を掲げるようになった。企業とその社会環境を元の軌道に戻すために，今や取締役は――また，ある意味では全市民が含まれるすべてのステークホルダーは――社外からカリスマCEOを招くやり方がアメリカ社会全体に及ぼす弊害について十分に再検討すべきなのである。

外部人材によるCEO継承が社会全体にもたらす影響

　民間の大企業はアメリカ社会のなかで，唯一最強とは言わないまでも，支配的地位にあることは確かだ。いや，それどころか大企業はこの地球上で大きな影響力を持つ幾つかの強力な組織の一つといえよう。

　大企業の活動に対して，極端に反対する人や逆に極端に擁護する人たちを除いて，ほとんどの立場の人は，大企業は社会的な便宜を提供すると同時に社会的なコストも発生させているとする見方に異論を唱えてはいない。社会的な便宜の提供という面では，大企業は株主のために稼ぎ，また，その利益の一部を人道的な活動に割き，あるいは適切な税金を負担し，大人数の雇用を確保し，我々の生活の質を改善してくれるモノとサービスを創り出したりして，社会の福利に貢献する。

また，社会的なコストとして挙げられるのは，その大企業に依存している特定地域の雇用を削減したり，セックスや暴力を商業化して青少年に悪影響を及ぼし，環境破壊を引き起こしたり，財務状態について虚偽の開示をして投資家を欺いたり，あるいは企業の反社会的行為を止めさせたり，批判したりすべき政治家を買収することなどである。このような行為は――株式を公開している大企業がCEOを選ぶ過程をほとんど隠していることとは異なり――すでに明るみにでているか，あるいはいずれ明るみにでるようになる。

　現在行われている社外からCEOをスカウトする仕組みは，その他の企業活動と同じく，このような社会的コストを発生させていることを私は指摘しておきたい。

　企業が特定の個人へ法外な金額を供与すれば，社会がその代償を支払うことに繋がる。その大金は企業がそのような使い方をしなければ，広く株主に還元されたり，企業の事業に再投資することができた資金である。また，大企業のトップが，すでに実証されている仕事の達成能力ではなく社会的な属性によって選ばれるとなると，開かれているはずの仕組みも，社会的また経済的に，ダメージを受ける。社外からCEOをスカウトする場合のこのような社会的コストを数値化して捉えることは難しいが，数値化しなければ真実味が薄れることにはならない。

　外部人材によるCEOの継承プロセスが生起させた二つの事態――高騰したCEOの報酬とCEOポジションへの膠着した人材流動性――をつぶさに調べてみると，その影響力は重大であり，広範囲に及ぶことが理解される。

CEOの報酬とプロテスタントの倫理の終焉

　社会の仕組みを鋭く観察したマックス・ウェーバーは，アメリカがユニークであるゆえんは，豊富な資源と富に恵まれていながら，自分たちを制する力が具わっていることだと論じた[18]。ニューイングランドに入植したピューリタンは，お互いに経済的に自立することを望み，多くの人たちは自分たちが得た物

質的な繁栄は神に選ばれた証拠だと考えた。しかし，自分の富を蓄積しつつもピューリタンたちは，自分の個人的な利益よりも社会のニーズを優先させるべきだとした。さらに，富は――神の恵みではあったが――七つの大罪の一つ，傲慢の罪へ誘惑するものとして見ていた。このように，ピューリタニズムの基本的な美徳は自己否定，欲求の我慢，そして自主規制などであり，これらはやがてアメリカ人をヨーロッパにいる退廃的な従兄弟から区別する特徴となった。

　ウェーバーが『プロテスタンティズムの倫理と資本主義の精神』の初版を発表してから70年後，ダニエル・ベルは20世紀の"プロテスタンティズムの倫理"が崩壊したことを自著『資本主義の文化的矛盾』において論じた。ベルがアメリカの"ピューリタン・テンパー（気質）"と呼んだものは，快楽主義的で，消費社会をベースにした1920年代にその姿が見え始めた，資本主義によって滅亡させられてしまった，と彼は断じた。その新資本主義は伝統的なプロテスタントの倫理観とは結局相容れないことが分かった，という。

　1970年代当時に，ベルはその新資本主義の特徴の"二面性"を次のように述べている――「資本主義の価値観は伝統を重んじる伝統主義者に由来しており，そこで使われる言語はまさにプロテスタントの倫理観の世界である」（「資本主義のテクノロジーおよびダイナミズム志向は，資本主義の現代性の精神に立脚している」というベルの議論は自己矛盾に陥ってしまうのであるが）。[19]

　ベルがこのような見方をしていた時期がまた興味を引く。というのも，当時は1980年代に米国で株主資本主義が始まる少し前であったが，当時の米国株主資本主義は，数百万ドルの報酬や退職慰労金を受け取ることになる今日のカリスマCEOの登場を促していた時代であった。アメリカの今日の資本主義的文化は"伝統主義者"の価値観を体現しているかどうか，あるいはプロテスタンティズムの倫理にリップサービス以上の敬意を払っているかどうかについては議論の余地のあるところだろう。だが，1990年代より暴騰したCEOの報酬は，アメリカの企業のリーダーがプロテスタンティズムの美徳の装いを堅持するようには縛られていないことを示唆している。

■CEOとブルーカラーの拡大する報酬格差

　上記のような現象は，間違いなく，大きくて長期にわたる，危機的な社会情勢の結果であるが，それらはまた，それ自体から生じる，またこれから生じる可能性のある現象の原因にもなっている。

　このような成り行きについて詳しく検討するためには，最近かなりの注目を浴び，それなりに根拠のある警戒心を呼び起こしている争点に注目してみたい。それは，CEOの報酬額と米国企業の労働者の低賃金の問題である。今ではほとんどのアメリカ人が知ることとなったが，ブルーカラーとCEOの報酬格差はこれまでになく拡大している。1980年代には，平均的CEOは平均的ブルーカラーの42倍の報酬を受けていたが，1990年までにはその格差は85倍まで拡がっている。2000年には，CEOの報酬は工場労働者の531倍という高額となった。このような数字は，また，もっとやっかいな，今ではみんなに知れわたっている事態を想起させる。その事態とは，アメリカ経済という大きな実体の上層に君臨する少数と，それ以外との間の，拡大する富の不平等である[20]。

　CEOに対する報酬パッケージは，アメリカにおける今日の経済的不平等を誘発しているほんに小さな要素に過ぎないが，実はそれは——議論を呼ぶところだが——アメリカが拠って立つ社会基盤を徐々に崩壊させていることの象徴として重要なのである。

　100年前，アメリカにはカルビン主義神学の残滓が見られたが，その残滓は元々の神学と同じように暗澹とした，厳格な教義をもつ社会ダーウィニズムへと変質していった。社会科学者ウィリアム・グラーム・サムナーはこう発言している——「百万長者は自然淘汰の産物だ……彼らは社会の代理人として特定の仕事を担当するように，自然淘汰によって選ばれたと問題なく解釈されよう。彼らは高い賃金を得て，贅沢な暮らしができる。だが，それでもこれは，社会全体にとって，よい取引なのだ」[21]。

　だが，今日，アメリカ人がCEOたちと交わした取引が——いや，CEOと取締役たちが自分たちで自分たちのために進めた取引だが——直接の受益者ではない人たちにとって，よい取引であるのかどうか，疑問は多い。そのような疑

問のなかでも問題なのは，取引の仕組みの頂点で大金が振る舞われており，そのことが仕事そのものの価値を下げてしまっているという点である。このように，彼らは次のような明快なメッセージを社会へ発信していることになる――「自分たちで新しいルールを作れない人たちは，アメリカで伝統的に順守されてきたルールに基づいてプレーするだけだ」

外部CEO候補のサーチ活動と流動性の阻害要因
■経済的不平等の拡大と雇用関係の変化

　社会が進展して経済的不平等も拡大してきたが，そのなかで今日のアメリカの中流階級はかなり深刻な生活の不安定さに見舞われている。我々は今，前例のない物質的繁栄を享受しているが，多くの個人は自分の経済的な立場がこれほど不安定であったことはかつてなかった，と感じている。"アメリカの約束"は，子供の世代の生活は自分たちの世代よりもより良いものとなる，ということだった。だが，この約束どおりにならなくなった。自分の経済的な環境を著しく改善できることは，ほんの少数だけが独占する特権となってしまったのである。

　アメリカの労働者のこのような経済的不安定さの主要原因は，雇用に関する企業と労働者の間の社会契約が大きく変化したことである。この変化を物語る例はジャック・ウェルチがよく誇らしげに語っていたことにも現れている。すなわち，GEはどの従業員に対しても永続的な雇用を保証しない，従業員が継続的に雇われるための唯一の方法は，自分の技量を磨き実績を積んでいくことだ，とウェルチは話している（GEは今でも従業員の評価には，"forced curve"という予め定めた職階に分ける「相対評価」方法を適用している）。[22]

　多くの大企業において，CEOとして任命されるためには，これまでに見たとおり，技術面や業績面においてずば抜けた才能，実績が必要なわけではなかった。ただ，適当な会社出身の適当な人材であればよかった。そして，株主たちは取締役がCEOを解任する原因になる独自の評価システムを採用しているが，

その同じ取締役は免職となるCEOが十分な手当てを受け取れるように面倒を見るのである。

　過剰報酬にその弊害が現われた通り，社外人材によるCEO継承の仕組み，および報償を一部の参加者で山分けする仕組みは，より大きな社会問題を提示しているか，あるいはその可能性を示唆している。1900年頃の米国企業のリーダーは，極めて均一であった。男性，白人，ほぼ"良家"出身の，生まれながらのプロテスタントだった。今日においても，トップ経営者についての最新調査によると，リーダーたちのほとんどは，男性，白人，経済的・社会的に恵まれた家庭の，生まれながらのプロテスタント，というプロフィールである。

　同種の調査において，経済学者ピーター・テミンは次のように指摘する。すなわち，幹部経営者クラスの構成に関して，数十年間を遡ったどの調査においても，上記と同じような均一性がみられた，という。そして，それらのどの調査も，この傾向は長続きしないだろうと各時点で予測していた，という。テミンは，次のようにも述べている。

　　50年代，60年代，そして70年代の研究者たちは，それぞれ，自分の研究の見方が当てはまるのは自分たちの時代で最後だろうと見ていた。条件はさまざま変貌してきたし，これらの研究者たちの予想もそれぞれ正しかったのかもしれない。しかし，アメリカのビジネス・エリートたちの構成は変わらなかった[23]。

　20世紀のアメリカ社会での大変革——特に過去30年間に起きた，女性とマイノリティーを労働力に加える変化——によって，均一性を保ってきたアメリカの企業エリートたちは今，その変貌に直面している。

■外部CEO人材市場の閉鎖性

　本書において，私は社外の人材をスカウトするプロセスに焦点を当てながら，上述の現象を説明しようと務めてきた。だが，ここで少し観点を変えて，個人

の才能と努力がその人の地位を決定することのできる開かれた社会を思い浮かべていただきたい。そんな社会とは，ダイナミックで，競争が経済的な成果を生み，人の社会的な属性はその人の現在あるいは将来にほとんど何らの影響をも及ぼし得ない，そんな社会である。

　続いて，逆に，個人のステータスやこれからの見込みが，広く理解され認容されている伝統により前もって決定付けられている社会を想像していただきたい。我々の社会は前者に近いと考えられているが，外部CEO人材市場の性格は後者の方なのである。だからこそ，たとえばフォーチュン500社の企業がアフリカ系アメリカ人の女性をCEOに選ぶと，ビジネス誌で特集が組まれることになるのである。未だに，ほとんどの人がCEOは学歴とそれまでの経歴のしっかりした，一定年齢に達した白人男性である，と思い込んでいるのである。

　アメリカ民主主義の底力は，実力主義の理念に基づいていた。19世紀の初め，アレクシス・ド・トックビルがアメリカの偉大さとして挙げたことはアメリカのすべての機構や制度といったインスティチューションの底流にあった平等思想が結実したものであった。つまり，アメリカには出生によって定められる厳格な階級制度がなかったために，個人の才能を十分に引き出し，活用させることができた。またこの平等思想は，同時に，他国ではあり得ないことだと思われるが，広い国土の空間をまたいで，さまざまな人種の見事な結束を生んだのである。

　革新主義時代の歴史家，フレデリック・ジャクソン・ターナーは，アメリカ社会のオープンネス（開放性）がアメリカ社会の明確な特徴，つまり，誰にとってもチャンスがある，という特徴を担保していると論じた。アメリカには，もちろん，不平等もみられる。だが，ターナーが指摘している通り，それは，努力ではなく出自が社会のヒエラルキーにおけるその人の位置を決めてしまうという固定的な不平等ではなく，柔軟性と活力に満ち溢れた不平等なのである。

　現代の新古典派"自由市場主義"経済学の重鎮であるミルトン・フリードマンは，民主的なインスティチューションにとって経済的な機会や社会的流動性

を妨げているメカニズムが脅威である、と述べている[24]。一方、アメリカ株式会社の最上層部ではCEOの継承プロセスにおいて、取締役会が社会的なステータスなどの選抜基準を設定して、雇用機会へのアクセスを制限する閉鎖的制度を維持している。そして、取締役会はアメリカの伝統的な価値観を体現して揺るがしているのである。彼らは人材の流動性を意識的に阻害するつもりではなかったのかもしれないが——この点は重要なので再度検討する——彼らの行為はアメリカの伝統的な社会契約に対して腐食作用を続けていることになる。

社会的閉鎖と信頼の毀損

■ウェーバー理論の"閉鎖性"

外部CEO人材市場において、CEOの過剰報酬がどのようにして発生し、また、CEOポジションの人材流動性がどのように阻害されてきたかを理解するために、私は「閉鎖性」という概念を軸にして検討してきた。また、社外でスカウトした人材をCEOに据える継承過程でこの閉鎖性がどのように作用するかを説明するにあたり、私はマックス・ウェーバーの理論を援用した。ウェーバーは、個人が特定の資源や情報、機会にアクセスすることを制限する社会プロセスが存在することを指摘している。ウェーバーの説明によると、この"社会的閉鎖"のプロセスは、少人数に絞り込むことを正当化するため、諸種の基準や属性を適用しながら展開されていくという。

これまでに"社会的閉鎖"という概念の構築に貢献してきた研究者たちは、「閉鎖」は意図的な排斥から生じると述べている。たとえば、オーガ・ソレンセン（ハーバード大学）は、労働組合と内部人材市場は発達する過程において意図的に社会的閉鎖を生み出した、とコメントする。そしてその結果、特定ポストの獲得競争が制限されるようになった、と書いている[25]。

また、アンドルー・アボット（シカゴ大学）は、独占状態を確保し、維持するための手段として免許制や許認可制度を導入して仕事を高度に専門化する事例について書いている[26]。このようなアプローチとは対照的だが、私は意図性

や集団性が存在しなくとも社会的閉鎖は発生する,と判断している。つまり,有資格者グループを作り出すための,適切だとされる一連の選抜基準を適用すれば,おのずとこの閉鎖プロセスが発生し,進行すると考えるのである[27]。

ウェーバーは個人の属性のほとんど——たとえば,人種,性,社会的出自など——を,閉鎖をもたらすものとして捉えているが,私は外部CEO人材市場で捉えられる属性は,社会的に定義され,妥当だとされる三つの特徴に関連づけられると考える。すなわち,前職のポジション,前職企業の業績,そして前職企業の社会的ステータスである。また,企業の取締役会レベルではこれらの属性を前提として閉鎖プロセスが進行するが,それが,すなわちソーシャル・マッチングのメカニズムなのである。

つまり,ソーシャル・マッチングではCEOポジションのために設定される上記三つの属性の基準に当てはまらない候補者を除外することにより,閉鎖が作り出される。換言すると,閉鎖によって候補者不足が人為的に作り出されていることになる。閉鎖の機能はまた,このように競争の場を制限しているだけではなく,競争そのものの条件をも規定し,さらに,それらの制限や条件を満たして達成された仕事に対して報酬を配分するという機能をも併せ持っているのである。また,閉鎖はゲームのルールを作り,人々がそれに基づき判断され,批判を受ける"境界"をも制定する。

■閉鎖市場から発生する問題点

こういった環境の下,外部CEO人材"市場"は,エリートたちだけが循環する,封じ込められた閉鎖市場となっている。その市場は——世間一般の通念とは異なり——CEOのポジションに相応しい能力といった要素は間違っても加味されることなく,社会的に適切だとされる一連の選抜システムに則って,運営されていく。

一方,適切だとされる基準に依存する選抜プロセスは,新しく階層化のプロセスも促した。この新しい階層化のプロセスは,より大きな文化的な体制によって適正化のお墨付きを得ているため,単に性格,学歴,経歴をベースとした

一連の選抜基準より強力に進展する（たとえば，人種，性別，宗教といった基準では適切化は不可である）。市場全体や市場の流動性，移動性については，許される範囲内でもっと楽観的に捉えられて説明されている。だが，私の調査は，これらの説明とは逆の結果を示した。私の調査結果は市場に内在する閉鎖性のプロセスが執拗なまでの影響力をもっていることを強く指摘している。この意味でこれらの調査結果は新経済学派のCEO人材市場の解釈とは根本的に対立するものとなっている。したがって，"市場"がすでに企業支配のルールを修正した，とお祝いをすることは時期尚早ということになる。CEOの労働市場を限定候補者に制限しておいて，選抜の結果は市場の論理に基づいているように見せることは，自己中心的な思い上がりと言うべきだろう。

では，市場が閉鎖的である場合はどんな不都合があるのだろうか。閉鎖市場から派生する具体的な問題点（たとえば，特定の人物に過剰な金額を支払うことや，才能のある候補者の応募を阻むといったこと）と並んで，閉鎖市場は金融市場が立脚している「開かれた市場」に対する信認を損ねる。そのような信認を強制的に再構築するとなると，途方もない経費が必要となってくる。いや，金融市場だけではなく，我々の社会をインターロック状態で構成している経済，社会，そして政治の機構のすべては，市場システムの基本的公平さが維持されることを前提にして，円滑に運営されているのである。

閉鎖的な市場はいずれ消滅すると考える人もいるが，私がCEOの外部人材市場について調査した限りでは，逆に閉鎖性を強める要因がたくさん見られた。さらに，企業はリーダーシップが発揮されやすい体制作りと開放的な組織作りの最中である，と世間では広く考えられているようだが，企業の開放性が進展することは滅多にありえないことであり，そう簡単には起きない。

権力の顔は変わる，つまり，新CEOがやってくる――そして，就任後わずか2，3年後に別のCEOに取って代わられる。しかし，権力への道筋は変わらないのである。また，企業の内部変革を禁ずる要因も変わらない。我々の社会にはカリスマCEOの効果と市場の自己規制調整能力という神話を永遠のものとしてしまう恐ろしいほどの強制力が備わっている。そして，この神話に賛同し，

普及させようとする人たちのイデオロギーは，まるで狂信的な激しさをもっている[28]。従って，このカリスマCEOのイデオロギーに異を唱えるということは，もっと合理的なルールに基づいてCEO選抜を進めるための一歩なのである。そして，市場についての一般の誤解を指摘することは，また，別の一歩となる。

外部CEO人材市場を開放する

■閉鎖的市場開放の要締

　本書は，「外部CEO人材市場は社会的なインスティチューション（制度）である」という認識を基本前提としている。このインスティチューションは，一つの公的な組織を意味するといった狭義の意味のインスティチューションではなく，もっと広義の社会学的な意味で使われている。つまり，人の行為をある一定方向へと拘束したり，あるいは指示したりする，社会的に慣例化された一連の行動様式を促すものであるという意味である。

　外部CEO人材市場を社会的なインスティチューションであるとする理由は，この人材市場が社会体制の総体と連続的かつダイナミックに，相互作用し合っているからである。外部CEO人材市場という社会的なインスティチューションが構築されるときには，その市場の中核となる組織原理がこの社会体制の総体から導き出されている。その中核的な組織原理が社会や集団で共有され，あるいはそれらによって強化されて，はじめて市場は十分に発達した一つのインスティチューションという形態に成長することができるのである。つまり，外部CEO人材市場についての我々の考え方が，その市場の特徴のかなりの部分を顕していることになるのである。

　外部CEO人材市場は閉鎖的であるため仕組みを変えることは難しいと思われる。だが実際には，その市場の重要項目について考え方を改めれば，大幅に変えることができる。また，市場規模が比較的小さいことも変えることを容易にしている。さらに，私がこれまでに主張してきたとおり，市場参加者の認識が

市場の運営とその結果に直接影響を与えるため、参加者の考え方が変われば市場も変わるのである。

では考え方を変えるためにはどうすべきか。その第一歩は、まず自分たちの考え方や態度が、恣意的であること、さらには不合理であることを自覚することである。このように、たとえば、行き詰った企業を変革するには外部からCEOを連れてくることが一番よい方法だとされていることを吟味してみることも必要なのである。経営者資本主義の"安全と安定"に戻ること——また、当時の社内人材によるCEOの継承方法に戻ること——は可能だ、あるいは戻ることが望ましい、とは敢えて言わない。だが、それらの古い継承方法に加えて実力主義に基づく競争原理を取り込んで、社外の人材を採用することのできる仕組みを考えることはできるはずである。

■カリスマ的威光の欠点とその魅力

閉鎖的な外部CEO人材市場の背景にみられる最も基本的な——そして、もっと不合理な——考え方、あるいは心構えは、カリスマの権威に対する畏敬そのものであろう。カリスマ・リーダーがみんなを引きつけるのは、我々がカリスマ・リーダーに全幅の信頼を寄せてさえいれば、我々が抱えているすべての問題に対して解決方法を約束してくれるから、とされる。リーダーに課せられる制約は、合理的な権威に基づくリーダーならば、論理的に考え、節度をもって公平に処理をする。一方、カリスマ・リーダーの場合は理性より熱情が先行し、制約と真っ向から衝突する。

合理的権威のリーダーは、企業が抱える問題は微妙で複雑であると判断するが、カリスマ・リーダーは、細々としたことや複雑なことは、"ビジョン"という目も眩む光を当てて解決する。カリスマ・リーダーの威光はもともと理性ではなくセンチメントに根差したものであるため、結局は脆弱で永続性がない——これまでの歴史がそれを証明している。

だが、カリスマ的威光はこのように明白な欠点を持つものの、結果についての説明責任や、責任をとる必要がないという理由のために魅力的なのである。

このために，たとえば，企業業績を大きく左右する企業戦略や事業方法と必死に取り組むことをできれば避けたい取締役会にとっては，カリスマ的威光が魅力的に映るのである。企業の取締役たちは，外見上はまじめな市民ではあるが，また，現実においては社会に存する資源の巨大な寄せ集めを管理する役を担わされているのであるが，多くの取締役たちは，自分たちに課せられているいくつかの重要な役目の一つを放棄――あるいは回避――しているのである。そして，魔法を信じ込んでいるのである。

取締役会の責任

■取締役会が抱くカリスマ幻想

　取締役会が新CEOを雇う際には，まずはカリスマ・リーダーを見つけることが先決で，その後にそのカリスマの能力の程度に合わせて仕事を調整するということが多くみられる。もっと慎重かつ理性的に継承が行われる場合なら，企業の戦略上のニーズ，そして，新CEOに求めるべきスキルに対する十分な検討が必要であろう。"適当な人材"を見つけた後に，その人材の能力に合わせて仕事内容を調整するというのは，まったく本末転倒である。「この仕事にぴったりの人材は彼一人だ，だから仕事を彼に合わせる」という考え方がカリスマをスカウトする場合の全プロセスの根底にある。だが，そんな考え方は責任回避の最たるものと言えよう。取締役の責任回避行為は，困難なCEOの選抜作業に彼らが取り組みたくはないという心情が発端なのである。

　さらに，カリスマCEOを奉る神話が不都合な事実を隠蔽してしまっているようだ。カリスマに対して抱く幻想は，ホワイトナイト，ローン・レンジャー，その他の英雄的な人物像によって一層強められてきた。これらの英雄は，世界に存在する危険からは庇護されていたいと願う子供の願いを叶えてくれる妖精の物語から来ている。我々の窮地を救ってくれる並外れた才能の男（出会うのは常に男性と決まっている）に出会えば，途端にその人が待望の人物だと見分けることができる。つまり，カリスマ・リーダーは他人が抱く畏敬の念によって

容易に見分けることができるからだ。何もそのリーダー自身を真剣にチェックする必要はない。本当にその職に適任かどうか，といった吟味はまったく不要なのである。

今日，取締役たちは，程度の差こそあれほぼひっきりなしに，深刻な自社の状態や，CEOが策定し破綻した戦略のまずさ，そして適切な"リーダー"を見つけることの艱難辛苦について，愚痴をこぼしている。時には取締役たちはその不平不満を公の場で発言し，また他のケースでは名前を伏せたまま，あるいは仲間と声を潜めて話している。取締役たちのなかには，会社が直面するすべての問題を解決してくれるCEOがなかなか見つけられないのは，取締役会に掛けられた呪いのせいだ，とさえ言うものもいる。だが，CEOの人選がまずかったことの責任を取ろうとする取締役は出てこない。

取締役たちは，このような失態の原因が自分たちの実施した欠陥の多いサーチやまずい人選プロセスにあった可能性と，面と向かうことを避けているのである。取締役の多くは苦痛から逃れるために，サーチ・コンサルタントの不十分なアドバイスや能力を詐称した候補者のせいにするのである。あるいは，自分たちの力の及ぶ範囲外にある，たとえばアナリストや投資家，ビジネスメディアからの圧力が原因だと，責任を転嫁しているのである。

■取締役の正念場

取締役会は自分たちがCEOを選んだことの責任をなかなか取ろうとはしないが，chapter 4で注目したとおり，多くの取締役がCEOの採用決定は自分たちの決断のなかでも，もっとも重要な部類だと説明している点は皮肉である。企業の救世主を探す一連の活動のなかで，もっとも害があることは，取締役の心に依頼心を芽生えさせてしまうことであろう。取締役たちは，カリスマ的な候補者に対しては法外な権限を与えてしまうが，さらに，このおろかな行為を何度も何度も繰り返してしまう[29]。多くの組織論や戦略論で触れられているとおり，CEOは交代が早ければ，それだけ企業業績が改善されるチャンスが高まる一面があるが，それを考慮すると，誤った人選の繰返しは悲劇と言えよう。取

締役会はこの機会を捉えて利用することはなさそうであるが，もし取締役会が「CEOの"タレント性"は企業間競争に勝つための鍵だ」と考えている場合，経営者の交代が実際に企業の再生を促すことになろう。だが，そうなるまず第一歩は，取締役自身が継承についての判断は複雑で困難であることを自覚し，それを受け止め，単純な答えを求めることを止めることである。

誰もたった一人では企業を救えない。それでも取締役たちが企業救世主にすがりつく理由は，これまで長らく抱いてきた自分の考え方を捨てることが辛いからであろう。しかし，ここが企業取締役にとって正念場である。というのも，もし，取締役がカリスマではない継承方法を探るとなると，リーダーシップと企業について自分が前から抱いていた信念や理論は捨てなければならなくなる。つまり，外部からCEOをスカウトする場合の手法およびその背景の考え方と，そのスカウトが組み込まれている社会の仕組みが密接に関係しているため，取締役はカリスマの有効性および"リーダーシップ"そのものの性格についても，現在の社会通念——深く浸透している考え方も含め——を批判する立場になってしまうからだ。

■カリスマ・リーダー論の重大な矛盾

企業のリーダーシップは，一般的に二とおりに解釈されている。一つ目はリーダーは個人的な特徴によって選ばれ，それゆえ責任も個人的に負わなければならない，とする考え方である。これはカリスマCEOの時代になって優勢となった考え方だ。二つ目は経営者資本主義の時代に実践されていたものだが，人格は一切否定し，組織を非人格化しようとする。

だが，これらの二者択一的な議論にも，代替の考え方（つまり，三つ目のリーダーシップ論）が存在する。そのリーダーシップ論は，組織もそれを率いる個人も互いに強く影響し合っており，お互いは分離できないほど密接に絡まっていることを認識したリーダーシップ論である。

哲学者カール・ポパーが名著『開かれた社会とその敵』（未来社，1980年）において論じている通り，「リーダーを代えても，企業が抱える問題は人事的に

は解決されない。リーダーを代えれば，企業に新しい問題を発生させるだけである……また，通常の企業にとっては新たに手に負えない課題を要求する。つまり，将来のリーダーを選ぶという仕事を課することになる」のである[30]。

　ポパーのこの後者の見方は，企業のカリスマ・リーダー論の重大な矛盾を指摘している。すなわち，議論を進めるために，仮にカリスマによる継承の全体的な考え方を容認するとしても，古い殻を脱して新しい形で経営するリーダー——少なくとも理論的にはすべてのCEOに今求められている要件だが——を見つけるための"インスティチューション"をベースにした選抜手法を考案することは不可能なことなのである。ポパーが指摘しているように，企業がそのリーダーを選ぶ場合——その方法が公式であろうが，非公式であろうが，あるいは明示的であろうが暗示的であろうが——うまくはことが運ばないことが多い。なぜなら，インスティチューションによる手法は，常に「主導権や独創性，もっと一般的に言うなら，普通でないこと，予期せぬことを排斥しようとするから」である。

　ポパーはまた次のようにも述べている——「企業に"ベストを選ぶという達成不可能な仕事"を課しても，それはなんの効能も生まない」[31]。リーダーの継承をそのような仕方で実施することは，継承のプロセスをまるでレースかコンテストのようにしてしまう。つまり，継承のプロセスを，エクサレントな組織に変えるためという目的を犠牲にして，個人の利益だけを強調する仕組みに変えてしまうのである。

■CEO選抜過程の虚構

　リーダー（マネジャークラスと対比した場合のリーダーのこと）を選抜する際に，"インスティチューション"をベースにしてスクリーニングを展開してもその結果がまったく無益であることは，社外スカウトによってCEOを継承する場合の中心的な手法であるソーシャル・マッチングを適用した選抜過程によく現われていた。

　CEO候補者を分類するために使われるソーシャル・マッチングの有効性が実

証されていないままに，取締役たちはこの手法を継続的に採用している。その大きな理由は，この手法が社会によって全体的に適切だとされていることによる。そして，ほかに難しい決定を下さなければならないときにでも，この手法の延長線上で，ほとんど何らの問題もなくスムーズに決定できるからである。

このように，誰がCEOとして適格なのか，また，誰なら対外的——特に，新CEOは自分たちの好みのイメージになっていなければ気の済まない投資家，アナリスト，そして経済メディアに対して——に誇ることができるCEOなのかという点について，取締役たちが自分たちの容認した考えを批判するにはかなりの知的独立と勇気が必要となってくる。

しかしながら，取締役が現行の慣例事項に対して勇気をもって異議を唱えるとき，変化に対するもっとも激しい拒絶反応は，実は同じ取締役会の同僚取締役から出てくる。衆知のとおり，社外取締役に就任している人は，どこかの企業のCEOである場合が多い。それゆえ彼らは"タレント"の不足状態を人為的に作り出している考え方によって，恩恵を受けている直接の受益者である。取締役も人の子であり，彼らはその体制のなかで自分の利益を追求している社会の大勢のルールに従っているだけなのだ。

したがって，カリスマCEOがトップに座ることを許してきたさまざまな虚構は社会によって維持されてきたという事実をまず我々が認めることが我々の務めなのである。そして，CEOが選ばれ，評価され，そして報酬を得る方法に，多少なりとも理性を持ち込まなければならないのである。

機関投資家，ビジネススクール，経済メディア

■機関投資家が大企業を改革

外部CEO人材市場の閉鎖性やCEOへの過剰な報酬支払は社会の仕組みが機能不全に陥っていることを本当に表しているのだとすると——私は，表わしていると判断しているが——それこそ，これはより良い仕組みを作り直すチャンスを提供している，と考えられる。しかし，古い仕組みをバラバラに壊せば，

その代わりにより良い"自由な市場"が自然発生的に出現し，状況を整理してくれるだろうという淡い望みを抱いても無駄である。そうではなく，基幹の仕組みを改革し，考え方を改めることが必要なのである。したがって，たとえば大企業の株式の大部分は——機関投資家を代理人として——個人株主が所有しているわけであるから，個人投資家は大企業を改革する大きな推進力になるはずである。

　社会的なインスティチューションとしての外部CEO人材市場は，ほとんどが広く支持されている考え方によって構築されているわけであるが，その外部CEO人材市場の運営は，考え方を社会の現実あるいは企業と一致させることによって，変えることができるはずである。現在の仕組みやその基盤が疑問視されればされるほど，それらは変化からの影響を受けやすくなる。もちろん，社会学でいわれているとおり，このようなインスティチューションを生んで育む基本的な考え方を疑問視するように仕向けることは，決して生やさしいことではないが。

　企業の取締役と同じく社会が全般として，カリスマの権威自体を疑問なく好ましく考え，それに信を置いていることがCEOのサーチの現行システムを改革する上で一つの障害となっている。投資家資本主義の時代になって，カリスマの権威が信認されるようになると，ものごとを批判的に考える精神が後退していったのである。多くの企業では，合理的な継承からカリスマ的継承に替わったことはあまりにも当然のことのように認識されているため，誰もがほかの方法でCEOの継承が行われていたことを失念するほどとなった。

　すでに指摘したとおり，企業社会よりもっと大きな社会ではカリスマ的威光から生まれる効能が信奉されており，そこではカリスマ的威光がアメリカの文化の特徴となっている神聖な個人主義としっかりと結びついている状況が見られる。この効能に対する信奉は極めて強いため，多くのCEOが選抜されて報酬を受け取ることになる奇妙な選抜のプロセスも，ごく自然な成り行きのように見えてくるのである。したがって，この信奉に対して疑問を持つ人は，危険な人物，あるいは単に気が狂っているのではないか，と見られることすらある。

chapter 7　CEOの社外人選からの教訓

　長期にわたるCEO人材市場の変革のためには，プロの投資家や大衆がカリスマCEOのモデルについて抱いているその有効性についてのコンセンサスを放棄させることが肝要となる。特に機関投資家には，英雄的な企業救世主の神話によって隠蔽されてしまっているところや歪曲されたところなど，企業の本当の姿についてよく知らなければならない（エンロンの悲劇から一筋の光明が得られるとすれば，それは無批判の時代の精神やカリスマ・リーダーたちの甘言に引きづられて，いかに自分たちが深刻な状況にいたか，あるいは，今後同様の状況では自分たちが深刻な立場に陥ることがあり得ることを投資家に新たに自覚させた，ということであろう）。

　現在，カリスマCEOのモデルが受けている支持およびモデル自体の妥当性に影響を与えるものとして，企業組織論では二つの機関に注目する。一つはビジネスについての高度に専門的な教育機関であり，もう一つはビジネスメディアである。この二つの機関は，現状，幹部経営者，投資家，その他のステークホルダーたちがカリスマ・リーダーシップへ傾斜していることを暗黙のうちに容認している。そして，その結果，CEOと企業業績との相関性についての論調が強められているのである。これらの機関が変わらなければ，現行の仕組みにも何ら改革が加えられず，実質的な変革はあり得ないのである。

■ビジネススクールの影響力

　近年ではビジネスそのものが高度に専門的な教育を受けた個人に依存するようになったため，ビジネスに関する教育自体が多大な影響力を持つようになった。またこのような背景の下，経営コンサルタント，専門分野を管掌する取締役，投資銀行家，アナリスト，ベンチャーキャピタリスト，あるいは幹部社員などで，MBAや経営者研修コースなどを受講していない人は珍しい。

　ビジネススクールで実施されている正規の教育プログラムは，新しい考え方の普及，信認，そして企業への伝播の有力な手段となっている。また，これらのプログラムの参加者が作る人脈も，その有力な手段となる。このように，プログラムの内容およびここで生まれる人脈は，CEOが企業業績に影響を与えているという一般の誤認を是正する上において，有力な手段になり得るのである[32]。

■ケースメソッド

　ビジネス教育の目的はプロのビジネスパーソンに対して複雑なビジネス問題を分析するノウハウを身に付けさせ，それらの諸問題に適切に対処できるように訓練することである。つまり，高度なビジネス教育は，ビジネスの理論的基礎の理解に加え，実際の場での問題の対処方法の練達を伝授する，という両方の目的をもっている。この目的のための教育法として，ケースメソッドという手法がとられている。

　ソクラテスの時代から行われてきた活発な討論の伝統にそのルーツを持つこのケーススタディー（事例研究）では，教育は単に学生が一つのケース（事例）の内容を理解するだけで終わるのではなく，指導教官と学生はそのケースに関係するすべての複雑な問題点を解明しようとする。このケーススタディーでは，よい事例の場合，学習効果は絶大であることはよく知られている。つまり，異なる意見を持つ者たちが，自分の意見をより深く発展させ，また，他の意見をより深く理解しようと務めるときに生まれる感情のドラマは，絶大な学習効果を発揮する。

　ビジネススクールの学生がCEOの役割をケースメソッドによってどのように学ぶのかを理解するには，次の点に留意することが肝心である。すなわち，学生は複雑な実際の経営問題に直面する当事者の立場になって考えるのである。近年，組織行動論の分野では，ケースメソッドのこの手法を採用し，学生たちにリーダーシップについて効果的に学ばせている。個々の機関の重要性を弱め，他人志向型のリーダーシップに基づく行動を間接的に奨励する研究とは対照的だが，我々は学生たちに向かって，もっと内部志向型になることを勧め，自分の個人の能力，直感，技術，そして経験に基づき，もっと効率的なリーダーになるようにと指導し，大いなる成果を挙げている。

　リーダーの立場にいる人たちがどのようにすればもっと効果的に他人を動機付け，また，いかにして企業の利益と企業で働く個人の利益とを合致させることができるのかについて，学生たちに，理解のための枠組みをいくつか伝授している。さらには，現状をそのまま受け容れる必要はないこと，事業環境を変

えるために積極的に働きかけてもよいことを教えている。また，我々は，学生たちに，人の行動に影響を与える方法について我々がこれまでに理解したことに基づき一連のツールを提供し，学生たちが具体的な成果を求め，仕事では十分に働き，自分の人生には目的があり，意味のある人生なのだと，感じるように仕向けてきたのである。

　しかし，このような成果はあるものの，現在ビジネススクールで教えられているリーダーシップ論はなお理論的な修正が必要である。私のよく知るリーダーシップのケーススタディーの場合と同じく，主人公はCEO 1 人であるという前提で作成されているリーダーシップ論の教材は，カリスマ志向を微妙に強化することにつながっている。つまり，今日のリーダーシップ論で支配的な考え方——特に，リーダーシップはCEOのレベルでもっともよく発揮されるとする説，および個々の企業リーダーたち，特に企業のヒエラルキーのトップに君臨するリーダーたちは，実際よりも大きな貢献を企業業績に与えることができるはずだとする説——は，カリスマの威光をサポートすることに結び付いているのである。

　学生たちは，当然ながら，ある状況について，総合的な把握に努めることよりも，カリスマなどの個人的な見解により親近感をもつのである（リーダーが通常直面する複雑な問題も一人の個人の行為によって解決することができる，とする考え方を弱める方法として，次のことも考えられる。すなわち，CEO以外のリーダーが登場するケースを頻繁に強調し，複数の指導者による共同経営体制を促すのである）。しかし，学生たちには可能性ばかりではなく，企業のリーダーが直面する制約についてもよく理解しておいてもらいたいものだ。

■未来のリーダー像

　リーダーが意思決定するときには様々な制約を受けている。そのような状況下のリーダーは，わずかな裁量しか許されていないという点を学生たちには指摘しておきたい[33]。

　マイケル・コーエンとジェームズ・マーチが主張しているように，自分の立

場に影響を与えられるリーダーの権限を買い被ったり、あるいは逆にリーダーに課せられる制約を見くびれば、リーダーを傷つけかねない[34]。リーダーにはその立場ゆえに自分の好き勝手に実行できる権利があると考えると、我々はリーダーを擁護できない立場に追いやることになる。

　リーダーが直面する制約についても、我々のリーダーシップ論の視点から考察すると、リーダーがよい仕事をすることを手助けすることができるだけではなく、リーダーがよくできた仕事の結果のすべてを自分の手柄にしてしまいたくなる誘惑をも減らすことができるというものだ。仮に未来のリーダーたちに、自分たちは英雄だとは考えないで、困難な問題に直面する一人の人間だと考えるように教えることができたなら、また、自分たちが判断をするときにはトレードオフがつきまとっていることを自覚するように教えることができたなら、いつもすべての答えを自分で持っているという傲慢さがありありのリーダーではなく、判断の際には真摯に他人に助けを求め、社会のサポートを求めているリーダーとして成長することだろう[35]。

■メディアが与える重大な影響

　ビジネス教育機関とそこで培われる人脈は、ビジネス・エリートたちがCEOの役割をどのように考えるかについて、大きな影響を与えるが、もうひとつの影響力のある機関——つまり、経済紙——は、経営理論の普及に弾みをつける。

　過去10年の間に、マスメディア、特に新聞と雑誌は、経営についての考え方と実際の企業活動の両方の分野に熱を入れて取材するようになった。だが、今やビジネスメディアの役割は、単に情報や意見を伝達することを超え、経済紙はビジネス教育機関の連れ子のような様相を呈している。メディア自体が経営理念を発信し、世間の信認を得る役割を演じているのである。もともとほとんどの企業経営者は、経営"理論"と呼ばれるものに対しては、嫌悪感を抱くが、しかし、彼らのビジネスに関する考え方は、日々、新聞、雑誌、専門誌で読んだこと、あるいは、CNNやCNBCの番組で見たりしたことなどから影響を受け

ているのである。個々のジャーナリストが認めようが認めまいが，ビジネスメディアは経営理念が構築されるプロセスに重大な影響を与える存在になっている。あまり目立たない通信プロトコルから，独自の現象にまで進展したインターネットと同様，ゆるやかに繋がっている今日の経済紙は，浸透力が強く，間接的で，ムード的だからこそ影響力が強いのである。

このようにメディアは新しい形になったため，投資家，取締役，アナリスト，一般大衆，そして企業間の仲介者として存在するようになったのである。つまり，メディアはこのようなプレーヤーが現実を理解し，解釈する過程の一部分に入り込み，人々にビジネス分野の万象について，何をどう考えるべきか伝えているのである。

ビジネスにおけるメディアの役割を研究してきた経営学の研究者たちは，経済紙が新経営理論の発信源となってきたという一般的なパターンを例証している。彼らによると，当初は限定的な意味しか持たないアカデミックな理論でも，マスメディアのフィルターを通ると，流行するようになるという。つまり，複雑なコンセプトもイデオロギーが加味され，レトリックや記号，図表をもって示されると，読者や視聴者の支持をうける装いとなるのである。また，メディアはドラマ化のような巧みな再現手法を用いて，たとえば読者，聴視者の原因と結果についての推量のし方にも影響するようになっている。

ロバート・エクレスとニティン・ノーリアが共著書 "Beyond the Hype"（ハーバード・ビジネススクール）で述べているが，一つの考え方はドラマ仕立てにすると，その考え方の妥当性が強められ，伝播する時間も速まるという[36]。政治学者ジェームズ・バーバーも，ジャーナリストが現代の神話の作り手だとして，次のように評する。

　そのような（ジャーナリスティックな）絵の描き手は，信じてもらえたときには，大きな力を発揮する。まるで文明の行方を差配するほどの力である。現代の政治においては，より壮大な構想が示されていないため，我々は可能性を一瞥し，言葉のあやで我慢する——つまり，事実と暗喩と判断とが万華

鏡のなかで乱舞する状況だ。我々の合成したホメロスとも言うべきジャーナリズムは，部分的な見方を提供する。それは英雄的な神話の代わりを務める。候補者をふるい分ける仕事をジャーナリズムに担わせたことが政党の怠慢のせいであるというなら，ジャーナリズムに考え方の構想を託したのは現代のインテリたちの怠慢のせいである[37]。

■メディアの責任と可能性

　バーバーが注目したのは現代の選挙政治におけるメディアの役割だが，彼の考え方はカリスマCEOの場合にも重要な意味をもっている。すでに見たとおり，CEOと企業の関係は，CEOが企業の業績に与える（よくも悪くも）目を見張るような影響についてのまるで伝説的な話や神話のような形のなかで形成されることが多い。ジャック・ウェルチのような"良い"CEOが企業に与えられるインパクトをドラマ風に描写すれば，カリスマCEOのカルト性を強める強烈な物語が構成される。これもすでに注目してきたことだが，取締役も往々にして伝説的な，成功したCEOの手法をなぞって戦略決定をしているのが見られる。そのようなCEOの話は，経済紙が大雑把に，そしてひどく単純化した物語として描くが，そのような記事は複雑な環境や制度のなかで運営されている大企業の現実として許容される程度を超えて，個人の影響力を誇張している[38]。

　ビジネスメディアはカリスマCEOモデルの構築に参画し，その信認の確立に貢献しているものの，このモデルを変更することもできる。メディアは一つのテーマに注目し，それを公衆の関心事として提供するが，企業におけるCEOの役割についても，もっと吟味した説明を活発に加えて報道することもできる。その説明によって，取締役や投資家，アナリスト，そして一般人を正しく導くこともできるのである。ジャーナリストは個々のCEOのパーソナリティーについては関心を弱め，その代わりに企業の戦略や業界の状況，その他，真に企業の命運を決める要因により注目しなければならない。

　また，もっと懐疑的になることも望ましい。急成長を遂げ，急没落したエンロンと，一時そのCEOだったジェフリー・スキリングの栄枯盛衰の事例は，

CEOのビジョンの精査をメディアが怠ったまま、ほかをないがしろにしてカリスマCEOだけに注目したことの危険性を実例として明確に伝えている。エンロン事件については、少なくとも経済紙がもう少し手堅い取材をしていたなら――会社の財務状態が投資家の信頼を突如粉砕し、会社を錐揉み状態で破綻に追い込む事態が起きる前に――メディアが危険信号を発することができたと思われる。

オズへのお別れの挨拶――社外でのCEOサーチと自己規制市場の神話

　閉鎖的となってしまったCEOの継承プロセスを開放するためには、CEOという職務の性格とこの職務の必要要件を、もっと現実的に見ることが肝心である。だが、閉鎖市場を開放するために必要なことはそのような観点だけではない。問題はもっとややこしいのである。閉鎖されている社会の仕組みはいずれもみな簡単には開放されない。開放すればどこかにひずみが生ずるからである。そのひずみは、閉鎖があることによって享受することができた特権が開放によって消滅するような状況で明確となる。その状況はたとえば米国黒人の公民権運動の発生時や、南アフリカでアパルトハイトが終焉を迎えたときに明らかだった。閉鎖的社会は開放に抵抗する。閉鎖的社会の支配階級にとって、階級制度および指導者とその配下の者との峻別は、当たり前ことであり、何の疑問も生じないごく自然なことであった。だが、社会の仕組みが開放に進むと、そのような確信は消えていった。これまでの仕組みの便宜を享受していた特権階級は、浮上してきた階級と社会的ステータスの問題の混乱状態のなかで、自分たちの権益を維持するために闘った。

　現代において閉鎖的な社会や政治体制を打ち破ってきたもっとも強い力は資本主義経済体制そのものであった。少なくとも純粋な競争が育まれている時と場所における資本主義体制であった。競争が本物であるなら、閉鎖によって生じた特権を弱めることができる。逆に言えば、閉鎖は競争を抑制することがで

きる。これらの真理を閉鎖的なCEO選抜の仕組みに当てはめてみると，極め付きのアイロニーが見えてくる。つまり，資本主義は公開性と自由競争に基づいているのであるから，企業取締役が新CEOを選ぶ際に閉鎖的となっているということは，この資本主義に激しく敵対していることになるのである。我々は，なぜこの巨大な矛盾に気が付かなかったのだろうか。

　人間のすべての社会——原始的なものからもっとも進化した社会まで——において，社会生活の慣習に対する我々の不思議な，あるいは不合理な態度が，その慣習が長く生き延びて，再生産するために必要な堅牢性を与えてきた。

　この点については，社会学者エミール・デュルケームほど鋭い議論を展開した人はいなかった。

　デュルケームは，社会生活における慣習上の秩序，あるいは伝統的な秩序と，自然界の秩序との区別を社会はいかにして無くそうと試みているのかについて説明した。この区別を無くすのは，社会の慣習も自然界の法則も，より大きな超自然的な意志によって動かされている，と考えることにより達成される。そうであるからタブーは，慣習や，インスティチューション，そしてそのほかの考え方が批判の対象とされることを防ぐことになる。社会の参加者が自分の立場を守り，自分の役割を演じると，社会全体は客観的な様相を呈するようになり，それによって社会の一員であるという意識が共有されるのである。このように，デュルケームの言葉によると，社会は独特のもの（sui generis）となるのである。社会のサブシステム，すなわち，経済的要素や文化的要素は，相互に関連する全体の部分であり，内部の規則や原則によって統制されている。デュルケームにとって，社会の核心にある統治の原則は，聖なるものであり，言葉にはならないものなのである。またマルクスにとっても——そして，皮肉なことだが，今日の経済学の保守派のほとんどにとっても——すべてのことを決定するのは経済関係なのである。

　これまでの社会では，見える世界を統治し，慣習を作り上げると思われてきた，超自然的な意志とは，神あるいは神のようなものの意思であった。今日の俗世界では，この超自然の意志は市場の"見えざる手"として認識されること

が多くなっている。経済学用語で説明すると，開かれた自由競争市場に対する信念こそが，また，自然界の秩序の一端として，「市場は人間の操作の支配下においてはならない」とする確信こそが，過去20年間において，アメリカ社会のエトスを一番よく現している。

競争については，触れなければならないことがたくさんある。経済学者，フリードリヒ・フォン・ハイエクが注目したとおり，競争市場と価格決定システムほど巧みな経済の仕組みは見あたらない。閉鎖的で官僚的な体制下での経済活動の劣後性は，世界中で明確に実証されてきた。だが，もし競争が富の分配を効果的に実現できるものであるなら，では，なぜこの競争原理が外部CEO人材市場にはほとんど見られないのだろうか。アメリカ資本主義の牙城である大企業の役員室やCEOのスイートルームのなかに，なぜ閉鎖的市場が執拗に存続し得るのだろうか。その答えは，「外部CEO人材市場はオープンであり，競争原理が働いている」という主張が——否定する証拠が挙げられているにもかかわらず——根強くなされているからである。

今日の社会でこのようなごまかしがまかり通るのは，新古典派経済学のせいであろう。投資家資本主義とカリスマCEOの台頭がみられた過去20年の間に，この学派は，いろいろな意味で，カリスマ的な教条や雰囲気をまとうようになっている。

■責任ある社会を構築するために

外部CEO人材市場の「市場」が明確にしているとおり，市場は自然発生的な現象ではない。市場は人為的に組成され，運営され，そして社会的，あるいは文化的な価値判断や構造に基づいて，生まれ変わっている。また，これらの修正が市場の持つ自己規制の機能を著しく損ねることにもなるし，また，実際，市場に制限を加えることにもなる[39]。

しかし，このような修正は，わずかなエコノミストを除いて，ほとんど誰の関心も呼ばない。主流派経済学の実践者にとって，社会および文化は（プラトン的自然論についてのW・B・イェーツ流の解釈を拝借すると），「単にものごとの幽

霊のようなパラダイムの上で踊る泡沫に過ぎない」のであろう。

　さらに，カリスマCEOがその経営能力ではなく，華麗な属性や社会的ステータスでもって企業取締役を幻惑しているように，新古典派経済学もそのほとんどの力と奥義を非本質的なところによっているのである[40]。

　たとえば新古典派経済学派による知性の覇権争いのこと，あるいは経済や社会の瑕疵のある結末——その説明や弁明には市場の自己規制論が援用されてきたが——について考えるときには，いつも，そこには陰謀があったのではないか，との疑いに駆られる。実際，社会学者や社会科学の他分野の研究者たちが，これまでに特定の個人，グループ，あるいは組織がいかにして自分たちの保身を図ってきたかについて語るとき，彼らが自分に有利になるように社会の構造を操作してきたと指摘する。権限を使ってそのような操作をすることは，世間ではよくみられることだ。

　しかし，そのような陰謀説もそれだけでは抑止力としては働かない。陰謀があったことを実証することは困難ではあるが，さらにそれだけではなく，陰謀説では，次の点を無視していることも問題だ。つまり，グループのそれぞれのメンバーは，全体としての社会の構造の改変に関与する（あるいは影響を与える）ことがなくとも，彼らはお互いに協力し合って自分たちの特権を保全することができる，という点だ。

　このように瑕疵のある社会構造がみんなの考えや信念によって維持されているのは，我々は自分の周囲の事象を批判的に考えなければならないのに，その責任を放棄しているからである。このように考えることは米国では決して新しいことではなく，また，取り立てて過激な考え方でもない。『オズの魔法使い』は伝統的なアメリカの理想である自助と自決の精神を表現した，不滅の人気を誇る児童文学だが，このドラマから重要なことを学ぶことができる。

　すなわち，権力が内部を隠蔽しているベールを我々が剥ぎ取ることによって，我々を支配する幻想がどのように作られているか，ということが理解できるだけではなく，それらの幻想が維持されているのは，我々が自分の力について無理解であること，あるいは責任放棄をしていることに拠ることが大きい，とい

うことをこのドラマは教えてくれるのである。
　カリスマCEOに対する礼讃，カリスマCEOを存続させている継承プロセス，これらを容認する文化——これらすべてはオズの魔法の神秘化とまったく同じだ。我々は，より成熟した，そして自己をより深く認識した人たちによる，責任ある社会を構築するために，ベールに包まれているそのなかをしっかりと見極めなければならない。

【補　遺】

■調査計画，方法，サンプル

　私がこの本のベースとなる研究を開始したとき、私自身はこのような内容になるとは思っていなかった。当時，私は博士課程の学生として，CEOの人材市場を経済学や社会学の視点から解明しようとしていた。私は，CEOの社外人材市場といえどもその他の経営幹部の人材市場と同じであろうと考えていた。また，エグゼキュティブ・サーチ会社（ESF）の調査を始めたときも，彼らも昔ながらのマーケット・ブローカーと大差はなかろうと考えていた。つまり，彼らの役割は「互いに見知らぬ企業とCEO候補者とを結びつけること」と見なしていたのである。私は自分のこの仮説を立証するためにエグゼキュティブ・サーチ会社の調査を始めたようなものだった。ESFがCEOの候補者を見つけるために，自社ネットワークをどのように活用しているのかを把握したいと考え，私はサーチ・コンサルタントや彼らの会社の調査部門担当者を数か月にわたってインタビューすることにした。また，取締役や候補者がサーチ活動においてはどのような行動をとるのか見極めたいと考えて，彼らを広く観察したのだった。ところが，私に判ったことは，ESFの役割が一般に理解されていることとはかけ離れているということだった。ESFの役割は，「需要と供給に出合いを付けること」とか「構造的に発生する欠員を補充すること」といったコンセプトだけでは，適切に説明できないものだった。外部CEO人材市場でのサーチプロセスのなかで，この一面あるいはその他のたくさんの側面において，これらのコンセプトとは異なる「ほかの何か」が確実に作用していることは明らかだった。

　では，「ほかの何か」とはいったい何だろうか。私はある時期，CEOの就任事例についての博士論文をまとめていたが，1998年にその論文を書き終えた。そして，その後まもなく，私はある企業の取締役にインタビューする機会を得

たが，そのインタビューが上記の設問の答えを提供してくれることとなった。その頃までに私は，外部CEO人材市場は（chapter 2の章題とした通り），通常の市場ではないのではないか，と考えるようになっていた。というのも，大企業が外部人材市場に新CEOを求めだすようになると，サーチ会社（ESF）と企業との間で単発の，そして比較的短い出会いのなかで見られたものと同じ社会的，文化的なダイナミズムが，今度は大きな表舞台で目立つようになってきたからである。

　12月のある日の朝だった。私がコネチカット州リッジフィールドにある両親の家を出たとき，あたりはまだ暗かった。私はその日の前夜，マサチュセッツ州から車で来て，両親のところに泊まっていた。朝の5時39分発のメトロノース鉄道に乗って，私はニューヨーク市街に向かった。グランドセントラル駅に着いたのは6時32分で，約束の朝食会が始まる7時30分まではたっぷりと時間があった。私は駅からウォルドルフ・アストリア・ホテルへと歩いて行った。ニューヨーク育ちの私も——いや，マンハッタンの人がそこはニューヨークではないと言うクィーンズ区育ちだが——今までに一歩も足を踏み入れたことがないホテルだった。

　そのホテルで，株式を上場している大企業3社の社外取締役を務めるある人物からCEOの継承について，話を聞かせてもらえることになっていた。この人物との朝食会が可能となったのは二つのルートがあったからだった。一つは私が調査をしていたESFのコンサルタントのルートであり，もう一つは最近私がインタビューをした取締役からの紹介だった（私がそのとき会おうとしていた人物に私を紹介してくれたその取締役は，ハーバード・ビジネススクールのある教授を通して知己を得た人だった）。このような人からの紹介が得られていなければ，あの日の面談はなかったことだろう。

　朝食をご一緒させていただくことになったその取締役——ジョンと呼ぶことにする——は，役員会のためにニューヨーク市内に滞在していた。私はジョンとは面識がなかったが，彼がピーコック・アレー（今は閉鎖しているホテル内のレストランで，当時はロビーの奥にあった）に入ってきたときには直ぐに見分けが

ついた。というのも，私がこの日の面談のために予習したアニュアル・レポートやビジネス誌に掲載されていた写真によって，彼の容貌はすでに私の記憶に焼き付いていたからだ。我々は朝食を食べ始めた。たっぷりとした大きな腹のジョンは，朝食もたっぷりと摂るだろうと思われたが，案に相違してカテージチーズ付きのフルーツサラダを注文しただけだった。私は卵料理がよかったのだが，ジョンと同じものを注文した。このようなシチュエーションでは，インタビューの相手に仕切ってもらい，それに合わせることが肝心だということを私は心得ていた。

ジョンは，彼のような立場の人が持つ自信を漲らせていた。話すときには，私を見据え，声は低く朗々と，きっぱりとした話し方をした。彼は，大学生のときはフットボールの選手だった，というようなタイプだった。時節は12月のニューヨークであったにもかかわらず，彼の顔は健康そうに日焼けしていた。私たちはしばらく会話を楽しんだ。ジョンはある社の取締役会に出席するためニューヨーク市に滞在していたが，その日の午後，パームスプリングスの別荘へ向かうとのことだった。

彼はすでに私のことはいろいろと知っていた。私の研究テーマについても仲間の取締役から情報を仕入れた様子だった。そんな情報の中でも，その仲間の取締役が私のことを「好人物だ」とジョンに話しておいてくれたことがよかったようだ。次第に私もその場の雰囲気に慣れてきて，二人が共通で知っている人を探り出しては話題にした。ジョンは私が大学院に入る前に働いたことのある企業の取締役2，3名の名前を挙げて，共通の知人を割り出した。私はその取締役たちの名前は知っていた。だが，当時，私の職場は彼らの知遇を得られるようなところではなかった。

次いで2人は，ジョンに私を紹介してくれた取締役についても少々話し，その取締役が「実にいい人物だ」という評価で2人の意見は一致した。そして，そのままの話の流れで，ジョンは会話のテーマを本題へとスムーズに移していった。「そう，CEOの継承問題について，でしたね」と言い，本題へ入った。

「では，話しましょう」。

我々はほぼ1時間半も話した。その間にジョンは自分が関係したCEOの継承事例を説明してくれた。彼の説明は，需要側，供給側の両サイドからの説明であった。ジョン自身もかつて，ある大手企業のCEOの社外候補者として名前が上がり，ジョンはそのオファーを受けて就任し，最近までその社でCEOを務めていた。彼をその企業にスカウトしたのは私が調査していたESFの1社であった。彼は今では大手の上場企業数社の社外取締役となり，需要側の立場となっている。もはや"サプライサイダー"ではなくなった，と冗談交じりに彼は説明していた。ジョンは取締役や，CEOを社外でスカウトするためのサーチ委員会の委員を務めたことがあり，また，そのサーチ委員会の委員長をした経験もあった。そのため，CEOの解任や指名のプロセスについては知識が豊富であった。この日の面談の目的はCEO指名のプロセス，特に社外CEOの選任プロセスについてであったが，私はジョンとの会話を次第にそのテーマに絞り込んでいった。

　ジョンは自分がこれまでに関与したサーチについては，細部にわたって描写してくれた。彼は，まず，CEOが解任される事例はまだ稀だが，徐々に増えているという実態から説明を始めた。また，取締役が受けるウォールストリートのアナリストやビジネス・メディアからの圧力，またアナリスト，メディア，機関投資家の要求する「短期間での成果」についても言及した。また，これらのステークホルダーたちの要請に応えようとして，取締役がCEOを解任する様子を説明した。そして，本当の意味の"リーダー"を見つけることの難しさを語った。どの会社も生え抜きにはなかなか本物のリーダーがいないことで悩みを抱えていることを力説した。また，滅多にいないそのような"本物のリーダー"を外部でスカウトすることの難しさ，また，高くつくコストのことを話してくれた。

　ジョンは自分がかかわったサーチについて説明しながら，取締役は「心中で，すでに候補者を何人か決めている」ことが常であることを教えてくれた。しかし，"最大の課題"はそのような候補者がオファーに関心を示すかどうか，という点である。どの候補者がCEOのポジションに関心があり，誰がないのかと

いったことをどのようにして取締役会は知るのかを説明するとき，ジョンはサーチ・コンサルタントのことに触れた．それは彼が一緒にサーチをしたコンサルタントの話だったが，ジョンは彼らの仕事を，華やか，かつ，おかしく描写し，そしてサーチ・サービスというプロフェッション全般を微かに蔑んでいるような節も窺わせた．最後に，ジョンはまた取締役会が数人の最終候補者に絞り込むプロセスや更にその中から1人を選任するプロセスを説明してくれた．

　面談も終わりに近づいた頃，私はジョンに，彼が説明してくれた候補者選抜方法によって，彼がベストな人材を選抜することができたかどうかを尋ねてみた．（私はこの点について，この時点ではまだ自分の意見を持っていなかった）．この質問にジョンは憮然としてこう答えた．「当たり前だね」．彼が苛立ったのは，彼自身がCEOになった経過もこの方法によっていた，という背景があったためだろう．

　いずれにしろ，私のその質問がきっかけとなって，彼は面談の始めに述べていたことを再度強調することとなった．つまり，CEOの継承はそういつも発生しているものではないが，誰をCEOに指名するかという指名の決定は取締役会が行う決定事項のなかでも最も重要なことだ，という点だった．また，この指名はたくさんのステークホルダーに影響を与える，従って彼らの反応についても予想し，対策を講じておかなければならないのだ，と強調した．さらに，指名のプロセスは個人の判断に拠ることが多く，そのため判断の良し悪しが決め手となっているのだ，とジョンは付け加えた．どの取締役会もこの任務を軽くは考えておらず，どんな情報でも候補者に関するものは精力的に収集しているのである．

　私はジョンが重要なポイントを繰り返して話してくれる間，注意深くメモをとった．それらは，私が外部CEO人材サーチについて研究を進めるに連れて何度も実証されることになる――すべてではないにしろ――ほとんどのポイントをカバーしていた．そのころの私にはCEOの継承の様子が分かりかけていたのだが，継承の様子を理解するのにあたって役に立ったのは，ジョン自身や他の取締役たち（また，自分たちの立場を話してくれたCEO候補者やサーチ・コンサルタン

ト）が私に話してくれたことだけではなかった。彼らのソーシャル・コード（社会的道義）や振る舞い，儀礼，私も積極的に話したインタビューの折の彼らの反応，そのとき観察したこと，などからも多くを学んだ。

　私とジョンとの出会いを可能にし，かつ，あのような形の出会いに仕立て上げたルール，つまり決まりごとと同等同質のルールが，外部CEO人材市場が機能するためには絶対的に不可欠である，ということも理解できた。つまり，そのようなルールは，自分自身やそれぞれの立場，あるいはヒエラルキーを表示するときなどに見られるルールなのであり，あるいは，いったいみんなに見られたどのような帰属意識が価値観の共有を生み，自己顕示の方策を与えたか，というときに前提となる決まりごとであった。私は外部CEO人材市場がいったいどんな市場なのか，あるいはそもそも，それは本当に市場なのか，ということも当初はわからなかった。しかし，その現実の市場は，今日の市場理論やみんなに認識されている市場観からは，大きくかけ離れていると私は考えるに至ったのである。

■フィールドデータのソース

　一般に，エリートたちは近寄るのが憚られるほど気難しいことで知られる。そこで私は自分のフィールドリサーチを進めるにあたり，ハーバード・ビジネススクール（HBS）の教授たちにサーチ・コンサルタントや取締役を紹介してもらうことから始めた。HBSの教授たちは多くが企業の社外取締役を勤めており，私は数人の教授から社外取締役をしている同僚教授を紹介していただいた。このようにして，私は紹介された最初の取締役から他の取締役へとコンタクトを広げていった。

　私は合計40名の取締役およびCEOと面談をしたが，彼らの年齢は57歳から72歳までであった。そのうち，18名はフォーチュン500社の現役あるいは退任したCEOであった。また，ほとんどはすでに何年も他社で社外取締役に就いていた。また，同じ取締役会のメンバーであった取締役も数人いた。このように取締役たちがインターロック（結合）状態で繋がっているため，私はフォーチュ

ン1,000社のうち，5分の1の企業を間接的ながらカバーしたと考えている。

取締役との面談準備として，私はそれぞれの取締役が関係する企業の資料を丹念に分析した。なかでも重視したのはアニュアル・レポート，フォーム10K（SECへの年次報告書），フォーム10Q（SECへの四半期報告書），また，ビジネス関連の報道，特に『ウォールストリート・ジャーナル』，『ニューヨーク・タイムズ』，『フォーチュン』，『ビジネスウィーク』は念入りにチェックした。

取締役たちに対するインタビューは，通常，1時間から2時間をかけて行った。私が集中的にチェックしたのは彼らが1990年から2002年の期間に関ったCEOの継承事例だった。全体では，同期間の55社，40件の継承について，その詳細を検討することができた。

取締役たちとCEOの継承についていろいろと議論をしたが，どの場合でも彼らはESFを使っていた。その時点では私はESFについてはほとんど何も知らないことに気付かされたのだった。そこで最初の面談を終えると，この業界のことを調べる手がかりを探り始めた。幸運なことに，私がHBSのMBAコースに在籍していたときのクラスメートが夏の間に大手のESFで実習をすることになり，彼女がそのESFの役員に私を紹介してくれることとなった。また，同時に，あと2社のESFにもコンタクトができたのだった。それらの企業に幾度か電話をし，訪問を繰り返した結果，最大手の2社が彼らの仕事を見せてくれることとなった。また，ESFの役員の協力を得て，大企業向けのCEOのスカウトを専門としているコンサルタントとの面談もかなうこととなった。私が彼らと面談した場所はほとんどがニューヨーク市内であったが，なかにはアトランタ，シカゴ，そしてパロアルト（シリコンバレー）でも行った。

私はサーチ・コンサルタントとの面談には，通常，90分から3時間をかけた。彼らに対する一連のインタビューを終えた段階でその件数は30となっていた。これにより，CEOのサーチ活動についてたくさんのミニ・ケーススタディー教材が出来上がった。さらに，この業界やサーチの手順について私の理解が深まるに連れ，私は数人のコンサルタントと電話，eメールによる意見交換をして，疑問点をさらに解明することに努めた。

私はインタビューするとき，テープ録音をとりながらのインタビューと，テープ録音は使わないインタビューとの両方を試してみた。インビューで録音をとると，インタビューをされる側が改まってしまい，落ち着かないように見えた。また，ノートを取りながらのインタビューでは，私の意識はより高まり，インタビューの相手に対する集中力も強くなることがわかった。私はそれらのノートはどのインタビューでも精力的に取り，通常，2日以内にきちんと文章化した。
　私は取締役やエグゼキュティブ・サーチ会社の関係者をインタビューするとき，次の3点について特に留意した。
　（1）　CEOの継承を取り巻く要因
　（2）　サーチにおける取締役およびサーチ・コンサルタントの役割そして，
　（3）　最終的に一人の候補者に絞られた理由
　また，インタビューの相手方には，サーチプロセスについて話しをしてくれるときには，一般論ではなく，具体的な事例で説明してくれるように依頼した。
　さらに，サーチプロセスを出来るだけ詳細に把握するために，1990年代以降のCEOサーチに絞ってもらった（それ以前に関ったサーチと比較して，記憶が鮮明だろうという推測からだった）。インタビューも，回答者の答え方を束縛しない"オープン・エンデッド・インタビュー"形式で進めた。私が関心をもっていたすべてのテーマは，対話形式の問答によって進められ，それによって分析に必要な詳細を引き出すことができた。
　私がインタビューで得たデータはそのほかの方法で収集したデータを補足した。また，50時間を費やして，実際のCEO候補者や取締役候補者のサーチ活動を観察させてもらった。たとえば，候補者やクライアントとの電話でのやりとりを実地に聞かせてくれたコンサルタントも何人かいた。そのようなチャンスを通して，私はさまざまな参加者がこの市場をどう考えているのか知ることができた。また，そのサーチがどの程度うまくいっているのかを判断することもできた。サーチ会社の調査担当者についても直接彼らの仕事振りを拝見することができ，また，彼らと意見交換をする場も得られた。

■実地調査のデータ分析

　学位論文は脱稿したものの，私はその後の2年間，取締役，候補者，サーチ会社，社外人材によるCEOの継承事例などのデータを収集し，また，文献やケーススタディーの資料にも当たって研究を続けた。同時に，外部CEO人材市場をもう少し一般的な概念を用いて把握したいと考え，自分が収集したデータを再度分析することにした。

　私はまず自分が研究したデータを二つに分けることから始めた。つまり，"コンテント（内容）"と"フォーム（形式）"に分離することだった。コンテントとは，市場参加主体の行動の背後にある「関心」や「動機」であり，フォームとは様々な市場参加者がそこを通じて「関心」や「動機」の対象を追い求める，特定のプロセスのことであった。ただ，社会理論の研究者たちが指摘している通り，この二つは元来分離できないものであり，区別は便宜上であった(Simmel 1902, Weber, Roth, and Wittich 1978)。

　私は外部CEO市場のフォームに接近するための方策として，ストラウスとコービンが提案した手法（1990）を援用した。また，自分が収集したミニ・ケーススタディー用のファイル（後述）をベースにして，それぞれのサーチを時系列に要約したストーリーを書いてみた。次いで，市場参加者がいろいろな折に表明したCEOの人材市場についての理解度を，ざっくりとコードで表示した。また，インタビューのときにそのときの議論の枠を超えてみんなが話題にした事柄，そのときに共通していたみんなのセンチメント，参照したこと，考え方，とは何か，といったことを探った。

　さらに——たとえばサーチ・コンサルタントのプロセスに関する説明などに——意見の不一致が認められたとき，その理由を理解しようと努めた。こうして私は，フィールドの資料を何度も振り返って調べたり，サーチ・コンサルタントと追加的な意見交換をしたり，また，特定企業についてはさらに情報を求める努力を重ねた。そして，一般的な傾向と個別ケースとの整合性を図り，自分の考え方を理論として構築していった。そして，ちょうどこの頃，私には外部CEO人材市場のフォーム（形式）が見えてきたのであった。つまり，そのフ

ォームが，少ない参加者，参加者にとっての高いリスク，そして，レジティマシー（適切性）に関する強い懸念，という特徴をまとっていたのである。

次いで私は外部CEO人材市場で見られる相互作用のコンテント（内容＝関心，動機）とは何かを確認することにした。インタビューの対象者がサーチに携わっているとき，どんな行動をしたか，なぜそのような行動をとったかという理由について，彼らの説明を分析した。この分析では，私は反復手法を用いた。すなわち，インタビューで得られたデータと，同僚研究者に示した私の印象やプロセス間を参照しつつ理解を深めていった。さらに，私は便宜を図ってくれたESFの役員や他の企業の取締役と，自分が得た研究成果について定期的に意見を交換した。

統計資料

データと方法論

■サンプル

この本で採用した統計データは，1980年当時の『フォーチュン500』社，加えて大手商業銀行100行，その他大手金融サービス会社100社，大手小売業100社，そして大手輸送業50社のものである。私はこれらについて，1996年までの事例をすべてチェックした。エグゼキュティブの報酬データについては，1991年から2000年までを収集した。上記のように大企業を調査対象に選べば，調査結果を一般化することが多少制約を受けることになるが，これらの大企業は中小企業の役員人事よりも詳細な情報を開示し，経営・経済誌がその情報を広くフォローしているため，私は大企業を対象とした。

これら調査対象企業のCEO異動は，1980年から1996年の間のものは完全にカバーした。ただ，CEOの継承は，同期間の次の基準を満たすものすべてとした。

(1) 現職，後任ともすべてが明らかにされている継承

(2) 『ウォールストリート・ジャーナル』，『ニューヨーク・タイムズ』，あるいは『ビジネスウィーク』のいずれかがCEOの交代を報道したもの
(3) その企業での任期およびCEOポジションでの在任期間について，それらの特色が判明しているもの
(4) 買収が直接にCEO交代を誘発したものではないこと

上記大企業のCEOの交代は，これらの基準の要件をすべて充足していた。

CEOの任期，在任期間，年齢については次を参照した。フォーブスの"Executive Survey"，ダン・アンド・ブラッドストリートの"Reference Book of Corporate Management"，スタンダード・アンド・プアーズの"Register of Corporations"，そして各社の四半期および年次報告書（フォーム10Qおよびフォーム10K）。CEOの異動については，その正確な日付や理由は新聞報道によった。企業の財務情報はスタンダード・アンド・プアーズのデータベース，COMPUSTATから入手している。取締役一覧は，ダン・アンド・ブラッドストリートの"Reference Book of Corporate Management"，スタンダード・アンド・プアーズの"Register of Corporations"及び各社のフォーム10Q，フォーム10Kから得た。役員報酬については，スタンダード・アンド・プアーズのデータベース，Execucompから入手した。

従属変数および方法論

■CEOの解任

図3-3（chapter 3）ではCEOの解任についての分析を提示したが，それは強制的な解任事例を対象としている。つまり，CEOの交代が発生する事例を二つに場合分けし，コード1を自然発生的な交代，コード2を強制的な交代とした。グラフの基線は交代事例が発生していない状態を示す。このような背景のため，多変量イベント・ヒストリーモデルを使うことにした。強制的な交代はCEOが61歳前に離任し，かつ他社において同等の地位に就かないケースである。自然

発生的な交代は，他社へ移った場合か，あるいは引退，病気，死亡による離任の場合を指す。

このモデルでは，CEOの交代は次の三つのアウトカム（結果）のうち，いずれかになることを想定する。すなわち，

(1) CEOは企業を変えない，
(2) CEOは自主的に他の企業に移る，あるいは定年となる，
(3) CEOは不本意ながら退任する，

である。CEOがこのように異なる落ち着き先となるため，このモデルには，次のような競合リスクが存在することになる。

$$T_{vt} = (T_{vt}{}^*)[f_{vt}(r_{vt})]$$
$$T_{it} = (T_{it}{}^*)[f_{it}(r_{it})]$$

ここで添字 v，i はそれぞれ，自主的な交代，不本意な交代を表し，また，それぞれの交代関数Tは，これまでに発生していなかった競合事象により条件付けられることを示している（Blossfeld および Rohwer 1995）。これらの競合事象はそれぞれ独立した別個の変化と関連する。つまり，それらの変化はいかなる時にも発生し得るもので，このモデルはそれらの競合事象が時間とは無関係な要因および時間により変化する要因の双方から影響を受けることを示唆している。

時間により変化する説明変数と経過とは無関係な説明変数により競合事象を決定するというこのモデルの考え方は，時間に依存する共変量を用いた連続時間推移確率分析である。推移確率の効果は，共変量により与えられるCEOの離任比率を用いた最尤法により推定される。言い換えれば，移行確率は互いに独立な事象（自発的交代と非自発的交代）が発生する条件付確率である。これらの事象が定義した説明変数でどれほど説明できるかが私の関心である。

TumaとHannanが指摘したように，連続時間確率モデルの数は上で定義した移行式により決定される（1984）。私は対数ロジスティック分布をCEOの交

代過程の関係式をモデル化する際に用いたが，これは，CEOの交代が待ち時間に依存するからである。このモデルの適切性を評価するため，このモデルに基づく最尤値を，指数モデル，Weibullモデル，対数正規モデルと比較した。その結果，対数ロジスティックモデルの当てはまりが良いことがわかった。パラメータを用いた目視及び回帰テストの結果，対数ロジスティックモデルが最も良い線形移行を与える。回帰テストによれば，対数正規モデルとの差はあまりなかった。時間依存対数モデルの完全に特化した形は以下のように表される。

ここで，rは状態jから状態kに移行する確率であり，連合共変量$a^{(jk)}$と$b^{(jk)}$は推計されるべきパラメータである。

$$r_{jk}(t) = \frac{b_{jk}(a_{jk}t)^{b_{jk}-1}}{1+(a_{jk}t)^{b_{jk}}}$$

$$a_{jk} = \exp\{A^{(jk)}a^{(jk)}\}, b_{jk} = \exp\{B^{(jk)}b^{(jk)}\}$$

■外部人材による継承

社外人材をCEOに指名する外部継承とは，ある人材が当該企業へ入社あるいは移籍してから1年以内にCEOに就任する場合の継承を指す。"一年以内"と限定した理由は，その程度の期間内に新CEOに就任する場合は，その人材の入社あるいは移籍は次期CEO含みだった，と見なされるからである。その人材をまず幹部経営者の一人として雇うことは，CEOに指名する前にその人材にとってCEOに就任したときに必要な人的な繋がりをその期間に養わせるためでもある。

社外人材によるCEO職の継承をこのように定義することは，他の研究者の定義とも整合性を保っている。たとえば，ラインガナムは，継承時に企業に入社する人材は外部者として分類（1985年）している。また，ヴァンシルは5年以内に中途採用された経営幹部はすべて社外人材として扱っている（1987年）。私のデータでは，CEOの継承の27パーセントが社外人材によって占められている。

外部人材が継承する確率を研究するためには，ロジット・モデルと多項ロジット・モデルを用いた。内部と外部のCEO候補者を比較して選抜する際に影響を及ぼす要因についてはロジット・モデルにより検証し，また，自然な交代（非交代，内部継承，外部継承）以外に二種類以上の結果が得られる説明変数の検証には多項ロジット・モデルを用いた。これらは以下の式により推定される。

$$\text{Prob}(Y=j) \frac{e^{\beta'_j x_i}}{1+\sum_{k=1}^{J} e^{\beta'_j x_i}}$$

ここで，jは得られる結果の数，xは推定係数である。もし結果が2とおりしかない（j＝2）場合はロジット・モデルと同じになる（Greene, 1993, 21章）。

独立変数

■任期

　CEOの任期は，CEOに就任すると目されていた人物がCEOに就任したその日を起点とした。在任期間は，CEOに在職していた最後の年から起点の年を減算し，1年を加算して算出した。CEOが1996年に引き続きその職にあった場合は集計から除外した。また，除外が多くになるを避けるために，1980年当時にCEOであった場合はすべてその就任初年度をコード化した。例えば，リー・アイアコッカは，1980年当時クライスラーのCEOであったが，もともとは1978年にCEOに指名されている。彼の場合は1978年の就任とコード化されている。こうすると，サンプルのなかのそれぞれのCEOの在任期間を計算することができ，また，後続CEOの継承事例を分析するときの「生き残りバイアス」と言われる陥穽を避けることができる。「任期は継承のタイムレコーダー」のようなものであろう。つまり，一人のCEOの任期はほんの短期間なのである。

■企業業績

　CEOのパフォーマンスを表示するものとして，私は企業の年次営業利益（率）を採用した。企業の営業利益率は，税引き前減価償却前の営業利益の営業資産に対する比率である。営業利益は，税金，ロイヤリティー，受取配当金，受取利息，その他株主への支払配当金を含んでいないため，企業の業績を如実に示す数値である（スミス，1990）。

■創業者

　創業者がCEOとなっている企業を識別するために，私はそれらの企業をdichotomous variable（二分変数）でコード化した。つまり，創業者CEOは1とコードを付し，それ以外は0とした。この変数は企業との密接な一体性を連想させることにより生まれる創業者CEOの権限を表示する。

■会長とCEO職の分離

　会長職とCEO職が分離されている企業についても，二分変数でコード化した。分離されている企業は1とコードを付け，両職が同じ人物で占められている企業は0とコード化した。取締役が企業の情報やその他経営資源に接近することをCEOが制限する場合，両職が分離されている企業ではCEOの制限は弱まる。

■指名の年度

　CEOとして指名された期間のダミー変数は，モデルに加えられている。これらのダミー変数はCEOに在任中の社会条件からの影響，および任期の影響の双方を反映している。解任についての分析の際には，就任時期を三区分して分析した。一つは1980年以前に就任したCEO，二つは1985年以降に就任したCEO，そしてこの両期間にかけて在任したCEOのケースである。両期間の間の5年間に就任したCEOは除外されている。

■取締役会の構成とインターロック状況

　取締役会の構成と取締役のインターロックの状況についてもデータを収集した。社内取締役とは，現職経営幹部である者，あるいは以前に経営幹部であった者が昇格し取締役となった場合である。これらの社内生え抜きの取締役は1，社外から招聘した取締役は0とコードを付した。これらのデータから私は二つの数値を設定した。一つは，取締役全員の数であり，他は社内取締役の比率であり，これらの数値によって社外取締役の力を推し量っている。

　取締役会が取締役たちのインターロックのなかに組み込まれていることは，ある企業の取締役が他社に対して示す"配慮"によって理解することができよう。このインターロックのネットワーク範囲を見極めるときには，出来る限り対象範囲を広くとることが肝心である。情報を広範囲に拡散したいときや相手先の慣行が問題になっている場合は特にそうである。私はこのような理由で，取締役会のメンバー構成については全企業のデータを作成した。それら取締役のデータは，すべての企業にSEC（証券取引委員会）へ報告が義務課せられているものである。取締役会のメンバーには，企業の現役エグゼキュティブもいれば，前にエグゼキュティブであった人，あるいは企業と金銭的な繋がりのある人（例えば顧問法律事務所，経営コンサルタントなど）も含まれている。

　各社の各取締役が社外取締役として他社と繋がっている"インターロック"状態は，次のように定義した。すなわち，このサンプルのなかのすべての企業の取締役会と繋がりを持つ取締役の合計，つまり，すべての企業のすべての取締役が自社の取締役に加えて社外取締役として兼任している件数の合計のことである（重複は除外）。chapter 4で見たとおり，取締役，サーチ・コンサルタントの双方は，候補者についての特別な情報を入手するための主要な情報源は取締役会だとしている。そこで，ある取締役会が他の取締役会よりも役立つ情報を持っているとされる理由を明確にするため，私は直接インタビューした人たちに「なぜか」と訊いて見た。サーチ・コンサルタントも取締役も，返答は常にこうであった――候補者についての詳細な情報を提供してくれる特定の取締役に取締役会が接近できるかどうかが決め手である，とりわけ，取締役たち

のなかで社外取締役として就任している他社のCEOたちとの関係が重要である。

インタビューした人たちの話から判断するとCEOを選任する際の情報は「部外秘」や「極秘」扱いであり、取締役たちの人脈から提供されたものであるため、そこには「中心性」の尺度として二つが考えられる。一つの尺度は「件数による中心性」であり、それは単にインターロックの総数（重複は除外）である。これはつまり一つの企業が他社にもつ繋がりのことだ。(Davis, 1991；Haunschild, 1993)

企業のインターロックの絶対数は、組織論の文献でもいくつかの考え方を立論するために応用されている。前述したとおり、Davis (1991) とHaunschild (1993) はインターロックの件数を取締役会に規範としての影響力、および模倣が行われるようになった影響力として挙げている。他では、一般的な情報の質や量を測る尺度として使っている (Useem, 1984)。また、市場分析を専門とする経済学者たちは、余りにも稠密なインターロック状態の取締役会では企業統治が不十分になるという可能性を指摘する際に、その稠密状況を表示する際の尺度として使っている。例えば、コア、ホルトハウゼン、ラーカーらは大規模なインターロックの取締役会では、時間的な制約や取締役会が非効率的になるため、十分にその任に当たることが出来ないということを指摘している (1997, 16-17)。

しかし、取締役のインターロック状態を分析するときに、この尺度、つまり、インターロックの件数だけを用いる研究手法については諸種の批判がなされている。その第1は、インターロックはネットワークについてのいくつかの概念を代表して表現しているに過ぎないものであり、それゆえ、一つの考え方を説明するにはその説明力が弱い、とされる点である (Mizruchi, Bunting 1981)。第2は、この尺度は各社の取締役定数の相違を無視している点に問題があり、その結果、企業が人的な繋がりをつくる程度の差についても無視することになる、という。最後に、すべてのインターロックを同じ影響力を持つものと見なし、インターロックと企業の他の特徴、例えば規模とを直線的に結び付けて考えて

いる点が問題だとする（Mizruchi, Bunting 1981）。

　取締役のインターロック状態を研究するに際しては，実地調査から上述の考え方が導き出される。だが，私はそれらの考え方から影響されることを避け，ネットワーク研究では今やより著名となっている二番目の尺度を採用した。この尺度——つまり，Bonacichの説いた「中心性」の考え方——の方が市場に参加する当事者間の関係の深さをより詳細に把握することができると私は考えたのである。この尺度においてはある市場参加者の持つ中心性を把握するには，企業の取締役全員の——あるいは取締役会としての——他社との直接的な結びつきを通して，あるいは隣接的な繋がりを通して，検討する。さらに，それだけではなく，サーチ会社といった仲介者を介した間接的なチャネルをも検討して把握する。Bonacichの尺度では，このようにしてIBMに繋がりのある企業とグランド・ユニオンに繋がりの在る企業との相違を明らかにするのである。前者は多くの企業に幾通りもの繋がり方が見られるコンピュータ会社であり，後者はスーパーマーケットのチェーン店だが他社との繋がり方は一つである。「ある市場参加者の中心性はその参加者が繋がっている他の市場参加者（複数）の中心性の関数」であるという点を反映したパラメターを取り入れることにより，Bonacich尺度では上述の見方が可能となる。また，この尺度はインフォメーション・インディケーター（情報入手指標）と見なしてもよかろう（Bonacich 1987, Hansen 1996）。つまり，多くの他社取締役に日々接触している著名な，あるいは中心的存在である取締役たちと交流している取締役からは，より良い情報が得られるからである。取締役のインターロックを検証するこの尺度の説明力の強さについては，いくつかの方法論的研究や実践的研究が存在する（MintzおよびSchwartz 1981, Mizruchi 1982, MizruchiおよびBenting 1981）。形式的には以下の式で表される。

$$C_i = \frac{1}{\lambda} \sum_{j=1}^{N} r_{ij} C_j$$

ここでNはiと関係している組織の数，rijはij間の関係の数，Cjはiと関係

している組織の中心性，λは行列 r の最大の固有値である。

　中心性とBonacich指数の2指標は高い相関を持ち，標準誤差を偏らせる可能性が高いため，私はBonacich指数の残差を用いた。これは2指標間の重複部分の関係を定式化し，残差を予測値として用いることを意味している。この尺度は段位中心性の影響と情報中心性の影響を分離する。これは多重共線性を正す時の標準的な技法である（Kennedy・1992）。ここでの仮定は，多重共線性が複数の独立変数間の線形関係から生ずるものであり，この例ではBonacich尺度とインターロックの数の関係がそれに相当する。その結果，この関係式が定式化され，推定値は連立推定式の問題に帰着することになる。

[注 釈]

chapter 1　「彼の優秀さはみんなが知っていた」／ジャミー・ダイモンへの秋波

1. バンク・ワンに関する情報は主としてHartおよびUtyerhovenの"Banc One——1993"（1996）による。
2. Weber, "The Mess at Bank One"（2000）
3. HartおよびUtyerhoven, "Banc One——1993"（1996）
4. バンク・ワンの幹部社員や取締役、またサーチ・コンサルタントに対して実施したインタビューに加えて、John EngenがCorporate Board Member誌に書いた記事が大いに役に立った。この記事によって私のインタビューの内容も裏付けられた。また、バンク・ワンの事例を詳細に説明することもできた。記事はEngen, "Hiring a Celebrity CEO"（2000）。
5. Weber, "The Mess at Bank One"（2000）
6. 同上。
7. Cahill, "CEO McCoy Quits a Flagging Bank One"（1999）
8. 同上。
9. ファースト・シカゴ出身のある取締役は、バンク・ワンのシニア・マネジメントたちを「独力でシカゴの繁栄をここまで金融的に支援してきた銀行を乗っ取ろうとしているコロンバスから来たカウボーイたち」と描写している。
10. Wahl, "Bank One's Problems Go Deeper than Ailing Credit-Card Division"（2000）
11. Weber, "The Mess at Bank One"（2000）
12. 同上。
13. Cahill, "CEO McCoy Quits a Flagging Bank One"（1999）
14. サーチが終了した数か月後に、米週刊ビジネス紙『バロンズ』に掲載された記事によると、バンク・ワンに投資している投信会社Legg Mason Value Trustのビル・ミラーは、自分の考えるCEO候補者のリストをサーチ委員会へ提出したという。そのリストのトップには結局、CEOに指名されたジャミー・ダイモンの名前があった。Laing, "Fixer-Upper"（2000）参照。
15. Engen, "Hiring a Celebrity CEO"（2000）
16. 同上。
17. Scism, Raghavan, およびSiconolfiの"Lost Trust"（1997）。また著者不詳の"Finance and Economics: Fall Guy"（1998）参照。
18. Lowenstein, "Alone At The Top"（2000）
19. トラベラーズとシティバンクの合併およびシティグループとサンディー・ワイルに関する情報については、新聞記事や何人かの主要人物との面談に加えて、

Lowensteinの"Alone at the Top"(2000)がきわめて貴重な情報源であった。
20. 同上。
21. 同上。
22. 同上。
23. 同上。
24. 同上。
25. 同上。
26. 同上。
27. Scism, Raghavan, およびSiconolfiの"Lost Trust"(1997)。
28. Lowenstein, "Alone At The Top"(2000)
29. 同上。
30. 同上。
31. Scism, Raghavan, およびSiconolfiの"Lost Trust"(1997)。
32. Lowenstein, "Alone At The Top"(2000)
33. 同上。
34. 同上。
35. 同上。
36. 同上。
37. リードとのインタビューにおいては，リードは自分の発言や主張に十分に意を用い，正確さを心がけているように見受けられた。
38. Lowenstein, "Alone At The Top"(2000)
39. 同上。
40. 同上。
41. SilvermanおよびNathans Spiro, "ls This Marriage Working？"(1999)。
42. ダイモンがシティグループを追われたとき，同社株式の時価総額は110億ドルほど縮小した。Loomis, "Dimon Finds His 'Fat Pitch'; One Bank that Needs Saving"(2000)。
43. BeckettおよびRaghavan, "Former Citigroup President Dimon Gets $30 Million Separation Package"(1999)。
44. Engen, "Hiring a Celebrity CEO"(2000)
45. Raghavan, "Deals & Deal Makers"(1999) またRaghavanおよびBeckett, "Companies Want Dimon To Become "Mr. dot.com"(1999)。
46. インタビュー。
47. インタビュー。
48. インタビュー。
49. インタビュー。
50. インタビューおよびEngen, "Hiring a Celebrity CEO"(2000)。
51. 同上。

52. 同上。
53. 同上により確認，ダイモンからも確認。
54. 同上。
55. 同上。ダイモンの契約は（この本を著述している時点では）オンラインで入手可能であった。URLは http://tckrs.thecorporatelibrary.net/contracts/ceo_one.htm （現在は閉鎖）。
56. Engen, "Hiring a Celebrity CEO"（2000）URL は同上。
57. Feldman, "Has Bank One Found its Savior"（2000）
58. Wahl, "Bank One Gains Wall Street Credibility"（2000）
59. Hintz, "BoyWonder"（2000）
60. Fitch, "Dimon Dose a Shot in Arm"（2000）
61. Weiss, "Jamie Dimon: The Wrong Man for the Bank One Job？"（2000）
62. Laing, "Fixer-Upper"（2000）
63. 『ウォールストリート・ジャーナル』が3月に掲載した記事では，次のようなことも報じている。アイストックは社長として2000年9月までとどまっていたが，ダイモンには退任してもらいたかった，という。Raghavan および Sapsford, "Jamie Dimon Takes Top Spot At Bank One"（2000）。
64. Brunswick および Hayes, "Dimon in the Rough"（2000）。
65. Popper, "Bank One Shares May Be Floating on Thin Air"（2001）ポッパーが引用したアナリストは，CIBC World Markets 所属のトム・マキャンドリス。

chapter 2　特異な経営者人材市場

1. Child が "Organizational Structure, Environment and Performance"（1972）で明らかにしたところによると，経営トップの意思決定に見られる戦略性は企業の業績に多大の影響を及ぼす。また，Lawrence および Lorsch も "Organization and Environment"（1967）において，技術革新がもたらす環境変化に対応するため，企業トップは機構改変についてどのような意思決定をしているかを研究したが，それによると適切な機構改革さえ推進すれば，業績を好転させることができるという。これらのほかにも，4つの研究——Kotter の *The Leadership Factor*（1988），Kotter の *A Force for Change*（1990），Tedlow の *Giants of Enterprise*（2002），そして，Tedlow および John の *Managing Big Business*（1986）——においても，エグゼクティブの手腕が各企業の——場合によってはその産業の——浮沈を決定付けることを示している。また，Hannan および Freeman, *Organizational Ecology*（1989）は，わずかなケーススタディーや標本のみに基づき企業の誕生および組織の改変を研究する学者のスタンスを批判する。
2. 主として他人の調査資料に基づき研究する学者は，企業業績を左右する要素のほとんどは，CEO の経営手腕の及ぶ範囲外だと論じる。たとえば，Pfeffer および Salancik,（1978）*The External Control of Organization*。また，個体群生態学をベース

に研究する学者は，ある企業の属する産業，その産業内の競争の状況，企業体質，ある資産に投下されている投資などの状況の方が，経営者の意向や実際の経営活動よりも確かに企業業績の動向を占ってくれると述べる。この例は，Hannan および Freeman, *Organizational Ecology* (1989) を参照。研究者はまた，企業業績は外部要因によって決定されてしまうものだという事実を CEO がうまく利用して自分の報酬の交渉をしていることを指摘する。CEO は事業環境の追い風に乗じ，また逆風のときは自分を弁護するために逆風を利用する。Bertrand および Mullainathan, "Do CEOs Set Their Own Pay?" (2000)。

3. 様々な産業をこの観点から検討した例は，Carroll および Hannan, *The Demography of Corporations and Industries* (2000), Hannan および Freeman, (1989) *Organizational Ecology*。

4. Carroll および Hannan の *The Demography of Corporations and Industries*，6—7ページ (2000)。

5. Wasserman, Anand および Nohria, "When Does Leadership Matter?" (2001), また Hambrick および Finkelstein, "Managerial Discretion" (1987)。

6. グリーンスパン議長には個人として近年の米国好景気を牽引してきた貢献が認められる，とされるが，このように主張する最近の本は次の二例。一つは Woodward の *Maestro* (2000, 邦訳『グリーンスパーン』日経) であり，他方は Martin の *Greenspan* (2000)。これらの著述のなかで，特に興味をそそるものは，グリーンスパンの個人的な習癖，それも些細な点に，かなりの関心を払っているところである。たとえば，連銀での会議に駆け付ける議長のかばんが重そうであるとか，ジャズが大好きである，といった点だ。こういった描写が多いのはおそらく，議長の公での発言の表現がかなり難解で矛盾が多いように思われるためであろう。つまり，経済の専門家でも議長が何を言わんとしているのか理解に苦しむことが多いため，それゆえ，議長をウォッチする人たちは彼のもっと分かりやすいとことろに目を向けざるを得ないのである。

7. "パフォーマンス・キュー・イフェクト"を成り立たせている背景には，社会心理学者が "fundamental attribution error" と呼ぶメカニズムが作用している。それは次のような状況で見られる。(1) ある事態を説明するときに，そのときの状況からの影響を過小評価しているとき，(2) 人の影響を過大評価しているとき，(3) 人の個性を立ち居振る舞いから判断しているとき，である。このコンセプトについては，Brown, *Social Psychology* (1986) を参照。

8. Brunswick および Hares, "Dimon in the Rough" (2000)。

9. Eccles および Crane, *Doing Deals*, 214-221 (1988)。

10. 同上。

11. Groysberg, "Can They Take It with Them?" (2001)

12. Khurana および Nohria, "Substance and Symbol" (1996)。

13. これでは取締役会の議題に関する CEO の支配権や，取締役が社内情報にアクセス

注　釈

する際の制限など，CEO の裁量に過分の権限を与えてしまうことになるとして，企業のガバナンスの専門家の多くはこの慣習には難色を示す。また，研究者たちによると，CEO と取締役会会長の兼任を許す制度では，貢献度のよくない CEO を更迭する例が少なくなる。Zelleke は，"The British 'Non-executive' Chairman"（2001）において，下記のように述べる。

> 企業のガバナンスにとっての最大の目的は，経営者がステークホルダーに対して説明責任を負うように担保することである。ただ，これらの仕組みは国家的な制度のなかで成立するともいえるが。取締役会は，経営者が責任を果たすように監督する立場にある。このような基本的な要請からしても，効果的な企業ガバナンスを実現するには，トップ経営者が取締役会会長を兼務する取締役会では発生しがちな利害の相反の問題とは取締役たちが無縁であることが肝要である。同様に，比較的少人数の取締役会は監視機構としてはより客観的であり，より効率的であろう。

14. Merrick, "Bank One Decides to Trim its Board"（2000）私自身が調査したところでは，一般に理解されていることとは逆だが，大きな取締役会の方が成績の悪い CEO を解任する場合が多い（Khurana 1998）。
15. Brunswick および Hares, "Dimon in the Rough"（2000）。CEO が自分の経営チームのメンバーを解任する権限を持つということは何ら異常なことではないが，この事例では解任は会社のためというより，自己弁護あるいは恣意的に行われている節が見られる。他の取締役と熾烈なレースを繰り広げていたジョン・リードがシティグループの CEO に選任されたとき，彼がとった最初の行動の一つは他の候補者を支持したエグゼキュティブとの宥和を図ることだった。
16. chapter 4 で見るとおり，CEO の社外人材市場は人材の層が貧弱でその原因は人為的だとみられている。その原因は，主として供給側にある。
17. Crystal, *In Search of Excess*（1992）および Bok, *The Cost of Talent*（1993）。
18. ある企業が CEO に対して，低い報酬，あるいは平均以下の報酬しか払わないという場合は，その企業はせいぜい能力が平均の人材が CEO を務めていることを暗示していることになる。"並みの CEO" に経営を任せているということを認めるよりも，取締役たちは新しく来た CEO に対しては平均以上の報酬を支払うことを選ぶ。この現象を捉えて，Graef Crystal は，CEO 報酬版の "Lake Wobegon effect"（「ウォベゴン湖」効果，過大に自己評価する傾向，小説 *Lake Wobegon Days* より）（1992）と呼んでいる。
19. 同上，222。
20. Marsden, "Restricted Access in Networks and Models of Power"（1983）
21. Baker, "The Social Structure of a National Securities Market"（1984）
22. Swedberg, "Markets as Social Structures"（1994）
23. （chapter 6 で詳細に検討するが）1993 年にアメリカン・エキスプレスで実施されたサーチは，サーチの秘密が守られなかった場合にはどれほどまずい事態を招くのか

という点について，よい例を示している。退任する CEO であるジェームズ・ロビンソンの後任候補についてリークがあったため，アメリカン・エキスプレスにとっては最善の候補者であった人材が辞退をオープンに表明したのである。さらに，そのリークはそれぞれの候補者を擁立している社内の派閥の図式までも露呈させてしまった。

24. アドバース・セレクション（逆選択，逆淘汰）についての基本的な考え方は，中古車市場において欠陥車問題を指摘した Akerlof が "The Market for Lemons': Qualitative Uncertainty and the Market Mechanism" (1970) で展開している。
25. エージェンシー・プロブレムの理論については，Pratt と Zeckhauser が "The Agency Relationship" (1991) において詳述している。
26. Fama および Jensen, "Separation of Ownership and Control" (1983)。
27. Jensen, "The Modern Industrial Revolution, Exit, and the Failure of Internal Control Systems" (1993)。また，Baker および Smith, *The New Financial Capitalists* (1998)。
28. Lorsch および MacIver, *Pawns and Potentates* (1989)。
29. transaction-cost theory では，このような状況においては，この種の取引は企業という枠組みのなかで発生するとみる。Williamson, *Markets and Hierarchies* (1975) を参照。
30. 自社の業績が不振のときには，保障されているボーナスを返上する CEO が増えているのが最近の傾向。取締役会は CEO のこのような対応に対して，より多くのストック・オプションを CEO に供与する例も多い。これらの大型ストック・オプションによる企業負担の増加については，chapter 7 を参照。
31. Scott, *Institutions and Organizations*, 170ページ (1995)。レジティマシーについて今日なされている議論のほとんどは，制度論の枠内でなされている。スコットの卓越した理論に加え，Powell および Dimaggio も次の書籍でこのテーマを扱っている。*The New Institutionalism of Organizational Analysis* (1983)。
32. この場合は極端な例。ほとんどの場合，候補者は報酬の条件を指図するが，取締役会と新 CEO との権限の線引き，運転手の費用の扱い，住宅ローンの残債負担等についてはやっかいな交渉となる。
33. Viviana Zelizer は保険金詐取の問題に絡み，市場におけるこの問題の重要性について，深く掘り下げて研究した (1978)。また，保険制度の法的，あるいは政治的な仕組みが変化したことにより，子供たち世代が享受する経済的価値が受ける影響についても研究した (1981)。
34. Meyer および Rowan, "Institutionalized Organizations". (1977) および Fligstein, *The Transformation of Control* (1990)。
35. Fliestein, *The Transformation of Control* (1990)。組織論についての理論的な概説は Scott の *Institutions and Organizations* (1995) が詳しい。
36. CEO の選抜プロセスのこのような状況は，非営利および公的機関の人選の場合でも

同様のことが見られる。国公立大学の学長選挙におけるレジティマシーの問題については，McLaughlin の *Leadership Transitions: The New College President* (1996)，また McLaughlin および Riesman の *Choosing a College President* (1990) を参照。また，このテーマはノンフィクション，フィクションでも描かれているが，それらでは Cramer の *What It Takes* (1992) や Warren の *All the King's Men* (1946) がある。

37. McLaughlin, "From Secrecy to Sunshine" (1985)
38. Zuckerman, "The Categorical Imperative" (1999)
39. 新古典派経済学の研究者が CEO の人材市場を分析している例は，CEO の報酬についての論文に多く見られる。たとえば，Jensen および Murphy, "CEO Incentives" (1990)，同 "Performance Pay and Top Management Incentives" (1990), Murphy, "Top Executives Are Worth Every Nickel They Get" (1986), Rosen, "Contracts and the Market for Executives" (1982)。CEO の人材市場が効率的かどうかについての経済学者と行動科学の研究者の間の論争については Murphy, "Executive Compensation" (1998) を参照。
40. この分野では注目すべき研究があるが，すでにいくつかは紹介した。それらの多くは，他の研究などに理論的基礎を与えた Polanyi の *The Great Transformation* (1957) に基づいている。たとえば，Granovetter の *Getting a Job* (1974), および "Economic Action and Social Structure" (1985), また，Burt の *Structural Holes* (1992), Podolny の "Market Uncertainty and the Social Character of Economic Exchange" (1994) など。
41. social construction (「社会的構築」) という述語は Peter Berger および Thomas Luckmann の *The Social Construction of Reality* (1967) の中の造語。Berger および Luckmann は知識社会学のなかの一分野において，真実にはいかにして迫ることができるのか，という課題に取り組み，下記のように述べている。

  個人にとっては，計り知れない程の客観性をそなえているように見えても，制度的世界における客観性は，人間が作り出し，構築したものであることを心に留めておくことが肝心である。人間活動の創造物が客観性を帯びる過程は，"オブジェクティベイション"(客観化)と呼ばれる。インスティチューションの世界は，人間の活動が客観化されたものである。どのインスティチューションをとってみても，客観化の賜物である。

  人間が経験する社会的世界は客観的なものとたとえられるにもかかわらず，社会的世界は，人間の行為を離れて存在するわけではない。人間は，自らが作ったとは思っていない社会的世界を作り出すことができるというパラドクスについては後に触れよう。いまは，作るものとしての人間とその産物である社会的世界との関係は弁証法的なものであるいうことを強調しておこう。

  つまり，人間（もちろん孤立した人間ではなく集団としての人間）とその社会的世界は相互に作用する。作り出されたものは作り出す側に働きかけるのである。外部化ならびに客観化は，連続的な弁証法的過程の2つのモーメントで

ある。最後のモーメントは内面化であり，社会化の課程で，客観化された社会的世界が意識に定着するプロセスである。これについては後に議論しよう。

　　社会的現実におけるこれら3つの弁証法のモーメントの基本的な関係を見ることは現段階でも可能である。そのそれぞれは，社会的世界の本質的な特性に対応している。社会は人間が作り出したものである。社会は客観的現実である。人間は社会的産物である。

42. McGuire, Granovetter および Schwartz, "Thomas Edison and the Social Construction of the Early Electricity Industry in America"（1991）。
43. Zelizer, *Morals and Markets*（1983）
44. Douglas, *How Institutions Think*（1986）によれば，
　　「持続する社会的制度はレジティマシーを獲得しなければならない……。制度はそのメンバーの記憶を支配する。制度は，その正当なイメージに合致しない経験を忘却させる。制度は，そのメンバーに内面にその制度の性質と合致した見方を強化するような事象を持ち込ませる。制度は，思考のための範疇を提供し，自己を知るための概念を与え，独自性を強化する。」（112ページ）
　　このような考え方はチャールズ・ティリー（1988）によっても研究されている。彼は社会的に構築されたカテゴリーが社会における不平等を生み，助長していると考える。この彼の考え方は直接，社会構築主義の理論に基づいていると言える。
45. Powell および Dimaggio, *The New Institutionalism of Organizational Analysis*（1983）
46. Goffman, *Behavior in Public Places*（1963）および *The Presentation of Self in Everyday Life*（1963）。
47. White, *Markets from Networks*（2002）
48. Granovetter, "Economic Action and Social Structure"（1985）
49. ここで私は経済社会学の多様で深遠な系譜について，総括を試みた。これらの点については，Smelser と Swedberg の *The Handbook of Economic Sociology*（1994）を参照。
50. Logue および Naert, "A Theory of Conglomerate Mergers"（1970）。
51. Weston, I. F., "Diversification and Merger Trends"（1970）および "The Nature and Significance of Conglomerate Firms"（1970）。
52. Amihud および Lev, "Risk Reduction as a Managerial Motive for Conglomerate Mergers"（1981）。
53. Williamson, *Markets and Hierarchies*（1975），また，Rosen の "Prizes and Incentives in Elimination Tournaments"（1986）。
54. 社外から招いた CEO が全体に占める比率を正確に割り出すことは――研究者がそれぞれ社外 CEO の定義を独自に決めているため――極めて難しい。たとえば，Richard Vancil はその要件として，入社して2年以内に CEO に就任した場合としている（1987）。私はこの本の目的のために，社外から来た CEO の要件として，その会社には CEO 就任までに何らの関わりもなかった人物に限定した。つまり，よ

り厳格な要件を採用している。近年の調査によると，株式を上場している大企業では，20から29パーセントが社外から招聘したCEOとなっている。Borkovich, ParrinoおよびGlascockは1969年から1988年の間に発生したCEOの継承事例では20パーセントが社外CEOであったと1996年に報告している。また，Worrell, DavidsonおよびTrapaniが1993年に公表したところでは，1963年から1987年の資料に基づき調査した結果，29パーセントが社外CEOであった，という。この本のために私が実施した850社の分析では，1980年から1996年にかけては，27パーセントが社外CEOであった。

55. Williamson, *Markets and Hierarchies*（1975），また同 "The Economics of Organization"（1981）。
56. Burt, *Structural Holes* 238-251（1992）
57. Weber, RothおよびWittich, *Economy and Society*, 341—43（1978）。
58. "social disclosure" という概念に基づいて自説を構築している社会学者は多い。中でも，Parkin（1974）やSorensen（1983）はそれぞれウェーバーの閉鎖に関する理論を研究し，現代社会ではいかにして不平等が発生するのか，そのメカニズムを解明しようとした。この章で私が使っている閉鎖性の概念はこれら先達の使った概念とは決定的に異なるところがある，という点をここでは指摘するに止める。chapter 7で再度触れる。
59. Sorensen, "Sociological Research on the Labor Market"（1983）。また同 "Theoretical Mechanisms and the Empirical Study of Social Processes"（1998）。
60. Dumont, *Homo Hierarchicus*（1980）

chapter 3　カリスマCEOの台頭

1. BerleおよびMeans, *The Modern Corporation and Private Property*（1932）。
2. Chandler, *The Visible Hand*（1977）
3. 同上。
4. 同上。
5. Brandeis, FraenkelおよびLewis, *The Curse of Bigness*（1965）。さらに，Brandeis, Liefおよび米国連邦最高裁判所 *The Social and Ecnomic Views of Mr.Justice Brandeis*（1930）。また，Brandeis and Poole, *Business-A Profession*（1914）。
6. フクヤマ, *The End of History and the Last Man*（1992）
7. 組織の構造と効率性との関係について，最初に着目したのはチャンドラーではなかった。彼の論文の序文にある通り，この問題はアダム・スミスまで遡る研究者たちの探究心を魅了してきた問題である。それほど昔まで遡らなくとも，チャンドラー以前の研究者では，ワーナー・ソンバート，ジェームズ・バーンハム，ロナルド・コース，ダグラス・ノース，そしてオリバー・ウイリアムソンらがいる。ただ，彼らはすべて，この問題をもっと大きな枠組みのなかの一部として検討した。チャンドラーは，組織形態との関係において，二つの重要なサブフィールドを創り出して

いる。すなわち，I/O Economics および business history である。
8. Fligstein, *The Transformation Of Corprate Control*（1990）
9. Baker および Smith, *The New Financial Capitalists*。chapter 2 で触れた agency theory（1998）も参照。
10. 同上。
11. Burrough および Helyar のベストセラー，*Barbarians at the Gate*（1990）は，「CEOは公共の利益のために働く利他的なリーダー」といったロマンチックな幻想を一掃した作品であろう。
12. Baker および Smith, *The New Financial Capitalists*（1998）。また，Burrough および Helyar, *Barbarians at the Gate*（1990）。
13. Burrough および Helyar, *Barbarians at the Gate*（1990）。
14. ジミー・カーター大統領の時代に始まり，ロナルド・レーガン政権で加速された規制緩和の流れのなかで，年金，退職金，財団運営などの法的制度は大幅に変更された。なかでも重要な変更は，これらの基金から株式市場へ投資する場合の上限は全体の5から10パーセントと定めていた各州の法令および連邦法の制限が撤廃されたことである。この規制緩和の結果，かなりの企業が国債など債券への投資から株式へ，投資先をシフトすることになった。この経過については，Useem の *Executive Defense*（1993），33—43ページが法制度的な，また，政治的な検討を加えている。Useem は投資家の協同行動について SEC の規則が緩和された政治的な背景をも解説する。特に，5パーセント以上を所有する株主が連携して投資行動を採るときの煩わしい手続きや要件が緩和されたか，あるいは，その規制の運用が弾力的になったことの説明を加えている。また，機関投資家は特定企業に対して，LBO による資金を活用すると，ほとんどの法的な規制をくぐり抜けて買収することができることも例証している。
15. 機関投資家の新しい役割についてのここでの議論は，多くが Useem の *Executive Defense*（1993）に基づく。
16. たとえば Boyle, "The Dirty Half-Dozen"（2001）を参照。
17. Brown および Swoboda, "Stempel Steps Down As Chairman of GM"（1992）。
18. 1993年には『ビジネスウィーク』のジョン・バイルン記者が，活発な投資活動をする機関投資家が，成績の悪い CEO を手厳しく攻撃するようになった様子を描写している。
19. バフェットが31パーセントの株式を保有する自分の会社，Berkshire Hathaway はコカ・コーラの株式2億株，全体の8.1パーセントを所有していた。また，ファンドマネジャーのハーバート・アレンは900万株を所有していた。最も影響力のあるこの2人はコカ・コーラ社の社外取締役でもあり，コカ・コーラの CEO であったダグラス・アイベスターに，共同で，2人が取り消しのできない結論に達したことを告げた。コカ・コーラ社を経営する人物としてはもはや相応しくなくなった，というのである。アイベスターとしては彼らの決議に抗うことも可能だったが，情勢の変化が

勝算を小さくしていた。激しい業績不振に喘いでいたGMの場合とは異なり、コカ・コーラ社の場合は比較的業績は好調だったことがここで注目される。同社のROE（自己資本利益率）は前年の42パーセントから35パーセントに低下したとはいえ、どのような財務指標から検討しても、なお立派な数値を示していた。Watkins, KnoopおよびReavisの"The Coca-Cola Company（A）"（2000）。また、Sellersの"What Really Happened at Coke"。

20. ホーレイを選出したジレット社のCEOサーチは人材の対象を社外でも広く実施した、とされている。そのサーチはちょうど現職のアル・ゼイエンがCEOを1999年に退任しようとしていたときに行なわれた。だが、サーチが始まったときと同じ状況で終わったのである。つまり、マイケル・ホーレイが新CEOとして指名されたのだが、彼はゼイエンが選んだ社内の後継者だったのである。

　ホーレイの解任は『ボストン・グローブ』紙が解説している。期待されていた業績よりも低い数字に終わり（ジレット社はもはや1980年代の終わりより連続して達成してきた2桁成長は望めなくなっていた）、取締役会は2000年10月にホーレイを解任した。社内のある人物が「静かな暗殺者」と呼んだKravisは、ホーレイの放逐を十分な根拠をもって主導することになった。彼のM&Aの会社、KKR（Kohlberg Kravis Roberts & Co.）（ニューヨーク）は、ジレット社の大株主であった。ジレットが1996年にバッテリーの会社であるDuracell Internationalの株式を買ったことによって、その株式を保有していたKKRがジレットの大株主に踊り出たのである。ホーレイ解任の当時、Kravisの所有していた5,100万株のジレット株式は、その株価時価総額が1999年の高値のときから15億ドルも減少していた。39年間もこのボストンを本拠とする剃刀の会社に奉職した挙句、このように解任されたホーレイは、機関投資家が業績という情け容赦のない基準を執行した典型例であった。Reid, "Gillette Ousts CEO Hawley after 18 Months"（2000年）。

21. 私が自分の調査において突き止めた通り（注釈chapter 2 54参照）、1980-96年の大手企業のCEO継承事例では、27パーセントが外部人材による継承であった。この期間以前では社外人材によるCEO継承はほとんどなかったことを鑑みると、この数字は衝撃的である。また、CEO継承研究では今も主流となっている社内昇格研究の系譜では、社外人材によるCEOの登用はその企業固有のスキルが必要とされるため——また、生産性といった人材の能力についても「情報の非対称性」が災いして——社外登用はほとんどゼロと予測していた時代だったのである。一方、2000年にチャレンジャー、グレイといったサーチ会社では、株式を上場している大企業の半数が社外人材をCEOに指名していた、と推測している。（Challenger, Gray, and Christmas 2001, *Annual CEO Turnover Report*）

22. 「業績不振の会社を再生させた実績をもつ生え抜き経営者を見てみてください。彼らは、いわば、社外の人材と同じなのです。GEの体質を変えたジャック・ウェルチはGEの保守本流のビジネスで育ったのではなく、操業間もない、因習に囚われない経営スタイルが発揮できた新興プラスチック事業の出身でした」（Dumaine, "What's

so Hot About Outsiders" 1993)。

　他にも生え抜きの CEO がビジネス誌によって社外人材だとされた例がある。フォードの CEO ジャックス・ナッサーである。1999年1月にナッサーがフォードの CEO に就任したとき，ハーバード・ビジネスレビューはナッサーをウェルチになぞらえていた（Wetlaufer, "Driving Change" 1999)。また，『ビジネスウィーク』でも同年の年末には次のような記事を掲載している。「レバノン生まれの，落ち着かないアウトサイダーには，CEO のポジションはかなり激しいものだ。31年前，オーストリアでマネジャーとして出発したときから，ナッサーは自分のほとんどのキャリアをフォード帝国の周縁で過ごしてきたのである。彼は若いときからフォード・モーターの官僚的なやり方には我慢ができなかったのであり，それが今日にも見られる（Kerwin および Naughton, "Remaking Ford" 1999)。

23. このような研究では二つの例がある。Pfeffer および Salancik の *The External Control of Organizations*（1978)。また，Hannan および Freeman の *Organizational Ecology*（1989)。
24. Harvard Business School, "*Reginald Jones*"（1982)。また，Vancil, *Passing the Baton*（1987)。
25. Rosen（1986) および Lazear（1995) の tournament theory では，企業の昇進システムが経営幹部たちを競争に駆り立てていると解釈する。ただ，このトーナメント理論については，批判も多い。敗者が企業を去ったりしてコストが高くつき，ほとんどの企業はこの方式を推進する余裕がないという現実をトーナメント理論の支持者は考慮していない，と批判されてきたのである。さらに，ほとんどの企業は幹部社員の一致協力を要請するが，トーナメント理論ではそのような前提は省略して考えている。O'Reilly, Main および Crystal, "CEO Compensation as Tournament and Social Compensation"（1988)。
26. Jeffrey Immelt をジャック・ウェルチの後継者に選んだ経過にも示されているとおり，GE はこの制度を今日まで継続実施している。
27. 外部から CEO を招聘することが発表されると，その企業の株価が上昇する例は，このほかいくつかの大企業でも実例が見られる。たとえば，Hudson, Parrino および Stark, "The Effectiveness of Internal Monitoring Mechanisms"（1997)。また，Worrell, Davidson および Glascock, "Stockholder Reactions to Departures and Appointments of Key Executives Attributable to Firings"（1993)。
28. Colvin,（1999) "We Hate to Say We Told You So, But……" また，Burrows および Elstrom, "The Boss"（1999)。
29. Shivdasani および Yermack, "CEO Involvement in the Selection of New Board Members"（1998)。
30. CEO と企業業績の因果関係についての研究については，chapter 2 参照。
31. 株価と CEO の報酬は連動すべしとする主張の背後にある謬見については，chapter 7 参照。

注　釈

32. CEOの唐突な退任を発表したプレスリリースのなかでも，なんとも締りのないプレスリリースはIBMのものであろう。ジョン・エイカーズが1992年にIBMを強制的に追われたとき，そのリリースの文面の調子は非常に前向きな表現をとり，「辞任」というような言葉はそのなかにはなかった。また，その文面は「取締役会は，新しいCEOを選出するようにという（エイカーズからの）推薦を受け入れた」という回りくどい表現があった。さらには，その同じプレスリリースの後半では，「IBMはこの激動の時代に相応しい，能力のある経営者をほかには見つけることができなかっただろう」というある取締役の支離滅裂な言葉を引用していた（PR Newswire 1993 "IBM Chairman John F. Akers Announces CEO Search"）。この1年後，アメリカン・エキスプレスにおいては（株主たちはジェームズ・ロビンソン3世が会長兼CEOとして留まることを許さず，ついに彼も辞任要求に応じたとき），退任を発表したプレスリリースでは，ロビンソンはアメックスの殉教者のように扱われていた。ロビンソンは自分自身で，また，後任のハーベイ・ゴルブも，去っていく自分が成し得た圧倒的な貢献は自己犠牲の賜物だったと賞賛した（自己犠牲があったとしても，これまでにすでに何億ドルという法外な報酬を得ていた。また，辞めたあとでもニューヨーク市五番街にある会社所有の高級アパートに住み続け，会社のジェット機を自由に使うことができた｛(BusinessWire, [1993] "Golub Elected Chief Executive Officer of American Express Company; Robinson to Continue as Chairman, Will also Head Shearson Lehman" また，Bleakley, Pae および Siconolfi, [1993] "Robinson Quits At American Express Co.; As Board Support Unravels, Chairman Resigns Post; successor to Be Named"）。ポール・レゴの解任を公表したWestinghouse Electricのプレスリリースはもっとも標準的といえよう。そのリリースでは，「レゴが退任を選んだ」と書いたあと，レゴの37年間に及ぶ献身的な勤務に対し，感謝を意を表したい，と述べ，相談役として今後も協力してくれることに感謝する，としている（PR Newswire, [1993] "Westinghouse Chairman Paul Lego to Retire"）｝。
33. PR Newswire, "Lucent Technologies' Board of Directors Names Henry Schacht Chairman and CEO"（2000）
34. Fligstein, *The Transformation of Corporate Contorol*（1990）
35. Mills, *The Power Elite*（1956），Riesman *The Lonely Crowd*（「孤独な群集」）（1956）および Whyte *The Organization Man*（1956）。
36. Porter, *The Competitive Advantage of Nations*（1990），および Thurow, *Head to Head*（1992）。
37. 経営者資本主義の時代のCEOは，自分たちと工場などの労働者との間には物理的な，また，社会的な距離を置くことにことのほか執着した。一般のワーカーとは服装もしゃべり方も一線を画していた。自分たちの社会的な立場やその資格についても誇大に宣伝したものだ。ところが今日のCEOは——たとえば，カジュアルな服装で勤務したり，オートバイに乗ったりなどして——通常のワーカーからごく普通

にリーダーとなったことを印象づけようとしている。
38. Glassman および Swatos, *Charisma, History, and Social Structure*（1986）。
39. Shils, "Charisma, Order, and Status"（1982）。俗社会では時にカリスマ的権威をまとった人物が現れて社会に害悪をもたらしてきたが，そういった例外を除けば，俗社会は「カリスマ的権威」とは無縁である，とこれまで考えられてきた。シルズはこのエッセイのなかで実社会のなかでの「カリスマ」を再定義している。彼は，カリスマ的パーソナリティと，社会が認容する文化的な価値判断との関係を明確に説明している。シルズにとっては，カリスマ的な人物とは権限を有効に実践するリーダーであって，社会にとってたいへん重要な価値を表示することのできる人物なのである。したがって，合理的で法的にも根拠のある権威は神聖であるとされる社会においては，それらの権威に近い存在はカリスマ的と看做され，敬意を集める。たとえば，最高裁判所，その他政府高官，あるいは企業の経営者などである。
40. http://www.philipmorrisusa.com, September 1, 2001
41. http://www.dupont.com/corp/overview/glance/vision/index.html, September 1, 2001
42. http://www.fastcompany.com/partners/, September 1, 2001
43. Pfeffer, *Human Equation*, 298（1998）。
44. O'Reilly および Pfeffer, *Hidden Value*（2000）。また Pfeffer, *Competitive Advantage*（1994）は人的資源を重視した新しい組織論を説く経営論のテキストの例である。著者は人々の手腕によって競争力を獲得した企業を例証している。
45. Brooks, *Books in Paradise*（2000）
46. これらの出版物にはいくつか例がある。たとえば，最も直近ではリーダーシップのテーマに絞った特集を組んだ *Harvard Business Review*（2001年12月号）がある。この雑誌のある編集者によると，"Breakthrough Leadership" という特集を掲載したこの号は，この雑誌の最大の売れ行きだったという。
47. Nohria および Green, "Chrysler: Lee Iacocca's Legacy"（2002）。
48. 私が面談したひとりのサーチコンサルタントは，ある CEO について「彼は魚にも飲料水を売ることができる男だ」と手放しで褒め称えていた。このように CEO の力量を認容する風潮は——決して大げさな表現ではなく—— CEO がロック歌手と同じように人気化しているカルチャーのなかで，蔓延している（2000年9月4日号の『ビジネスウィーク』の表紙では，コンパックの CEO であったマイク・カペラスはギターを肩にかけたジーパン姿だった）（ビジネス誌の特集に取り上げられたり，あるいは新聞記事に登場したりするといった基準によって推測される）。彼らのセレブリティーの程度やリッチな暮らしぶりは——かつては現在のように文化の記号としてではなく——これまでは単なる職種に過ぎなかった CEO というポストに就く彼らに対してふんだんに報酬を支払うことを社会が認容していることの裏返しである。
49. Byrne, *Chainsaw*（1999）

注　釈

50. 今振り返ってみると，今でこそ「理性を欠いていた」とされるエンロンの前 CEO，ジェフリー・スキリングについてはその指導者としての資質がもっと以前に問題にされるべきであった。つまり，エンロンが崩壊し始める6か月前の2001年4月にスキリングと投資家の間で行われた決算のカンファレンス・コール（電話によるアナリスト説明会）を実施したときである。そのとき，あるファンドマネジャーが簿外のパートナーシップが負債を隠し収益を膨らませているのではないかと質問し，スキリングが応酬したが，そのときに彼のリーダーとしての資質について疑問が生じていなければならなかったと思われる。ファンドマネジャーはこう質問し，スキリングはこう応酬した。「あなたのところはまともなバランスシートやキャッシュフローステイトメントが作れない唯一の金融機関ということになりますね」「へぇー，そうかい。ありがたく聞いとくよ，くそったれめ！」(Hull [2001])。
51. Shiller, *Irrational Exuberance*, 35, (2000)
52. Serwer, "There's Something About Cisco" (2000), Serwer はこの件について，後にこう述懐している。
「チェンバーズの"見事に捉えどころのない話"に魅せられてしまっていた」
53. Mehta, "Cisco Fractures Its Own Fairy Tale" (2001)
54. Shiller, *Irrational Exuberance* (2000)
55. 過去の実績よりも将来の好業績期待の程度によって株価は形成される。株主がもつこのような期待は，いまやほとんどアナリストたちの期待に基づいている。
56. Strauss, "There's No Magic" (2000)。ゴールドマン・サックスのジャック・ケリーは「世界一流の経営者」だと評し，次のようにコメントする。「コダックの問題を解決する力があると信じております。経験も十分であるし，また，余りある精力もあり，すべてがうまくいくものと思う」(Jones, Randall および Hillkirk, "Kodak Snaps Up Chief from Motrola" [1993])。
57. 1997年初め，コダックの株価はフィッシャーが就任する直前の株価水準より110%も上昇した。しかし，フィッシャーがコダックを救うと期待していた投資家やアナリストたちが見落としていたことは，コダックが直面していた根本問題だった——銀塩からデジタルへの写真の進化，低価格を武器とする日本の強烈な競合会社だ。だが，これらは経営者の手腕によって容易に対処できるという類の問題ではなかった。事実，フィッシャーが招聘される以前の10年間においては，コダックの経営陣はアメリカの企業のなかでもっとも優秀な経営チームだとされていた。今日，コダックの株価はフィッシャーの就任当時の半分の水準となっている。その後のフィッシャーは精彩を欠き，CEO には別人の就任を許し，自分は会長職に甘んじている。
58. Strauss, "There's No Magic" (2000)。AT&Tで新 CEO としてアームストロングが指名されたがその後，同社は新しい事業環境に適応することができなかった——この経緯は chapter 4 を参照。一方，アナリストが CEO の手腕に執着した最近の例としては次の二つが重要である。一つは1996年に外部からサンビームの新 CEO に就任したアル・ダンラップの例。このとき，ペイン・ウェバーのアナリストは次の

ようにコメントして，きわめて無邪気に――おそらく意識的ではなかったと思うが――今後に期待を寄せている。「アル・ダンラップを指名したというアナウンスメントほど，ウォールストリートにとっての朗報はなかった。というのも，ウォールストリートは，彼がスコット・ペーパーで為し得たことをサンビームでも成し得ると期待したからです」（Strauss,［2000］"There's No Magic"）。ダンラップ就任のニュースが市場に伝わると，同社の株価は50％も上昇した。だが，彼が前職において見せた成功は，実は会計処理のトリックによっていたということが判明するまでにはそんなに時間がかからなかった。それにもかかわらず1997年になって，サンビームは同社が急成長しているという外観を装うため，在庫を販売先に押し込み売掛金を水増しさせている状況が露呈しても，問題を直視するアナリストは出てこなかったし，また，最後の最後までその状況を認めようとするアナリストもいなかった。このような状況判断ミスの例は，2000年12月にジェフリー・スキリングがエンロンCEO に就任したときに，プルデンシャル証券のアナリストが見せた反応もまた興味をそそる。このアナリストは次のようにコメントしている――「この決定によってスキリングが他社へ移ってしまうのではないかと心配していた投資家は安堵した。エンロンのすばらしい経営内容を考慮すると，株価上昇の余地は極めて大きいが，その経営を束ねているのがジェフなのである」（デービス，2000年，「異能の経営者，ジェフ」。ここで見られるように，アナリストたちがカリスマ CEO に対して見せる反応から判断すると，アナリストたちも――少なくとも部分的には――同様の反応を示して，アメリカの当代きってのカリスマ CEO，ゼネラル・エレクトリックのジャック・ウェルチの能力に関しては疑問視することに気乗り薄となっていたようだ。GE は毎年毎年，20年間にわたり，気味悪いほど利益成長を続けてきたが，数人のアナリストが GE の会計処理方法を精査してみるとウェルチはしばしばある事業からの利益および損失を，期間操作をしつつ他の事業からの利益，損失と相殺していることがわかるとしている（Birger, "Glowing Numbers" 2000および Kahn, "Accounting in Wonderland" 2001を参照）。また，エンロンの崩壊は証券アナリストたちが調査を担当する上場企業の実態をいかに把握していないかということを明らかにしたが，すでにそれ以前に週刊ビジネス紙『バロンズ』はアナリストたちがもはや産業全体のファンダメンタルズについての徹底的な調査を行わず，単に個別企業の調査や話題を書いているに過ぎないと不満を述べている。バロンズ紙の記者は次のように書いている。「そのような内容では，船，船員，株価のことは書かれるが，しかし投資家はその船が今浅瀬にいるのか，それとも上げ潮に乗ろうとしているのかは伝えてはくれない」（Santoli, "The Whole Truth" 2001）。

59. Dowd, "Seven Ways to Attract Analysts and Investors"（2001）
60. Mathisen, "What I Look for in a TV Guest"（2001）

chapter 4　取締役会のゲーム／CEO候補者サーチにおける取締役の役割

1. Hambrick および Jackson, "Outside Directors With a Stake"（1999）。

2．Core, Holthausen および Larcker, "Corporate Governance, CEO Compensation, and Firm Performance" (1997), 32ページ参照。
3．このテーマについてはいくつか研究論文がある。たとえば Mizruchi の "What Do Interlocks Do？" (1996)。また，Davis および Greve の "Corporate Elite Networks and Governance Changes in the 1980s" (1997) は，近隣に住み，仕事上でも親密な取締役同士はテイクオーバー対策においても同じような対策を採る可能性が高いことを示している。また，Galaskiewicz および Wasserman は，企業行動の類似性を予測するにあたっては，地理・住居地や社会の各分野を横断するつながりがキーワードをなっていると指摘している (1990)。このテーマについての調査では，マイケル・ユシーム (1984) や C.Wright Mills (1956) の研究論文が原典となっているようだ。
4．社会の閉鎖的な小集団の実態については Geertz の *The Interpretation of Cultures* (1973)，および Kanter の *Communes* (1973) が参考となる。
5．Roethlisberger, *Management and the Worker* (1947)
6．Whyte, "Small Groups and Large Organizations" (1951)
7．Mills, *The Power Elite* (1956)
8．1998年当時，「フォーチュン500社」企業の取締役定数である6,064のうち，471名の女性取締役が671の定数 (社外取締役を含む) を占めた (Catalyst, 1998)。年齢および職業分野についてのデータは Directorship (1999年版) のデータに基づく。取締役の社会階層については同データに記載されている取締役の職業，学歴等からの推測に基づく。社会的ステータス，および階級分析は，エリート経営者たちに関するリサーチの中ではもっとも骨の折れるところである。
9．フランスの社会理論家エドモン・ゴブローは (社外取締役たちのコミュニティーは同じ仕事に就く傾向が強いといった事例で例証されている通り)，共通した仕事をしているグループは一体感を持つことを指摘している。「職業ほど人を区分けするものはない。日々の仕事が暮らしのレベルを規定する。仕事は，身体の器官よりも強力に，我々の考え方を規定する。考え方，感情，嗜好を左右する。身体，こころの傾向，言葉の習慣など，すべて職業からの影響を受ける。同じ職業に就いていると，必然的に，お互いに見分けがつくほどだ。そして，それぞれがまねをし合うようになる (Goblot, 1925, *La Barriere et le Nieveau*, chapter 3 38—59ページ)。
10．ユシームの *The Inner Circle* (1984)。ユシームによると，インターロック状態となっている取締役たちのネットワークを流れる情報は，主として「経済の主要産業セクターのなかで活動している大企業の社内慣行やそれぞれの企業が抱える諸問題についての一般的な情報であり，大企業は共通するビジネス慣行や事業環境についての情報を求めているようだ」という。同様の見解は，ミズルーチの *The American Corporate Network, 1904-1974* (1982)，および *The Structure of Corporate Political Action* (1992) にも見られる。なお，ミズルーチの "What Do Interlocks Do？" (1996) は，当時増大してきた取締役のインターロック状況を克明に分析している。

また，デービスの"Agents without Principles ?"はさまざまな実例を挙げる。彼は，経営者たちが自分たちの仕事を防衛するためにおのずと乗っ取り対策を採る傾向が強くなるという，一種の代理理論の考え方から導出した見解に基づき，次のように考えた。企業の取締役会がインターロック状態のネットワークに組み込まれているということは，乗っ取り対策についても，そのような企業はある同じような対策を講じることが強い。取締役のインターロック状態もまた買収対策（Haunschild, 1993, "Interorganizational Imitation"），企業献金（Galaskiewiczおよび Wasserman, "Mimetic and Normative Processes", 1990），資金調達（StearnsおよびMizruchi, "Corporate Financing", 1993），また，ロビー活動（Mizruchi, The Structure of Corporate Political Action, 1992）などの面で活用されている。

11. Useem, *The Inner Circle*（1984）
12. Chandler, *The Visible Hand*（1977），および *Strategy and Structure*（1962）。
13. Vancil, *Passing the Baton*（1987）
14. Ocasio, "Institutionalized Action and Corporate Governance,"（1999）
15. Fromson, "The Big Owners Roar"（1990）
16. Russel Reynolds Associates, "CEO Turnover in a Global Economy"（2001）
17. Ocasio, "Institutionalized Action and Corporate Governance"
18. Festinger, "A Theory of Social Comparison Processes"（1954）
19. Mukul, "Behind the Shuffle at AT&T"（1997）
20. Hopkins, Defterios および Young, "New AT&T Presidential Search Begins"。
21. アームストロングのCEO指名が発表されると，当日，AT&Tの時価総額は40億ドルも増大した。この注釈を書いている時点の時価総額は，ジョン・ウォルターズがなお社長に在任中で，次のCEOに予定されていた時期の時価総額の3分の1にまで縮小している。
22. Colvin, "Changing of the Guard"（2001）
23. Useem, *The Inner Circle*,（1984）および Vancil, *Passing the the Baton*（1987）。
24. March and March は "social matching" という述語を援用して，候補者を分類する際の資格認定や候補者の持つ資質が信じるに足るものとされていくプロセスを説明する。(1977, 1978) 彼らによると，ある州の州立学校の校長を調査対象にしたデータに基づくと，その校長のほとんどが行動様式，キャリア・パス（昇進の実態），信認のされ方，またこれまでの業績の評価など，あらゆる基準において，ほぼ差異が見られなかった，という。不確実性のもとでの意思決定について社会心理学的なリサーチを行った彼らは，この差異がみられないという状況の背景を次のように説明している。個人をある職に就けるときに，組織としての決定を下す判断者は社会的に定義された基準，つまり，ソーシャル・マッチングに固執する。その基準とは候補者の資格認定であり，社会的に信認を受けたとされるこれまでのキャリアである。私はここでマーチの述語を使っているが，私の"ソーシャル・マッチング"の意味は彼らの述語の意味とはわずかに，だが重要な点において，異なる。私は"ソーシ

ャル・マッチング"のプロセスにおいてはレジティマシー（妥当性，道理にかなっていること）やデフェンシビリティー（防御可能性），また不確実性が，重要な動機となっていると考える。
25. Douglas, *How Institutions Think*（1986）
26. Mills, *The Power Elite*, 127（1956）
27. Young, "Lucent Could Cut Jobs, Take Big Charge"（2001）
28. 私はこの本のリサーチを始めるとまもなく，この点については取締役たちとの面談で話題にすべきではないと考えるようになった。私はリサーチの初期段階において，3人の取締役に面談している。そのとき，何気なく，社会学のある学派ではCEOの役割は主としてシンボリックであると見ており，経験則ではCEOは企業の業績にほとんど貢献していない，と指摘したのだが，この発言によって私は彼らの信用を失ったようだ。
29. Merton, *Social Theory and Social Structure*, 475-90（1957）
30. Durkheimおよび Mauss, *Primitive Classification*（1963）。
31. ここで扱った"ステータス・マッチング"の作用を調査するために，私はBlauおよびDuncanのmobility（移動性，流動性）分析の手法を用いた。この流動性分析では人がどのように移動するかを示すため，また，出身地と移動目的地の州を表示するため，mobility tableを使う。また，企業のステータスを知るために，その企業の売上げ規模からみた企業グループのなかの位置を把握した（Mizruchi, Mariolis, Schwartzおよび Mintz, "Techniques for Disaggregating Centrality Scores in Social Networks"（1986）。
32. Veblen, *The Theory of the Leisure Class*（1973）
33. Podolny, "Market Uncertainty and the Social Character of Economic Exchange"（1994）
34. Stuart, Hoang, および Hybels, "Interorganizational Endorsements"（1999）。
35. Strauss, "There's No Magic"（2000）。同様の話は，Xerox, Eastman Kodak, およびHewlett-Packardなど，高名な社外のCEOを招聘した企業で聞かれる。それらすべての企業の時価総額はかなり縮小した。これらのケースにおいて，時価総額が縮小したことをCEOの個人的な責任だとすることは誤りではあろうが，社外からCEOを採用した取締役は高額取引をした割には成果を得ていないことは明らかだ。
36. 人口統計的にみたCEOの同質性については，Teminの"The American Business Elite in Historical Perspective"（1997）および"The Stability of the American Business Elite"（1998）を参照。

5 chapter　仲介者たち／エグゼクティブ・サーチの役割
1. エグゼキュティブ・サーチ会社全体の売上規模等の情報はExecutive Recruiter Newsおよび同誌編集長Daniel McCoolのご厚意による。ここで私が言及している

のはリテイナー契約によるサーチ活動の報酬であって出来高払いのことではない。リテイナー契約の下では、サーチ会社はそのポジションに人材を送り込めたかどうかにかかわらず報酬を受け取る。

2. Russell Reynolds Associates, "Reflections" (1994)
3. Baron, Dobbin, および Jennings, "War and Peace" (1986)。
4. Byrne, *The Headhunters*, 23 (1986)
5. Whyte, *The Organization Man* (1956)
6. Vancil, *Passing the Baton* (1987)
7. Margolies, "International Paper Says Du Pont's Gee Will Become Firm's President on April 1" (1978) Gee は当初 International Paper の社長に就任したが、同社は Gee が数か月後に CEO に指名されることを明らかにしていた。
8. Grover, "Outsider Chief at International Paper Vows to Develop Inside Succession Line" (1980) および Metz, "International Paper's Profit Outlook Is Rosy But Some Analysts Are Ambivalent on Stock" (1979)。
9. Walsh, "Luring the Best in an Unsettled Time" (2001)
10. Russell Reynolds Associates, "Reflections" 34—35 (1994)
11. 同上 16。
12. 同上 50—51。
13. Byrne, *The Headhunters*, 200-2 (1986)。私は John Byrne にはこのリサーチの初期段階でたいへんお世話になった。彼はこの業界についての自分の研究成果を私にも教えてくれたり、また、この章で扱っている多くの観点を打診してみる取締役会を紹介してくれたりしている。
14. Ghemawat, "Egon Zehnder International", (2000)
15. Byrne, *The Headhunters* (1986) はサーチ・コンサルタントの転職の実態について書いているが、Yoshino, Knoop および Reavis は "Egon Zehnder International: Implementing Practice Group" (1998) は Egon Zehnder がただ1社、他社から流れてくるコンサルタントを雇わないエグゼキュティブ・サーチ会社であると指摘している。
16. Byrne, *The Headhunters*, 207 (1986)
17. 集団の価値観を受け入れているが、集団のなかで周辺的な地位しか占めない個人がいるという考え方は、マートンの準拠集団論(『社会理論と社会構造』319ページ)がいうものとは異なっている。サーチコンサルタントは彼らが所属したいと思っている集団の価値観を用いるが、その集団には入れない。実際、サーチコンサルタントの中でエリート集団に入れるものはほとんどいない。
18. マートンの "marginal man (境界人)" に関する議論に類似した状況がサーチ・コンサルタントや仲介者の苦境のなかでも見られる。ただ、マートンは境界的な位置と仲介者の位置との間の強い相関関係については議論を進めなかった(同上 324)。両者の理論的な繋がりは Blalock により解明されている。*Toward a Theory of Minority*

注　釈

Group Relations（1967）参照。
19. Coughlin, *Double Identity*（1976）および Desai, *Indian Immigrants in Britain*（1963）。
20. Mahajani, *The Role of Indian Minorities in Burma and Malaya*（1960）
21. Bonacich, "A Theory of Middleman Minorities"（1973）
22. Podolny, "A Status-Based Model of Market Competition"（1993）および, Eccles, Crane, *Doing Deals : Investment Banks at Work*（1988）。
23. CEO のサーチ会社では，規模や世間の評価が備わった主要企業として4社が挙げられる。これらが大半のビジネスをこなしている。この意味でこの事実は興味深い。したがって，3社だけでコンペをするという慣行となっている背景の一つは，3社である場合はそれぞれのサーチ会社を詳細に検討する時間が生まれる，ということ。ビッグ4全社の参加となると，協定が結ばれる恐れも生まれる。3社からの選抜となると，各社の特徴がよく判るようになるし，本当に競争が行われているという外観が生まれる。
24. Russell Reymolds Associates のホームページ。
25. Spencer Stuart Web site
26. Russell Reymolds Associates
27. Spencer Stuart Web site
28. Burt, *Structural Holes*（1992）。また，Granovetter, *Getting a Job*（1974）および Granovetter と Tilly, "Inequality and Labor Processes"（1988）。
29. Nohria, "Information and Search in the Creation of New Business Ventures"（1992）
30. Geertz, *The Interpretation of Cultures*（1973）
31. Simmel, *The Sociology of Georg Simmel*（1902）および *The Web of Group Affiliations*（1955）。
32. Goffman, *Behavior in Public Places*, 96（1963）
33. 同上　106。
34. 社外 CEO サーチにも「自由市場」の論理が適用されているために起きる結果について，『ニューヨーク・タイムズ』紙の記者，ジュディス・ドブリジンスキーは1996年に AT&T が実施し，社外の候補者ジョン・ウォルターが CEO となった社外サーチの事例を引き合いにだして報道している。記者はこう記している。この制度では，「この国のどの経営者も，そのゲームに参加することになり，経営者をプロの運動選手のようにフリー・エージェント（FA）で扱う傾向を強くしてしまう」。
35. エグゼキュティブ・サーチ会社は必ずしも公平を期しているわけではないというのが真相のようだ。社内も社外も両方の候補者を検討する CEO サーチの場合，ESF は——彼らは失敗してもリテイナー契約のもとでの報酬はきっちりと受け取るし，その上，成功した場合は，その候補者の年収のキャッシュ部分の3分の1を成功報酬部分として受け取るため——確かに外部の候補者を推す傾向が強くなる背景がある。その理由として二つが考えられる。一つは，私の調査によれば，通常，外部の

候補者の方の報酬が高いためであり，また，二つめは CEO の指名に成功すると，続いて儲けが大きいその CEO の経営チームの人材サーチという仕事が控えているからだ。
36. 「外部 CEO サーチは適切に行われた（レジティマシーがある）」という外観をさまざまな利害関係者に対してアピールするうえで ESF の果たす役割は重要である，とする見方がある。このような見方は，仲介者がいる市場を研究している者にとって，なんら驚きに値しない。たとえば，エズラ・ザッカーマンは1999年に，証券市場における証券アナリストはある企業の株式に対する投資家の需要を喚起する上で，レジティマシーの外観を作り出す役割が大きいと指摘している。投資家は企業の発行する株式や債券に関して市場で受け止められる信頼性について，アナリストの決定に注目していることにザッカーマンは着目した。たとえば，部分的にしか認知を受けていない企業の発行する有価証券はアナリストたちには評価が低い。その結果，価格は低下することになる。また間に仲介の入る市場では，ほかにも同様のことが見られる。商品の根本的な性能が不確かで，それを選ぶ選抜の過程が不透明な場合，レジティマシーの役割は大きくなる。
37. Goffman, *Interaction Ritual*（1967）

chapter 6　ナポレオンの戴冠／カリスマ候補者の任命

1. Goode, *The Celebration of Heroes*, 第1章（1978）。
2. この CEO のリーダーシップについては，ウェルチについて書いた下記の『Business Week』誌（1998年）の記事でも明らかだ。

　　　　　トップになるまで21年の時間と血のにじむような競争が必要だった。しかし，ついには，ウェルチはその大きな野望を1981年に実現した。45歳の年に彼は GE 史上最も若い CEO になった。彼の昇進のクライマックスとなったのはフェニックスでの株主総会だ。2時間にわたる会合の後，勝ち誇ったウェルチは，青い目を涙で曇らせて壇から降りた。友人でもある取締役のサイラス・カスケアのそばへ行って，「私の母にこの姿を見せたかった」とささやいた。
　　　　　ジャック・ウェルチが感情的？　後に5年間で10万人以上の従業員の首を切ったため，中性子爆弾ジャックと呼ばれていた男が？　いや，この形容は，彼の複雑な性格の一面を指しているに過ぎない。彼はアイルランド系の母親と父親の孝行な息子である。いまだに高校の同窓会のためにマサチューセッツ州セイラムに帰るという一面も持ち合わせている。
　　　　　セイラム育ちのウェルチは昔から飾らない人柄で，要求は厳しく，感情に火がついたときはぶしつけな言葉を使うが，同情心も強く，GE の競争力を強めるための従業員の解雇には痛みを感じ，苦悶していたと身近な人はいう。
　　　　　彼のビジネスゲームでの意志の力は彼が少年のときに親しんだ野球やホッケーのときの闘争心に劣らない。「大企業で働くようになると，多くの人は変わる」と，高校時代からの友人，ジョージ・ライアンは言う。「企業の存続を第一にし

なければならない。ジャックではなく企業が変わらなくてはならないのだ」。

　彼の妥協を許さない性格は母親譲りだ。また，ウェルチは，忍耐力をはじめ，母から多くのものを学んでいる。彼の父の職業は車掌で，組合のリーダーでもあった。父は朝5時30分に家を出て午後7時30分に帰ってくるという長時間労働をいとわなかったが，その父親が結婚して16年目の1935年11月16日にようやく得ただ1人の子供がジャックだった。

　ウェルチと母は，暗くなってから父を迎えに行ったものだった。そして，車の中で父を待ちながら，語り合った。ウェルチは実際どもっていたが，母は息子に「どもっていない」と言い，自信を持たせた。また，高い目標を持てと励ました。母は，彼が生涯のファンとなったレッドソックスの試合を見せるために，フェンウェーパークへ連れて行った。台所のテーブルのそばでブラックジャックやジンラミーをしては彼の心に競争心を育てていった。ウェルチによれば，彼女が勝ったときには，テーブルにカードを打ち付け，「ジン！」とあらんかぎりの大声で叫んだという。『母は友達でもありました。二人の間には強い絆がありました。それは，すばらしく，元気づけてくれるものでした』とウェルチはいう（Byrne 1998「母は友人だった」）。

3．下記のジョン・チェンバーズの2000年度版のプロフィールがよい例である。

　ジョン・チェンバーズはシスコの第3代のCEOだが今日の同社に消すことのできない足跡を残している。ウェストバージニアのチャールストンの町で，医者の両親の息子として生まれ，2人の姉妹とともに強い絆で結ばれた家庭で育った。教会の賛美歌隊のメンバーで，父親が婦人科医を引退してからはともに釣りを楽しんだ。カロライナの海岸で家族で過ごした休暇を懐かしく憶えている。高校時代からの恋人エレーヌ・プレイターと結婚し，2人の子，息子ジョン，ジュニア，および娘リンゼー，に恵まれた。彼には軽い読書障害があったにもかかわらず，必死の勉強で克服し，高校をクラスで2番の成績で卒業した。今日でも長いメモは嫌いで口頭での報告を好む。プレゼンテーションは，一切メモを準備せず，ダイナミックに行われる。それが牧師のような雰囲気をもたらしている。ウェストバージニア大学の学生時代には強いチームワークが必要なバスケットボールの選手であり，インディアナ大学ではMBAを得ている（Donlon 2000「ジョン・チェンバーズが未来の経営者と呼ばれる理由」）。

4．Keynes, *The General Theory of Employment, Interest, and Money*, （1973）383-84

5．私のウェーバーに関するこれ以降の議論は基本的に *Economy and Society*（1947）に基づく。

6．今日では大企業においてはあまり見られなくなった世襲的慣行だが，ないわけではない。現在，フォード，アンホイザーブッシュ，モトローラなどでは創業者の一族が経営に当たっている。

7．カリスマ性を備えた人物の影響力を説明する際にウェーバー自身が使った"extraordinary"という言葉は，焦点をぼかしてしまっているとされる。というの

も，彼はカリスマの意味をカリスマ性を備えた個人レベルで捉えるだけではなく，カリスマ性についてのもっと主観的で，捉えどころのない視点からも検討を加えているため，焦点がぼけてしまったのである。心理学者は，何十年にもわたって，カリスマ性に関する個人的要素を明らかにしようとしてきたが，この分野ではほとんどなんらの成果も得られていないのが実情である。このあたりの背景については，Glassman 及び Swatos の *Charisma, History, and Social Structure*（1986）を参照されたい。カリスマについて比較研究をした研究者たちは，カリスマといわれる人物の身体的特徴やレトリックの使い方などの口述技量，あるいは就業の習慣など，すべてを研究対象にしてきた。だが，特に目立った傾向が浮かび上がったわけではなかった。個人的な特徴というものは主観的に判断されるものであり，その正体が正確に突き止められるようなものではないのであり，一般的にカリスマ性だとされるものよりも特に際立った特徴を提示してくれたわけではなかった。詰まるところ，"カリスマ的"という場合は，容易に説明や定義づけが出来ない神秘性や曖昧性を備えていることだ，ということになる。

8. カリスマ性を具えた人は自分に課せられた使命に取り組むが，そのとき他人にはその使命ゆえに自分に従い，自分について来るように要求する。もし他人がその人にカリスマ性を認めない場合は，それらの要求は聞き入れられない。だが，他人が認めるなら，彼が自分のカリスマ性を証明している限り，彼は支配者であり続けることができる。Weber, *Economy and Society*, 1113ページ，1947年。

9. カリスマがその権力を獲得し維持できるのは，ひとえに自分の権力を実践において証明することによる。すなわち，カリスマが預言者になりたければ奇跡を起こさなければならない。将軍になりたければ，みずからが勇敢に戦わなければならない。何よりも自分の神聖なる使命を証明するには，自分の忠実なる崇拝者たちに安寧をもたらさなければならない。崇拝者の生活が向上しなければ，神が送り給もうた本当のカリスマではないことになる（同上，1114ページ）。

10. Braudy, *The Frenzy of Renown*（1986），カリスマの役割については chapter 3 で述べたが，それよりももっと一般的な意味でのカリスマの役割を理解するには，個人と社会との関わり方に関する西洋の思想史のなかでのカリスマの存在に着目する必要がある。Braudy は，カリスマという概念は，それが育まれてきた歴史的および社会的環境から隔絶されてはいない，と主張する。これまでにも，ジュリアス・シーザーやアレクザンダー大王のカリスマ性は，その後何世紀にもわたって君主の人物像が比較される基準となった。また，ソクラテスやイエス・キリスト，シェークスピアなどは別の意味でのカリスマであった。カリスマにはさらには別の使われ方もあり，近年ではヒットラーやスターリン，あるいは様々なカルトのリーダーが配下の者たちに行使した支配力を説明するときにも用いられている。このような人物を大雑把にカリスマと呼ぶと——普通はそう呼ぶのだが——カリスマと文化的コンテクストとの関係についての問題意識をあいまいなものにしてしまう嫌いがある。

11. Weber, *The Protestant Ethic and the Spirit of Capitalism*（1985）

注　釈

12. 1986年にBraudyは次のように言っている——19世紀末から20世紀初めになると，カリスマについてビジネスマンは強く意識させられることとなった。米国に生まれた新しい職業が刺激したのである。つまり，ジャーナリストという新職業人たちが米国での新しい大量発行の新聞や雑誌にいろいろと材料を提供するようになったのだ。そのようなジャーナリストはたちまち読者と世界の仲介者となり，有名人，あるいはこれから有名になる人物の習慣や癖，業績，影響力などを書き立てては大衆に向けて発信し，読者はその情報に馴染んでいったのだった。そして，成功は個人の意志の力による，あるいは失敗は個人の性格のため，といった自己流の解釈を加えて，そのような誇張の多い記事を絶え間なく流したのである。こういった報道が続けられ，企業に起こりうることなら何事もトップの功績や責めに帰すことができるという考え方が生まれ，広まっていったのだ。この考え方こそ，現代の「カリスマCEO論」の中核をなしているのである。

13. Progressive Era（進歩主義時代）に活躍したジャーナリスト，アイダ・ターベルはジョン・ロックフェラーの功績や仕事振りを書いて好評を博したが（1905），その一連の記事では次のような判断をして自分の取材対象からカリスマ性のオーラを払拭したという。

　ロックフェラーが権力や詐術を使って自分の目的を達成していること，あるいは「これはビジネスだ」と言い放って自分の行動を正当化していることを，たいていの場合，現実肯定派の人たちは，喜んで納得してしまう。つまり，「これはビジネスだ」という言い草が強引な取引，ずる賢い駆け引き，そして特権をごまかす言いわけとなっているのである。ビジネスでは通常の道徳は通用しないものだ，と言う人も多い。スタンダード石油だけしか独占禁止法に違反していないのであれば，この物語は書かれなかっただろう。同社しかあくどい方法を使っていないのであれば，世論の賞賛は起こらなかったであろう。同社が秘密裏に繰り返し用いた策略は，町の八百屋から銀行にいたるまであらゆるタイプのビジネスマンによって用いられている。これらが明るみに出れば，「これがビジネスだ」と言い逃れされる。その弱点が追求されると，弁護人たちは，クリスチャンの慈悲のドクトリンに隠れて，誰もが道徳的間違いを起こすものさ，お互いの弱さを許さなければという。これは人間の間違いやすさについてビジネスマンたちが一致して行う弁解である。倫理的な側面でもっとも失望させられるのは，非倫理的な行為が時には賞賛さえされてしまうことである。こうなってしまうのには理由がある。スタンダード石油のようなビジネスの成功とそれをもたらした人を賞賛すれば，その人物を国家的英雄にしてしまう。その組織の歴史は金儲けのための教訓として研究されるようになる。商業上の成功とジェントルマンであることを両立させることは可能だと信じたい人にとって，この事例は好都合である。もちろん，ロックフェラーのような行為をすればジェントルマンと呼ばれる人はいなくなるし，スポーツはできなくなる。カードゲームも成り立たない。1872年に競争を始めて以来ロックフェラーはずるいことをしてきた。このようなことは，スポーツマン精神があればできないことだし，それができるのは

詐欺師だけだ。

14. Jencks, *Who Gets Ahead?*（1979）および Mills, *The Power Elite*（1956）および Parkin, *Class Inequality and Political Order*（1971）。
15. マネジリアル・キャピタリズムの時代には，CEO の主流派はカリスマ性を帯びた人物から合理的判断力を備えた人物へと移行したが，インベスター・キャピタリズムの時代になると再びカリスマ的傾向を重視する流れとなった。この流れのなかで，企業と投資家の間を仲介するアナリストやビジネス・メディアのジャーナリストが企業におけるカリスマ性のイメージを変えてしまった。特に，大企業がカリスマを受け入れるようになった背景では，アナリストやビジネス関係のメディアがカリスマ的指導者の地位の確立とその権限の全社への浸透において大いに影響を及ぼした。つまり，ジャーナリストやアナリストたちは，企業のなかで実際に認知されているリーダー像とマスメディアの示す象徴とを置き換えてしまったのである。この間の事情をある大手製薬会社の CEO は私に次のように語っている。「従業員が私を知る上では，メデイアが書いたことが彼らにとって一番重要な情報となっているようだ。それらに書かれた私のプロフィールを読んで，私のことを個人的に知るようになったと思っているようだ。従業員がそれらの記事の一行一句を事細かに評価していることには驚かされる」
16. Madsen および Snow, *The Charismatic Bond*（1991, 12）。
17. 新しい"リーダーシップ"像を研究してきた過去20年間の文献を読むと，カリスマ CEO に率いられる企業は効率的な経営をしているという言い方が多いが，実証的な証拠は何も示されていない。合理的な企業経営とは効率そのものを求めた経営であろう。だが，我々は企業に関して営々と続けてきたそれまでの半世紀の研究成果を，なんら実証できないカリスマ CEO の研究のために反故にしてしまったようだ。
18. Chandler, *The Visible Hand*（1977）
19. Doereinger および Piore, *Internal Labor Markets and Manpower Analysis*（1971）。
20. 整然と実施された社内継承プロセスのもう一つの実例は，GE の CEO に Jack Welch が継承した例。chapter 3 で示した Reginald Jones の説明を参照されたい。
21. Paltrow の "American Express Tries to Head Off More Surprises"（1991）および Sandler の "American Express Dismantles Its Eighties' Superstore"（1990）。
22. Lorsch, "American Express（A）"（1996）
23. Morris および Marvick, "Authoritarianism and Political Behavior"（1953）。
24. AT&T の CEO マイケル・アームストロングは，その前任者 John Walter ともども，任期中に NCR や Lucent などの事業を分離している。そして，ケーブル TV や携帯電話事業会社を買収して統合しようとしたが，失敗した。そこで，再度それらを切り離そうとした。Elstrom の "How the 'Turnaround CEO' Failed to Deliver"（2001）を参照。
25. Simmel, *The Sociology of Georg Simmel*, 402—8（1902）
26. Jeffrey Pfeffer は CEO の行動の多くは，彼らの選択の幅がかなり狭められているた

めにその範囲内で採られた行動だという（1981）。
27. Madsen および Snow, *The Charismatic Bond*, 19－23（1991）。
28. スタンレー・ワークスの取締役たちはジャック・ウェルチとの連想によりジョン・トラーニにカリスマ性を重ねたが，これと同じ種類のカリスマ性はゼロックスが1999年5月にリック・トーマンをCEOに指名したときにも見られた。トーマンはIBMの幹部社員であったが，長い間IBMで尊敬を集めていたCEO，ルー・ガースナーの直接の部下であった。ゼロックスの取締役たちは，ルー・ガースナーがIBMだけではなく，R.J.Reynolds や American Express でも企業再生を手がけたことをよく知っていた。ゼロックスはちょうどそのときリストラの最中で，取締役たちはガースナーがIBMの問題を解決したように，トーマンならゼロックスでも問題を解決してくれるだろうと期待した。
29. Mauer, "Optimism Over New CEO Boosts Stanley Works' Stk Again"（1997）
30. トラーニが"ハードウェア（工具）のコカ・コーラ"（"Coca-Cola of Hardware"）と言った真意は不詳。だが，スタンレー・ワークスは依然として市況産業のなかで活路を見出せないまま喘いでいる昔ながらの製造業であることはまちがいない。
31. Goffman, *Interaction Ritual*（1967）
32. ダンラップがサンビーム社（およびそれ以前に勤務したスコット・ペーパー社）に提出した経歴書では彼は Nitec Paper Corporation で1976年に社長を解任された事実だけではなく，その前職での解任の事実も伏せていた（Nitec においてダンラップは，経費を簿外に移し，在庫を過大に評価し，架空の売り上げを計上することなどの経理操作をして利益を水増しした，とされる）。Nitec に移る6か月前，もう1社では彼は就任7週間目にして，同社の業務に多大な損害を与えたと責任を問われている。サンビーム社では彼は1996年7月から1998年6月まで在籍したが，同社は指摘されているような彼の経営管理のために，1998年3月31日付で6四半期間の決算書を再提出する羽目になった。結局，サンビーム社は2001年の初めに破産保護手続きを申請し，ダンラップ自身は株主，SECの双方から別々に訴えられることとなった。一方，この事件ではエグゼクティブ・サーチ会社の大手4社のうち，2社がダンラップの経歴詐称に絡んでいたと言える。つまり，Korn/Ferry（1996年にサンビーム社のCEOサーチを受託）と，スペンサー・スチュアート（ダンラップを採用することになったスコットの1994年に実施したサーチを担当）がその2社であり，両社とも彼の履歴書の詐称部分を見破ることができなかったのである。これらの点については，Norris, "The Incomplete Resume"（2001）および Green, "Former Sunbeam Chief Plans To Settle Class—Action Lawsuit"（2002）および Lublin, "Search Firms Have Red Faces In Dunlap Flap"（2001）を参照。また，ダンラップの反社会的経営スタイルについては（chapter 3 で引用した）Byrne の *Chainsaw*（1999）を参照。
33. 誘いに乗るか，断るかの決断は，経済学者のロバート・フランクが言及した（1985年）問題と同じであると言えよう。すなわち，どの池を選ぶかという問題であり，

候補者は小さな池で大きな魚になろうとするのか，あるいはその逆を選ぶか，という問題である．調査によると金銭的な報酬の面では前者の方が後者より好ましいということになるが，ほとんどの CEO はステータスの方が大事であると考えており，そのような機会が到来すれば迷わず大きな池に飛び込む，という．彼らがそのような選択をする要因の一つは，金銭的な下降リスクを CEO 契約がかなりの部分軽減していることが挙げられる．ただ，自分が経営に失敗したときに被る評価のダメージはその限りではないが．

chapter 7　空席，だが閉鎖的な選考／CEOの社外人選からの教訓

1. Colvin, "The Great CEO Pay Heist" (2001)
2. Institute for Policy Studies, *Executive Excess 2000 : Seventh Annual CEO Compensation Survey* (2000)
3. リサーチ会社サンフォード・バーンスタインが2000年に実施した調査によると，企業は現在実施中のストック・オプションのための費用として，利益の13％を負担しなければならなくなる，という．また，IT 関連企業ではこの負担率が50％にも達するという．Fox, "The Amazing Stock Option Sleight of Hand" (2001)
4. Perry および Zenner, "CEO Compensation in the 1990 s" (2001)．
5. Robert Merton および Myron Scholes は1997年のノーベル経済学賞を受賞したが，受賞理由はオプションの価格決定理論の研究．
6. 米国の企業会計の原則を定める財務会計基準委員会，FASB (Financial Accounting Standards Board) は，1993年当時，ストック・オプションの価値を評価する数式であるブラック＝ショールズ理論を信頼し，ストック・オプションのコストは損益計算書に計上すべきであると提案した．これに対し，企業側のロビーストたちはワシントンに押し掛け，費用に計上するとなるとストック・オプションを実施する企業が激減すると申し立てた．結局，議会と SEC は FASB の提案を拒絶することとなった．(Edwards, "Enron Collapse" 2002) 2001年から2002年にかけての冬の時点では，エンロン・スキャンダルの一つの顛末として，企業がストック・オプションを費用化するための連邦レベルの立法措置がなされることも予想されているが，ただ，そのような措置に対する企業側の反対も激しさを増している．
7. 企業の儲けに比すると，CEO に支払う報酬はほんのわずかだと主張する人も多いが，ただ，CEO の報酬が法外であるときは幹部経営者も多額の報酬を受けている場合が多い．
8. Green 638 (2001)
9. Frank および Cook, *The-Winner-Take-All Society*, 640 (1995)．
10. Bok, *The Cost of Talent*, 225 (1993)
11. Bok および Graef Crystal が解明した外部 CEO 市場の特殊な背景の事情と上昇する CEO 報酬とのスパイラル関係については，chapter 2 を参照のこと．
12. Jensen, "Agency Costs of Free Cash Flow, Corporate Finance, and Takeovers"

(1986), *Lazear Personnel Economics* (1995), Murphy, "Top Executives Are Worth Every Nickel They Get" (1986), Rosen, "The Economics of Superstars" (1981), Rosen, "Prizes and Incentives in Elimination Tournament" (1986) および Rosen, "The Winner-Take-All Society" (1996)。
13. CEOと企業業績の関連についての学問的な研究ついては chapter 2 を参照。
14. Michaels, Handfield-Jones および Axelrod, *The War for Talent* (2001)。
15. Pfeffer, *Competitive Advantage* (1994)
16. CEOと取締役会会長との兼任は米国企業にとって必ずしも最良のものではないが，現在の米国企業のガバナンス形態として主流となっている。ただ，取締役会が新CEOの会長兼務を承認するとしても，新任CEOの経営手腕を実際に拝見してからでも遅くはなかろう。CEOは自分たちに都合のよい仕組みを作りたがるのであって，企業のためばかりではない。いま見られる通常の企業統治の仕組みは，いかにコストが掛かろうが企業救世主を雇いたいという取締役会の弱い立場に対して次第に権力を獲得し行使するようになったカリスマ候補者の強い立場を反映して形成されてきたと言えよう。
17. Bell, *The Cultural Contradictions of Capitalism*, 77 (1996)
18. Weber, *The Protestant Ethic and the Spirit of Capitalism*, 540 (1985)
19. Bell, *The Cultural Contradictions of Capitalism*, 78 (1996) ベルは「プロテスタントの倫理」と「ピューリタン気質」を価値基準として分けて考えているが，私は二つの用語を同じに扱っている。
20. これらの事実はよく知られているが，なかにはここで再度注目に値するデータもある。1970年代以降，アメリカの全家庭の所得上位1％に属する家庭は，米国国富に占める比率を倍にしている。1997年にはアメリカ人の所得上位1％が，下位から95％までの人たちの所得を上回っていた。上位10％と下位10％との人たちの富の格差が拡大したが，過去25年間では中間層の所得がもっとも低下している。アメリカでは一人当たりのGDPが大きく増大したが，中間層の所得と富は全体に占める比率を下げているのである。簡単に言うと，全米の経済，政治，社会の仕組みが成り立っているその基盤である中間層が弱体化していることになる。今日の平均的な労働者は，インフレ率調整後の数値で比較すると，ニクソン政権時代の労働者よりも稼いでいないのである。Anderson および Cavaugh, "A Decade of Executive Excess" 144, (1999)。
21. Bok, *The Cost of Talent*, 249, (1993)
22. 「人材に将来を託す企業は，その人材のうち，下位の10％を除去しなければならない。そして，毎年，それを継続断行する必要がある——そして，常に達成率の基準を上げていき，リーダーシップの質を向上させなければならない」。ジャック・ウェルチは2001年の初めに株主に対してそう告げている (Burrough, 608, 2001)。また，同年，ハーバード大学MBAの修了年次の学生に向かっても同様の主旨で講演をしている。このような主張はダーウィンの進化論的な考え方であろう。つまり，企業の

収益力を向上させていくには，弱者は高い技術と達成率を示すようになるまで育てるのではなく，滅びるにまかせるべき，という考え方だ。だが，数字によって差別をする労働慣行やこのような低級な考え方こそが滅びるべきであろう。いつも犠牲となるのは実力以下に評価されている女性，マイノリティー，そのほかの弱者だからだ。

23. Temin, "The Stability of the American Business Elite" 34, (1998)
24. Friedman および Selden, *Capitalism and Freedom*（1975）。
25. Sorensen および Tuma, "Labor Market Structures and Job Mobility" (1981)。
26. Abbott, *The System of Professions*（1988）
27. 外部CEO市場の閉鎖性を，意図的な差別と結びつけるのは単純化しすぎるし，ミスリーディングであるのと同様，正当な候補者は，候補者から排除されてしまった人々と異なる属性を持つから選ばれるのだ，といった根拠の人材説も誤りである。候補者の能力についての情報の不足を考えれば，候補者とそれ以外の人々は能力によって分けられるという後者の見方は，説得力がない。CEOを選ぶプロセスはブラックボックスである。その内部の機能は，人的資源というような抽象的な概念では理解できない。その社会学的な側面を無視すれば，間違った説明をしてしまうことになる。
28. マーケットにはおのずと自主制御する力が備わっていると妄信的に信じていた例として，エンロンの前CEOケネス・レイがカリフォルニア電力危機のさなかに発言した内容を参考にするとよい。「私は神を信じるように，自由市場をも信じる」。Dolbee, "Prophet or Profit"（2001）。
29. 5年という年月の間に，3人ものCEOが交替した例がある。取締役会はこの期間に3人のCEOを解任すると同時に，次のCEOを探し始めている。前にはサーチで何度も失敗しているというのに，次はよい候補が見つかると信じていたのである。
30. Popper, *The Open Society and Its Enemies*, vol. 1, 126（1962）
31. 同上，135。
32. 現代のMBA教育は，学生に一定の価値，規範，考え方を教授するという意味で，学生の社会化の重要な手段であり，こうした考え方，価値，規範を学生が働く企業に広める重要な手段となっている。人類学者でビジネススクールの教授でもあるジョン・バンマーネン（1983）は，この社会化の影響は，より濃密な教育が行われるフルタイムのMBAほど強いと指摘する。また，通常の社会生活と学生生活とを隔てている壁が取り除かれており，大学での生活が現実そのものになるために，MBAでの社会化はさらに完全なものになるという。ハーバード・ビジネススクールやMITのスローン・スクールで学生たちは限られた場所で限られた人々と接触しながら，同じ教材を読まされ，同じような考えを持った学生と接触する（バンマーネンがゴフマンの全体所属組織の概念で分析している）。当然，このような環境では，ビジネスエリートにふさわしい一定の考え方や態度を伝える効果的な手段である。

上述した濃密な教育の経験は，ビジネススクールの環境からビジネスそれ自体の

注　釈

世界へ持ち込まれる。フルタイムの MBA の卒業生の多くは，ビジネスの世界で上級の地位を占める。その地位を狙うほかの人々も，彼らとよく似た考え方やスタイルを身に着けようとするために，一定の考え方や価値観がさらに広まるのである。
33. MBA プログラムでは学生たちにあまりにも多くのことを課するようになったが，この傾向を反省して最近ではケーススタディーに盛り込む内容を削減するようになっている。ケース資料の編纂段階で，まず圧縮されるのは，企業組織論，産業論，およびマクロ経済の分野。
34. Cohen, March および Carnegie による高等教育委員会 *Leadership and Ambiguity*（1974）。
35. ハーバード・ビジネススクールのマイケル・ポーター（Michael Porter）およびリンダ・ヒル（Linda Hill）の2人の教授はそれぞれに次のような趣旨の主張をしている——「いまや伝統的なリーダーシップ論は捨て去り，学生たちや経営者には新しい理論やその枠組み，方法論を身に付けてもらうべき時である」。ポーター教授は新しい研究に取り組んでいるが，その研究目的には，競争力を高めるための戦略論とリーダーシップ論との統合も含まれている。教授の研究の主たる目的は「リーダーは単なる部品——時には最重要な部品でもあるが——に過ぎない」という点を明らかにすることだ。つまり，持続しうる競争力を育てる複雑な企業組織のなかの単なる部品なのである。また，研究のそのほかの目的としては，業績に与える産業構造からのインパクトおよび競争的ダイナミズムについても焦点を当てることも含まれる。一方，ヒル教授の場合は，これまでのリーダーシップ論からはかなり乖離していると言える。同教授は，リーダーシップは集合的な資産であって，個人的なものではない，と最近頓に主張するようになっている。つまり，リーダーシップの内容——たとえば経営方針の設定や問題の解決策の決定，リスクを採るか回避するかといった決断——は（たとえば意思決定の分散化やそれぞれの社内チームに課されている仕事といった），企業の特定構造から生まれているものであって，単に個人領域に属するものではない，と主張しているのである。リーダーシップ論のこのような考え方はアメリカの伝統的個人主義のエトスとは相容れないが，ヒル教授はすでにこれまでにもっとも効率的な経営をしている企業ではリーダーシップの内容とされるそれぞれの仕事が社内に分権化されており，特定の"選良"に集中させられているような形態ではない，という企業の事例を数多く集めている。
36. Eccles および Nohria, Berkley, *Beyond the Hpye*（1993）。
37. Barber, *The Pulse of Politics*（1980）
38. カリスマ CEO の台頭に一助を果たした現在のビジネス・メディアの役割については，chapter 3 を参照。
39. 経済学史に照らしてみると，今日の経済学は研究対象としての社会構造，文化，そしてソーシャル・インスティチューション（機構，制度，企業などの組織）を驚くほどおろそかにしている。実際，経済学の父と言われるアダム・スミス，あるいはその他のデビッド・リカード，アルフレッド・マーシャルといった大家は，社会の

仕組みを良くするためのソーシャル・インスティチューションを考え出したいという動機に基づいてそれぞれ研究に勤しんだ。オーストリア学派の学者たち，特にハイエクやシュムペーターは，ソーシャル・インスティチューションや経済学と社会構造との関係について強い関心をもった。また，20世紀初頭に活躍したアメリカの指導的経済学者，コモンズおよびベブレンは，文化や社会は経済活動の周辺部に位置するものではなく，むしろ経済活動の駆動部分であるとして，それらを自分たちの研究の主要対象にした。彼ら経済学者たちはそれぞれに，テクノロジーが社会の規範に修正を迫った状況，資本と労働がその関係を構築するに当たって政治制度が果たした役割，また，社会的ステータスが消費パターンを形成する際の重要な要素となっていること，あるいは資本家はさまざまな手段（たとえば，カルテル，通商障壁，価格協定など）を用いて競争を回避しようとした傾向について解釈を試みている。

　また，これらの経済学者たちは，現実のデータを軽視し抽象的な経済理論のみを応用しようとするスタンスに対しては繰り返し警告を発してきた。彼らは市場を，それを包み込むより大きな社会のなかで，際立つ特別なものとして扱うことにも批判の目を向けてきた。古典のこのような，今では流行らない，異端とされる学者は現在の経済学ではほとんど忘れられているが，ただ，経済学プロパー以外の分野では，関心をもってその文献が読まれている。そのうちの一人が政治学者，フランシス・フクヤマである。彼は「信頼」という一つの文化は，人々の結束を強め，また潤滑油として作用し，市場活動のなかでは重要な役割を果たしていると指摘する (Fukuyama, *Trust*, 1995)。もう一人は社会学者，ディエゴ・ガンベッタである。ガンベッタによると，たとえば裁判制度，警察，財産権の強制執行等といった国家的インスティチューションの強制力や執行機能が弱い社会において資本主義市場が生まれた場合，そこはマフィアも生まれる下地となる，という。これは実際，ロシアで起こったことである (Gambetta, *The Sicilian Mafia*, 1993)。社会資本，つまり，市民社会の礎を提供しつつ，市場参入を可能にしたり，あるいは制限したりする手段としての社会資本という概念を生んだのは，実は社会学の研究成果なのである。しかし，社会学者は米国でも諸外国でも，経済政策の議論には滅多に入っていない。また，経済学の研究者のなかに少数だが勇気のある研究者がいないわけではなく（特に，行動経済学，あるいは制度学派経済学といった新興の研究分野），彼らは学際的に研究してはいる。だが，その他のほとんどの経済学者は心理学，社会学，人類学，あるいは歴史学といった分野は無視しているのが実情だ。当然の結果として，人間の一定していない，多様な特性や行動様式を無視したと思われる，あるいはそのような特性が形成されるに至った歴史的，環境的な要因，その特性の根底にある価値観等を無視したと思われる経済学の研究が大量に報告されているのである。

40. これまでのほぼ四半世紀，市場論については新古典派の仮説があまねく支持されてきた。そして，その仮説は我々が市場のすべての現象を理解するにあたり，その理解に影響を与えてきた。新古典派経済学による世界の解釈の流儀は――数式で覆い

隠されており，決して門外には理解されないものだが——最高の栄誉を得る地位に上りつめた。一方，我々はこの間に，自然科学ではない社会科学の根幹とはいったい何であるのか，という点について批判的に考える能力を失ってしまったようだ。こういった批判的思考の欠如が意味したことは，資本主義が最大の勝利を迎えた20世紀末，ソ連邦が崩壊した時に明白となった。そのとき，西側はロシアに対して，永い間苦しんできた国家にとっては猛烈な代償を伴うことになる自由市場制度という劇薬以上のことを提供することはできなかった。新古典派経済学は現実の経済を解釈し，説明することに明らかに失敗しているにもかかわらず，なぜこのような権力を保持するようになったのか——この問いには，前世紀に花開いた自然科学の力やその名声を研究してみると良い。自然科学分野の発展に対しては，社会科学のさまざまな学問領域で，いや，人文科学の分野でさえ，その戦略や方法論に注目してきている。

補遺　調査計画，方法，標本

1. 私は二つの大手 CEO サーチ会社が提供した標本が，大企業向けの CEO 人材市場にも当てはまる普遍性を持つようにするため，二つのステップを踏んだ。第1は，私の収集した100の事例について企業の特徴を別のグループと比較した。対比したのは大企業850社からランダムに抽出した100社であった。この二つのグループについては，売上の特徴，従業員の数，売上成長率，社外取締役の比率，自己資本利益率を比較したが，大差はなかった。第2に，私はこのサーチ会社2社に，私のサンプルのなかから，過去5年の間に CEO の交替があった企業でまだ彼らの顧客となっていない100社のリストを提供した。2社のサーチ・コンサルタントにはこれらの100社のためにこれまでにサーチを実施したことのあるサーチ会社を指摘してもらった。これらの企業を再度，売上，従業員，売上成長率，社外取締役の比率，自己資本利益率という基準で，もともと私が選んでいた最初の100社と比較した。この二つのグループとも，特筆すべき差異は見当たらなかった。
2. 現在の CEO がまもなく辞任するという前提があった場合に，社内候補を選ぶか，あるいは社外候補者を選ぶことになるのか，という点について，私はほかにも簡単なロジット・モデルを使って検討してみた。結果は，同じであった。
3. 多重挟線性が存在するということは，回帰係数がその望ましい特性をもっているが，回帰共線関係にある変数の回帰係数の分散が大きくなるということを意味している。大きな分散は，共線性のゆえに生じるものであるために，独立変数の従属変数への影響の推計値の信頼性が低いということを意味している。分散が大きいということはパラメーターの推計値が正確ではなく，ボナシッチの冪で測定される中心性とインターロックによって即照りされる中心性についての別個の仮説検定の力が弱いということを意味している。

【監訳者・訳者紹介】

加護野忠男（かごの　ただお）
神戸大学経営学大学院教授，同COE事業システムの研究開発教育拠点ディレクター，同CIBER（国際経営教育研究センター）所長
経営学博士
1947年，大阪に生まれる。
1970年，神戸大学経営学部卒業。1975年，同大学院博士課程修了
同講師，助教授を経て，1988年同教授に就任，現在に至る。
1979年から1980年，ハーバード・ビジネス・スクールISP留学
専攻は，経営戦略論，経営組織論

〔主な著書〕
「経営組織の環境適応」（白桃書房，1980年）
「ゼミナール経営学入門」（共著，日本経済新聞社，1983年）
「組織認識論」（千倉書房，1988年）
「リストラクチャリングと組織文化」（共著，白桃書房，1993年）
「日本型経営の復権」（PHP研究所，1997年）
「事業システム戦略論」（共著，有斐閣，2002年）他多数

橋本碩也（はしもと　せきや）
1947年，三重県志摩市生まれ。70年，日本リーダーズダイジェスト社，月刊誌（日本語版，国際版），単行本等の翻訳，企画・編集，記者，等を経て，85年に証券系シンクタンクに転じ，エコノミスト，証券・金融アナリスト，投資ストラテジスト。その後，英字新聞記者・翻訳者，フリーランスで講演，執筆。
訳書は，『エンロン崩壊の真実』，『ネットでビジネスを成功させる方法』（以上，税務経理協会）
監訳・サポートは，『影響力の代理人』，『ブランドは広告でつくれない』，等。
連絡先：matajira@khaki.plala.or.jp

【著者紹介】
ラケシュ・クラーナ　Rakesh Khurana

ハーバード大学ビジネススクールの「組織行動」担当助教授。「マネージメント」と「市場論」の博士課程で，教鞭をとっている。また，2005年冬季からは，同大学のMBAプログラムにおいて，「コーポレート・ガバナンス」と「取締役会」について教授する予定。本書で示されているCEO人材市場の不完全性とカリスマCEOの選抜プロセスは，「ビジネスウィーク」誌，「ウォールストリートジャーナル」紙，「ニューヨークタイムス」紙をはじめ，様々なメディアで多く取りあげられている。

監訳者・訳者との契約により検印省略

平成17年11月10日　初版第1刷発行

カリスマ幻想
アメリカ型コーポレートガバナンスの限界

著　　者	ラケシュ・クラーナ
監訳者	加　護　野　忠　男
訳　　者	橋　本　碩　也
発行者	大　坪　嘉　春
印刷所	税経印刷株式会社
製本所	株式会社　三森製本所

発行所　東京都新宿区下落合2丁目5番13号　株式会社 **税務経理協会**

郵便番号 161-0033　振替 00190-2-187408　電話 (03) 3953-3301 (編集部)
FAX (03) 3565-3491　　　　　　　　　(03) 3953-3325 (営業部)
URL http://www.zeikei.co.jp/
乱丁・落丁の場合はお取替えいたします。

ⓒ 加護野忠男・橋本碩也　2005　　　　　　Printed in Japan

本書の内容の一部又は全部を無断で複写複製(コピー)することは，法律で認められた場合を除き，訳者及び出版社の権利侵害となりますので，コピーの必要がある場合は，あらかじめ当社あて許諾を求めて下さい。

ISBN4-419-04560-4　C1034